法哲学叢書［第Ⅱ期］2

関係の対等性と平等

森 悠一郎

弘文堂

はしがき

　本書の目的は「『平等』とは何か？」という問いに対し、筆者自身の答えを与えることである。

　「平等」という言葉を用いて、我々は社会における様々な実践を批判する。白人と黒人は同じ人間なのに、黒人を奴隷にしたり、黒人だけに選挙権を与えなかったりするのは平等に反する。男の子と女の子とでは知的能力に違いはないのに、女の子だけを大学に行かせないのは平等に反する。誰しも自分の親を選べないにもかかわらず、お金持ちの家に生まれた子供は塾や家庭教師などの手厚い教育を受けて名門大学に進学し、一流企業に就職して高い所得を得る。その一方で、貧しい家に生まれた子供は大学への進学が困難で、多くが未熟練労働に従事して低い所得に甘んじている。これは平等ではないのではないか。

　上に挙げたような実践が平等に反することについてはおそらく多くの人が同意するであろう。しかし、平等に反するかどうかについて人々の間で意見が分かれるような実践もまた多く存在する。上に挙げた大学の事例は女性を男性よりも不利に扱うものであるが、では逆に男性を女性よりも不利に扱うものについてはどう考えるべきか。徴兵制を導入している国々の多くでは女性についてのみ兵役を免除しているが、これは男女平等に反するか。議会を男性が占めている国において女性議員を増やすべく導入されているクォータ制は、それによって少なくとも導入当初においては男性候補者が女性候補者よりも選挙において厳しい条件にさらされ得るが、これについてはどうか。さらには通勤ラッシュ時に公共交通機関において実施されているいわゆる「女性専用車両」についてはどう考えるべきか。

　これらの実践全てを平等に反すると考える人もいるかもしれないし、逆に全て平等に反しないと考える人もいるかもしれない。あるいは男子徴兵制については平等に反するとしつつ、クォータ制については限定的に認められると考える人もいるだろう。そして痴漢被害防止のための女性専用車両については、痴漢冤罪被害防止のための「男性専用車両」を等しく設置するのであれば、通勤ラッシュ解消のための社会インフラ整備がなされるまでの過渡期に限り、認め

られるという立場があり得るかもしれない。これらいわゆる「逆差別」とされる実践について、平等に反するものと反しないものとがあると仮に考えるならば、その間の線引きは何を頼りにして行うべきなのか。

　所得格差の問題についても人々の意見は分かれるだろう。上に挙げたような親の所得格差が子の所得格差へと引き継がれるような事例については多くの人が平等に反すると考えるだろう。では、同じように恵まれた家庭環境で育った二人がいるとして、片方は自己研鑽を積み、その成果もあって高い所得を得られる職に就いたのに対し、もう片方は遊び惚けてばかりいたため、低い所得しか得られない職に就かざるを得なかったという事例についてはどうか。二人の間に格差があることは平等に反するとして、所得の再分配を行うべきなのだろうか。これに対しては次のように応答する人がいよう。前者の事例では子は親を選べないのだから、親の所得格差を原因とする子の所得格差は平等に反する。それに対して後者の事例で二人の所得に格差が生じたのは、自助努力の有無という専ら本人が選択したことに原因があるのだから、放っておいても平等に反しないし、むしろ再分配によって二人の格差を縮めようとすることの方が平等に反するのだと。

　なるほどそうかもしれない。しかし本人の選択が原因であれば常に放置して本当に良いのか。ある人が起業に失敗して一文無しになってしまった場合、本人の選択が原因だからとして公的扶助の対象から外して本当に良いのだろうか。逆に本人が選んだわけでない原因に由来する所得格差は常に是正されるべきなのか。生まれつき障害を持った人と健常者との所得格差は絶対になくさなければならないのだろうか。以上の事例では財や所得の分配格差を中心に平等の問題を取り上げてきたが、そもそも平等の問題はそれに尽きるのだろうか。例えばゲイ男性の中には高学歴で高収入の人も相当数いると言われているが、だからといって彼らがいじめやからかい、ヘイトクライムの対象にならない保証はあるのか。財や所得の格差や貧困の問題とは別に、我々のものの見方や考え方を規定するような社会規範そのものを平等の観点から問題化する必要があるのではないか。

　以上見てきたように、平等が問題となるような領域は広範であり、それらの

問題は複雑に絡み合っている。個々の事例においても、それが平等に反するかどうかについて人々の考えは大きく異なり得る。したがって、そのような一連の問題に対して平等の観点から首尾一貫した答えを出すためには、平等という理念がその核心において何を求めるものなのかを明らかにする必要がある。「『平等』とは何か？」という問いに対する本書の結論を一言で述べるならば、「平等」とは第一義的には人々の間の「関係の対等性」であるというものである。

　本書はこのような関係の対等性としての平等の構想を、現代英米圏の法哲学・政治哲学における平等をめぐる論争に立ち入って擁護しようとするものであるが、現代英米圏の主流派の平等論において「平等」は、第一義的には財や資源の格差のない分配状態によって特徴付けられてきた。このような主流派の平等論はしばしば「分配（基底）的平等主義（distributive egalitarianism）」と称される。それに対して本書は「平等」を第一義的には、一方が他方を支配したり排除したりせず、人々が対等な関係性で相互行為をすることによって特徴付けるべきであると論じる。このような本書の立場は「関係（基底）的平等主義（relational egalitarianism）」と称することができよう。そしてこのような人々の間での関係の対等性を基底とした平等の構想を頼りに、本書は上で取り上げたような分配格差と本人の選択との関係、格差や貧困に尽ないような社会規範に基づく不正義などの問題に明確な答えを出していくことになる。また本書は上で取り上げた「逆差別」とされる一連の実践をどう評価するかについても、それを考えるための一定の指針を提供しようと試みている。

　本書のそのような試みが成功しているか。読者諸君の判断を仰ぎたい。

　2018年9月

　　　　　　　　　　　　　　　　　　　　　　　　　　森　悠一郎

はしがき ……………………………………………………… i
目　次 ……………………………………………………… iv

序章

I 本書の主題と筆者の問題意識 ——————————— 1
1 差別と格差 (1)
2 分配的平等主義パラダイム (3)
3 法的差別との関係 (5)

II 現代英米圏における平等論史 ——————————— 7
1 「何の平等か?」というパラダイム (7)
2 水準問題と分析的平等論 (8)
3 相互行為の捨象と関係的平等主義 (9)

III 本邦における平等論研究の状況 ——————————— 12
1 竹内章郎の『現代平等論ガイド』(12)
2 立岩真也の『自由の平等』(13)
3 木部尚志の『平等の政治理論』(13)

IV 法哲学との関連性 ——————————— 20

V 本書の構成と補足 ——————————— 22
1 本書の構成 (22)
2 三つの補足 (24)

■第1部　分配的平等主義の批判的検討とその関係的契機

第1章　ロールズの平等主義的正義構想とその批判的検討 ——————————— 30

I ロールズの平等主義的正義構想の内容
——「正義の二原理」—— ——————————— 30
1 功利主義と直観主義への批判的な問題意識 (30)
2 無知のヴェールの下での正義の原理の選択 (31)
3 正義の二原理の内容 (33)
4 分配対象としての基本財 (34)
5 適用対象としての社会の基本構造 (35)

II その評価と批判的検討 ——————————— 36
1 格差原理に対する批判 (38)
2 基本財アプローチに対する批判 (39)

第2章 センの平等主義的正義構想とその批判的検討 ——— 47

I センの平等主義的正義構想の内容 ——「潜在能力の平等」— 47
1. 「何の平等か?」という問題設定 (47)
2. 厚生アプローチと資源アプローチへの批判 (48)
3. 潜在能力の平等 (49)
4. センの自由観 (50)
5. 超越論的制度主義と実現志向的比較論 (51)

II その評価と批判的検討 ——— 52
1. ドゥオーキンによる批判 (54)
2. アーネソンによる批判 (54)
3. 哲学的人間観の不在 (56)

第3章 ドゥオーキンの平等主義的正義構想とその批判的検討 ——— 58

I ドゥオーキンの平等主義的正義構想の内容 ——「資源の平等」— 58
1. 仮想的契約批判 (58)
2. 等しい配慮と尊重への抽象的権利 (59)
3. 厚生の平等への批判 (60)
4. 資源の平等の擁護 (62)

II その評価と批判的検討 ——— 65
1. 個人的資源と非個人的資源との異なる扱いについて (65)
2. 仮想的保険市場における平均人の選択について (68)
3. ドゥオーキンの契約論的再構成? (70)
4. 誤承認の不正義への対応について (72)
5. 関係的平等主義者としてのドゥオーキンの可能性 (78)

第4章 コーエンの平等主義的正義構想とその批判的検討 ——— 81

I コーエンの平等主義的正義構想の内容 ——「アドバンテージへのアクセスの平等」— 81
1. ドゥオーキンによる厚生の平等批判への反論 (81)

        2　センの自由観に対する批判（82）
        3　厚生（への機会）の平等と資源の平等に対する批判（85）
        4　アドバンテージへのアクセスの平等（86）
        5　運の平等主義の徹底と非自発的な高価な嗜好（87）
        6　ロールズに対する批判（89）
    II　その評価と批判的検討 ———————————————————— 94
        1　高価な嗜好問題とコーエン＝ドゥオーキン論争（94）
        2　コーエン＝ドゥオーキン論争の評価（99）
        3　高価な嗜好問題と正当化の共同体（101）
        4　高価な嗜好問題と社会主義（102）
        5　アド・ホックな価値多元主義的応答の問題（107）
        6　制度的な厳然たる運とコーエンの関係的契機（109）

  第1部　総括 ———————————————————————————— 111
        1　指標問題（111）
        2　水準問題（112）
        3　アド・ホックな価値多元主義的応答の採否（113）
        4　平等と自律との関係（114）
        5　制度的正義論の採否（115）

■第2部　関係的平等主義の擁護

第5章　アンダーソンによる「分配的平等主義」批判と
　　　 その検討 ———————————————————————————— 122
    I　アンダーソンによる「分配的平等主義」批判の内容
    　 ——「運の平等主義」批判 ———————————————————— 122
        1　運の平等主義に対する批判的問題意識（122）
        2　功績感応的運の平等主義と責任感応的運の平等主義（123）
        3　功績感応的運の平等主義に対する批判（126）
        4　責任感応的運の平等主義に対する批判（128）
    II　その意義と検討 ———————————————————————— 130
        1　運の平等主義批判の成否（130）
        2　運の平等主義批判の意義（133）
        3　その後の論争の展開（138）

第6章 アンダーソンの関係的平等主義の検討とその洗練化 ─── 144

I アンダーソンの「民主的平等」とその検討 ─── 144
1 アンダーソンの「民主的平等」の内容（145）
2 その評価と検討（151）

II 不正義の態様と生成構造の類型化 ─── 160
1 ヤングの抑圧概念（160）
2 フレイザーの分配的不平等の不正義と誤承認の不正義（162）
3 アンダーソンの支配の階層・評価の階層・地位の階層（163）
4 その評価と批判的検討（165）
5 本書の立場（172）

III 不正義への治癒策の一般的指針 ─── 180
1 差別と従属への治癒策：反差別と独立の擁護（181）
2 排除への治癒策：統合の擁護（184）
3 分配不平等／誤承認の不正義への治癒策：変革的戦略の擁護（189）

第2部 総括 ─── 196

■第3部 関係的平等主義に対する外在的批判とそれへの応答

第7章 水準問題
── 充分主義への批判 ─── 200

I 「充分」レベルの道徳的恣意性に基づく批判 ─── 200
II 「充分」レベル以上での格差に無頓着であるという批判 ─── 203
III 「充分」レベル上下間のトレード・オフを認め得ないという批判 ─── 206

第8章 指標問題
── 潜在能力アプローチへの批判 ─── 211

I 「インデックス問題」への批判 ─── 211
II 「卓越主義」批判 ─── 214
III 「本質の固定化」批判 ─── 217
IV 「自由の自己力能化」批判 ─── 220

第9章 関係的平等主義自体への批判 ──── 224

I 制度的正義論への批判 ──── 224
1 コーエンによる批判再び（224）
2 制度的正義論についての補足（226）
3 コーエンによる批判への応答（228）
4 非制度的正義論と集合行為問題（232）

II 運の平等主義からの「個人責任」批判 ──── 233
1 「インセンティブ低下」批判（234）
2 「救済コスト」批判（235）
3 救済の優先順位の問題（239）

III 「男性中心主義」批判 ──── 242
1 バークレイによる批判（242）
2 本書の立場からの応答（244）

IV グローバルな正義についての批判 ──── 248
1 タンらによる批判（248）
2 民主主義を採用している社会と採用すべき社会の区別（248）
3 本書の立場からの応答（250）

第3部 総括 ──── 254

■第4部 関係的平等主義とリベラル・デモクラシー

第10章 関係的平等主義とその制度構想 ──── 256

I 不正義の類型化と治癒策の一般的指針の要点 ──── 256
1 不正義の類型化（256）
2 治癒策の一般的指針（259）

II 具体的制度構想 ──── 262
1 統治機構（262）
2 市民社会（268）
3 雇用（271）
4 社会保障（272）
5 家族制度（277）

第11章 関係的平等主義と法の下の平等 ── 283
- Ⅰ 法的差別禁止の一般的指針 ── 284
  1 法的差別禁止の正当化根拠と判断枠組み（284）
  2 手段の目的適合性と区別の属性（287）
- Ⅱ 性別に基づく逆差別の類型化とその規範的評価 ── 291
  1 男性に対する逆差別を取り上げる理由（291）
  2 男性に対する逆差別の類型化（293）
  3 積極的差別是正措置についての規範的評価（296）
  4 女性保護についての規範的評価（301）
  5 性別に基づく「分離すれど平等」について（305）

第4部 総括 ── 308

結章 関係的平等主義とこれからの課題 ── 311

あとがき ── 315
参考文献 ── 319
事項・人名索引 ── 331

序章

I 本書の主題と筆者の問題意識

　本書は、平等理念を主体間の相互行為の（非）対称的な関係性によって第一義的に同定しようとする関係的平等主義に基づいて、平等主義的正義構想を擁護し発展させることを試みるものである。

1　差別と格差

　まず、「平等（equality）」という言葉を聞いて、我々にはどんな事例が思い浮かぶだろうか。人種間の平等やジェンダー平等といった例は、多くの人が直ちに思いつくと思われる。あるいは昨今の社会情勢の下では、「セクシュアル・マイノリティの平等な権利」などを思い浮かべるかもしれない。「平等な富の配分」もまた重要な政治的課題であると認識されている。では逆に、「平等の反対は何か？」「平等と対になる概念は何か？」と問われて、我々はどう答えるだろうか。

　おそらく我々の回答は、次の二つに収束するだろう。第一の回答は「差別（discrimination）」である。平等とは対極にある事例として人種差別や性差別、同性愛差別をまず思い浮かべる人々は、このような差別こそを平等と対になる概念として答えるだろう。第二の回答は「不平等（inequality）」、もっと言えば「格差（gap）」である。現代の日本社会（ないしはグローバルなレヴェル）における貧富の格差を、平等の対極にある事例として思い浮かべる人々は、このような格差こそを平等と対になる概念として答えるだろう。また、「平等」と聞いて、ジェンダー平等を真っ先に思い浮かべる人々の間でも、平等とは対極にある事例として、男女間の経済格差や所得格差などをまず思い浮かべる人々は、

格差を平等の対極にある状態として想定していることとなろう。

このように、平等と対になる概念についての人々の回答が二分されることが意味するのは、「平等」という言葉で各々が念頭に置いているものにズレがあるという事実である。先の問いに第一の回答をする人々が念頭に置いているのは、「(合理的理由のない)差別行為の禁止」という意味での平等である。それに対して、先の問いに第二の回答をする人々が念頭に置いているのは、「格差なき配分状態」という意味での平等である。

この二つの意味での平等の間におけるレゾン・デートルの差異は、既に格差なき配分状態が達成されている状況で新たに財を分配する場合においては、明瞭に意識され得ないかもしれない。このような状況においては、全員への等しい取扱いは往々にして格差なき配分状態をそのまま維持するからである。しかし現に格差が生じている状況においては、これら二つの平等間での思考方法の差異が明白になる。例えばAが10単位の財、Bが4単位のそれを既に持っているとしよう[1]。そして国家が4単位の財を、二人の間でさらに分配しようとしているとする。これらの財を国家がどのように分配することが平等に適うと我々は考えるだろうか。

この点で「(合理的理由のない)差別行為の禁止」によって平等を同定する立場からは、まずは二人に同量(2単位ずつ)の財を分配するという等しい取扱いが平等の原則とされ、例外的に異なる取扱いをする——すなわち、Bの方により多くの財を分配する——ためには、そのための合理的な理由——例えば、Bは障害ゆえに財を多く必要とする、Bは歴史的に差別を受けてきた集団であるなど——を提示することが求められるという思考過程を経ることになる。それに対して「格差なき配分状態」によって平等を同定する立場からは、まずは二人の間での格差を可能な限り縮減するような取扱い——この場合は、Bに4単位全て分配するという異なる取扱い——が平等の原則とされる。そして、このような格差を可能な限り縮減するための異なる取扱いをしないとしたら、そうしない理由——例えば、元の格差がB自身の落ち度に起因する、格差を維持することが長期的にBの境遇を最善化するなど——につき、そのように主

---

[1] A及びBは、太郎や花子といった個人でもあり得るし、男性や女性といった集団でもあり得る。

張する側が論証する責任を負うという思考過程を経ることとなる。

　以上のように、「差別行為の禁止」という意味での平等と、「格差なき配分状態」という意味での平等とでは、国家による個別の分配行為につき、等しい取扱いと、格差を可能な限り縮減するための異なる取扱いとで、いずれを平等のデフォルトとするかについての思考過程に差異を生み出す。そして、単純化の謗りを怖れず敢えて言うならば、憲法学を中心とする実定法学においては、前者の差別禁止という意味で平等が理解されている。それに対して、本章Ⅰ2で後述するように、現代英米圏の規範倫理学や政治哲学においては、後者の格差なき状態という意味で平等が理解されるようになっており、法の指導理念についての議論をそのような現代英米圏の規範倫理学や政治哲学に求める傾向にある現代の法哲学においても、後者の意味で平等が理解されている。そしてその結果として、平等をめぐって交わされる現代の諸論議において、実定法学と法哲学とではその問題機制にズレが生じていると思われる[2]。

2　分配的平等主義パラダイム

　前述したような状況において、筆者は法哲学の立場から、主として現代英米圏での平等をめぐる論争状況に立ち入る。この領域においては、本章Ⅱ1で後述するように、ロールズの『正義の理論』に端を発し、センやドゥオーキンのような多数の論者を巻き込んで、既に活発な議論がなされてきた。したがって、平等の問題は既に論じ尽くされているという感もあり、なぜ筆者がそのような論争状況に加わろうとするのか、筆者がそこに新たに付け加えるべきものが残っているのかが問われるかもしれない。平等論研究における本書の独自性については後に明らかにしていくこととして（Ⅲ・Ⅳ）、ここでは前者、すなわち

---

[2]　このような「実定法学と法哲学との間における平等論の問題機制のズレ」という認識は、実定法学者の側からも共有されていると思われる。例えば憲法学者の木村草太は、「政治哲学・法哲学的実践」の中で〈平等〉という言葉は、配分的正義の理念を示す言葉として用いられることが多い」ところ、「憲法14条1項は、資源や財産の配分に関する規定としては用いられ」ず、「財産の配分は憲法29条、社会福祉は憲法25条で扱われる問題である」という認識を示す。その上で、「配分的正義の問題と、憲法14条1項の解釈の問題との間には距離があり、前者の議論を単純に後者に導入することは困難である」（木村2008、196頁注357）と述べている。先ほど筆者は、「実定法学においては差別禁止という意味で平等が理解されている」と記した。この点につき木村は、そのような憲法学の趨勢の中で、差別概念に「（合理的理由のない）区別的取扱い」以上の強い意味を盛り込んで憲法第14条第1項を解釈するという、独自の立場を打ち出している（木村2008、209頁、211頁）。

このような論争状況に敢えて加わろうとする筆者の目論見の理解可能性をわずかながらでも高めるべく、本書執筆に当たっての筆者の実践的問題意識の一端を詳らかにしたい。

　筆者の問題意識とはすなわち、現代英米圏における主流派の平等理論に対する批判的問題意識である。本章Ⅱ3で詳しく述べるように、現代英米圏の平等理論においては——その「指標（currency）」は何であれ——平等を「格差なき配分状態」によって第一義的に同定しようとする、いわゆる「分配（基底）的平等主義（distributive egalitarianism）」のパラダイムが席巻している。その結果として第一に、平等の問題関心が最終的な（「均等な」ないしは「功績に応じた」）分配状態にのみ向かい、一部の人々を不遇に追い込むべく作用するような背後の制度や構造そのものを直接是正しようという問題意識が生じにくくなっているのではないか[3]。そして第二に、平等の問題関心が、私的所有の対象となるような分割可能な財や資源の（再）分配のみに向かい、それらの分配格差や貧困のみでは捉え切れないようなスティグマなどを制度化する文化的意味秩序の不正義——第5章Ⅱ2（2）で後述する「誤承認の不正義（injustice of misrecognition）」（Fraser 1998, Fraser 2003）——をも是正しようという問題意識が看過されてしまうのではないか[4]。

---

[3] 後に第5章Ⅱ2（1）で示すように、このような批判的問題意識は、アイリス・ヤング（Iris Young）による既存の主流派の正義理論に対する「分配パラダイム（distributive paradigm）」批判（Young 1990）と問題意識を一部共有する。

[4] むしろ差別禁止によって平等を同定する傾向にある憲法学の方が、このようなスティグマなどの誤承認の不正義についての問題を明瞭に意識しているかもしれない。例えば安西文雄は、人種差別などの深刻な差別問題の根底には、差別の犠牲者の社会構成員たる地位そのものの格下げや排除、スティグマの押し付けがあるとし（「地位のレベル」）、それが諸々の側面における権利・利益、義務の不利益分配として具体的に顕在化する（「権利・義務等のレベル」）という二重構造になっていることを指摘している（安西・巻・宍戸2014、98頁。安西執筆部分）。そしてそのような認識に立つことで、憲法第14条第1項後段列挙事由による区別につき、合憲性審査の基準を厳格にするべきという主張が理解可能となるとしている（安西・巻・宍戸2014、102頁。安西執筆部分）。また木村草太は、非嫡出子の法定相続分を嫡出子の半分としていたかつての民法第900条第4号但書き前段に〈非嫡出子を劣位に置く〉という発想」を見出し、「そのような発想の提示は、非嫡出子に対する差別感情を助長するメッセージの提示として機能してしまう」（木村2008、208頁）として批判するが、このような洞察のうちには、多数派の支配的な文化規範の中で恒常的にアブ・ノーマル視されている非嫡出子が被る誤承認の不正義についての問題意識を読み取ることができる。

3 法的差別との関係

　以上の二つは現代正義論の文脈における問題意識であるが、もう一つは法的平等との関係での問題意識である。本章Ⅰ1で述べたように、法哲学の領域では格差なき配分状態という意味で平等が理解されている。それに対して実定法学においては差別行為の禁止という意味で平等が理解され、法的平等ないしは法の下の平等の文脈で平等が論じられている。それゆえ両者では、平等論の問題機制にズレが生じているというのが先の筆者の診断であった。

　確かに、憲法学を始めとする実定法学における法的平等の論議は、形式的平等と実質的平等、機会の平等と結果の平等、絶対的平等と相対的平等といった、「いかなる程度に平等化を実現するか」という問題に終始する傾向にある。一口に「形式的平等よりも実質的平等を」と言っても、その「実質」の内容が明確にされなければ、かえってこのような理念に訴える論者の都合の良いような恣意的な仕方で多用されるおそれがあろう。そしてそれを避けるべく「実質」の内容を明らかにするためには、いかなる次元において平等が目指されるべきかが明示される必要がある。その限りで、平等の問題を論じるに当たって、その主題ないしは対象をめぐる議論がいかなる程度に平等化すべきかという問題に先行するという認識（井上達夫 2003、205 頁、井上達夫 2006a、4 頁）[5]は一面の真理を有するし、本章Ⅱ1で後述するように、「何の平等か？」を主たる争点として現代英米圏で平等の問題が論じられるに至ったことは、一定の理論的進展

---

[5] ただし法哲学者である井上達夫の平等論には、平等理念を格差なき配分状態によって第一義的に同定する分配的平等主義の立場に還元し尽くされないような契機をも見出すことができる。井上はアイザイア・バーリン（Isaiah Berlin）の「消極的自由」概念を批判的に検討する文脈で、消極的自由が排除する干渉を他の人間による干渉にバーリンが限定している点につき、「私が自由を失うのは他者によってそれが奪われたときのみであるという主張を理解可能にするのは、自由とは別の価値である」とし、その価値とは「自己と他者との平等である」と言う（井上達夫 1999、200 頁注 6）。「他者の自己に対する支配は『天は人の上に人をつくらず、人の下に人をつくらず』という平等を侵犯するからこそ許されない」という井上の平等観からは、後に詳しく取り上げるような、平等理念を主体間の相互行為の次元における関係の（非）対等性によって同定する関係的平等主義に相通ずる契機を見出すことができるのではなかろうか。「狭義」の平等理念を、「人種・性・階級・民族などの差異を超越した人格的存在としての人間の本質的対等性を意味する」（井上達夫 1998、1341 頁、傍点筆者）と記述する井上の平等概念についての説明も併せて参照されるべきである。むろん井上において、この「自己と他者との平等」も根底的には、当事者の個体的同一性に究極的に依拠する正当化理由に基づく差別化の排除をその内容とする正義理念（井上達夫 1986、47 頁、井上達夫 2003、17 頁）に依拠しているということになろう。いずれにせよ、井上の平等論からも、平等理念を分配基底的ではなく関係基底的に理解するための理論的資源を見出すことができると思われる。

とは言い得る。

しかしその一方で、平等化の主題ないしは対象をめぐる問題を主たる争点とすることからさらに進んで、平等理念を格差なき配分状態によって第一義的に同定するに至った現代英米圏の主流派の平等理論を見ていても、それが法的差別の問題に対してどう利いてくるのかが今一つ判然としないのは事実である（Hellman & Moreau 2013, p. 2）[6]。格差の縮減という望ましい配分状態の実現には尽きない（と筆者の考える）法的差別の禁止要請の実践的意義が汲み取られずにいるのではないか[7]。

以上三つが筆者の批判的問題意識であり、本章Ⅱ3で後述するように、これらの批判的問題意識はいずれも、主流派の平等理論が共有する前提としての分配的平等主義が、平等理念を同定するに際し、主体間の相互行為の契機を捨象している点に由来する。それゆえ本書は、このような現代英米圏の平等論において、平等理念を格差なき配分状態で定義する主流派の分配的平等主義に代わる平等理論、すなわち平等理念を主体間の相互行為の（非）対称的関係性で定義する関係的平等主義を擁護することで、そのような非対称的な関係性を規定するような、インフォーマルな文化的意味秩序も含めた背後の制度や構造の是正に平等の問題関心を向けさせる。それとともに、望ましい分配の実現と差別行為の禁止との規範的指針を、主体間の対等関係性の構築という統一の規範理念の下で架橋することで、上で挙げた三つの批判的問題意識に応えようとするわけである。

[6] この点、平等理念を格差なき配分状態によって第一義的に同定する立場のシュロミ・セガル（Shlomi Segall）は、差別行為の反道徳性は分配的正義としての機会の平等の実現を妨げる点に尽きるとして、反差別の要請を格差なき配分状態の実現に還元している（Segall 2013, chap. 5）。しかし、後述するように筆者は、差別禁止の意義は望ましい配分状態の実現に尽きないと考えている。

[7] 昨今、分配的平等主義――より正確にはその亜種の「責任感応的優先主義（responsibility-catering prioritarianism）」――の立場から差別の一般理論について取り組んだ研究として、Lippert-Rasmussen 2014 が存在する。ただし筆者は、差別禁止の意義は望ましい配分状態の実現に尽きないと考えている上、差別行為の反道徳性が被差別客体の境遇の低さと有徳さのみに依拠するとも考えないため、差別行為の反道徳性につき「功績感応的優先性説（the desert-prioritarian account）」という帰結主義的な「危害説（harm-based account）」に依拠して説明する同書の立場（Lippert-Rasmussen 2014, p. 8）には賛同できない。同書の立場に対する立ち入った批判的検討は別の機会に試みることにしたい。

II 現代英米圏における平等論史

　本書で筆者は主として現代英米圏における平等をめぐる論争に立ち入るが、本論に入る前にその平等論史を簡単に略述したい。

1 「何の平等か？」というパラダイム

　現代英米圏の規範倫理学ないし政治哲学における平等主義的リベラリズム（及びそれらの間の論争）は、ジョン・ロールズ（John Rawls）の『正義の理論（*A Theory of Justice*)』(1971年）に端を発すると広く理解されているが、そこでの主流派の平等理論が共通の前提にしている「何の平等か？（Equality of What?)」というパラダイムは、アマルティア・セン（Amartya Sen）の議論に端を発するものである。センは厚生主義的な「功利主義的平等（utilitarian equality)」と「総効用の平等（total utility equality)」、資源主義的な「ロールズ的平等（Rawlsian equality)」——その内実は「社会的基本財（social primary goods)」を分配的正義の指標として用いるアプローチ——をそれぞれ批判して、「基本的潜在能力の平等（basic capability equality)」という自らの立場を擁護する（Sen 1980、第2章参照）。

　それとほぼ時を同じくして、今度はロナルド・ドゥオーキン（Ronald Dworkin）が「平等とは何か？（What Is Equality?)」と題する二つの論文（Dworkin 1981a, Dworkin 1981b）の中で、「厚生の平等（equality of welfare)」と「資源の平等（equality of resources)」という二つの分配的平等の構想を対置し、前者の厚生の平等を批判して斥け、後者の資源の平等の方を、最善の分配的平等の構想として擁護した（第3章参照）。その後、リチャード・アーネソン（Richard Arneson）やジェラルド・コーエン（Gerald Cohen）といった他の多くの論者をも巻き込んで、80年代初頭から90年代末までの平等をめぐる論争は主として、平等化を実現すべき主題ないし対象、あるいは財や資源を均等に配分する際の指標——厚生か、資源か、潜在能力か？——をめぐってなされてきた。

2　水準問題と分析的平等論

　セン以降の平等をめぐる論争は、対象問題ないしは指標問題を主要な争点としてきたが、これらの論争と並行して、「いかなる程度に平等化すべきか？」という水準問題をめぐっても、平等の記述的・意味論的分析への熱意とともに、80年代後半から活発な議論がなされるようになった。

　これら水準問題の次元における論争の淵源は、ロールズ以前の60年代における平等論に遡ることができる[8]。政治哲学者の井上彰はこの時代の平等論を「分析的平等論（analytical egalitarianism）」と総称し、その方法論的特徴を、平等の価値や意味論的内実を概念分析の手法を用いて明らかにしようとしている点によって同定している（井上彰 2010b、241-242頁）。しかし私見によれば、この時代の平等論のもう一つの大きな特徴は、いずれもアリストテレスによる「等しきは等しく」という正義の命題を自らの平等理念の定式化において下敷きとしており、それゆえ平等の定式化において、（合理的理由のない）差別行為の禁止要請と格差なき配分状態の実現要請との概念的区別が、必ずしも明確に意識されていないという点に求められる[9]。

　これに対して80年代後半からの水準問題をめぐる議論においては、両者の概念的区別が明確に意識され出し、平等（主義）は専ら格差なき配分状態として同定されるようになった。ハリー・フランクファート（Harry Frankfurt）は、「全員が収入や富を同量に保有していることが望ましいとする原理」としての平等主義を斥け、各人が充分な量の収入や富を保有していることを要請する「充分性の原理（the doctrine of sufficiency）」——ないしは「充分主義（sufficientarianism）」——を擁護し（Frankfurt 1987, pp. 21-22）、デレク・パーフィット（Derek Parfit）は、人々の境遇が等しいことがそれ自体として善いとする「目的論的平等主義（telic egalitarianism）」とは概念的に異なる立場として、「人々

---

[8] この時代を代表する平等論として、Berlin 1956, Vlastos 1962, Williams 1962, Lucas 1965, Benn 1967, Oppenheim 1970 が挙げられる。本邦においてこのような60年代の平等論を取り上げたものは極めて少ない。管見の限り、飯田 2002 及び井上彰 2010b くらいであろう。60年代の平等論についての本書の記述も井上彰 2010b 及び井上彰 2017b の第1章の整理に大きく依拠している。

[9] 唯一の例外は Oppenheim 1970 である。彼の議論において平等は、再分配前後の財の保有状況の差が小さくなっているかどうかを測る基準とされており（Oppenheim 1970, pp. 149-150）、格差なき配分状態（の実現）として平等理念が定義されている。

に利益を与えるに際して道徳的により重要なのは、当の人々の福利が（絶対的な意味で）より低い場合である」という「優先説（the Priority View）」——ないしは「優先主義（prioritarianism）」——の存在を提唱したが（Parfit 2002 [1991], p. 101）、彼らはともに平等主義を、格差なき配分状態そのものを実現しようとする立場として同定しているのである。そしてパーフィットらの議論を受けた上で、改めて平等の記述的概念分析とその価値論的基礎付けに取り組んだラリー・テムキン（Larry Temkin）においても、平等主義は、本人の落ち度や選択に起因しないような格差なき配分状態そのものを実現しようとする立場として同定されているのである（Temkin 1993, p. 13）。

3　相互行為の捨象と関係的平等主義

　ここにおいて、現代英米圏における主流派の平等理論が共通の前提としてきた分配的平等主義のパラダイムが一応の完成を見る。80年代初頭からの主として対象問題ないしは指標問題を争点としてきた段階においては、センの「何の平等か？」という問いが、リバタリアニズムのような再分配を拒絶する理論まで幅広く平等理論の射程に含めていたことに示されるように（Sen 1992, p. 13, 第2章I1参照）、それらの立場は平等理念を、「分割可能な資源を単一指標に基づいて均等化する」という格差なき配分状態によって第一義的に同定する立場では必ずしもなかった。また、詳しくは本論第1部で述べるように、ロールズ、セン、ドゥオーキン、コーエンといった、初期より議論を牽引してきた主流派平等理論の立場は、一般には分配的平等主義にコミットしていると見なされるものの、平等理念を格差なき配分状態によって第一義的に同定するという分配的平等主義のパラダイムでは汲み尽くされないような契機をも有していた。しかし、パーフィットの言う「目的論的平等主義」に始まり、テムキンが構想する価値論基底的な責任感応的平等主義において結実する分析的な平等主義においては、初期の主流派平等理論の立場が有していたそれらの契機は跡形もなく捨象されている。

　分配的平等主義のパラダイムにおいて捨象されたもの——それは主体間の相互行為の契機である。このような分配的平等主義にコミットする主流派の平等理論の共通前提に対して批判を提起したのが、エリザベス・アンダーソン

(Elizabeth Anderson)の論文「平等の眼目は何か？（What Is the Point of Equality?)」（1999年）である。彼女による批判は通常、「平等の根本的目的は人々の値しない（undeserved）不運に対して補償を施す点にある」という「運の平等主義（luck egalitarianism）」（Anderson 1999a, p. 288）に対して向けられたものとして理解されているが、第5章Ⅱ2（1）で後述するように、その批判の射程は、およそ平等理念を第一義的に財や資源の配分状態における格差の有無で同定しようとする分配的平等主義一般に及ぶものと理解できる。

　主流派の平等理論に代えてアンダーソン自身が提唱する平等主義的正義構想である「民主的平等（democratic equality）」は、平等主義の目的を、消極的には、諸個人間の抑圧的関係性の除去、積極的には、民主国家における諸市民間の対等関係性に求めている。その意味で彼女の平等主義的正義構想は、平等理念を第一義的に主体間の相互行為の次元における関係の（非）対等性によって同定しようとする「関係的平等主義（relational egaltiarianism）」に立脚したものなのである[10]。

　本章Ⅰで述べた筆者自身の主流派の平等理論に対する批判的問題意識の淵源もまた、このような主流派の分配的平等主義における主体間の相互行為の契機の捨象化に、究極的には求められる。したがって、筆者自身もアンダーソンによる主流派の平等理論に対する批判に共鳴する部分が多くあり、平等理念を主体間の相互行為の次元における関係の（非）対等性によって同定しようとする関係的平等主義にこそ、筆者自身の批判的問題意識に応えるための理論的資源を求めることができると考えている。むろん、主流派の分析的な分配的平等主

---

[10] アンダーソンとともに関係的平等主義の代表的論者とされるサミュエル・シェフラー（Samuel Scheffler）も、平等についての「関係説（relational view）」を、「平等は、ある種の個人間の関係性を統制する理念である」（Scheffler 2015, p. 21）として特徴付けている。なお井上彰は、関係的平等主義の立場からなされる分配的平等主義への批判に対し、現在において主流派を占めている分析的な分配的平等主義の諸理論は「配分の対象を経済的財に限ることを前提とはしていないし、配分パターンの平等化についても、その単一性を看取しうるほど単純な議論をしているわけではない」と反論を展開している（井上彰 2015b）。しかしそうだとしても、分析的に精緻化された主流派の分配的平等主義の理論において、主体間の相互行為の契機が捨象されている点についてはなお認めざるを得ないだろう。そしてアンダーソンの民主的平等を始めとする関係的平等主義に基づく諸理論の実践的意義は、そのような主体間の相互行為の次元における非対称的な関係性を可視化することで、現実世界において生じている差別・抑圧実践に対しより十全な形で対応し得るような理論を構築する点に求められるのではないかと考える。

義、とりわけ運の平等主義の諸理論の側も、先のアンダーソンによる批判を受けて、自己の立脚する平等概念の精緻化とその価値論的基礎付けを試みるとともに、アンダーソンによる一連の批判に応答するべく、自己の立場の洗練化を試みている[11]。そして現在の平等をめぐる論争においては、そのようにして洗練化された最先端の運の平等主義の諸理論と、関係的平等主義に基づく平等理論とが対峙しており、「分配的平等主義」対「関係的平等主義」という対抗図式が平等論の一大パラダイムをなしている。

　以上が現代英米圏における平等論史及び現在におけるその理論状況の概略である。上述した対抗図式のうち、主流派の分配的平等主義に基づく諸理論は、多くの論者がその立場に与していることに加え、そのような分配的平等主義の陣営内部での論争も活発に交わされてきたこともあり、その理論的内実がかなりの程度具体的に彫琢されてきている。それに対し、もう一方の関係的平等主義に基づく諸理論は、そのような関係的平等主義のパラダイムが明示的に提唱されたのが比較的間もない90年代末であるという事情に加え、その立場に与している論者も相対的に少ないことから、「相互行為の次元における（非）対称的な関係性」の具体的中身を始め、その理論的含意が必ずしも詳らかにされていない[12]。本書はそのような理論状況の中で、未だ傍流の地位に甘んじている関係的平等主義の立場にコミットし、先のアンダーソンの民主的平等をベースとしつつ、その理論的内実を明確にするべく掘り進め、筆者自身の実践的問題意識も加味して、独自の関係的平等主義に基づく平等主義的正義構想へと発展させていくことを試みるものである。その意味で本書の試みは、上のような現代英米圏における平等論の最新の理論状況を踏まえた上で、その平等論史の伝統に新たな理論的貢献をするものであり、その意義は否定し得ないと考える。

11 　そのような最先端の運の平等主義の代表として、Knight 2009, Segall 2010, Tan 2012 などが挙げられる。詳細は第5章II3 (1) 参照。
12 　関係的平等主義——同論文集では「社会的平等（social equality）」という名称を用いている——を主題とした論文集である Fourie & Schuppert & Wallimann-Helmer 2015 もまた、そのような理論状況について筆者と同様の問題意識を示しており（Fourie & Schuppert & Wallimann-Helmer 2015, p. 2）、そのような社会的平等概念のさらなる発展・彫琢を試みている。

Ⅲ 本邦における平等論研究の状況

1 竹内章郎の『現代平等論ガイド』

　現代英米圏の規範倫理学ないし政治哲学における平等をめぐる論争を、本邦で最初に包括的に紹介したと思われる研究は、竹内章郎の『現代平等論ガイド』（1999年）であろう。同書は伝統的な平等論を、主体と配分対象、その両者の関係の観点から整理・類型化して、その意義と限界を考察する（竹内1999、第1、2章）。その上で、現代英米圏における平等主義的リベラリズムの代表的立場を取り上げ、それらに共通する特徴を抽出した上でその長短を論じている（竹内1999、第3、4章）。

　同書で竹内が根本に据えている平等主義の立場は、「反差別・反抑圧への志向・理念・価値を提起する平等主義」（竹内1999、9頁）とされており、本書と問題意識を一部共有しているとも言い得るが、竹内自身も認めている通り、同書はオルタナティブとしての「新たな真の体系的な平等論の提起にはまだいたっていない」という限界がある。また、同書が取り上げる現代英米圏の平等主義的リベラリズムの代表的立場は、ロールズに始まりコーエンに終わる主流派のそれである。しかも竹内自身、それらの立場を共通に「平等の配分志向」「平等指標の単一化」として特徴付けており、平等理念を格差なき配分状態によって同定する分配的平等主義のパラダイムにとどまっている。

　むしろ竹内は、非物質的財に対して分配のタームを適用することへのヤングの批判——そしてその批判は、第5章Ⅱ2 (1) で後述するように、アンダーソンによる主流派の平等理論への批判にも継承されている——を、「新自由主義による平等主義攻撃にあふれている現段階では平等主義の進捗を遅らせる」（竹内1999、31頁）という戦略上の理由から斥けている[13]。

---

[13] もっとも竹内も、現代英米圏における平等主義的リベラリズムの代表的立場に共通する特徴の一つとして、「平等の関係志向」（竹内1999、124頁）を挙げている。しかし同書で言う「関係志向」とは、本書で言う関係的平等主義の立場とは必ずしも同意ではない。

2 立岩真也の『自由の平等』

竹内の研究と並んで本邦を代表する包括的な平等論研究としては、立岩真也の『自由の平等』(2004年) がある。

同書はまず、リバタリアンに代表されるような、自由の尊重の立場から再分配を否定する立場や、嫉妬やルサンチマンといった語を使って再分配を非難する立場を斥け (立岩2004、第1、2章)、「人が人であるだけで存在していることはよい」ということから、各人の存在と存在の自由のために必要な分配を根拠付ける (立岩2004、第3章)。次に同書は、自己の論をより明確にするべく、人の欲求・価値がどのように捉えられるのか——より具体的には、主観的厚生を平等の指標とするべきか——についての諸議論を批判し、人は「それぞれが必要と思うだけのものを得られてよ」く、「重要な契機ではある効用、主観的満足度を全面的に切ってしまうことはなく、それをどのように組み入れるか工夫してみ」る (立岩2004、201頁) といった自らの立場を対置する (立岩2004、第4章)。

その上で同書は、平等を「生産する能力を等しくする」という機会の平等として同定する、立岩が言うところの「リベラリズム」を批判し、原則として結果の平等を肯定し、生産を促す手段ないしは苦労に報いる手段として、努力に報酬を対応させることを部分的に肯定するという立場を打ち出す (立岩2004、第5章)。さらに同書は、所有権の付与のあり方につき、生産者にその生産物を帰属させようとする「リベラリズム」の立場を批判し、別様の基準の可能性を確認する (立岩2004、第6章)。

同書は先ほど挙げた竹内の研究とは異なり、自己の積極的に擁護する平等主義の立場を打ち出すものとなっている。しかし、同書もまた先の竹内の研究と同じく、平等論の射程を分配的正義の問題に限定して論じており、分配の問題として語るべきでない問題領域の存在を承認しつつも、それらについては同書の検討対象外としている (立岩2004、30頁)。

3 木部尚志の『平等の政治理論』

竹内と立岩の平等論研究が、分配的平等主義のパラダイムになおとどまっているのに対し、関係的平等主義の立場から本格的な平等論研究に取り組んだも

のは本邦において未だほとんど存在しない[14]。しかしその希有な例外として、木部尚志の『平等の政治理論』（2015年）を挙げることができる。同書は「これまで中心的な関心であった配分的平等に汲み尽くされない平等の問題」を、「政治理論が取り組むべき課題である」（木部2015、17頁）と認識し、平等をめぐる政治理論にも及ぶ「専門分化の圧力」と、分析哲学の影響を受けた英米圏の政治理論での、論理的な仕方での議論の構成方法を批判する（木部2015、18頁）[15]。そして同書は、不平等の実態や発生プロセスについての知識といった、現実世界がどうあるかという経験的観点と、世界はどうあるべきかという規範的観点を連関させ、具体的事例の考察を通しての理論化を重視する（木部2015、18-19頁）。これらの課題に応えるべく、同書は平等についての「関係論的な理解」（木部2015、41頁注18）を採用するのである。

[14] 本書のもととなった法学協会雑誌掲載論文（「関係の対等性と正義——平等主義的リベラリズムの再定位（一）〜（四・完）」『法学協会雑誌』第113巻第8号から第11号）の連載終了後、齋藤純一『不平等を考える』（2017年）に接した。同書は本書と同じく「関係論的な平等主義」のアプローチを採用し、人々が市民として享受すべき平等の内容と、市民が共有する制度の役割について考察する（齋藤2017、第1部）。その上で同書は、市民間に平等な関係を築き、それを維持するための生活条件を保障する、広義の社会保障制度について考察するとともに（齋藤2017、第2部）、市民を政治的に平等な者として尊重するデモクラシーの制度とその下での市民の政治的実践について考察する（齋藤2017、第3部）。後述のように、本書も第10章Ⅱ1・4において、統治機構及び社会保障の領域における具体的制度構想について若干程度敷衍しているが、同書はとりわけデモクラシーとの関係において、それよりも遥かに立ち入った理論的検討を施している。その一方で同書は法の下の平等や差別の問題について、女性差別や同性愛差別などといった、些かなりとも良識を備えた人であれば誰しも反対するであろう差別実践の不正性については随所で言及するものの（齋藤2017、33頁、63頁、137頁、141頁、198頁、210頁、238頁、258頁）、本書が第11章Ⅱで後述するようないわゆる「逆差別」や、一般には被抑圧集団と見なされていない人々が被る差別実践などといった、ある程度の良識を備えた人々の間でも結論が大きく分かれ得るような問題に対し、自身の理論からの具体的な立場を明らかにすることについては避ける傾向があるように思われる。同書の内容に対する立ち入った検討については他日を期したい。

[15] もっとも専門分化には、木部が指摘する通り、それによって主題についての多面的な検討作業が抑制されたり、議論の背景にある大きな文脈や問題が捨象される傾向につながったりするなどという危険がある一方で、他方では議論内容の知的水準や精度を高めるという利点もあるため、それがどれほど問題かということについては偏に専門分化の程度に依るとも言えるかもしれない。木部自身、テクニカルな手法を用いて論理的な論証の確実性を高めようとすること自体に問題があるわけではない点については認めている（木部2015、18頁）。逆にむしろ、このような「分析哲学の影響を受けた英米圏の政治理論での、論理的な仕方での議論の構成方法」を徹底することで責任感応的な平等主義的正義構想の擁護を試み、平等の問題に接近しようとする本邦における最近の精力的かつ意欲的な研究として、井上彰の『正義・平等・責任——平等主義的正義論の新たなる展開』（井上彰2017b）を挙げることができる。同書に対する筆者の評価は、森2018を参照されたい。

(1) 本書との方法論における違い

　本書もまた、平等理念を第一義的に主体間の相互行為の次元における関係の（非）対等性によって同定しようとする関係的平等主義に立脚しており、その点において木部の研究とアプローチを同じくする。しかし木部の研究と本書とでは、以下の点において、平等の問題に接近するに当たってのスタンスを異にする。

　第一に、平等の問題を論じるに当たって、両者は力点を置くべき次元・側面において立場を異にする。木部が平等の問題を論じるに当たって、経験的観点と規範的観点を連関させ、具体的事例の考察を通しての理論化を重視する姿勢を採っていることは既に述べた。このような自身の姿勢を木部は、実践的諸問題に応答し、解決案を提示するという課題と区別して、自らの力点が「具体的処方箋の提示という政治理論の実践的側面よりもむしろ現実的な問題の考察をとおしての理論化という方法論的側面にある」（木部2015、39頁注9）ことを強調している。

　それに対して本書は、木部の言う「抽象的原理の次元での議論」（木部2015、18頁）に加えて、実践的諸問題への具体的処方箋の提示をも視野に入れるものであり、現に第10章Ⅱにおいて、具体的制度構想にも若干程度ではあるものの敷衍している。確かに本書においては、現実世界についての経験的観点からの考察が、木部の研究のように充実しているわけではない。しかしこの点は木部の研究が、「完全に平等な社会」における平等の内容を明確にすることを目指しつつも（木部2015、32-33頁）、相対的に「非理想理論（nonideal theory）」の次元に力点を置いている（齋藤2015）と思われるのに対し、本書はそのような非理想理論の次元での政策にも触れてはいるものの、相対的に「理想理論（ideal theory）」の次元に力点を置いているという、両者の差異によって正当化可能であろう[16]。

[16] もっともこのような「理想理論」と「非理想理論」との区別は多義的に用いられている。例えばロールズは理想理論を、人々が正義に適ったルールに厳格に従うという想定の下での理論とし、それに対して非理想理論（の一部）を、人々がそのようなルールに部分的にしか従わないという想定の下での理論として特徴付けている（Rawls 1971, pp. 8-9, 245-247)。また井上達夫は、クルト・ベイヤー（Kurt Baier）の「道徳的均衡（moral equilibrium）」回復の観点からの第一次道徳準則と第二次道徳準則の区別（Baier 1958, pp. 204-207）を修正発展させた上で（井上達夫2012、270頁注8）、人々の間でのあるべき権利や利益の分配の在り方、

第二に、平等理念によって規律される主体につき、一定の人間観にコミットするか否かで両者は立場を異にする。木部は、「すべての人間は価値や尊厳において平等な存在であるとする道徳的平等を究極的に基礎づけるものがなんであるか」という平等主義の基礎付け問題に寄せて、「すべての人間に道徳的平等や平等な価値を付与する根拠となる、あらゆる人間に共通する属性——例えばカントやロールズの場合は道徳的能力——を見出す手法は、程度や範囲の線引きという問題を引き起こす点で、ある人々を排除するか、劣位に置くという難点をもつ」（木部 2015、40 頁注 15）として、自己の平等理念によって規律される主体につき、単に「人間である」ということ以上にその内容に踏み込むことから距離を置いているように思われる（cf. 木部 2015、262-265 頁）。

　しかし、数ある感覚主体の内でなぜ人間に対してのみ、その尊厳への等しい尊重が求められるのか、それらの人間が等しく人であるとなぜ言えるのか、未成年者や重度知的障害者の権利行使に対する特別な制限がなぜ正当化されるのかなどといった問題に答えるためには、平等理念によって規律される主体についての一定の想定にコミットせざるを得ないだろう。本論において後述する通り、本書では平等理念で規律される主体を、自律的な合理的行為主体とし、そのような行為主体性を永続的に欠くような主体に対する配慮は、平等や正義以外の倫理的原理によって対処するという立場を採る（第 6 章 I 2 (2)、第 9 章 III 2 参照）。その点で木部とは立場を異にするのである。

(2)　本書との正義構想における違い

　第三に、同じく関係的平等主義の立場に立ちつつも、両者はその正義構想の内容を大きく異にする。木部は、いわゆる「〈差異化されたシティズンシップ〉論」の擁護（木部 2015、第 5 章）や、平等の具体的問題を論じるに当たってアイヌや在日コリアン、トルコ系移民といった文化的少数者を主たる例に用いていること（木部 2015、第 5、6 章）、政治的平等を達成する手段として少数民族に一

すなわち第一次的に実現されるべき理想状態を規定する原理である分配的正義と、あるべき権利や利益の分配状態が侵害された場合にそれを是正して失われた道徳的理想状態を回復する方法を規定する原理である匡正的正義を、それぞれ理想理論と非理想理論に対応させている（井上達夫 2012、214-215 頁）。本書では理想理論と非理想理論とをそれぞれ、おおむね井上の言う「ユートピア的理論」——すなわち、理想的な状況において追求されるべき正義についての理論——と「現実主義的理論」——すなわち、現実の事実的諸制約の下で追求可能な正義についての理論——（井上達夫 2012、270 頁注 8）の意味で用いている。

定の議席を割り当てる集団的代表制度への肯定的態度（木部2015、185頁）から
うかがわれるように、多文化主義ないしは集団単位での「差異の政治（politics
of difference）」（Young 1990）の立場に対して親和的な正義構想を有している（cf.
木部2015、130-131頁）。それに対して筆者はそのような多文化主義ないし集団主
義の立場からは、一定の距離を置いている。

　本章Ⅰ2で述べた筆者自身の問題意識に示されるように、そして本論でも後
述するように、ノーマルな多数派ないしは支配的集団の文化規範が画一的に押
し付けられることで、アブ・ノーマルな少数者がスティグマ化・周縁化される
という誤承認の不正義に対する問題意識を筆者も有している。その点で多文化
主義の論者とも問題意識を一部共有しているし、スティグマ化・周縁化された
それらのアブ・ノーマルな少数者が、集団的行動を通じて差別や抑圧に立ち向
かうことの意義を筆者も否定するわけではない。しかしこのような誤承認の不
正義に対して、文化的少数者に国家が、例えば差異への集団的権利を付与する
などして公的に特別な承認を与えるという治癒策（remedy）――第6章Ⅲ3
(1)で後述するフレイザーの言う「肯定的承認（affirmative recognition）」（Fraser 2003, p. 75）――を採ることに対しては、以下の理由から慎重であるべきであ
ると考える。

　第一に、これらの公的な承認政策は事実上、強力な政治的動員力を有してい
たり、既に「被抑圧集団」としての社会的承認を獲得していたりするような
「強い被抑圧集団」しか勝ち取ることができない。したがって数の上でも資源
の上でも無力な――その意味で最も法的保護を要する――少数個人への権利保
障においては必ずしも有効に機能し得ない。

　第二に、文化的少数者を一枚岩な被抑圧集団として認定し、彼らに差異への
集団的権利を付与するなどといった多文化主義的・集団主義的政策を施すこと
は、ややもするとその集団内部における非対称的な権力関係を不可視化してし
まう傾向にある[17]。

　また第三に、国家から公的承認を勝ち取れるようないわば「強い被抑圧集

---

[17] 宗教・民族的少数派内部における個人としての女性への抑圧を問題視するものとして、Okin 1999参照。女性集団内部におけるトランス・ジェンダーへの抑圧を問題視するものとして、谷口2004、107-108頁参照。

団」は、しばしば集団外の非構成員——とりわけ力の弱い非構成員——に対しても横暴かつ抑圧的に権力を行使しがちであるという事実が存在する。そして、そのような強い被抑圧集団の「被抑圧集団」としての共通のアイデンティティに対して国家が特別な政策によって公的に承認することは、彼らに対し、自分たちの被害者としての経験は重視する一方で、自分たちの加害行為に対しては目を背ける・合理化する・過小評価するといった自己欺瞞への誘因を与えてしまい、ひいては彼らから、自分たちの行為が他の市民の視点からも受容可能かどうかを内省する契機を奪ってしまうおそれがあるのである。カントを中心とする時間論の研究で著名な哲学者である中島義道が、その独創的な差別論の中で次のように述べるとき、そこには上で述べたような問題についての鋭利かつ示唆に富んだ洞察が含まれている。

> 「現代社会の状況において、逆差別を利用して、つまり差別を逆利用して、権力を握る一群の人々が確かにうごめいている。ウーマンリブでも、黒人解放運動でも、部落解放運動でも、環境保護団体でも……非権力者が権力に立ち向かい自らの理念を実現するためには、それ自身権力をもたねばならない、という一種の自己矛盾に陥る。社会を変革しようとするとき、この傾向を一概に否定はできないであろう。しかし、目的の美名の下に手段の正当化をなすとき、差別に「対する」戦いが、新たな差別を生み出していることにはけっして鈍感になってはならない」(中島 2009、23頁)。

集団単位での差異への積極的承認は、往々にして、その集団の内と外という境界線を引いて、分離主義に陥る。その境界が一枚岩的な支配的集団と被抑圧集団との間に引かれた場合、このような差異の強調は「加害者と被害者を二分し、きわめて単純な二項対立をもちこんで、それを築き上げていく」(中島 2009、89頁) 発想へと容易に転化し得る。アブ・ノーマルな少数者が被る誤承認の問題を強く受け止めつつ、なおも筆者が多文化主義や集団単位での差異の政治という回答からは距離を置かざるを得ないと考えるのは、そのような問題意識からである[18]。

これに代えて筆者自身の関係的平等主義に基づく正義構想においては、帰属集団共通の文化的アイデンティティに還元し尽くされないような個人単位での善の構想の自律的追求が強く尊重される。そしてそれとともに、黒人や女性、未熟練労働者、レズビアンやゲイ男性といった、既に数ある被抑圧集団の中では相対的に強力な政治的動員力を有していたり、「被抑圧集団」としての社会的承認をも獲得していたりするいわゆる「公認された被差別者」（中島 2009、37頁）のみならず、それ以外の無数の無力な少数個人の「声なき声」をも包摂することが目指されている[19]。

　また、差異化されたシティズンシップや、「支配的集団の構成員は支配的集

18　同様の問題意識をフェミニズム政治理論の文脈で、「男なみの平等」という名のスキュラと、「男を排した女だけのユートピア」という名のカリュブディスとの間を縫って航行するという「平等／差異のジレンマ」――あるいは「フェミニズムのアポリア」――に引き付けて、筆者はかつて論じたことがある。森 2016c の参照を乞いたい。

19　本書を貫くこのような筆者の姿勢が、現実世界の具体的な差別・抑圧実践に対する規範的評価において、いかなる実践的差異をもたらすのだろうか。一例を挙げると、現代日本の刑事収容施設では、男性受刑者について頭髪を丸刈りにする調髪規定（刑事収容施設及び被収容者の処遇に関する規則第 26 条第 5 項、被収容者の保健衛生及び医療に関する訓令第 6 条）が存在するが、これらの規定が性同一性障害者、とりわけいわゆる「身体は男性、心は女性」という MtF の受刑者との関係で問題となり、現にこれらの人々に対する一定の特例措置が設けられるに至っている（性同一性障害者等を有する被収容者の処遇指針について（通知）（平成 23 年 6 月 1 日））。

　しかしこのような問題提起のみでは、真に問われるべき問題の核心に未だ届いていないように思われる。というのもそこでは、そもそも同じ受刑者の内でなぜ男性受刑者のみがこのような丸刈りを強制されなければならないのかという問いが等閑視されているからである（女性受刑者については同訓令において、「華美にわたることなく、清楚な髪型」であれば、本人の希望に応じて、長髪も短髪も許容されている）。そこで不利益的な取扱いを受けているのは男性受刑者一般――あるいは少なくとも、「男は髪型などそれほど気にするべきでない」といった、男性に対して一般に期待されている性別役割規範になじめないような男性受刑者――であり、確かに彼らは被抑圧集団とは一般に見なされていない。しかし頭髪の自由は、女性や MtF ではない個人によっても追求され得るものであり、個人が自己の善の構想においてそのような自由を真摯に価値付けているならば、彼がいわゆる「公認された被差別者」の構成員ではないという一事のみによって、正義の法廷における原告適格を否認すること――そして、さもそのような対応に何の問題もないかのように振る舞うこと――は、恣意的である以上に欺瞞的ですらある。個人単位での善の構想の自律的追求を何よりも尊重する筆者の立場からは、これらの男性規範になじめないような、定型化されたセクシュアル・マイノリティ以外の男性といった少数個人の「声なき声」をも、平等や正義の観点から包摂することができると思われる。

　また第 10 章 II 5（1）で後述するように、本書では家族制度における具体的な制度構想につき、異性婚に加えて同性婚をも法制化するというありがちな対応に代えて、いわゆる「ポリアモラス（polyamorous）」な選好を有する人々や独身者といった、一般には被抑圧集団と見なされていない人々が被る差別やスティグマをも理由に、法律婚制度そのものの廃止を擁護しているが、このような具体的制度構想の次元においても、上のような筆者の姿勢が貫かれていると言える。

団の政治的選好を、被抑圧集団の構成員は被抑圧集団の政治的選好をそれぞれ代表する」という発想に貫かれた集団的代表制度の論理に代えて、筆者自身の正義構想においては、政治共同体の各々の市民が自己の属する社会集団にかかわらず、全市民の利益を不偏的に考慮して投票行動をすることが求められる。そしてそれとともに、支配的集団としての出自を持つ代表者も被抑圧集団としての出自を持つ代表者も、議会での理性的な討論を通じて自己の属する社会集団固有のアイデンティティを修正する契機を持ち、いずれの社会集団固有の特殊利益やアイデンティティにも還元し尽くされないような政治共同体の全市民共通の公共的価値を実現するべく活動する（べきである）、というデモクラシー構想が採用されるのである[20]。木部の立場が相対的に多文化主義的ないしは差異の政治の立場に親和的な関係的平等主義だとすれば、本書の立場は個人主義的及び共和主義的なリベラリズムの立場の方に親和的な関係的平等主義である点で、両者は立場を異にするのである。

　以上のように、同じく関係的平等主義に立脚しつつも、木部と筆者とでは平等の問題に接近するに当たって、主題的にも方法論的にも重要な点でスタンスを異にしており、それゆえ本書は木部の平等論研究には汲み尽くされない実践的意義を有する（そしてその逆もまた然りであろう）。したがって、筆者による本書での関係的平等主義に基づく平等主義的正義構想の擁護の試みは、さらなる知の貢献をなすものと信じる。

Ⅳ　法哲学との関連性

　本章Ⅱ・Ⅲは現代英米圏及び本邦における規範倫理学ないし政治哲学の領域での平等をめぐる論争状況・研究状況について概観したものであったが、本書は倫理学や政治哲学にとどまらず、法哲学という学問実践にも――というよりはそれに対して第一義的に――寄与することを目的とした試みである。

---

[20] 第10章Ⅱ1（3）で後述するように、筆者の立場からは積極的差別是正措置の一環としての議会や政党におけるクォータ制についても、女性候補者が集団としての女性の政治的選好を代表するという集団的代表制度の論理ではなく、政治共同体の全市民共通の公共的価値を実現するための制度として位置付けられることとなる。

周知の通り、法哲学が取り組むべき主要な問題領域は、法の一般理論（ないしは法概念論）、正義論（ないしは法価値論）、法律学的方法論であると理解されている（田中 2011、1頁、平野・亀本・服部 2002、7-8頁）[21]。ないしは、「法とは何か？」に関わる法概念論と、「法とは何であるべきか？」に関わる正義論（あるいは法価値論）とが法哲学の基本問題とされている（瀧川・宇佐美・大屋 2014、iii頁、井上達夫 2006b、773頁）[22]。いずれにせよ、法の指導理念を探究する正義論が、法哲学が取り組むべき主要な問題領域であることは争われていない。

　現代の法哲学においては法の指導理念についての議論を、現代英米圏の規範倫理学や政治哲学に求める傾向にあることは本章Ⅰ1で述べた。正義論においては、①そもそも「正義とは何か？」という、対立競合する諸正義構想に共通する正義理念の概念的核心を探究する正義概念論、②自由・平等・功利・共同体といった、法が実現すべきとされる価値理念ないしは正義概念の最良の解釈を探究する正義構想論、③法が実現すべきとされる価値理念や正義構想を具体的に実現するための制度を探究する制度構想論、④とりわけそのような価値理念や正義構想を民主的な方法で実現するための制度を探究する民主主義論ないしはデモクラシー構想論などが、問題領域を構成している。本書はこの内で、主として正義構想論の領域において、関係的平等主義に基づく自身の平等主義的正義構想を、最良の正義構想として、最良の平等主義的リベラリズムとして擁護する試みとして位置付けることができる。関係的平等主義の立場は長らく標準的な法哲学の教科書においては取り上げられずにいたが、昨今において瀧川裕英らが著した法哲学の教科書においては、「民主的平等」という名称でその立場についての紹介がなされている（瀧川・宇佐美・大屋 2014、116-117頁。瀧川執筆部分）。本書の試みが法哲学の領域に対しても充分な関連性を有することは否定されないだろう。

　この点と関連して、ここ数十年の正義論の領域における法哲学研究の多くが、実定法との関係性を深く考えずに行われてきたとして問題を提起する声が、法

---

[21] なお碧海純一においては法哲学の問題領域として、法価値論・法の歴史哲学・法学方法論という分け方がされている（碧海 2000、13頁）。

[22] レイモンド・ワックス（Raymond Wachs）の用語法においては、「法とは何か」に関わる法概念論は「記述的法理論（descriptive legal theory）」に、「法はいかにあるべきか」に関わる正義論は「規範的法理論（normative legal theory）」にそれぞれ対応する（Wachs 2017, pp. 6-7, ワックス 2011、4頁）。

哲学研究者の内部からも発せられている（亀本2011、22頁）。本書で擁護する関係的平等主義に基づく正義構想は狭義の分配的正義[23]のみならず、差別行為の禁止要請をも平等理念の視野に包摂するものであり、現に第11章では法的差別禁止の一般的指針を示すとともに、具体的な差別実践におけるその規範的含意についても敷衍している。法的差別禁止の一般的指針の提示は実定憲法との関係性をも意識したものであり、上で発せられているような批判は、本書の試みに対しては当たらないと考える。

　井上達夫の言うように、「従来の日本の憲法学」においては「平等など、憲法価値の内容・根拠に真正面から取り組む議論は、やや影を潜めていた」（井上達夫2003、207頁）と言える。日本国憲法の法の下の平等（憲法第14条第1項）の解釈論と本書の議論との間にはなお架橋すべき溝があることは否めないが、「憲法価値の実体的内容に関する理論の発展」に寄与することをも企てている点で、本書の試みに倫理学や政治哲学には尽くされない法哲学研究としての意義を見出すことは可能であると考える。

V　本書の構成と補足

1　本書の構成

　以上までで本書の執筆に当たっての筆者の問題意識（I）、現代英米圏及び本邦における平等をめぐる論争状況・研究状況（II・III）、本書の法哲学研究としての意義（IV）について概観したところで、以下で本書の構成を示すことにしたい。

　まず第1部では、平等理念を第一義的に格差なき配分状態によって同定しようとする分配的平等主義にコミットしているとされる主流派の平等主義的正義構想として、ロールズ（第1章）、セン（第2章）、ドゥオーキン（第3章）、コ

---

[23] ここで言う「狭義の分配的正義」とは、社会に散在する財や資源の望ましい配分状態の実現を求める原理という意味であり、人々の間でのあるべき権利や利益の分配一般の在り方、すなわち第一次的に実現されるべき理想状態たる道徳的原状を規定する原理である「広義の分配的正義」とは区別される。ノージック的リバタリアニズムのような財や資源の再分配を否定する立場も、他者が侵害してはならない権利の内容と分配状態を規定するような広義の分配的正義にはコミットしている（井上達夫2012、214-215頁）。以下特に断らない限り、本書では「分配的正義」という用語を狭義の意味で用いる。

ーエン（第4章）のそれの内容を概観し、一定の視点からそれら各々の正義構想の特徴を抽出するとともに、それらに対する批判的検討を試みる。

　数ある主流派の平等理論の内で、検討対象をこれら初期から議論を牽引してきた論者の理論に限定したことには理由がある。第一に、アンダーソンによる主流派の平等理論に対する批判及び彼女自身の平等主義的正義構想の擁護は、これら初期の理論との対決の上に議論がなされていることから、彼女による批判がなされる以前から提唱されていた平等理論間の論争状況への理解抜きに、彼女自身の正義構想の意義を理解することができないからである。第二に、これら初期から議論を展開してきた論者の理論においては、その後のより分析的な平等理論においては捨象されてしまった主体間の相互行為という関係的契機を見出すことができ、それらの初期の理論との比較を通じてこそ、このような契機がアンダーソンの平等主義的正義構想に継承されているという事情を正しく評価することができるからである。

　続く第2部では、本書が積極的に擁護する関係的平等主義に基づく正義構想の彫琢を試みる。具体的にはまず、第5章でアンダーソンによる既存の平等主義理論に対する運の平等主義批判を概観し（第5章Ⅰ）、その積極的意義を抽出する（第5章Ⅱ）。その上で第6章では関係的平等主義に立脚したアンダーソンの正義構想である民主的平等の内容を概観し（第6章Ⅰ1）、その積極的意義を、第1部での分配的平等主義の正義構想の批判的検討から得られた示唆と、第5章で抽出したアンダーソン自身による既存の平等主義理論に対する批判の積極的意義に照らして検討する（第6章Ⅰ2）。その上で、アンダーソンの民主的平等においてはなお詰めるべき点として評価し得る、彼女の立場から批判・改革の対象とされるべき、不正義の具体的態様と生成構造の分析及びその類型化を試みる（第6章Ⅱ）。さらに、そのような不正義の相互行為の次元における態様や生成構造の違いに応じた適切な治癒策（remedy）として、公共政策が備えるべき一般的指針を提示する作業を試みる（第6章Ⅲ）。

　第3部では、第2部でアンダーソンの民主的平等をベースにして、筆者自身により独自の形で発展させた関係的平等主義に基づく平等主義的正義構想に対して利いてくるであろう外在的批判を検討し、それに対して応答することを試みる。第7章では「水準問題」につき充分主義に対する批判、第8章では「指

標問題」につき潜在能力アプローチに対する批判、第9章では関係的平等主義に基づく正義構想のその他の特徴についての批判を順次検討し、それらに対する応答を試みる。

　第1部から第3部までで筆者の関係的平等主義に基づく平等主義的正義構想を擁護する作業は一通り完結する。本書全体の各論として第4部では、そのような筆者の正義構想が現実のリベラル・デモクラシーの下での法・政治制度に対する規範的改革指針としていかなる含意を有するかについて、ごく簡単に素描する。第10章では筆者自身の正義構想から擁護され得る具体的な制度構想、第11章では筆者自身の正義構想の法の下の平等への含意について、若干程度敷衍することを試みる。

2　三つの補足

　本章を締めくくるに当たり、最後に三点に亘る補足を試みたい。

(1)　補足1：「関係的」の意味

　一点目は本書で擁護する関係的平等主義と同じ呼称を有する他の立場との区別に関わる。パーフィットが、人々の境遇が等しいことがそれ自体で善いとする目的論的平等主義とは概念的に異なる立場として、個人間の境遇の相対的比較には関わらない優先主義の存在を提唱したことは既に述べた（Ⅱ2）。パーフィットはこのような優先主義の立場を「非関係的平等主義（Non-relational Egalitarianism）」と呼び表し（Parfit 2002 [1991], p. 106）、それに触発されて現代英米圏の平等論においては、個人間の境遇の比較に関わる平等主義（ないしは均等主義）の方を、「関係的平等主義（relational egalitarianism）」と呼ぶ慣例も見受けられるが（Cohen 2004, p. 27, n. 19）、そのような意味における「関係的平等主義」と本書の擁護するそれとは全く異なる立場である。すなわち、前者で言う「（非）関係的」とは、主体間の保有資源ないしは福利などにおける境遇の量的比較に関わるものであるのに対し、後者で言う「関係的」とは、主体間の相互行為の次元における関係の（非）対等性に関わる概念なのである（前者の意味においてはこのような相互行為の次元は捨象されている）[24]。

　両用法の違いを区別するためか、本邦の平等論研究においては本書で擁護す

---

[24]　シェフラーもこの点の区別につき注意を喚起している（Scheffler 2015, p. 23）。

るような立場の方を「関係論的」平等主義と訳出する例もあるが（木部2015、41頁注18、89-90頁、齋藤2017、34-36頁）、やはり分配的平等主義の方を「分配論的」と呼ぶわけではないため、それとの対応関係から本書では自己の立場を表す訳として「関係的」の方を採用する[25]（前者のパーフィットの言う意味での平等主義は、「均等主義（equalitarianism）」ないしは「比較的平等主義（comparative egalitarianism）」と呼び表す方が適切かもしれない）。いずれにせよ本書で擁護する平等主義の「関係的」の意味は、個人の境遇の相対的比較に関わる平等主義の「関係的」の意味とは異なる点につき注意を促したい。

(2) 補足2：ウォルツァーの「複合的平等論」について

二点目は、マイケル・ウォルツァー（Michael Walzer）のいわゆる「複合的平等論（complex equality）」に対する本書の評価に関わる。周知の通り、ウォルツァーは正義・平等の理解として、人々が等しい量の財を持っている状態を志向する「単純平等（simple equality）」を、それを維持するための政府による絶えざる介入を要請してしまうことなどを理由として斥ける（Walzer 1983, pp. 14-16）。その上で彼は、各々の財には歴史的に形成された人々の共通了解に基づく社会的意味が付着しており、そのような社会的意味がその財の分配原理の正しさを決定すると言う（Walzer 1983, pp. 7-10）。このように、異なる財が異なる原理によって分配されるような複数の「正義の領域（spheres of justice）」を構成することを認める複合的平等論（Walzer 1983, p. 17）を、ウォルツァーは適切な正義・平等の理論として採用するのである。

ウォルツァーの複合的平等論は、正義・平等を「分配」のタームで語りつつも、社会の諸領域を横断し単一の指標に基づいて財や資源の均等な分配状態を目指すような平等理論を否定するものである。その意味で、彼の理論は既に筆者が行ったような分配的平等主義に対する特徴付け（II 3）への反例になるとともに、筆者の立場からも採用可能なのではないかという疑問が提起されるかもしれない。

これに対する筆者の応答は次の通りである。

第一に、ある財の社会的意味やその分配原理が人々の共通了解によって定め

---

[25] 筆者もかつては定訳（？）に従って「関係論的」という訳を用いていたが（森2016b、4頁、13頁）、以上のような理由から訳を改めることにした。

られるというウォルツァーの社会的意味論に対して疑問を呈することができる。彼はそのような共通了解によって、例えば医療資源や高等教育などの分配原理が特定の社会において定まるとする（Walzer 1983, pp. 86-91, 206-213）。しかし、ある種類の医療資源——例えば美容整形や臓器移植手術——を「必要（need）」に応じて分配されるべき医療資源に含めるべきか、高等教育機関における入学選抜は「才能（talent）」（すなわち学力試験の成績）のみに基づかなければならないのか——人種的少数派などへの積極的差別是正措置を認める余地はおよそないのか——をめぐっては、特定の社会の内部において激しく争われ得るものであり、その意味で共通了解なるものは存在しない。彼の社会的意味論はそのような論争の存在を隠蔽するものであると思われる（Dworkin 1985, pp. 216-220, Gutmann 1995, pp. 102-111, 井上達夫 2003、204 頁）。

　第二に、異なる正義の領域における分配原理の正しさを社会的意味論によって同定できないとなると、代わりに各々の領域においてなぜその原理が妥当すべきかについて一貫した正当化を与えるための規範的原理に訴える必要が生じる。この点で、平等理念を主体間の相互行為の（非）対称的関係性で定義する関係的平等主義は、そのような関係の対等性の構築という規範理念の下で、複数の異なる領域における正しい分配原理の規範的指針を統一的に正当化するポテンシャルを有すると思われる。

　ウォルツァーは、自己の複合的平等論が問題視すべきは単一ないし少数の主体が特定の領域において財を不均等に保有するという「独占（monopoly）」（Walzer 1983, p. 10）ではなく、ある領域における財 x の分配態様が、別の領域における財 y の分配態様の影響によって、財 x に付着する社会的意味と無関係に決定されてしまうという「支配（dominance）」であるとしている（Walzer 1983, p. 20）。そしてこのような支配の例として、市場における財の分配態様が医療資源や政治的権力の分配態様を決定付けてしまう——すなわち、金持ちのみが医療やその他の生活必需品にアクセスでき、金持ちが他の市民に比して強大な政治資源を握ってしまう——という状況を挙げている（Walzer 1983, pp. 22, 86-91）。

　ある個人が必要な医療や生活必需品にアクセスできないことが問題なのは、単に自己の生命や健康といった福利を充足できなくなってしまうからだけでな

く、それによって他者への依存といった非対称的な関係性に置かれてしまうからであると理解することができる。また政治共同体内のある市民が強大な政治資源を持ってしまうことの問題は、それによって市民間の対等な関係性という民主的平等の理念が損なわれてしまうからであると理解できる。ウォルツァー自身が関係的平等主義にコミットしていると解釈することによって、彼の複合的平等論を最善の光の下に再構成することができるのではないだろうか[26]。したがってウォルツァーの複合的平等論の存在は、筆者の分配的平等主義に対する批判的問題意識への反例となると言うより、むしろ関係的平等主義に基づく平等主義的正義構想の有望性を示していると考える。

(3) 補足3：本書の射程について

三点目は、本書の射程に関わる。本書の目的は筆者自身の関係的平等主義に基づく平等主義的正義構想を擁護することにある。したがって、本書の立場と対立する分配的平等主義の諸理論、とりわけ運の平等主義の諸正義構想を積極的に論駁することは本書の意図するところでは必ずしもない。

さらにそれに加えて、本書は関係的平等主義自体の擁護の試みとしても、その射程に限定を設けている。平等理念を第一義的に主体間の相互行為の次元における関係の（非）対等性で同定しようとする関係的平等主義は、平等理念の射程として、財や資源の配分状態に関わる狭義の分配的正義にとどまらず、差別行為の禁止要請や匡正的正義をも含めて、およそ社会正義一般の問題を包摂するものである。しかし関係的平等主義において、平等理念が規律する範囲はそのような公権力の行使に関わる政治道徳としての正義の領域にとどまらない。そこではおよそ自律的な合理的行為主体が互いに対して何を負うべきか（What we owe to each other?）という個人間の道徳的責務の規制理念として、平等が想定されているのである[27]。しかし本書はそのような関係的平等主義を、道徳世界全体を包摂する、包括的な理念として擁護することを目指しているわ

---

26 | ウォルツァーの複合的平等論が異なる正義の諸領域を横断する規範理念として、市民間の社会的な対等関係性を内容とする「メンバーシップの平等（equality of membership）」ないし「地位の平等（equality of status）」を想定していると解釈する立場として、Gutmann 1995, pp. 115-116, Miller 1995, pp. 197-209, 221-225, 木部 2015, 82-83 頁注 33、36 参照。

27 | シェフラーもまた、関係的平等主義の立場において、平等理念が第一義的には、非政治的な個人間の関係性を規律する理念として捉えられている点に注意を促している（Scheffler 2015, p. 24）。

けではない。本書は関係的平等主義の立場を正義構想の次元で、すなわちあくまでも政治道徳としての正義の領域において、擁護することを試みるにとどまるものである。

　友情関係、恋愛関係、「友達以上恋人未満（？）」の関係――我々は自律的な個人として、同様に自律的な他の個人との間に様々な種類の関係を築き得る。そしてそのような関係において、互いが相手を対等者として承認し、他者を自己の欲求を実現するための単なる手段として扱うのではなく、同時に自己の目的として、その人格的尊厳を尊重するべく相互行為をすることが具体的に何を意味するかを探究することは、それ自体として興味深い倫理学ないし道徳哲学の試みであろう。しかし本書は第一義的には倫理学ではなく、強制的な公権力の行使に関わる法の指導理念を探究する法哲学に寄与せんとする試みであることから、このような射程の限定も、その目的に照らして正当化され得るだろう。

第1部
分配的平等主義の批判的検討とその関係的契機

　第1部では「分配（基底）的平等主義（distributive egalitarianism）」にコミットしているとされる主流派の平等主義的正義構想の内容を概観し、一定の視点からそれら各々の正義構想の特徴を抽出するとともに、それらに対する批判的検討を試みる。エリザベス・アンダーソン（Elizabeth Anderson）によるいわゆる「運の平等主義（luck egalitarianism）」批判及び彼女自身の関係的な平等主義的正義構想である「民主的平等（democratic equality）」の擁護は、これらの平等主義的正義構想との対決の上に議論がなされていることから、彼女による批判がなされる以前から提唱されていた主流派の平等主義的正義構想間の論争状況への理解抜きに、彼女自身の平等主義的正義構想の積極的意義を理解することはできないからである。

　以下、それらの平等主義的正義構想として、ジョン・ロールズ（第1章）、アマルティア・セン（第2章）、ロナルド・ドゥオーキン（第3章）、ジェラルド・コーエン（第4章）による平等主義的正義構想を各章において順次検討していく。

第1章　ロールズの平等主義的正義構想とその批判的検討

　本章ではジョン・ロールズ（John Rawls）の「正義の二原理」としての平等主義的正義構想の内容を概観した上で（Ⅰ）、それに対する批判的検討を試みる（Ⅱ）。周知の通り、現代正義論における平等主義的リベラリズム（及びそれらの間での論争）は、ロールズの『正義の理論（*A Theory of Justice*）』（1971年）に端を発しているため、主流派の平等主義的正義構想を検討するに際しては、彼の正義理論の内容を真っ先に検討する理由があるからである。

Ⅰ　ロールズの平等主義的正義構想の内容
──「正義の二原理」

1　功利主義と直観主義への批判的な問題意識

　ロールズの、彼自身の平等主義的正義構想を『正義の理論』において展開するに当たっての問題意識は、「功利主義（utilitarianism）」と「直観主義（intuitionism）」に対する批判的な問題意識である。ロールズによると功利主義は、厚生の総和の最大化のみに関心を寄せており、諸個人間での分配のなされ方には直接的な関心を寄せておらず（Rawls 1971, p. 26）、それゆえ人格の区別を真剣に捉えていない、という（Rawls 1971, p. 27, Rawls 1982, p. 180）。また、正義に適った社会においては基本的自由が保障されるべきであり、そのような諸権利の保障は政治的な取引や社会全体の利益の損益計算によって覆されるべきものではないと考えられているにもかかわらず（Rawls 1971, p. 28）、功利主義においてはそのようなトレード・オフが排除されないとしている。さらにロールズによると功利主義は、自尊心強化の手段として他者に対してより少ない自由しか与えないことに快楽を見出すといった、いわゆる「差別的選好」についても、そう

でない他の選好と同等に、その強度に応じて社会における厚生の総和にカウントしてしまうと言うのである (Rawls 1971, pp. 30-31)。

直観主義[1]に対しても、ロールズはネガティブな評価を下している。すなわち直観主義においては、具体的な個々の場面においていかなる第一原理が適用されるかについて、我々の熟慮された判断に直接に訴えざるを得ないところ、我々のそのような判断は個人ごとに異なり得るため、個々の事例において適用されるべき原理を決めるための理性的な基準がない以上は合理的な討議ができなくなってしまうと言う (Rawls 1971, p. 41)。それゆえ正義についての直観主義は未だ道半ばの構想であり、直観への依拠が完全には斥けられないとしても、諸原理間の重み付けを包括的に決めるための「優先ルール（priority rule）」を定式化する必要があると彼は言うのである。

2　無知のヴェールの下での正義の原理の選択

功利主義と直観主義に対する以上のような批判的問題意識から、ロールズはそれに代わる道徳・正義理論の提出を試みる。そしてロールズは、そのような道徳・正義理論に依拠した正義の原理を導出するための手続きを考案するのである。彼によればその手続きとは、自己利益を追求する自由で合理的な諸人格が、平等な初期状態において受容するであろう原理を正義の原理とするというものである。正義の原理をこのようなものとして捉える発想を、ロールズは「公正としての正義（justice as fairness）」と呼ぶ (Rawls 1971, pp. 11, 118)。そしてこのような公正としての正義の発想は、社会契約説を高度に抽象化したものであるとしている。

このような公正としての正義の枠組み内における、自由で合理的な諸人格によって正義の原理が選択されるところの平等な初期状態――ロールズはそれをしばしば「原初状態（original position）」と呼ぶ――は、彼によれば以下のよう

---

[1] なおロールズは「直観主義（intuitionism）」を、個々の事例において相反する指令を与える複数の第一原理が存在し、それらの第一原理に対して適切な重み付けを包括的に与える優先ルールが存在せず、個々の事例においてどの原理から発せられる指令が優先するのかについての比較衡量を我々の直観に依拠して判断すべきとする立場として理解しており (Rawls 1971, p. 34)、特定の認識論的立場――例えば G. E. ムーア（G. E. Moore）のいう意味での直観主義（Moore 1903）――にコミットするものを指しているわけでは必ずしもない (Rawls 1971, p. 35)。

な特徴を有するとされる。すなわちまず、このような原初状態においては、正義の原理を選択する自由で合理的な諸人格としての当事者には、利用可能な情報の多くが遮断されている[2]。具体的には、それらの原初状態における当事者は、階級や社会的地位などの自己の社会における立ち位置を知らないとともに、自己の先天的な能力や知性、肉体的屈強さなどについても知らないものとされる。またそれらの当事者は、自己の善の構想や自己の特殊な心理的性向――特殊なリスク回避選好など――をも知らないものとされている。そして、正義の原理が選択される背景としてのこのような種々の情報が遮断された状況を、ロールズは「無知のヴェール（a veil of ignorance）」と形容するのである（Rawls 1971, pp. 12, 137）。

　このような無知のヴェールとしての状況下においては、どの当事者も正義の原理の選択において、偶然的な要因によって他の当事者よりもアドバンテージを有するということがないため、その意味で対称的に位置付けられている。それゆえそのような無知のヴェールの下で選択された正義の原理は「公正な（fair）」合意の結果である、とロールズは言う（Rawls 1971, p. 12）。そしてこうした、そこでなされる合意が公正なものとなるように原初状態を定義するという公正としての正義の発想は、「特定の手続きを経由して生じた結果の正しさが、その手続きを経由したという事実のみによって決定される（その事実とは独立に結果の正しさを決める基準はない）」という「純粋手続的正義（pure procedural justice）」（Rawls 1971, p. 85）の観念に基づいているとロールズは言うのである（Rawls 1971, p. 120）。その上で、このような無知のヴェールとしての原初状態において正義の原理を選択する当事者は、それを選択した場合の最悪の帰結が、他の選択をした場合の最悪の帰結と比べた場合に最善となるようなものを選択するという、いわゆる「マクシミン・ルール（maximin rule）」を行動戦略とし

[2] その一方で、当事者による利用が遮断されていない情報も存在する。原初状態の当事者は、例えば経済理論の原理や人間心理の一般法則などの、人間社会の一般的事実について知っていることとされ、それゆえ正義の原理の選択に影響を与えるような一般的事実についても知っていると想定される（Rawls 1971, p. 137）。ロールズによれば正義構想の重要な特質は、後述の「社会の基本構造（the basic structure of society）」において体現された場合に、人々がそれに対応する正義感覚を身に付けることができるということであり、その意味での社会的協働における安定性を備えた正義の原理が当事者によって選択されるためには、人間心理の一般法則などの一般的事実を当事者が知っていると想定しなければならないからである（Rawls 1971, p. 138）。

て採用するとロールズは論じるわけである (Rawls 1971, pp. 152-153)。

3 正義の二原理の内容

　以上が「公正としての正義」というある種の契約論に依拠した、正義の原理を導出するための手続きであるが、ロールズによれば、そのようにして導出される正義の原理は以下のような二つの原理から構成されると言う。

> 第一原理：
> 各人は、全員にとっての同様の自由の体系と両立可能な、等しい基本的自由の最も広範な総体系への等しい権利を有する。
>
> 第二原理：
> 社会的・経済的不平等は、(a)最も不遇な人々にとって最大の利益となり（「格差原理 (difference principle)」）、かつ、(b)公正な機会均等という条件の下で全員に開かれた職務と地位に伴ったものとなるように、配置されなければならない（「公正な機会均等原理 (principle of equality of fair opportunity)」）(Rawls 1971, p. 302)。

　以上のようなロールズの「正義の二原理 (two principles of justice)」のうち、第一原理で言う「基本的自由 (basic liberties)」とは、おおまかに、投票権や公職就任権、表現の自由、結社の自由などの政治的自由や、思想・良心の自由、私的財産権、恣意的な逮捕や捜索差押えからの自由を指している (Rawls 1971, p. 61)。また、第二原理の(b)で言う「機会均等」は、「公正な」という形容詞が付いている通り、単に「差別がない」という意味で全員に機会が開かれているという形式的な機会均等にとどまらず、同等の先天的な才能や能力を有し、同等にその才能や能力を活用する意欲のある者は、社会制度における彼らの生まれた経済的階層に関わりなく、同等の成功の見込みを有するべきであるという実質的な機会均等をも含意している (Rawls 1971, p. 73)。さらに第二原理の(a)ではいわゆる「格差原理」が採用されている。例えば、起業家がより大きな経済的利益を得る可能性を認めることで、それらの人々がより生産的に働くインセンティブを付与し、それによって拡大したパイの利益が制度全体に広がり、長期的には最下層の人々に対しても経済的恩恵がもたらされる場合などには、この

ような格差原理に照らして、経済的不平等が正当化される余地があるということとなる（Rawls 1971, p. 78）。

ロールズが直観主義への批判に際して、諸原理間の重み付けを包括的に決めるための優先ルールの定式化の必要性を指摘した点は既に述べたが（Ⅰ1）、以上のような内容の正義の二原理間の、具体的な事例において適用される優先順位につき、ロールズは以下のような基準を示している。

> 第一の優先ルール（自由の優先性）：
> 正義の原理は辞書的な優先順位で順序付けられなければならず、それゆえ、自由は自由によってのみ制限することができる。
> 第二の優先ルール（効率性と厚生に対する正義の優先性）：
> 正義の第二原理は、効率性の原理及び利益の総和最大化原理に対して辞書的に優先し、かつ、公正な機会は格差原理に優先する（Rawls 1971, pp. 302-303）。

以上の優先ルールによれば、第一原理が第二原理に優先し、第二原理の内部において(b)の公正な機会均等原理が(a)の格差原理に優先するという関係にある。このうち、前者の自由の優先性についてロールズは、その根拠を文明化の進展（Rawls 1971, p. 542）や個人の自尊（Rawls 1971, pp. 544-545）などに求めている。後者の公正な機会均等原理の優先性については、一定の職務や社会的地位が全員に公正に開かれていないとなると、そこから排除された人々は自己実現の経験という、人間にとっての主要な善の形態の一つを剥奪されることとなるため、それらの人々は不正に取り扱われたと感じる理由がある——それゆえ公正な機会均等原理が格差原理や効率性の原理などに優先する——とロールズは論じている（Rawls 1971, p. 84）。

4　分配対象としての基本財

上のような内容の正義の二原理において、分配対象として「基本財（primary goods）」なるものをロールズは想定している。「基本財」とは、合理的な個人であれば誰しも欲するものであり、いかなる合理的な生の計画を有していたとしても有用なものであると想定される（Rawls 1971, p. 62）。このような基本財

には「社会的基本財(social primary goods)」と「自然的基本財(natural primary goods)」があり、前者の例としては、権利や自由、権力や機会、収入や富、それに加えて自尊のための社会的基盤があるとされる[3]。後者の自然的基本財の例としては、健康や知性、想像力などの個人の身体的・精神的特性が挙げられる。そしてこのような自然的基本財は、社会制度が直接にその分配をコントロールするものではなく、ロールズの正義の二原理の立場からは前者の社会的基本財のみが分配対象として想定されることとなる。

　このような、諸個人が自らの合理的な生の計画としての善の構想を追求するための手段である社会的基本財のみを、分配対象(そして分配指標)とするロールズの立場においては、社会的基本財を用いることで達成される各人の選好充足の程度については、正義の観点からは関知しないこととなる(Rawls 1971, p. 94)。というのも、諸個人は道徳的人格として、自己の善の構想を形成したり改定したり、合理的に追求したりする道徳的能力を有しており、それゆえ自己の目的に対する責任を有していることが想定されるからである(Rawls 1982, p. 169)。ロールズの正義理論においては、社会の諸構成員は自己の善の構想を、自らの置かれた状況に適合させることのできる合理的人格として想定されているのである。

5 適用対象としての社会の基本構造

　以上がロールズ自身の平等主義的正義構想である正義の二原理の内容であるが、次にこのような正義の原理の適用対象について言及しなければならない。ロールズの正義理論においては、正義の主題はいわゆる「社会の基本構造(the basic structure of society)」、より具体的には、主要な社会制度による基本的な権利や義務の分配、社会的協働の成果の分割の決定態様とされている

---

3 | より正確に定式化すると、社会的基本財は、(a)基本的自由、(b)(多様な機会の下での)移動及び職業選択の自由、(c)職務や責任ある地位——とりわけ主要な政治・経済的制度におけるそれ——に伴う権力や特権、(d)収入と富、(e)自尊のための社会的基盤、からなる(Rawls 1982, p. 162)。そしてロールズの正義の二原理の枠組み内では、第一原理においては(a)が等しく分配され、第二原理の公正な機会均等原理において(b)が等しく分配され、(c)から(e)における格差のみが許容されることとなる(そして格差原理では主として(d)が分配対象として想定される)。これらの社会的基本財を、原初状態における当事者が欲することが合理的と言える理由については、Rawls 1982, pp. 165-166 参照。

(Rawls 1971, p. 7)。上で見たような内容を持つ正義の二原理の適用対象も、原則としてこのような社会の基本構造が念頭に置かれているのである。社会の基本構造における「主要な社会制度」とは、政治機構や主要な経済的・社会的配置のことであり、思想・良心の自由への法的保護や競争的な市場、生産手段の私的所有制度、単婚家族などがその例として挙げられている。そしてこのような社会の基本構造が正義の主題とされる理由を、その効果が根強く、生まれた時より存在する点にロールズは求めている[4]。

またそれに加えて、このようなロールズの「制度的正義論」とも言うべき立場は、分配指標を社会的基本財に限定する——すなわち、選好充足といった諸個人の厚生には関知しない——という先の立場と併せて、「責任の社会的分業 (social division of responsibility)」によっても擁護されていると理解できる。ロールズによれば「責任の社会的分業」とは、「市民の集合体としての社会は、等しい基本的自由や公正な機会均等を維持したり、そのような枠組み内において全員に他の基本財の公正な分け前を提供したりする責任を有する一方で、個人としての市民や結社は、自己の現在や予測可能な将来の状況を所与として、自己が有することが期待できる汎用的な手段に照らして自己の目的や願望を改定したり適合させたりする責任を受容する」(Rawls 1982, p. 170) という社会と個人との間での役割分担である。このような自己の目的に責任を持ち、社会制度に対する自己の請求を控えめなものにするような人格としての道徳的能力に依拠することで、正義の二原理の適用対象を原則として社会制度に限定することが正当化されていると理解することができる。

II その評価と批判的検討

以上のようなロールズの正義の二原理としての平等主義的正義構想は、経済的（再）分配を道徳的に基礎付けつつ、少数個人の基本的自由をも、最大多数

---

[4] ただしロールズにおいても、善きサマリア人の義務や、他者に危害を加えたり不必要な苦痛を与えたりしないという「自然的義務 (natural duty)」が、社会の基本構造に適用される正義の二原理とは独立に、私人に対して直接的に課される (Rawls 1971, p. 114)。このことの含意については、後に第6章I2 (2) でアンダーソンの正義構想である民主的平等の内容を検討する際に再度言及する。

の福祉に抗して尊重できるものとなっている点で、功利主義に代替し得る道徳理論、平等主義的リベラリズムの正義理論を提供しようとしている。それと同時に、正義の原理間の優先順位をも体系的に論証している――少なくとも論証しようとしている[5]――点で、直観主義に代替し得るような道徳理論を提供しようと試みていると評価できる。

またロールズは、正義の観点からレレヴァンスを有する分配指標として社会的基本財を用いていること(このような社会的基本財を使用して達成される諸個人の選好充足の程度には、関知しないようにしていること)、責任の社会的分業にコミットしていることに示されるように、自らの正義の原理によって規律される主体として、自己の善の構想を自律的に形成したり改定したり合理的に追求したりすることができる道徳的人格を想定するとともに、自らの正義の原理の第一義的な適用対象を、社会の基本構造たる制度としている。後述のように、アンダーソン及び彼女の理論を発展させた筆者の関係的平等主義の立場は、平等理念及び正義の原理によって規律される主体として自律的な行為主体を想定するとともに、財の分配状態をもたらしている背後の社会構造や制度を直接に社会正義の観点から批判するという問題意識[6]から、正義の原理の第一義的な適用対象を社会の基本構造たる制度としている(第6章Ⅰ2(2))。その意味でロールズの正義理論は、一般には分配的平等主義の代表的立場と見なされるも

---

5 | このようなロールズによる正義の原理間の優先順位の内で、自由の優先性の論証に疑問を投げかけるものとして、Hart 1973、公正な機会均等原理の格差原理に対する優先性に疑問を投げかけるものとして、Arneson 1999a が存在する。

6 | 後述のように、このような問題意識はアイリス・ヤング(Iris Young)による既存の主流派の正義理論に対する「分配パラダイム(distributive paradigm)」批判に端を発する(第5章Ⅱ2(1))。ヤング自身はロールズの正義理論を、むしろこのような分配パラダイムの代表例と見なしている(Young 1990, chap. 1)。確かにロールズ自身、自らの正義理論の主題である社会の基本構造を、「主要な社会制度による基本的な権利や義務の分配態様」と表現しているため、そのような分配パラダイム(ないしは分配的平等主義)という評価が帰属することにも無理からぬところはある。しかし、ロールズの正義理論の問題関心は、結果としての分配状態そのものよりも、そのような分配に規定的な影響を与える背後の制度や構造の公正性にあると理解することもできることから、ヤングによる分配パラダイム批判そのものは正当であるものの、それがロールズに対して向けられる限りではあまり的を射たものでないと筆者は考える。むしろこのようなヤングによる批判は、最終結果としての分配状態に平等の関心を向ける、後述のジェラルド・コーエン(Gerald Cohen)のような立場(Cohen1997, p. 12)にこそ向けることが適切だろう(第4章Ⅱ6参照)。イングリッド・ロビンズ(Ingrid Robeyns)もまたロールズの正義理論について、第一義的には資源の再分配に関わるものではなく、理想的な世界において正義に適った社会を作るべく、社会制度をいかに設計するかに関わっていると評価している(Robeyns 2008, p. 180)。

のの、そこにおいて「平等の関係的理論（relational theory）」へと継承されるべき契機をも見出すことができるのではないかと思われる[7]。

　その一方、ロールズの正義理論に対しては、『正義の理論』発表当初から今日に至るまで、種々の批判がなされてきている。紙幅の都合上、その全てを取り上げることはできないが[8]、第1部が平等主義的正義構想の内容を主題としていることから、ここでは彼の正義の二原理の内容に絞って若干の批判的検討を試みる。

1　格差原理に対する批判

　第一点は、ロールズが社会的基本財の内で収入や富の分配を指導するとした、正義の第二原理の一部を構成する格差原理の内容に関わる。この格差原理は最下層の人々の境遇を最善化することを求めている。「最下層の人々」をいかにして同定するのかという問題は措くとしても、最下層の人々の境遇を最善化しさえすれば、それ以外の人々に対してどのような形でどのような犠牲を負担させようと、それらの人々の境遇が最下層を下回らない限り関知しないという点で、最下層の人々以外に対する公正性を欠くという批判が、格差原理に対してなされ得る（井上達夫 2003、241頁、Dworkin 1981b, p. 339, Anderson 1999a, p. 326）。「最上層・上層から最下層に所得を移転する再分配政策と、最下層に次ぐ下層や中層から最下層に所得移転する再分配政策との間の選択が問題になったとき、もし、『増税からの逃げ足』を富者はもつが富者以外はもたないとか、その他の理由で後者の方が最下層の境遇をより高く向上させるとするなら、格差原理は

---

[7]　アンダーソンとともに関係的平等主義の代表的論者とされているサミュエル・シェフラー（Samuel Scheffler）は、ウィル・キムリッカ（Will Kymlicka）に代表されるような、ロールズの正義理論を運の平等主義の先駆けとして解釈する立場（Kymlicka 2002, pp. 70, 87）を斥け、ロールズの正義理論が、分配的平等を「人々が互いに対峙する関係性を規律するような社会的・政治的理念としての平等構想」に依拠させているという、関係的平等主義に基づいた理論であるという解釈を提示している（Scheffler 2003, p. 31）。アンダーソンもまた、ロールズの正義理論を関係的平等主義に立脚するものとして解釈している（Anderson 2010a, p. 1）。筆者自身も、ロールズの正義理論をこのような関係的平等主義にコミットしたものとして再解釈することで、彼の理論をより魅力的な立場として理解することができると考えている。

[8]　既に前注で述べた優先ルールに対する批判の他、原初状態で当事者がマクシミン・ルールを行動原理として採用するという想定に対する批判として、Harsanyi 1976, pp. 37-63参照。ロールズの正義理論に向けられてきた主たる批判の内容の詳細については、例えば渡辺 2012、第4章などを参照されたい。

後者を正当化する。ロールズは功利主義に対して、効用の集計値の最大化のみを志向し、そのためのコスト負担の分配の公正に関心をもたないと批判するが、彼もまた、最下層の境遇という指標の最大化のみを志向し、そのためのコスト負担の分配の公正に関心をもたないという批判に服するのである。……格差原理は自分が最下層に属する場合にしか受容しえない原理であり、まさに反転可能性を欠くがゆえに、最下層以外の人々に対して公正な原理としての地位を標榜しえない」(井上達夫 2003、241-242 頁)という井上達夫の批判は、相当の説得力を有すると筆者も考える。

これに対してロールズは、「最下層の人々の利益を上昇させるなら、最上層と最下層の間の全ての人々の利益の期待を上昇させることにつながる」という「鎖状的結合 (chain connection)」なるものに訴えて応答すると思われる (Rawls 1971, p. 80)。しかし、このような鎖状的結合はロールズの正義理論において想定 (assume) されているに過ぎない。井上の言うような再分配コストの不公平な社会的分担が施行される可能性が現実にある以上、社会的基本財の分配原理として最下層の境遇の最善化に、平等な基本的自由の保障(第一原理)と公正な機会均等(第二原理(b))の制約に服しつつも、絶対的優先性を認めてしまうような格差原理は不適格であると考える。

2 基本財アプローチに対する批判
(1) センによる批判

第二点は、ロールズが分配的正義の指標として、社会的基本財という一種の資源指標を用いている点に関わる。周知の通り、アマルティア・セン (Amartya Sen) は「何の平等か？ (Equality of What?)」という問題機制の下で、平等を正義の規範指針とするとともに、平等をめぐる論争においていわゆる「指標問題」を導入する先駆けとしての役割を果たした。彼の議論については第 2 章 I 2 で詳述するが、ここではロールズの基本財アプローチに関係する限りでセンの議論に言及する。

センによれば、人間は異なる外的環境や個人的な特徴に応じて異なるニーズを有すると同時に (Sen 1980, pp. 215-216)、それらの環境や特徴によって、資源や基本財を「個人は何をできるか」「個人は何になれるか」といった自由へと

転換する効率には重要な違いが生じる。それゆえ、資源や基本財が個人の保有する実質的な自由を体現するとは限らない（Sen 1992, pp. 33-34）。そしてロールズの正義の原理における社会的基本財指標は、各人に分配する収入額を決めるに当たって、個人の障害の有無は全く斟酌されない点をセンは指摘する（Sen 1980, p. 215）。

ロールズは、自らの構想する「良く秩序付けられた社会（well-ordered society）」では、全ての市民は生涯を通じ、社会において通常の役割を果たすのに充分な知的能力を有しており、誰も常軌を逸した高価な医療への要求のような、充足困難なニーズを有しないと述べている（Rawls 1980, p. 546）。しかし、センに言わせればこのような人間の間の差異は、現実の人間社会において広範に見られるものである。それゆえ個々人の境遇を純粋に基本財や資源でのみ判断し、障害や特別な健康上のニーズといった身体的・精神的欠損を道徳的考慮から除外することは、偏頗的でブラインドな道徳と化すとして批判するわけである（Sen 1980, pp. 215-216）。

このような批判に対してロールズは、市民の通常の医療や健康上のニーズに対する資源は、既存の社会制度や、病気や事故の頻度についてのより多くの情報が用いられる「立法段階（legislative stage）」[9]で決められると応じるだろう（Rawls 1982, p. 168）。しかし、人々の障害や健康上のニーズへの配慮を立法段階の問題に委ねてしまうことは、その「権利」としての保障を弱めてしまうことにならないだろうか[10]。とりわけ身体や健康上の障害の中には、民主社会において市民が他者と対等関係で相互行為をしたり、公共施設にアクセスしたりすることを妨げるものもある。したがって、それらの権利保障が弱められてしま

---

[9] ロールズは原初状態で選択された正義の二原理を実施するためのプロセスとして、正義の第一原理の制約の下で憲法を選択する「憲法制定会議（constitutional convention）」、憲法制定会議で選択された憲法と正義の第二原理の制約の下で一般的な法や政策を決定する「立法段階」、立法段階で選択された法や政策を個々の事例において適用する「最終段階（the last stage）」という、階梯を経た議論を展開している（Rawls 1971, pp. 196-200）。憲法制定会議の段階から最終段階に移行するにつれて無知のヴェールが引き上げられていき、最終段階において法や政策を適用する当事者（行政官・裁判官・市民）には、全ての情報へのアクセスが可能となる（Rawls 1971, p. 200）。

[10] 井上達夫もまた、後期ロールズが格差原理を立憲的精髄から外し、立法段階でその採否を決めるとしたことに対し、「立法段階の話ならば、格差原理に合致した分配政策を取る政党が選挙に負ければ、それでお仕舞いです」（井上達夫 2008、222頁）という同様の指摘をしている。

うことは、「民主的平等（democratic equality）」を標榜するロールズ自身の立場（Rawls 1971, p. 66）においても深刻な問題のはずである。現にロールズ自身、医療や健康の特別なニーズに対応するためには基本財以外の概念が必要であり、後述するセンの潜在能力概念（第2章Ⅰ3）が基本財の補完物となることを認めている（Rawls 1982, p. 168, n. 8）。

またそもそも、社会的基本財を分配指標とするロールズ自身の立場も含めた資源アプローチの、厚生アプローチや潜在能力アプローチから区別される独自の意義は、後述するドゥオーキンの平等主義的正義構想の検討で詳述するように（第3章Ⅰ4（1））、資源の価値を資源享受者自身の選好や能力の実現度ではなく、資源を保有することが自己以外の他者に対して課す機会費用によって測定する点にあると理解される（Dworkin 1981b, pp. 288-289, 井上達夫 2004、76-77頁）。これに対してロールズは社会的基本財の価値を、合理的主体自身の道徳的能力の実現度に応じて価値付けているため（Rawls 1982, pp. 165-166）、彼の基本財アプローチに資源アプローチとしての独自の意義を見出し難いのではないか。この点と関連して井上彰は、トマス・スキャンロン（Thomas Scanlon）の提唱する基本財アプローチ（Scanlon 1991, pp. 39-44）を検討する文脈において、「基本財はあらゆる人にとって善き生を増進するものでなければならないため、そのリストは、社会文化の違いや能力差（たとえばハンディキャップを負っている場合とそうでない場合）を反映するものでなければなら」ず、「その意味で基本財指標は、より具体的かつ複雑な福利構想を担うものであり、センの潜在能力アプローチを客観リスト説に引き寄せたヴァージョンとして理解することも可能である」（井上彰 2008a、120-121頁）と述べている。基本財アプローチが資源の価値を資源享受者の能力実現度で測るならば、むしろ潜在能力アプローチに立つと認める方が素直な態度であろう。

(2) 標準化された人間のニーズの実現？

これに対しては、「資源アプローチの独自性は別段、資源の価値を他者に課す機会費用によって測る点にあるわけではない」という応答があり得る。例えばトマス・ポッゲ（Thomas Pogge）は、潜在能力アプローチからの批判からロールズの基本財アプローチを擁護すべく、資源アプローチも潜在能力アプローチも、どちらも資源の価値を人間のニーズという能力実現度で測る点では同

じであるが、資源アプローチの独自の意義は「標準化された人間のニーズ（standard human needs）」でそれを測る点にあるのだと言う（Pogge 2010, p. 21）。

そしてポッゲは、潜在能力アプローチから投げかけられた諸批判から資源アプローチを擁護するべく、ロールズの基本財アプローチは、分割可能な富や収入のような狭義の財のみならず、自由や権利なども含めた広義の財をも社会的基本財としており、例えば個人の自由を脅かすような犯罪や暴力の蔓延、治安の欠如、有毒な環境をも「資源の欠如」と評価でき、それゆえ個人や集団に対する社会環境の異なる影響をも考慮できるとしている（Pogge 2010, p. 22）。また人々が住んだり働いたりする場所の違いについても、そのような場所が住みやすい気候や健康に良い環境を提供してくれる度合いに応じて、標準化された人間のニーズの点から価値付けることができ、その意味で個人の有する基本財として含めることができるとしている。

社会的な性差別の場面においても、資源を価値付けるに際して男性と異なる女性のニーズを完全に考慮することができ、制度の現実における作動の仕方を査定することで差別に対応することができると言う。そしてそのような資源の基準は偏見なき——男性のニーズに偏っていない——標準化された人間のニーズを構想することで、制度が真に男女の社会構成員を等しく扱っているときにのみ正義に適っていると判定することができるとしている（Pogge 2010, p. 25）。

さらに、身体的・精神的障害についても、それらは往々にして社会的要因や、社会の文化的・制度的要因によって形成されたもの、いわば「制度的加害」[11]の産物であるため、それらに対しては資源アプローチにおいても、そのような社会的協働から生じる不可避的な負担に対して是正したり補償したりする集団的責務を根拠付けることができるとしている（Pogge 2010, pp. 27-29）。総じて資源の価値を標準化された人間のニーズの実現度によって測り、基本財を分割可能な狭義の財に限定しないような資源アプローチは、潜在能力アプローチが投げかける諸問題にことごとく対応できるというわけである。

11　ポッゲの言う「制度的加害」の概念については、Pogge 2008 参照。そこでは第9章IV3で後述するように、先進国の人々による途上国の人々に対するグローバルな政治経済制度を通じた貧困の作出を、匡正的正義の観点から批判する視点が採られている。

(3) アンダーソンによる批判

 このようなポッゲによる基本財アプローチ及び資源アプローチの擁護の試みに対してどう応ずるべきか。自由や権利、機会を、富や収入といった物質的財と同次元で社会的基本財や資源として分配対象のごとく扱うことの問題性については、第5章Ⅱ2(1)でアンダーソンによる運の平等主義批判の意義を検討するに際して後述するが、ここでは一旦不問に付すことにする。直接に保有する対象となるわけでない居住地を基本財に含めることの是非についても一旦措くとしよう。

 しかしこれらの点を不問に付すとしても、アンダーソンが鋭く指摘するように、資源アプローチにおいては、集団的スティグマやステレオタイプ、抑圧的な言説規範といった文化的意味秩序に起因する不正義に対応し得ないように思われる。これらの不正義は個人の有する資源の欠如によってもたらされるわけでは必ずしもないし、個人に資源を分配することで解決するわけではないからである。例えばゲイ男性は、その相当数が高学歴で高収入であることがしばしば指摘されるが、仮にそうだとしても、それによって彼らが同性愛嫌悪的な意味秩序に起因する社会的侮蔑やヘイトクライムから逃れられることには必ずしもならない。障害者もまた、彼らを「コミュニケーション能力がない」と表象する意味秩序によって不正義を被っている。仮に自由を基本財に含めて対応するとしても、彼らの被る不正義は表現の自由が妨げられている点のみに存するのではなく、周囲の人々が自らの話を真剣に聴いてくれない——介助者とのコミュニケーションによって彼らの意見を聴くことを代替してしまう——点にあるため、基本財の分配で不正義を解消することはできない（Anderson 2010c, p. 89）。したがって、資源の分配に尽きないような意味秩序そのものを、直接正義の観点から是正の対象にする必要があると思われる。

 このようなアンダーソンによる批判に対しては、意味秩序に起因するスティグマやステレオタイプは、それが個人の自尊心を傷つけることになるから、自尊のための社会的基盤をも社会的基本財に含めるロールズの資源アプローチにおいて対応できるのではないかと反問されよう。しかし、第一にロールズは、他の社会的基本財の公正な配分によって自尊のための社会的基盤を充足できると考えているように思われるが（cf. Rawls 1971, p. 90）、そのような事実認識は、

先の同性愛者や障害者の例が示すように、充分なものとは言えないだろう。また第二に、自尊心は個人の心理状態の問題であるところ、意味秩序が一定の人々をスティグマ化することの問題性は、それによってスティグマ化された集団の構成員が自己の心理的健康を害する点に尽きるのではなく、民主社会において対等な市民として扱ってもらえる地位が客観的に毀損される点にも存する（面の皮が厚く、精神的に屈強で、侮蔑的な言動を浴びせられても微動だにしないような人々であれば、社会的にスティグマ化して良いことにはならないだろう）。したがって、自尊のための社会的基盤の整備のみでは、後者の問題に充分に対応することはできないだろう（Anderson 2010c, pp. 98-99, n. 6）[12]。

この点を譲って、意味秩序そのものの解消を資源アプローチで対応できるとしても、社会の文化的・制度的要因によって形成されたわけでは必ずしもないような身体的・精神的障害に基づく資源の自由への転換率の個人差にいかに対応するかという問題は残る。

これに対してポッゲであれば、健常者のニーズに偏らないような標準化された人間のニーズに基づいた基本財や資源を、万人に提供すれば良いと応ずるだろう。確かに性差別の場合のように、男女の性差なるものはしばしば社会的に構築された性別役割意識によって誇張されており、現に妊娠や出産、子育てといった女性の特殊なニーズとされるものも全ての女性が共有するものではなく

---

[12] 意味秩序に起因するスティグマやステレオタイプの問題に対し、ポッゲであれば、文化的意味秩序もインフォーマルな制度であるところ、そのような意味秩序に起因するスティグマ化などは制度的加害であるから、前述のように——例えば「積極的差別是正措置（affirmative action）」などを通じて——それに対して補償する集団的義務が、資源アプローチの下でも根拠付けられると反論するであろう。しかし、これらの補償措置は抑圧的な意味秩序を所与とした上で、その集団への悪影響を緩和するに過ぎず、意味秩序そのものの解消という根本的な解決にはならないように思われる（Anderson 2010c, p. 90）。積極的差別是正措置を、「過去の加害行為に対する補償」という正当化根拠のみによって基礎付けることの難点については、第11章Ⅱ3（1）でも後述する。

もっとも第9章Ⅳ3で後述するように、ポッゲのいう制度的加害是正義務自体は、事後補償のみならず、不正な制度そのものの改革を基礎付け得ることから、抑圧的な意味秩序そのものの解消を指針としてそこから導くことは可能と思われる。その場合、このような制度的加害是正義務の履行は、分配的正義としての資源アプローチとは別個独立の、匡正的正義からの要請として理解されることとなろう。いずれにせよ、資源アプローチにはその他に、後述の身体的・精神的障害にいかに対応するかという問題に応える必要がある。そして、社会制度の全てをあらゆる傷病者や障害者を標準にして設計することは著しく高コストであり、社会の側の努力にも限界があると思われるため、それらの社会制度において彼らが健常者と同等に資源を自由に転換できないとしても、その全てを制度的加害として位置付けることは困難であるように思われる。

（妊娠・出産しない／できない女性もいる）、男性でもそのようなニーズを抱える者もいたりする。また、法による安易な別異取扱いがかえって社会のジェンダー規範を維持・強化することに加担してしまうおそれもある。したがって、そのような場合においては、女性に対して単に性別のみを理由として基本財や資源の分配において一律に特別扱いをするのではなく、男性のニーズに偏らないような全ての市民のニーズを考慮した、標準化された人間のニーズに基づいた基本財や資源ないしは社会制度を万人に等しく提供するべきであるという考えに筆者も同意する。しかし、例えば傷病者や身体障害者の場合においては、社会制度の全てをこれらの人々を標準にして設計することは著しく社会的コストがかかるため、可能な限りユニバーサル・デザインを志向しつつも、一定程度には健常者を標準として制度を設計しつつ、傷病者や障害者も有効にアクセスできるように、これらの人々にだけ特別な扱いをすべき場合があることは否定できないだろう（Anderson 2010c, pp. 92-93）13。

　社会の文化的・制度的要因によって形成されたわけではない身体的・精神的障害に基づく特別なニーズに対して資源アプローチの側では、分配的正義によって補償が基礎付けられなくても、それとは別の道徳的考慮としての人道主義的考慮から補償を基礎付け得るから問題ないという応答をするかもしれない（cf. Pogge 2010, pp. 31-32）。しかしアンダーソンが言う通り、身体障害者はそのような特別なニーズに基づく補償を拒否されると（例えば四肢の麻痺している障害者は車椅子を提供してもらえないと）、種々の公共施設へのアクセスが物理的に不可能になってしまい、民主社会において他者と対等な市民として機能することができなくなってしまう。ロールズの正義の第一原理において、諸市民に平等に保障される基本的自由の多くが表現の自由や投票権、公職就任権などの政

13 　健常者は薬や手術を欲しないし、五体満足な人は車椅子を欲しないだろうから、市民社会に有効にアクセスするためのツールの提供を、傷病者や身体障害者に限定する実益はないと言われるかもしれない。確かに、健常者が通常欲しないものについてはそうであろう。しかしそうでないものについてはどうか。盲導犬を例に考えてみよう。目が見える人でも犬好きの者は多い。よくしつけられたゴールデンレトリバーを国家が全市民に無料で提供してくれると言われたら、それらの人々の多くはそれを欲するだろう。しかしだからと言って、盲導犬を犬好きな有視力者にも希望に応じて無償で提供してしまったら、全ての目の見えない人に対して盲導犬を提供できなくなってしまい得るだろう。盲導犬もまた社会的資源であり、社会的資源には限りがあるからである。なおアンダーソン自身は、健常者も欲してしまうような障害者用の社会的資源の例として、身体障害者用の駐車スペースを挙げている（Anderson 2010c, pp. 92-93）。

治的自由であることからもうかがわれる通り、正義は民主社会における市民としての地位に関わる。それゆえ、このような民主社会における対等な市民としての機能に関わる特別なニーズを、単なる人道主義的考慮としてしまうことは適切でないと思われる（Anderson 2010c, p. 93）。社会の文化的・制度的要因によって形成されたわけではない身体的・精神的障害に基づく特別なニーズに対する補償も、分配的正義から要請されるものであり、それに対して適切な方法で対応できないようなロールズの基本財アプローチとしての資源アプローチには、やはり難があると言わざるを得ない。

第2章 センの平等主義的正義構想とその批判的検討

本章ではアマルティア・セン（Amartya Sen）の「潜在能力の平等」としての平等主義的正義構想の内容を概観した上で（Ⅰ）、それに対する批判的検討を試みる（Ⅱ）。

Ⅰ センの平等主義的正義構想の内容
──「潜在能力の平等」

1 「何の平等か？」という問題設定

周知の通り、主流派の平等主義的正義構想が議論の共通の前提としていた「何の平等か？（Equality of What?）」という分配的平等主義のパラダイムは、センの議論に端を発する。センによれば、およそ主要な道徳理論は全て、「何の平等か？」という問いに対する回答として、一定の焦点変数（focal variable）における平等へのコミットメントを共有している（Sen 1980, p. 197, Sen 1992, p. 3）。それゆえ「反平等」とされる理論もまた、何らかの焦点変数における平等にコミットしていると言う。

人間は互いに様々な点で、外的特徴や環境によっても、個人的な特徴によっても異なっている（Sen 1992, pp. 1, 19-20）。平等はある個人の一定の側面と、他の個人の同様の側面とを比較することで判断されるため、人々の間での相対的な有利／不利は、多くの異なる変数において判定することができる（Sen 1992, p. 2, pp. 19-20）。人々のそのような多様性ゆえに、異なる焦点変数における不平等の特徴は互いに異なり得、一つの変数における平等は、別の変数における不平等になり得ると言う（Sen 1992, pp. 2-3, 19-20）。したがって、平等かどうかを判断するには、人間が多様であるという事実を見なければならないと同時に、「何の平等か？」という問いが重要なものとなる、とセンは言うのである（Sen

1992, p. 1)[1]。

2 厚生アプローチと資源アプローチへの批判

　以上のような平等主義的正義をめぐる問題設定をした後、センは既存の道徳理論・正義構想について、道徳的評価——とりわけ福利——の情報的基礎が不足しているとして、批判を展開する。

　まず、個人の主観的厚生を分配的正義の指標とする厚生アプローチに対して、欲求の強度は必ずしも福利の強度とは一致しないとする (Sen 1985, pp. 190-191)。とりわけ、長期的な抑圧的状況において、被抑圧者はそのような状況を変化させられないとしたら、いつまでもそれを嘆き続けるわけにはいかないため、しばしば小さなことに喜びを見出して自己の欲求を控えめなものにするべく自己規制してしまうと言う。このような現象を「適応的選好形成 (adaptive preference formation)」と言うが、厚生を福利の唯一の指標としてしまうと、こうした現象によって福利の個人間比較の基礎が歪められてしまうとして批判するわけである (Sen 1985, pp. 195-196, Sen 1992, pp. 53-55. cf. Elster 1983)。

　また、前章で取り上げたロールズもそこに含まれる、富や収入などの財を分配的正義の指標とする基本財アプローチないし資源アプローチに対しては、財そのものを個人にとってのアドバンテージと見なしている点で、「フェティシズム」の要素があると批判する (Sen 1980, p. 216)。そして、資源アプローチが分配的正義の指標として、結果としての達成ではなく、そのための自由に焦点を向けている点については「正しい方向」と評価しつつも (Sen 1992, pp. 36-37)、人間は異なる外的環境や個人的な特徴に応じて異なるニーズを有し (Sen 1980, pp. 215-216)、それらの環境や特徴によって、資源や基本財を「個人は何をできるか」「個人は何になれるか」といった自由へと転換する効率には重要な違い

1　ただし、センの「何の平等か？」という問い及び「全ての主要な道徳理論は何らかの焦点変数における平等へのコミットメントを共有している」という認識においては、功利主義はもちろんリバタリアニズムのような狭義の分配的正義にコミットしていない理論まで、平等理論の射程に含まれている (Sen 1992, p. 13)。その点で、「分割可能な資源の分配を、厚生・資源（すなわち、他者に課する機会費用）・潜在能力のいずれの指標に基づいて均等化するか」という分配的平等主義のパラダイムとは、問題設定においてズレが生じているという点には注意を要する（序章Ⅱ3参照）。しかしいずれにせよ、このようにして設定されたセンの「何の平等か？」という問いが、その後の分配的平等主義のパラダイムへと受け継がれたことから、そのようなパラダイムはセンの議論に端を発していると言って良い。

があるから、資源や基本財が個人の保有する実質的な自由を体現するとは限らないと言う (Sen 1992, pp. 33-34, 37-38)。とりわけロールズの社会的基本財においては、障害の有無が考慮されない点をセンは指摘する (Sen 1980, p. 215)。そして、このような人間の間の差異は広範でかつ現実に存在するため、個々人の境遇を純粋に基本財や資源でのみ判断し、障害や特別な健康上のニーズ、身体的・精神的欠損を道徳的考慮から除外することは、偏頗的でブラインドな道徳と化す (Sen 1980, pp. 215-216) として批判するわけである。

3　潜在能力の平等

　既存の分配的正義の候補である厚生アプローチと資源アプローチを斥けた上で、センは自らの平等主義的正義構想として、潜在能力アプローチに依拠した「潜在能力の平等 (capability equality)」を提唱する。すなわち「潜在能力」とは、動き回る能力や栄養水準を充たす能力、衣服を着たり雨露をしのげる住居に住んだりできること、共同体の社会生活に参加する能力といった、個人が一定の基本的なことをできることを表すものであり、潜在能力の平面において諸個人を均等化することが平等である、ということである (Sen 1980, p. 218)。

　ここでは「機能 (functioning)」と「潜在能力 (capability)」の区別が重要となる。すなわち「機能」とは、食べる・読む・見るなどの活動や、栄養が足りている、マラリアから自由である、衣服のみすぼらしさによって辱められていないなどの状態といった、現に個人が「何をしているか」「何であるか」によって同定されるものである。センはこのような機能を「福利 (well-being)」の構成要素とし、個人が実際に達している機能のセットを「機能ベクトル」と定義する (Sen 1985, pp. 197-198)。これに対して「潜在能力」とは、個人の手中にある上のような機能ベクトルのセットである。そしてセンは、後者の潜在能力の方を平等化しようと言うのである (Sen 1985, p. 201)。

　前述したように、機能は個人の福利を構成するが、機能ベクトルのセットである潜在能力の方は、個人の自由を表現する (Sen 1992, pp. 39-40)。そして、このような個人が現に「何になれるか」「何ができるか」といった実質的自由に直接着目することで、基本財や資源の均等分配では把握し切れないような、障害者の現に享受する（不平等な）自由をも把握できる点において、潜在能力の

平等は優れている、というわけである。

4　センの自由観

以上のような、センの平等主義的正義構想としての潜在能力の平等は、自由についての彼の構想とセットで理解され得る。センにおいて、機能が福利を構成することは前述したが、潜在能力はこのような福利としての機能を達成するための自由であるとして、「福利的自由（well-being freedom）」であるとされる（Sen 1985, p. 201）。

このような福利的自由と対置されるものとして、「行為主体的自由（agency freedom）」なるものが、センの自由概念においては想定される。すなわち、人間は自己の福利には必ずしも直結せずとも、自らが追求する理由のある目的や価値を追求するが、このような人格の側面は「行為主体的側面」とされるのである（Sen 1992, p. 56）。そしてこのような、個人が価値付け、生み出そうと試みているものの達成をもたらす自由として、行為主体的自由が定義される（Sen 1992, pp. 56-59）。人間の福利的考慮と行為主体的考慮は互いに異なる方向に作用し得、行為主体的自由の増加は必ずしも福利及び福利的自由の増加とは連動しないところ（Sen 1985, pp. 204, 206-208）、センの平等主義的正義構想において、平等化の対象となる潜在能力は、そのうち福利的自由に対応するということである。

また、自由概念をめぐる別の区別として、センは「コントロールとしての自由（freedom as control）」と「実効的自由（effective freedom）」の区別を持ち出している[2]。すなわち、「コントロールとしての自由」とは、行為主体自身が——福利的側面の価値の達成であれ行為主体的側面の価値の達成であれ——当の価値ある帰結の実現に向けて選択を行使することに関わる自由であり、選択の結果として価値ある帰結が達成されたかどうかは不問に付される。これに対して「実効的自由」とは、自己が価値付け、欲する（であろう）帰結が実現されることで強化される自由であり、こういった帰結の実現過程において本人のコントロールがなされたかどうかは不問に付される（Sen 1985, pp. 208-209）。

---

2 | ただし Sen 1985 においては「実効的自由」ではなく、「権能としての自由（freedom as power）」という名称が用いられていた（Sen 1985, pp. 208-209）。

現代社会においては、全ての個人に対してその生の全ての側面を直接的にコントロールできるように社会を設計することは不可能である以上、コントロールとしての自由は自由概念として狭過ぎるとしてセンは論難する (Sen 1985, pp. 209-210, Sen 1992, p.65)。その一方、行為主体がその実現過程において直接コントロールを及ぼさなくても、本人にその選択の機会が与えられたなら送るであろう生が実現されたら、それはより多くの自由が与えられていると評価できるとセンは言う (Sen 1992, p. 64)。それゆえセンは、実効的自由の方を適切な自由概念として採用するのである[3]。

5 超越論的制度主義と実現志向的比較論

以上がセンの平等主義的正義構想である潜在能力の平等の内容（Ⅰ3）と、潜在能力概念とも関わる彼の自由概念の内容（Ⅰ4）であるが、このような正義構想の適用対象をめぐってもセンは議論を展開している。

正義には二つの異なる基本的理解があるとセンは言う。一方は彼が「超越論的制度主義 (transcendental institutionalism)」と呼ぶ立場である。この立場は第一に、完全な正義へ関心を集中させ、正義の点で不完全な実現可能な社会の比較という問題には焦点を当てず、第二に、主として制度やルールを正しくすることに焦点を当て、そこから生じる現実の社会状態には直接焦点を当てない点において特徴付けられる (Sen 2010, pp. 5-6)。そしてセンは、こうした超越論的制度主義の最も強力な論者として、自己の正義の原理を完全に正義に適った制度との関係で主として論じる、前述のロールズを挙げる (Sen 2010, pp. 7-9)。

このような超越論的制度主義と対比されるのが、センが「実現志向的比較 (realization-focused comparison)」論と呼ぶ立場である。この立場は単に制度を正しくすることではなく、望ましい社会状態の実現に関心を集中させる立場であり、既存ないし実現可能な社会状態の比較に関心を集中させる点、現実世界の明らかな不正義の除去に主として関心を寄せている点によって特徴付けられ

---

[3] 実効的自由としての自由概念に対しては、コーエンから自由概念の定式化として不適切であるとの批判がなされるが、そのことについては第4章Ⅰ2で後述する。ここではセンが、自らの平等主義的正義構想において自由の意義を強調しつつも、そのような自由の内実については、必ずしも本人の選択過程への関与といったものまで求めない、行為主体性の薄められたものとなっている点が確認されれば充分である。

る（Sen 2010, p. 7）。

　以上二つの正義理解のうち、前者の超越論的制度主義は、第一に明らかな不正義の除去よりも完全な正義の彫琢に関心を寄せる点、第二に望ましい社会状態の実現よりも正しい制度の設計に関心を寄せる点で、後者の実現志向的比較論と対比される。このうち第二の制度主義的な正義理解に対してセンは、「正義は現実に人々が営んでいる生に無関心ではいられ」ず、「人々の生についての情報は、制度やルールについての情報によっては補われ得ない」（Sen 2010, p. 18）として疑問視する。そしてそのような正義観の具体的な問題点として、社会制度がいかに適切に設計されていても、強い個人が弱い個人を自由に抑圧できるなら、正義に反すると言うべきであるが、にもかかわらず、そのような正義判断をなし得ない点などを挙げ[4]、批判する（Sen 2010, pp. 20-21）。それゆえに、正しいルールや制度の設計のみならず、現実の望ましい社会状態の実現をも志向するとして、センは実現志向的比較論の方を適切な正義観として擁護するのである。

II　その評価と批判的検討

　以上のようなセンの一連の議論に対していかなる評価を下し得るだろうか。
　まず、彼が財や資源を分配的正義の指標とする基本財アプローチや資源アプローチに対して、財そのものを個人のアドバンテージと見なすフェティシズムに陥っていると批判した点（I 2）であるが、ロールズは基本財を個人にとっての善そのものではなく、善を追求するために公正に分配されるべき手段であると理解しているわけだから（分配指標はあくまで調整基準であって福利そのものではない）、フェティシズムであるとの批判はあまり公正ではないだろう（cf.

---

[4]　他にもセンは、超越論的制度主義の制度主義的側面の問題点について、正義を実現するためには主権国家の存在を要請してしまい、グローバルな（不）正義の問題に上手く対応できない──「世界政府がない以上、世界正義の問題は扱えない」ということになってしまう──点を挙げている（Sen 2010, pp. 24-25）。もっともポッゲのように、ロールズを引き継いで制度主義的な正義理解を採った上で、先進諸国による発展途上国に対する制度的加害概念に訴えて、グローバルな（匡正的）正義を基礎付ける試みもなされていることから（Pogge 2008）、このようなセンの批判がどこまで説得力を持つかはなお慎重な検討を要する。この問題は、ロールズ同様に制度的正義論に与すると理解できるアンダーソン及び筆者自身の関係的平等主義に対する外在的批判として、後に第9章Ⅳで検討する。

井上達夫 2004、76 頁)。また、ロールズもそこに含まれるとされる、正義の適用対象を社会制度に限定する超越論的制度主義に対する批判も、その内容がロールズの立場の理論内在的な批判となっているかどうかはなおも検討を要すべき事柄であると思われるが[5]、それらの批判については、ロールズ同様に制度的正義論に与するアンダーソン及び、それを発展させた筆者自身の関係的平等主義に対する外在的批判として、後に第9章Iで検討するとして、ここでは一旦保留することとする。

しかしいずれにせよ、第1章II2 (3) で見た通り、ロールズの基本財アプローチは少なくとも制度的・文化的要因によって形成されたわけでないような精神的・身体的障害を有するに至った人々への対応において、難点を抱えるものだったことは否定できない。それに対して分配的正義の指標として潜在能力に着目するセンの平等主義的正義構想は、同等の量の財や資源を与えられた諸個人が、それを本人が「何ができるか」「何になれるか」といった自由に転換できる効率の差異にも配慮できるものとなっている。その点において彼の正義構想は、我々の現実世界が必ずしも健常者だけで構成されているわけでなく、身体に障害を抱える者からも成り立っていることに鑑みても、評価できるものと言えよう。後述の関係的平等主義に立脚するアンダーソンや筆者の正義構想も、同様の理由から潜在能力アプローチにコミットするものであり(第6章I1 (2))、このような潜在能力アプローチにコミットするセンの正義構想のうちに、関係的平等主義において発展的に継承されるべきポテンシャルを見出すことが可能である。

また、センの想定する潜在能力概念においては、共同体の社会生活に参加できる能力も含まれている (I3)。この点でも第6章I1 (1) で後述する通り「民主社会における市民としての対等参加」を平等の積極的目的とする「民主

---

[5] センによるロールズらの超越論的制度主義に対する批判は、「その下で強い個人が弱い個人を自由に抑圧し得る」という批判内容に示されるように、「制度」を、法的強制を伴うフォーマルな制度に限定して理解しているように思われる。したがってこうした批判は、正すべき制度を、抑圧的な文化的意味秩序をも含めて理解するような制度的正義論に対しても等しく妥当するかどうかは定かではない。さらにロールズの正義理論においては私人に対しても、善きサマリア人の義務や、他者に危害を加えたり不必要な苦痛を与えしないという「自然的義務 (natural duty)」が、社会の基本構造に適用される正義の二原理とは独立に、直接的に課される (Rawls 1971, p. 114) ことから (第1章I5)、センのいう超越論的制度主義が、そのようなロールズの正義理論の解釈として適切かどうかについても疑問を呈し得る。

的平等」としての関係的平等主義の契機を、そこに見出せるだろう。

1　ドゥオーキンによる批判

では、このようなセンの潜在能力の平等としての正義構想には何ら問題がないのか。

センの潜在能力の平等に対してロナルド・ドゥオーキン（Ronald Dworkin）は、二通りの解釈ができると言う。すなわちまず、「人々の幸福や自尊や共同体内での役割の達成を実現する能力を等しくしなければならない」という立場と解すると、「厚生の平等（equality of welfare）」と変わらなくなり、それに対して、そうした能力の差異が、彼らの選択や人格、共同体内の他の構成員の選択や人格ではなく、身体的・精神的能力のような「個人的資源（personal resources）」や、財などの「非個人的資源（impersonal resources）」の差異に起因してはならないという立場と解すると、「資源の平等（equality of resources）」と変わらなくなると論じる（Dworkin 2000, pp. 301-303）。

しかし、個人の主観に依存する厚生と、充足の有無が客観的に判定される機能によって同定される潜在能力とを同視することはできないし、ドゥオーキン自身が指摘する通り（Dworkin 1981b, pp. 288-289）、資源アプローチと潜在能力アプローチとでは、前者が資源の価値を他者に課する機会費用によって測るのに対し、後者はそれを、資源を保有する個人の能力実現度で測定するのだから（第3章Ⅰ4 (1)）、福利を達成する手段ないし自由の平面での平等化を目指すとしても、両アプローチはなお互いに独自性を有するわけであり、ドゥオーキンの論難は当たらないと考える。

2　アーネソンによる批判

これに対し、個人が「できること」「なれること」という潜在能力ないし機能の候補には様々な種類のものを想定し得ることから、個人の種々の潜在能力の総体を、一つの包括的なインデックスの下にいかにして集計するのか、もしそのような包括的なインデックスが構築できないと、異個人間での潜在能力の平等／不平等を比較できないのではないか、という疑問は至極真っ当なものとして提起され得るだろう（Arneson 1989, p. 91）。また、個人が「できること」「な

れること」の全てが等しく道徳的見地からレレヴァントではあり得ないのだから、それら種々の能力の候補から、セン自身の潜在能力の平等にとってレレヴァントな能力をいかにして同定するのか、その基準ないし指針が問われるだろう（Arneson 1989, pp. 91-92）。

　リチャード・アーネソン（Richard Arneson）によるこれら二つの批判は、「インデックス問題」への批判及び「卓越主義」批判の表題の下で、アンダーソン及び彼女の理論を発展させた筆者自身の関係的平等主義も最終的に与する潜在能力アプローチに対する外在的批判として、後に詳しく取り扱うこととなるが（第8章Ⅰ・Ⅱ）、これらの二つの批判のうち前者に対してセンは、異なる種類の潜在能力の総体を一つの包括的なインデックスの下で集計できない可能性を認めている。その上で彼は、全ての分配状態の組を順序付けられるという完備性の要請は、非現実的である上に、道徳的にレレヴァントな情報を捨象してまで貫徹されるならば望ましいものですらなく、部分的に不完備であったとしても、現実世界の不正義に対応できる程度に順序付けが可能であれば問題ないという応答をしている（Sen 1985, pp. 200, 205）。

　筆者自身、我々の現実世界において実践的な行為指針を提示するためにこそ道徳理論があるという考えに傾いている。したがって、平等理論はその限度で異なる分配状態の順序付けができれば良いように思われ、全ての分配状態の組を完備的に順序付けられることまでは要しないというセンの応答は、基本的には正しいと考える。しかしそれでも後者の批判は、なおセン自身の潜在能力の平等に対して強力な批判たり得ると思われる。この点セン自身は、自らの潜在能力の平等にとってレレヴァントな「基本的潜在能力（basic capability）」として、例えば、動き回る能力、栄養水準を充たす能力、衣服を着たり雨露をしのげる住居に住んだりできること、共同体の社会生活に参加する能力を挙げている（Sen 1980, p. 218）。しかし問題は、数ある「できること」「なれること」の内からこれらの能力をレレヴァントな基本的潜在能力とする基準ないし指針の存否である。

　センとともに潜在能力アプローチに与するマーサ・ヌスバウム（Martha Nussbaum）などは、一定の卓越主義的な人間観に訴えて、人間にとって基本的な潜在能力の客観的リストを同定するものの（Nussbaum 1999, pp. 39-42）、セン

はそのような方針を採らずに、何がレレヴァントな潜在能力であるかの同定は、当該政治共同体における民主的討議に委ねるべきであると考えているようである（cf. Sen 1999b, pp. 78-79）。しかし、それによってレレヴァントな潜在能力の同定が、多数決原理が支配する民主的過程に一任されてしまい、その権利性が弱められてしまうという批判が、資源分配における市民の医療や健康のニーズへの対応を立法段階においてなそうとするロールズのアプローチに対してと同様に妥当してしまわないか（第1章Ⅱ2（1）参照）。

また、基本的潜在能力を同定するための民主的討議が正常に機能するためには、そのような民主的討議に諸市民が等しく参加しているという形で機能していると言えなければならないが、そうした民主的討議に参加するための等しい能力の具体的内容はいかにして同定するのか。もしその同定を民主的プロセスに委ねるべきとするならば循環してしまうだろう。したがって、センとしては、自らの平等主義的正義構想にとってレレヴァントな基本的潜在能力を、少なくともその主要な部分については特定の政治共同体における民主的プロセスとは独立に同定しなければならないだろう。

3　哲学的人間観の不在

以上のようにセンの潜在能力の平等としての平等主義的正義構想は、財や資源を実質的自由に転換する効率の個人的差異にも着目できる点で評価できるものの、平等理論として充分なものたり得るには、自らの立場から道徳的にレレヴァントな基本的潜在能力を同定するための基準ないし規制理念が求められるということが確認された。

センがそのような同定基準ないし規制理念を提出し得ていない理由は、自らの平等主義的正義によって規律される主体としていかなる存在を想定すべきかについて、彼が未決にしている点と関わるように思える。前章で検討したロールズは、自己の正義の原理によって規律される主体として、正義感覚を有し、自己の善の構想を形成したり改定したり合理的に追求したりする能力を有する道徳的人格を想定していた（Rawls 1980, p. 525, 第1章Ⅰ4参照）。それに対しセンは、「人間の多様性（diversity）」の事実は強調するものの、それらの人々が「なぜ、なお同じ人であると言えるのだろうか」（大屋 2007、77頁）という問いの前で、

自らの平等主義的正義において共通に規律される主体たる人間を「人間」たらしめる属性について、管見の限りほとんど言及していない。

　ロールズの正義理論において、基本財の価値が上のような道徳的人格を発揮する能力の実現度との関連で測られていたのと同様に、センにおいてもいかなる基本的潜在能力がいかなる程度レレヴァントかを同定するには、一定の哲学的人間観を必要とするように思われる。そして第6章Ⅰ2(2)で後述するように、結局はセンと同様に潜在能力アプローチにコミットする、アンダーソン及び筆者自身の関係的平等主義に基づく正義構想を擁護するに当たっても、そのような一定の人間観についての一つの構想——合理的行為主体と能動的市民——にコミットすることを通じて、レレヴァントな基本的潜在能力を同定する規制理念を擁護していくことになる。

第3章 ドゥオーキンの平等主義的正義構想とその批判的検討

本章ではロナルド・ドゥオーキン（Ronald Dworkin）の「資源の平等」としての平等主義的正義構想の内容を概観した上で（Ⅰ）、それに対する批判的検討を試みる（Ⅱ）。

Ⅰ ドゥオーキンの平等主義的正義構想の内容
──「資源の平等」

1 仮想的契約批判

ドゥオーキン自身による平等主義的正義構想は、ロールズの正義理論を批判的に発展させようとするものとして理解できる。第1章Ⅰ2で論じた通り、ロールズは自己の平等主義的な正義の二原理を、原初状態での無知のヴェールの下で、合理的に自己利益を追求する当事者が選択するであろうという、仮想的契約に訴えて同定しようとした。

それに対してドゥオーキンは、仮想的契約はそもそも「契約」とは言えず、契約条件を執行することの公平性についての独立の論拠を提供し得ないと批判した。「事前に尋ねられたら私がそのルールに合意したであろう」ということからは、「実際にはそのルールに合意していなかった私に対してそのルールを執行して良い」ということは導出されない、というわけである（Dworkin 2013 [1977], pp. 186-187）。したがってロールズの原初状態は、正義の二原理の公正性を論証する、「仮想的合意には拘束力がある」という想定から独立した論拠に訴える装置でなければならず（Dworkin 2013 [1977], p. 188）、そうした論拠を提供する「深層理論（deeper theory）」の特徴を同定しなければならない（Dworkin 2013 [1977], p. 206）と言う。

そしてそのようなロールズの正義理論の深層理論は、「目的基底的理論

(goal-based theory)」及び「義務基底的理論（duty-based theory）」と対比される「権利基底的理論（right-based theory）」である、とドゥオーキンは言う（Dworkin 2013 [1977], p. 210）。権利基底的理論の基本的発想は、「個人は、自ら望めば、保護に値する利益を有している」ということである。そうした理論を発展させるに当たっては、基本的権利の行使に際し個人が「拒否権（veto）」を有する制度を同定しようとすることが自然な成り行きであるから、契約は権利基底的理論において意味をなす、というのである（Dworkin 2013 [1977], p. 213）。そして、このようなロールズの深層理論としての権利基底的理論においては、立法・慣習・仮想的契約の産物ではないという意味での「自然権（natural rights）」が意図されているのだという（Dworkin 2013 [1977], p. 214）[1]。

2 等しい配慮と尊重への抽象的権利

さらに続けてドゥオーキンは、ロールズの深層理論である権利基底的理論における基本的権利とは、平等への抽象的権利であると言う（Dworkin 2013 [1977], pp. 216-217）。つまり諸個人は、「自分たちを統治する政治制度の設計や運営における等しい配慮と尊重への権利」という「極めて抽象的な権利」を有するのである（Dworkin 2013 [1977], p. 218）。そしてこのような抽象的な平等への権利と原初状態との関連であるが、無知のヴェールの装置を用いていることから分かるようにロールズの原初状態は、一国の政治制度が、特定の人々や階層、特定の嗜好や観念を有する人々に対してより配慮や尊重を示しているような力の強い人々によって確立され、運営されている場合には、当該政治制度が全ての個人に対して等しい配慮と尊重を示さないものであると想定している。このことから、彼の原初状態は等しい配慮と尊重への抽象的権利を執行するべく設計されており、ロールズの権利基底的理論としての深層理論を体現する根本的概念として理解できるとしている（Dworkin 2013 [1977], pp. 218-219）。

---

[1] もっとも、契約論一般がこうした自然権の理論に論理必然的にコミットしていると考えるべきかどうかについては議論の余地がある。例えば井上達夫は、契約論において含意されている拒否権は、あくまで「契約」という観念に基づく義務に関してのそれであり、個人が負い得る義務は契約に基づく義務以外にもあり得るところ、それらは契約論において含意されている拒否権についての議論の射程外であるから、契約論から直ちに上のような強い自然権理論へのコミットメントを導出することは飛躍論証であると批判している（井上達夫 1986、165-167頁）。

このようにドゥオーキンは、仮想的契約に基礎付けられるとされるロールズの正義の二原理が、等しい配慮と尊重への権利としての抽象的な平等への権利に基礎を置くと論じる。ここでの「配慮（concern）」とは、「苦しみや挫折を感じ得る人間として扱う」ことであり、「尊重（respect）」とは、「どのように生を送るかについての理知的な構想を形成し、それに基づいて行為できる人間として扱う」ことを意味する（Dworkin 2013 [1977], p. 326）。

　ロールズの正義理論の深層理論としての抽象的な平等への権利は、ドゥオーキン自身の平等主義的正義構想にも引き継がれ、「政府はその被治者を等しい配慮と尊重によって取り扱わなければならない」として定式化される。彼自身の平等主義的正義構想をより全面的に展開した単著『至高の徳（Sovereign Virtue）』（2000年）においても、「尊重」というタームこそオミットされているものの[2]、「全ての市民の運命に対して等しい配慮を示していないいかなる政府も正統とは言えない。等しい配慮は政治共同体の至高の徳であり、それなしでは政府は単なる専制である」（Dworkin 2000, p. 1）として、その理念が定式化されている。そしてこのような理念を「抽象的平等原理（abstract egalitarian principle）」（Dworkin 2000, p. 147）として位置付けた上で、その理念を具体化する自身の平等主義的正義構想を発展させていくこととなる。

3　厚生の平等への批判

　センが「何の平等か？」という分配的平等主義のパラダイムの端緒を設定したことは第2章Ⅰ1で既に述べたが、ドゥオーキンもこれと時期を同じくして、「人々を何らかの点で等しく扱うこと」と、「人々を対等者（equals）として扱うこと」の違いに訴えた上で（Dworkin 1981a, p. 185）、後者の「人々を対等者として扱うこと」の方が基底的な理念であるとする。そして、個人の私的所有の対象となる資源分配に関わる「分配的平等（distributive equality）」[3]の理論の二

2　もっとも、その二年後に著された彼の論文「至高の徳・再訪（Sovereign Virtue Revisited）」（2002年）においては、「尊重」のタームが復活し（Dworkin 2002, p. 10）、晩年の彼の単著である『ハリネズミの正義（Justice for Hedgehogs）』（2011年）でも「等しい配慮と尊重」と表記されていることから（Dworkin 2011, p. 330）、『至高の徳』における「尊重」のタームのオミットには特別な意味はなく、単なる省略表現と解して差し支えなかろう。ただし、これとは異なる理解を示すものとして、井上彰 2008b、139頁注29参照。

3　ドゥオーキンの理論全体において「厚生の平等か？資源の平等か？」という分配的平等は、「平等とは何か？」という問いの一側面に過ぎない（Dworkin 1981a, p. 186）。その他にも彼

候補である、「厚生の平等 (equality of welfare)」と「資源の平等 (equality of resources)」のいずれが「人々を対等者として扱う」最善の理論であるかという問いを立てる。

まず、前者の厚生の平等であるが、ドゥオーキンはそれに対して以下の二点に亘って批判を展開する。第一に、「厚生」の概念は抽象的かつ曖昧であり、厚生の内実を特定すると、いずれも平等構想として魅力的でなくなってしまうという (Dworkin 1981a, sec. 3-7, Dworkin 2000, p. 285)。そして平等構想として魅力的に解釈するためには、「適理的な後悔 (reasonable regret)」の観念に依拠しなければならないところ、適理的な後悔の観念は公正な分配についての想定を含まなければならないことから、厚生の平等は公正な資源分配についての資源の平等から独立した分配の理論を構成し得ないと言う (Dworkin 1981a, p. 217)。

第二に、厚生の平等は人々をその主観的厚生においてこれ以上等しくし得ない点まで資源の移転・再分配を要請することから、他者と等しい量の厚生を得るに際して他者よりも多くの資源を要してしまうという、いわゆる「高価な嗜好 (expensive tastes)」を涵養した者に対して、より多くの資源を与えることを正当化するという反直観的で不公正な帰結を避け得ないと言う (Dworkin 1981a, sec. 8)。

こういった価値判断の背後には、ドゥオーキン自身の道徳的人間観が存在する。ドゥオーキンは「人格 (person)」と「環境 (circumstances)」の二分法に依拠しており、本人の嗜好や企図は前者に、身体的・精神的能力は後者に属するところ (Dworkin 1981b, p. 293)、分配的正義の関心となるのは諸個人が前者を追求するための手段や制約となる後者のみであり、前者については個人がその

の平等論においては、「法の下の平等 (equality before law)」の問題や、公有・共有の資源に対する権力の平等をも含めた「政治権力の平等 (equality of political power)」の問題も存在するし (Dworkin 1981b, p. 283)、それらの平等の問題は、彼にとって最善の分配的平等の構想である資源の平等に還元し尽くされるわけではない。確かに彼の平等論を全面的に展開した『至高の徳』においても、彼の平等主義的構想が真っ先に分配的平等の構想として論じられている点、その後の平等論――とりわけ運の平等主義――が彼の資源平等論を批判的に継承して展開されてきた点からすると、彼の平等論が、平等理念を第一義的には資源分配の格差の問題として考える分配的平等主義の代表的立場として位置付けられることには理由がある。しかし、上述のように、彼の平等論の関心が分配的平等の問題に還元し尽くされない点、彼の理論枠組みにおいて分配的平等の構想は、「人々を対等者として扱う」という抽象的原理を基底としている点から、彼の平等理論を分配的平等主義に引き付けて理解することが最善の解釈であるかどうかは、実は悩ましいところである。この点については本章 II 5 で後述する。

形成に責任を持つべき事柄であるから国家は関知すべきでないと考えている。

　第1章で検討したロールズも、市民は道徳的人格として、自己の目的に対して責任を持つ能力が期待されているところ、より安価な嗜好の持ち主は、自己の生全体に亘る嗜好を、自己が適理的に期待し得る収入や富に合わせて調整してきたのだから、そうした自己規律の怠慢ゆえに他者よりも高価な嗜好を有するに至った者に対し、より安価な嗜好の持ち主の犠牲の上に補償を施すことは不公正であると論じている（Rawls 1982, pp. 168-169、第1章Ⅰ4参照）。ドゥオーキンもその点で――つまり、正義の原理によって規律される主体が自己の善の形成・追求について自律的な人格であると想定している点で――ロールズと歩調を合わせていると言える。この点は後にジェラルド・コーエン（Gerald Cohen）によって激烈に批判されることとなるが、それについては第4章Ⅰ5で後述する。いずれにせよ以上のような理由に基づいて、ドゥオーキンは厚生の平等を批判して斥けるわけである。

4　資源の平等の擁護
(1)　仮想的競売市場

　厚生の平等を斥けた後、ドゥオーキンは自らの擁護する資源の平等の内容を発展させるべく、いかなる形で資源を分割することがこのような資源の平等構想を実現することになるかについて、シミュレーションを駆使しながら議論を展開していく。

　資源を平等に分割するための問題発見的装置として、ドゥオーキンは次のようなシミュレーションを行う。難破船の乗組員が離れ島に漂流する。その島には資源が豊富にあり、原住民もいなく、漂流民となった乗組員たちは何年も待たないと救助を得られないとする。漂流民たちは誰も島にある資源に対して先行的権利を有せず、それらの資源は漂流民たちの間で等しく分割されるべきという原理を受容しており、とりわけ「羨望テスト（envy test）」と呼ばれる次のような資源分割原理を受容しているとする。すなわち、一旦島中の資源の分割が完了した後、誰か一人でも他の人の有するに至った資源の束を自己の有する束よりも好む（羨む）ようであれば、資源の分割は等しくない、というテストである（Dworkin 1981b, p. 285）。

ではこの羨望テストを充足するための、最良の資源分割の手続きとは何か。ドゥオーキンはその答えを、漂流民たちの間で行われる仮想的な競売に求める。すなわちそこでは、各漂流民に等量かつ大きなシェアの貝殻がチップとして渡され（貝殻はそれ自体では価値を有しないとされる）、島中のあらゆる資源がオークションにおける売却対象としてリストアップされる。そして競売人はリストアップされた売却対象につきオークションを執り行い、最終的に全ての資源が売却され、全ての人が満足したと宣言するまで競売手続きは進行する（Dworkin 1981b, pp. 286-287）。この最終状態において、羨望テストは充足されたとドゥオーキンは言う。というのも、もし誰かが他の誰かの有する資源の束を自己のそれよりも好むのであれば、競売手続きを続行し、自己の貝殻を用いて他人のそのセットを手に入れれば良いからである（Dworkin 1981b, p. 287）。

　このような資源の平等及びそれを駆動する羨望テストの根底には、「人々は自ら追求すべき生を、自己の選択が他の人々——それゆえ、他者によって公正に使用されるべき資源の総計——に対して課すこととなる、現実のコストについての情報を背景にして決めるのである」（Dworkin 1981b, pp. 288-289）という人間観と、そのような人間観に立脚した、「資源の価値を他者に課する機会費用によって測るべき」とする根本原理がある。競売手続きは「一人の個人の生に寄与する社会的資源の真の指標は、その資源が他者にとって実際どれほど重要であるかを問うことで決められる」（Dworkin 1981b, p. 289）という判断にコミットしている点で、資源の平等と内的連関を有するということである。

(2)　選択の運と厳然たる運

　もっとも以上の議論は、「人々が等しい条件の下で市場に参入する」（Dworkin 1981b, p. 289）、すなわち財や富などの等しい「非個人的資源（impersonal resources）」を有し、等しく身体的・精神的障害がなく、市場で需要される財やサービスを生産する等しい才能を有していることを前提としているが、実際の事情はもっと複雑である。漂流民の仮想的シミュレーションにおいても、競売手続き完了後に生産や交換が市場で自由になされると、漂流民間での保有資源の束の格差が生まれ、もはや羨望テストを充足するとは単純には言えなくなる（Dworkin 1981b, pp. 292-293）。

　そこでドゥオーキンが持ち出すのが「選択の運（option luck）」と「厳然たる

運(brute luck)[4]」という、二つの運の概念である。前者の運は、熟慮の上で計算されたギャンブルの結果がどうなるかに関わるものであり、後者の運は、そのような意味で熟慮されたギャンブルではないリスクがどう降りかかるかに関わる(Dworkin 1981b, p. 293)。

そしてドゥオーキンは、保険の発想が二つの運を架橋すると考える。というのも、将来我が身に降りかかるかもしれないカタストロフィのための保険購買選択は、本人にとって計算されたギャンブルの問題だからである。したがって、もし誰もがそのようなカタストロフィに見舞われる等しいリスクを有し、それに見舞われる確率を大体において知っており、それに対して事前に保険を掛ける充分な機会を有していれば、ともにカタストロフィに見舞われた二人のうち、一方が事前に保険を掛けて他方が保険を掛けなかったという選択の差異に起因する資源格差が生じても、そのような格差は、各々の善き生についての異なる構想及びそれに基づく行動選択を反映したものということになる。それゆえ、「人々は、自らの生を営むことができるようにするために他者が断念せざるを得なくなったもの［のコスト］によって測られる対価を支払うべきである」(Dworkin 1981b, p. 294)という、資源の平等及び羨望テストを貫く根本原理に照らして問題がないことになる。

(3) 仮想的保険市場

これに対し、先天的に障害を持って生まれたような場合などには、本人がそれに備えて事前に保険を掛けることは原理的に不可能である。そこでドゥオーキンが考案するのが「仮想的保険市場(hypothetical insurance market)」という装置である。

そこでは、「もし全ての人が適切な年齢時に、将来身体的・精神的障害を負

4 「ブルート・ラック」については既に「自然の運」という定訳が存在する。しかし、本書では後に第4章Ⅱ6でコーエンの平等主義的正義構想——とりわけ高価な嗜好への補償態度——を総括するに当たって、市場における人々の選好や行動の総体によって制度化されたものとしての「制度的な(institutional)」それにも着目するため、「自然の運」という訳は敢えて採用しなかった(制度は人為的なものであり、「制度的な自然の運」なるものは形容矛盾の感が否めない)。なお、ブルート・ラックについては他にも「悲運」(井上達夫 2003、206頁)という訳も存在するが、運(luck)には不運(bad luck)のみならず、幸運(good luck)も含まれ得るところ(自分の土地からある日突然、石油が湧き出てきて大資産家になるといった例は、幸運なブルート・ラックと言える)、「悲運」では後者のニュアンスを包摂し得ないと考えたため、このような訳も採用しなかった。なお筆者自身もかつての論稿では「自然の運」という訳を用いていたが(森2016b、8-9頁)、以上の理由から訳を変更することにした。

う同等のリスクを有し、そのような障害の総計が現実と同じならば、それらの障害に対していくらの保証額の保険を共同体の平均的構成員は購入するだろうか」(Dworkin 1981b, pp. 297-298) という問いが発せられ、この反実仮想的な問いに答える形で補償プログラムが組まれる。このような仮想的保険市場における保険料と、障害に見舞われた場合に下りる保険金を模倣することで、平等主義的な福祉国家の税制度（Dworkin 1981b, pp. 323-334）と社会保障制度を設計する規範的指針が得られるということである[5]。

II　その評価と批判的検討

　以上のようなドゥオーキンの一連の議論に対して、いかなる評価を下し得るか。
　まず、彼の資源の平等はロールズの基本財アプローチと同様、資源アプローチに分類できる。ロールズの基本財アプローチが、財や資源を自由や機能に転換する効率の個人差、とりわけ障害者への対応につき難があることは既に確認した（第1章II 2 (3)）。これに対しドゥオーキンの資源の平等は、先の仮想的保険市場の装置を用いることで、身体障害者や市場で他者が欲する財やサービスを生産できる能力を欠く者の問題に対応しようとしている。その点で先の潜在能力アプローチに立つセンによる批判（第1章II 2 (1)、第2章I 2）に対して、資源アプローチの立場から応答を試みようとしているものとして評価できる。

1　個人的資源と非個人的資源との異なる扱いについて

　このようなドゥオーキンの立場にもいくつか難点があることは事実である。
　第一に、ドゥオーキンの資源平等論は、上述のように身体障害者の問題に対し仮想的保険市場の装置を用いて対応しているが、身体的・精神的能力のような「個人的資源 (personal resources)」を、財などの「非個人的資源 (impersonal

---

[5]　以上の仮想的保険市場の説明は、身体障害のケースを念頭に置いたものであるが、ドゥオーキンは市場で需要される財やサービスを生み出すための能力の欠如のケースにおいても、同様に仮想的保険市場の装置で対処するための議論を展開している（Dworkin 1981b, pp. 304-323）。

resources)」と分け、前者の能力の欠如を後者の欠如と同じ意味での「初期資源の欠如」とは評価していない。しかし何ゆえ両者を合わせた上で「初期資源の欠如」としないのか。

　これに対してドゥオーキンは、能力は操作や移転の対象たり得ない点（Dworkin 2011, p. 355）、能力の欠如を「資源の欠如」と評価すると、補償のために「通常の」能力なるものを想定せざるを得なくなる点を挙げている（Dworkin 1981b, pp. 300-301）。しかし、身体的能力の移転と言っても、強制的臓器移植の例に見られるように、必ずしも物理的に不可能ではない。むしろ腎不全の例のように、健常者の腎臓の片方を患者に強制的に再分配することを認めた方が、人工透析にかかる莫大な医療資源の節約という点で効率的とさえ言えるかもしれない。もちろんこうした提案に対しては、個人の身体に対する自己決定権の侵害であるとの批判があり得るだろう。しかしドゥオーキン自身は自由一般への権利を認めていないし（Dworkin 2013 [1977], pp. 322-323）、ノージック的リバタリアンのような身体に対する自己所有権の観念[6]を否定しているため（Dworkin 1981b, p. 312）、そのような応答を彼の理論内在的にできるかどうかはそれほど自明でないように思われる。

　また、補償のために「通常の」能力を想定せずとも、財などの非個人的資源とともに、構成員の身体的能力——とりわけ労働能力——を初期資源に含めて競売にかけるということができるし、そちらの方が資源の価値を他者に課する機会費用によって測るという資源アプローチのレゾン・デートルに適合的であるとすら言える。このような提案に対してドゥオーキンは、そうすると各構成員——とりわけ身体的能力・生産能力の高い構成員——は可能な限り商業的に最も利益の上がる方法に近い形で働かなければならなくなるという、いわゆる「才能の奴隷（the slavery of the talented）」を招来してしまうと批判する（Dworkin 1981b, pp. 311-312）。しかし、これは資源アプローチに真摯にコミットする以上、やむを得ないことではないか。

　資源の価値を他者に課する機会費用によって測定する点に、資源アプローチ

---

[6] ロバート・ノージック（Robert Nozick）は『アナーキー・国家・ユートピア（*Anarchy, State, and Utopia*）』（1974 年）において、右派リバタリアニズムの立場を擁護していた（Nozick 1974）。このようなノージックのリバタリアニズムが自己所有権の観念に依拠していることを指摘するものとして、Cohen 1995, pp. 65-66 参照。

の独自の意義がある点は既述した（Ⅰ4 (1)）。このような資源アプローチの規範的核心にある理念は、「特権は義務付ける（*noblesse oblige*）」であると言える。すなわち、「他人が欲しがるないしは必要とする資源を所有・占有する者は、それによって特権を得ているのだから、その貴重な資源を可能な限り他者にとっても役立つ方法で利用しなければならない」ということである。ドゥオーキンは才能の奴隷を拒むべき理由として、「人は自らの才能ゆえに罰せられるべきでない」とう原理を挙げ、この原理は「人は自らの優れた才能の利益を保持すべきである」という、それと正反対の考えを拒否する際の原理の一部であるとする。しかし、例えば徴兵制においては、重度身体障害者は兵役を免除され、健常者は生命・身体に危険を伴う実戦部隊に配備されることが広く認められているのだから[7]、「自らの才能ゆえに罰せられるべきでない」という道徳的直観がどこまで堅牢なものかどうかは疑問の余地がある。

　土地などの非個人的資源については、それに対して特に税をかけられたとしても「罰せられている」とはドゥオーキンも言わないであろうから、ドゥオーキンが身体的能力についてのみ才能の奴隷を問題視する背景には、非個人的資源は本人が放棄したり他者に移転したりすることができるのに対し、身体的能力については本人の力ではそうできないという事実認識があるのだろう。確かに、人種や性別といった、本人の努力のみではそこから抜け出せない——その意味で捨て去ることができない——身体的特徴についてはそう言えるだろう[8]。

---

[7] もちろん徴兵制自体が道徳的に正当化され得ないという立場——例えば、身体に対する自己所有権を絶対的権利とするノージック的リバタリアンや、絶対平和主義の立場など——は充分にあり得る。しかしドゥオーキン自身は、徴兵制度そのものに対して、少なくともそれが「健常者を罰することになる」という理由によっては反対していないようである（cf. Dworkin 2013 [1977], chap. 8）。

[8] 性別については、性同一性障害特例法のような法律によって公的な変更が可能な社会においては、本人の努力のみで捨て去ることができると言われるかもしれない。しかし、このような制度によって変更可能なのは戸籍上の性別のみであって、戸籍上の性別変更後に本人の変更前の性別に基づく社会的評価を逃れる保証はないだろう。また、我が国の特例法に見られるように、このような性別変更のためにはしばしば性別適合手術を経ることが条件として課されている（性同一性障害者の性別の取扱いの特例に関する法律第3条第1項第4・5号参照）。このような性別変更は単に身体や健康に大きな負担を伴うのみならず、変更後に本人が被る身体的・社会的不利益の総体は、しばしばシス・ジェンダーの女性や男性のそれをも上回るものとなる。したがって、変更後に享受する利益の総体が比較対象のそれよりも下回るような性別変更を、本人の努力のみで任意に変更可能なものとすることには、筆者は躊躇を覚える。この点で、二つある内の一方の腎臓を提供しても、腎機能障害者の境遇をしばしば下回らないような健常者とは事情を異にすると思われる。

しかし、既に述べた臓器移植の例が示すように、およそ身体的能力としての個人的資源一般を、本人が放棄したり移転したりすることができないとまで言えるかどうかは定かではない。そしてそもそもドゥオーキンは、何が「罰」に当たり何が「保持すべきでない利益の取り上げ」に当たるかの独立した基準を提出していない。「特権は義務付ける」という資源アプローチの核心的理念に誠実であろうとするならば、才能の奴隷状態は甘受すべきであろうし、そのような状態を（正当にも）問題であると考えるならば、それは資源アプローチそのものを放棄すべき理由となり得るのであって、資源の内で、非個人的資源と個人的資源との間で恣意的な線引きをして対処することを認める理由にはなり得ないと考える。

2　仮想的保険市場における平均人の選択について

　第二の問題は、身体的能力の問題に対応するべくドゥオーキンが構想した、仮想的保険市場の成否に関わる。

　ドゥオーキンが「保険（insurance）」の観念に訴えた理論的動機は、保険加入の有無が本人の意思に基づく選択に関わるところ、抽象的平等原理を構成する「等しい尊重（equal respect）」——すなわち、その要請が発する、自己の生き方を自己の選択と責任に基づいて構想することを認めること——に発していると考えられる。しかし、問題は井上彰が指摘しているように、仮想的保険市場においては平均人の保険購買選択に基づいて税や社会保障の制度が設計されるところ、「平均的な人の意思決定が、保険加入に対する自律的選択を代弁する保障などどこにもな」く、「少なくとも、なぜ政治共同体の平均的構成員というだけで、その仮想的選択がわれわれの自律的選択を代弁するものになるのかは不分明である」（井上彰 2008b, 133-134 頁）ということである。仮想的選択であることと、平均人の選択であることという二重の意味で、本人の意思に基づく現実の選択との間に径庭があるのである[9]。

　これに対するドゥオーキンの側の応答はあまり要領を得ないものである。仮

---

[9] 仮想的選択と現実の選択との径庭は、後に本章 II 4 (1) で見る「修正の原理（principle of correction）」においても（それが等しい尊重を体現していると見るならば）同様に問題となるだろう。

想的選択と現実の選択との径庭を埋める論拠として彼は、資源平等論が競売や保険市場に参入する初期条件としての等しい機会を想定しているところ、現実には等しい機会で参入できないため、等しい機会を有していたとしたらどのような保険購買選択をしていたかをシミュレートすることで真の機会費用を同定できる点を挙げている（Dworkin 2002, p. 111）。

このような仮想的選択によって本人の現実の自律的選択を尊重できる点を認めるとして、問題は仮想的選択の基礎を平均人のそれに求める点である。仮想的選択として平均人の選択を用いる理由としてドゥオーキンは、第一に、個人単位で本人がそのような状況でいかなる選択をなしたであろうかをシミュレートすることは不可能であり、可能であったとしても、その特定には膨大なコストがかかってしまい、そのコストが税金に跳ね返ってしまうところ、誰もそのような高い税金を望まない点を挙げている。また、第二に、ギャンブル好きな個人であっても、彼ないし彼女が等しい保険購買機会を得ていたとして、保険を買わなかったであろうと想定することは公正ではない点を挙げている。そして第三に、個人単位でのシミュレーションが以上のように望ましくないとすると、平均人の保険購買選択によって代表させるのが次善の策である点を挙げている（Dworkin 2002, pp. 111-112）。しかしこれらはいずれも、何らかの代理変数に依拠せざるを得ないことを消極的に論証するものに過ぎず、何ゆえ平均人の仮想的選択こそが本人の自律的選択を尊重することになるのかを直接、積極的に基礎付ける理由とはなっていない。依然として仮想的保険市場が等しい尊重を体現したものと位置付けられると考える理由は希薄である。

そもそもドゥオーキンは本章Ⅰ1で述べたように、ロールズの正義理論における仮想的契約という観念に対し、仮想的契約は現実の契約とは異なり、「契約した」という事実から契約条件を執行することについての独立の論拠を提供し得ないという批判をしていた。仮想的選択が本人の選択を代弁すると主張することに対しては、自らのなしたロールズ批判がそっくりそのまま自身の立場に跳ね返ってくることになってしまわないか[10]。

10　そしてこのような当然予想される批判に対するドゥオーキンの応答は、存外心許ないものである。第一に彼は、自己の仮想的保険市場がロールズの原初状態と異なり、構成員の善の構想についての無知のヴェールをかけていない点を強調している（Dworkin 1981b, pp. 344-345）。しかし、例えばスキャンロンの契約論（Scanlon1998）のように、当事者の善の構想

3 ドゥオーキンの契約論的再構成？

　もっともドゥオーキンによるロールズに対する仮想的契約批判に対しては、そもそもそのような契約論は合意したという事実に道徳的拘束力を求める約束責務ではなく、正義の二原理及び自然的義務を同定するためのものだから、そもそも批判の前提を欠いているという反論も存在する[11]。したがってドゥオーキンとしては、自らのなした仮想的契約批判を撤回（ないしはその射程を限定）し、自らの資源平等論、とりわけ仮想的保険市場を、完全情報下における道具的合理性を備えた平均人による選択に基礎を置いて、契約論的に同定されるべきものとして再構成する道はあるかもしれない。

　確かにこのような資源平等論の再構成は可能であるように思われる。現にドゥオーキン自身、先の仮想的保険市場に加え、仮に競売市場や保険市場に参入するに当たって全ての構成員に等しい機会——すなわち、等しい非個人的資源及び、事後の身体障害や稼得能力の欠損に備える保険——が十全に与えられていたとして、保険を購入しないという本人の選択の運ゆえに困窮状態に陥った場合——選択の不運の場合——についても、政府から放っておかれるわけではなく、本章Ⅱ4(1)で後述する「修正の原理（principle of correction）」に訴え、もし完全情報下で取引費用が存在しないとしたら、保険購買選択をしたであろうとして、補償を基礎付けている（Dworkin 2002, pp. 114-115）[12]。このような合理的平均人の選択に依拠した契約論的再構成は、ドゥオーキン自身の立場に適合的であるとさえ言えるかもしれない。

　　　　に無知のヴェールをかけないような契約論もあり得ることから、自己のなした仮想的契約批判が自らに跳ね返ってくることを、このような相違に訴えることによってはかわすことはできないと思われる。何よりドゥオーキンの仮想的保険市場においても、各々の構成員の善の構想についての情報は、平均的構成員の善の構想についてのそれに置き換えられているのである。第二に彼は、ロールズの原初状態が、平等理念が何を求めているかについての背景を構成しようとするのに対し、自己の仮想的保険市場は、平等理念が何を求めるのかについての背景に基づいて構成されているのだと言う（Dworkin 1981b, p. 345）。しかし、ドゥオーキンにおいても背景としての等しい尊重は、本人の自律的選択の尊重を要請するのみであり、資源の平等原理の実質は仮想的選択によって本人の自律的選択を代弁することで構成されているのだから、機能的にロールズらの契約論とそれほど異なるところはないように思われる。

11　同様に、市民の政治的責務と国家の政治的正統性との違いに訴えて、（仮想的）契約の観念は前者ではなく後者の正当化においては有効であり得ると論じるものとして、Waldron 1993, pp. 43-50参照。

12　それに加えドゥオーキンは、誤った選択をなし得るという想定に基づいたパターナリズムに依拠して、強制保険による補償プログラムが基礎付けられるともしている。

しかし問題は、これによって当初のドゥオーキンが拘っていた「選択の運／厳然たる運」の区別への問題意識が失われてしまうということである。このような二つの運の区別は、「政府は、市民の運命が、経済的背景、性別、人種、特定の能力やハンディキャップといった資質に非感応的であり、市民の運命が彼らのなす選択に感応的である」ことを要請するという原理に由来すると理解できる（Dworkin 2000, p. 6）。さらにこのような原理は、「客観的観点から、人間の生は、無駄に過ごされるよりも成功することが重要であり、客観的観点から、各々の人間の生について等しく重要である」という「平等な重要性の原理（principle of equal importance）」と、「個人は自らの成功について特別で最終的な責任を有する」という「特別な責任の原理（principle of special responsibility）」という、「倫理的個人主義の二原理（two principles of ethical individualism）」に最終的に依拠している（Dworkin 2000, p. 5）[13]。その意味で選択の運と厳然たる運との区別は、ドゥオーキンの平等構想において確固たる位置を占めている――占めていなければならない――はずである。

　にもかかわらず、ドゥオーキンは選択の不運の犠牲者に対しても補償を否定しないし、仮想的保険市場はコスト計算を考慮に入れた平均人の選択に基づく以上、厳然たる不運の犠牲者に対してもそれに見舞われなかった時との差額を全額補償するわけではない。彼の仮想的保険市場を契約論的に再構成するとしても、ドゥオーキンの選択の運と厳然たる運との区別はどこに行ってしまったのかという問題[14]はなお残るのである。結局のところ、ドゥオーキンが身体障害者などの問題に対処するべく持ち出した仮想的保険市場の装置は、平均人の仮想的選択を本人の自律的選択を尊重したものとして位置付けようとすると、

---

[13] このような「倫理的個人主義の二原理」は、『ハリネズミの正義』においては「尊厳の二原理（two principles of dignity）」という名で呼ばれ、前者の平等な重要性の原理は、「自尊の原理（principle of self-respect）」と（個人道徳の原理としての）「平等な重要性の原理（principle of equal importance）」に、後者の特別な責任の原理は、「真正性の原理（principle of authenticity）」へと名を改めて発展している（Dworkin 2011, pp. 202-204, 254）。

[14] 実はドゥオーキン自身、第5章Ⅰ4で後述するアンダーソンによる運の平等主義批判を受けて、自らは彼女の言うような運の平等主義者ではないと明言している（Dworkin 2002, p. 107）。それ以前にも彼は、企図の差異に由来する部分と、資質の差異に由来する部分との収入格差を探知することが困難であることを認めており（Dworkin 1981b, p. 313）、「企図感応性（ambition-sensitivity）」と「資質非感応性（endowment-insensitivity）」の実践における徹底を意図していなかったとも理解できる。しかし、だとすればなおさら、選択の運と厳然たる運との概念的区別は何だったのだ、という批判に晒されよう。

彼の他所における理論的立場との間に不整合を来してしまうのである。

4 誤承認の不正義への対応について

第三に、ドゥオーキンの資源平等論が、上の仮想的保険市場を通じて、身体障害や市場で人々が欲する財やサービスを生産する能力の欠損の問題に対処できるとしても、いわゆる「誤承認の不正義（injustice of mirecognition）」（Fraser 1998, Fraser 2003）には対応できないのではないかという問題がある。誤承認の不正義については、第5章Ⅱ2（2）で詳述するが、ここでは支配的な多数派の偏見などを体現した、解釈・表象の文化的パターン——いわゆる制度化された文化的意味秩序——に基づく、特定集団に対するスティグマ化などの問題として理解すれば充分である。

本章Ⅰ4で見たように、ドゥオーキンは初期資源の均等分配、身体障害及び稼得能力の欠損に対する一定程度の補償が、政府によってなされることを要請している。その一方で、次章でコーエンの議論を検討するに際して敷衍するが、政治共同体内での他者の選好は、正義による分配の対象ではなく、むしろ正義を構成するための背景的事情——「正義の媒介変数（parameters）」（Dworkin 2000, pp. 298-299）——とされる（第4章Ⅱ2）。それゆえ、政治共同体内における多数派の偏見に基づく少数派へのスティグマ化の問題は、蚊帳の外に置かれてしまうようにも思われるわけである。

もっとも、以下で見るように、ドゥオーキンはこのようなスティグマ化などの誤承認の問題に対しても対応しようとしていると理解できる。彼は『至高の徳』第3章の、彼の資源平等論における自由の位置付けの議論の中で、このような誤承認の問題への対処を一定程度議論しているため、以下ではその内容を具に見ていきたい[15]。

(1) 抽象化の原理

ドゥオーキンは分配的平等との関係における自由の役割を、無数に存在する羨望テストを充足する均衡点としての分配状態のうち、どれが平等構想としての資源の平等の最善の形態であるのかを同定することに求める。というのも、競売において人々が特定の資源に対していくらの値をつけるかは、「それを用

---

[15] 以下の論述は、森2016bの記述と大幅に重なる。

いて何ができるか」に依存し（Dworkin 2000, p. 143）、資源を用いて何ができるかは、資源の使用の自由を規制する法的拘束の度合いに依存するため、異なる法的拘束の下では羨望テストを充足した異なる分配状態が帰結することとなるからである（Dworkin 2000, pp. 143-144）。いずれの法的拘束が最善かは、当の羨望テスト自体では差別化できないということである。したがって、最善の分配的平等の構想としての資源の平等の側面をなすものとして、自由は位置付けられるのである（Dworkin 2000, p. 121）。

　上で述べたような役割を自由に果たさせるべく、つまり羨望テストを充足した分配状態の内で最善の資源の平等を同定するような自由のベースラインを擁護するべく、ドゥオーキンは、「共同体は各々の構成員を等しい配慮によって扱わなければならない」（Dworkin 2000, p. 147）と要請する抽象的平等原理へと遡る。そして、このような抽象的平等原理と資源の平等とを最善の形で架橋するベースラインを選択するべきとする。人々を等しい配慮によって扱っていると、最も確かに言うことのできる競売を、ベースラインとして選択するということである。

　そのような「架橋戦略（bridge strategy）」（Dworkin 2000, p. 149）によって適切なベースラインを同定する原理として、「抽象化の原理（principle of abstruction）」なるものが擁護されるとドゥオーキンは言う。この原理は個人の選択の自由への強い推定を働かせるとともに、理想的な分配は、身体や財産の安全を守ったり[16]、市場の不完全性を修正したりするのに必要な制約を除いて、人々が法的に自由に行為できる場合に可能であると主張する（Dworkin 2000, p. 148）。

　抽象化の原理が抽象的平等原理と資源の平等とを最善に架橋できるとする理由として、ドゥオーキンはそれが「真の機会費用（true opportunity costs）」なるものを同定できる点を挙げている（Dworkin 2000, p. 149）。資源平等論が資源の価値を他者に課する機会費用で測るという原理にコミットしていることは既に述べた（Ⅰ4(1)）。競売手続きは、より差別化された選択肢を人々に提供し、

16 　抽象化の原理は、この「安全性の原理（principle of security）」へのコミットメントを前提としている。安全性の原理は、人々に充分な身体的安全と自己の財産に対する充分なコントロールを提供するのに必要な、自由への制約を擁護する（Dworkin 2000, pp. 148-149）。

人々の具体的な計画や選好により感応的であることによって、資源の価格により多くの他者の計画――それゆえそれらに対するコスト――を反映できる。とすると、分配をできる限り異なる人々の計画についての選択に感応させるべく、競売における法的拘束をできる限り少なくすることを求める抽象化の原理が、真の機会費用を同定するのに資するというわけである。

また、適切なベースラインを同定する他の原理として、「修正の原理（principle of correction）」なるものも擁護されるとする（Dworkin 2000, p. 155）。この原理は、現実の市場における「外部性（externalities）」の問題に対処するべく導出されたものであり、もし完全情報下で取引費用が存在しないとしたら人々が選択していたであろう市場取引及び分配状態へ近づけるべく、一定の自由のベースラインを同定するのである[17]。ただしこの原理によって要請されるような法的拘束は、あくまで完全情報下で取引費用がない理想状態で特定される機会費用を、現実の市場の下での分配に反映させるものである。したがって、真の機会費用を同定することを目的とした抽象化の原理を外在的に制約するものでなく、むしろ「抽象化の一側面」（Dwokrin 2000, p. 158）と位置付けることができる。

(2) 独立性の原理

以上、抽象的平等原理と資源の平等とを架橋すべく、適切な自由のベースラインを真の機会費用なる理念に訴えて同定してきたわけだが、ここまでで擁護された原理を貫徹すると困った問題が生じる。というのも、社会において偏見を持たれたりスティグマ化されたりしている人々は、以上のベースラインの下でもインフォーマルな差別実践の不利益を被り得るからである。例えば共同体内に人種差別主義者が多数存在し、自分たちの居住地から黒人を締め出すべく協同して土地を購入しようとしたとしよう。それが多数派たる人種差別主義者たちの選好である以上、抽象化の原理からそれを禁止する論理は出てこない。むしろ、もし取引費用がゼロだとしたら多数派の人種差別主義者たちが居住用の広大な土地を協同して購入するであろうと言うことができれば、修正の原理

17　そのようなベースラインの同定に当たって、例えばゾーニング規制によって直接的に選択の自由を制限したり、不法行為法上の請求を認めることで間接的に特定の選択を抑制したりなどの手法が挙げられる（Dworkin 2000, pp. 156-157）。

からそのような帰結を達成するための人種分離的なゾーニングすら要請されかねない（Dworkin 2000, p. 161）。

　このような懸念をドゥオーキンも共有し、「偏見が人々の生を破壊するのを認めてしまうような政治・経済システムは、全ての構成員を等しい配慮によって扱っていない」とし、さらなるベースラインの原理として、「独立性の原理（principle of independence）」なるものを擁護するに至る。ドゥオーキンによると、この原理は次の二つの役割を果たす。第一に、完全な情報と取引費用のない競売の下で到達するであろう帰結が、一定の人々に対する侮蔑や嫌悪を反映したビッドによって生じたのであれば正当化できないとして、修正の原理に対して制約を課す。第二に、制度化された偏見の対象となる人々を深刻な不利益から守るのに必要な自由の制約を擁護することで、抽象化の原理に対して制約を課す。それによって、上で挙げたような人種差別主義者たちの偏見に基づく、黒人に対する居住空間における分離の問題に対処しようと言うのである。

(3)　批判的検討

　確かにドゥオーキンは、特定の人々に対する制度化された偏見に基づく実践を制約するための独立性の原理を擁護することを通じて、自己の分配的正義構想としての資源平等論の枠内で、誤承認の不正義に対しても対応しようと試みている。ただし問題は、そのような独立性の原理が、彼の資源平等論に貫かれる原理を体現したものとして位置付け可能かという点である。というのもこの独立性の原理は、資源平等論の下で先の抽象化の原理及び修正の原理を貫徹した際の帰結に修正を加えるべく、直接に抽象的平等原理に遡って導出されたものだからである。

　もちろん抽象化の原理も修正の原理も、ともに抽象的平等原理と資源の平等とを架橋すべく導入されたものであり、資源の平等にビルトインされた羨望テストから導き出されるものではない。しかし両者は、真の機会費用を同定するべく擁護されたものであり、その点で資源平等論及び羨望テストと根本原理を同じくしている[18]。したがって独立性の原理についても、資源平等論を貫徹し

18　同様に、競売の参加者が自己の確信や愛着を形成し熟慮する機会や、他者の意見に影響を及ぼす機会を保障するべく、宗教的コミットメントや表現の自由などを競売の前後を通じて保護することを求める「真正性の原理（principle of authenticity）」も、競売を通じた資源分割が真の機会費用を反映する前提として、人々の選好が適切に（真正に）発展させられた自己

た帰結を修正するためのアド・ホックな補助原理に過ぎないとの批判を斥けるためには、それが資源の価値を他者に課する機会費用によって測るという、資源平等論の根本原理を体現したものとして解されなければならない。果たしてそのような正当化は可能か。

　ドゥオーキンはこの独立性の原理につき、「機会費用を再定義している」(Dworkin 2000, p. 161) とし、平等構想としての資源の平等の根本から導出できるとする。というのも、「偏見の問題は、資源の平等が直面するより一般的な問題、すなわちハンディキャップの問題の一側面だからである」と言う。「偏見は［ハンディキャップの問題と］構造的に関連した問題であ」り、「特定の人々が、他者の嗜好がそれらの人々のサービスが市場でのプレミアムに値することを許さないことによって不利益を被るのと同じように、他の人々は、同胞市民の相当数が嫌悪するないしは他の理由から避けたがるような人種に属していること……によって、苦痛を被っている」(Dwokin 2000, p. 162) のだと。

　ドゥオーキンの述べていることの趣旨は必ずしも明瞭ではないが、次のような解釈が可能である。すなわち、ハンディキャップを負っている人が身体的障害という、自らが選択したわけでない要因によって市場の多数派の選好で不利益を被っているのと同様、制度化された偏見の対象となっている人種に属する人々も、自らの属性が多数者の偏見の対象となることを選択していないにもかかわらず、市場の多数派差別主義者の選好によって不利益を被っていると言える。そして、共に不利益の原因が自らの選択に起因しない以上、「自己の選択によって他者に課するコストの対価を払うべし」という資源平等論の根本原理が前提としている資源分配の「企図感応性（ambition-sensitivity）」の射程外である——それゆえ何らかの救済が要請される——というわけである。

　しかし、本人が選択していない要因に起因すれば、他者に課するコストの対価を支払わなくて良いと言うのであれば、ドゥオーキンがそれに対して補償を否定する意図的に涵養したわけでない高価な嗜好や、大多数の他者が自己と同じ嗜好を共有しないがゆえに市場で高くついてしまった嗜好の持ち主が被る不利益についても、同様の理が妥当してしまう[19]。恥ずべき現実ではあるものの、

　　　の人格を反映したものであることを求めている点で、資源平等論と根本原理を同じくしていると言える (Dworkin 2000, pp. 159-160)。

社会的偏見の対象となっている人々の居住選択は、共に近くには住みたくないと考える多数の差別主義者の選好が、彼らの充分な情報と、道具的に合理的な熟慮に基づいた判断に照らして真正なものである限り、それら多数の差別主義者たちにもし自分たちがそこに住まなければ得られたであろう機会費用を課し得ることは否定できない。安易な機会費用の「再定義」は機会費用概念をブラック・ボックス化してしまい、ドゥオーキンの資源平等論のインテグリティを損なうこととなろう[20]。

　これに対し、多数の差別主義者による偏見は自分以外の他者の財や機会の配分に関わる「外的選好 (external preference)」(Dworkin 2013 [1977], p. 329) だから、真の機会費用の同定に際してカウントするべきでないという主張はあまり説得的でない。ドゥオーキン自身も認める通り、外的選好と自分の財や機会の配分に関わる「個人的選好 (personal preference)」とは分かち難く結びついており、とりわけ上の例のような人種間の居住分離の場面において、白人人種差別主義者たちによる「黒人には自分たちの近くに住んでもらいたくない」という外的選好は多くの場合、「肌の色が同じで親近感が持てるような白人同士でまとまって住みたい」という個人的選好と表裏一体だからである (Dworkin 2013 [1977], p. 331)。

　では、真の機会費用の同定においてカウントされる選好は、客観的に本人の福利となるものに限定されるという議論はどうか[21]。ドゥオーキンは福利を、「意志的福利 (volitional well-being)」と「批判的福利 (critical well-being)」に分け、前者は本人が望んだものを達成した時に向上する福利であり、後者はそれ自体で自己の生をより善くするものを達成した時に向上する福利であるとする (Dworkin 2000, p. 242)。そして彼のコミットする倫理的価値の遂行モデルとしての「挑戦モデル (the model of challenge)」においては、後者の批判的福利が福利の測定基準とされる (Dworkin 2000, pp. 253-254)。真の機会費用として同定さ

19　詳しくは次章でのコーエンによる批判を参照されたい（第4章Ⅰ5・Ⅱ1 (3)）。
20　安全性の原理もまた真の機会費用の同定とは無関係ではないかという共犯論法は成功しない。この原理が求める身体や財産に対する侵襲に対する法的拘束は、機会費用以前に市場そのものが成立するための前提条件だからである（リバタリアンと言えど、許可なく他人の身体や財産に侵害を加える行為を法的に規制するべきではないとは考えないはずである）。それに対して、自由市場で放置されかねないインフォーマルな差別実践に歯止めをかけるという独立性の原理の発想は、市場に対する外在的な制約原理である。
21　この発想は、井上彰 2008b、131-132頁にヒントを得た。

れる選好が、本人にとっての批判的福利を向上させるものに限定されるとして、黒人が自分の近くに住んでほしくないという白人の選好は全て排除されるのか。

必ずしもそうとは言えないというのが筆者の見解である。というのも、白人だけでまとまって居住したいという選好は必ずしも黒人に対するあからさまな蔑視感情に基づいているわけでなく、むしろ単に似た者同士が互いに感じ合う愛着に基づいている場合も多々あり、そして自分の子供ないしその他の家族や友人と緊密な関係を取り結ぶことが批判的福利に資するのであれば（Dworkin 2000, p. 243）、前者についてもそれに資さないと断ずる根拠はないように思われるからである。そしてその場合でも、白人だけで居住したいと考える人々が多数であれば、人種間の居住分離は充分に深刻な問題たり得る[22]。

5 関係的平等主義者としてのドゥオーキンの可能性

以上、ドゥオーキンの平等主義的正義構想としての資源の平等の内容を検討してきた。彼の理論は、分配指標における資源アプローチによっては対応できないと潜在能力アプローチから論難されてきた、身体障害及び意味秩序に基づく偏見やスティグマの問題への対処を試みていると評価することができるが、そのための理論的装置には難点があるとやはり言わざるを得ない。

もっともこのようなドゥオーキン理解に対しては、彼の平等理論における主

---

[22] 以上は独立性の原理を、抽象化の原理や修正の原理を制約する補助原理とした上で、それを資源平等論の根本原理を体現したものとして理解できるかを模索するものであった。しかしそれとは逆に、独立性の原理をドゥオーキンの平等理論の中心に据える形で、諸原理の最善の解釈可能性を模索するという方法――「価値の統一性 (the unity of value)」(Dworkin 2011, p. 1) ――に従って、彼の資源平等論を誤承認の不正義に対応できるものに再構成できるのではないか。そしてそうすると、政治道徳もそこに含まれる道徳と倫理は、ドゥオーキンの道徳哲学において解釈実践を通じて統合されることから (Dworkin 2011, pp. 202-203)、例えば、人種間の居住分離を良しとする白人の選好に対し、平等な重要性を含意する「自尊の原理 (principle of self-respect)」(Dworkin 2011, p. 255) に重きを置いた「尊厳の二原理 (two principles of dignity)」(Dworkin 2011, p. 204) の統合的解釈に照らして「善く生きていない」と評価され、真の機会費用の同定においてカウントされる批判的福利から除外するという道筋も立つのではないか。本書では紙幅の都合上、そのような再構成の試みについて展開することはできない。ここでは、そのように独立性の原理を中心に「再構成」されたドゥオーキンの平等理論は、誤承認の不正義に十全に対応できるものたり得るものの、そのような再構成の過程では彼の資源アプローチが依拠していた倫理学的前提の多くに修正が迫られることとなるため、再構成されたドゥオーキンの平等理論は価値の統合性というドゥオーキンの道徳的方法論のみを残して、もはや彼の「資源」平等論との自同性を有しなくなってしまう――それを越えたものになってしまう――という点を指摘するにとどめたい。この点についての詳しい論述は、森 2016b、12-13 頁参照。

たる力点は、分配的平等の構想としての資源の平等の方にあるのではなく、むしろそのような分配的平等の構想が導出される「人々を対等者として取り扱うこと」ないしは「等しい配慮と尊重」としての抽象的平等原理の方が、彼にとって基底的であるという反論があり得よう。それゆえ、資源平等論を中心に理解された分配（基底）的平等主義者としてのドゥオーキン解釈を改め、「人々を対等者として取り扱うこと」及び抽象的平等原理という、当為論的な平等の基礎を中心に理解された関係的平等主義者として、彼の立場を再解釈するべきであるという提案がなされるかもしれない[23]。

　もちろん彼の抽象的平等原理における当為の名宛人は、あくまで「政府（government）」であって、統治機構を通じて被治者たる諸市民にまでそのような等しい配慮と尊重の責務が互いに課されるかどうかは、少なくとも抽象的平等原理そのものの要請からは未決とされている。したがって、民主社会における諸市民が統治機構を通じて、互いを対等者として尊重する責務を負うことを要請する、民主的平等として理解されるアンダーソンや、それを発展させた筆者自身の正義構想がコミットするような関係的平等主義の立場とは同視し得ないだろう[24]。しかしそれでも、ドゥオーキンが誤承認の問題に対応するための独立性の原理を、等しい配慮（と尊重）を要請する抽象的平等原理に遡って導出したことに示されるように、彼が自らの平等理論全体において、このような抽象的平等原理に、資源平等論とは独立に重要な役割を果たさせていることもまた否定し得ない。

　第5章II2（2）で後述するように、関係的平等主義の立場が平等論の射程を、財や資源の分配問題に限定しないことの実践的意義の一つは、このような誤承認の不正義に対しても適切に対応し得る点にある。スティグマ的な人種分離の

23 　「正義は関係的（relational）である。それは、世界がいかにあるべきかではなく、人々が互いをいかに取り扱うべきかに関わる。それはとりわけ、平等という徳について当てはまるように思われる」（Dworkin 2004, p. 344, 傍点筆者）というドゥオーキンの言明をも参照されたい。

24 　シェフラーもまた、このようなドゥオーキンの平等理論を、分配的平等の構想をより一般的・抽象的な平等理念の下に繋ぎ止めるものとして理解しつつも、彼の平等理論のモデルを、統治者たる政府が被治者に対して垂直的な関係で等しい配慮と尊重を施すような「行政的構想（administrative conception）」（Scheffler 2003, p. 37）として特徴付け、人々が互いに対峙する関係性を規律するような社会的・政治的理念としての平等構想を基底とするような関係的平等主義の立場にはなり得ていないとしている。

問題に対処すべく、分配的平等の構想たる資源の平等とは独立に、当為論的に理解された抽象的平等原理に訴えて独立性の原理を導出しようとしたドゥオーキンの試みに、そのような関係的平等主義の萌芽を見出すことができるのではないか。

第4章 コーエンの平等主義的正義構想とその批判的検討

本章ではジェラルド・コーエン（Gerald Cohen）の「アドバンテージへのアクセスの平等」としての平等主義的正義構想の内容を概観した上で（Ⅰ）、それに対する批判的検討を試みる（Ⅱ）。

Ⅰ コーエンの平等主義的正義構想の内容
—— 「アドバンテージへのアクセスの平等」

1 ドゥオーキンによる厚生の平等批判への反論

　コーエンの平等主義的正義構想の内容を概観するに当たって、まずは彼の議論の背景と彼の批判的問題意識について敷衍することが、彼の議論の理解に資するであろう。第2章Ⅰ1で、分配的平等主義のパラダイムがセンの設定した「何の平等か？」という問いに端を発することは述べた。また第3章Ⅰ3で、センとほぼ時を同じくして、ドゥオーキンが分配的平等の理論の二候補として、厚生の平等と資源の平等のいずれが最善の理論であるかという問いを立てたとも述べた。そのような平等主義の指標を巡る論争を背景として、コーエンはセンの設定した「何の平等か？」というパラダイムを受容する（Cohen 1989, p. 906）。

　その上で彼はドゥオーキンによる、厚生の平等を斥けて資源の平等を擁護する議論（第3章Ⅰ3参照）に対し、まず厚生概念が抽象的かつ曖昧であり、厚生の中身が特定され次第、平等構想としての魅力を失ってしまうという批判については、「極めて強力である（extremely powerful）」（Cohen 2004, p. 5）と評する。それに対して、二つ目の「厚生の平等が意図的に高価な嗜好を涵養した者に対する追加資源による補償を拒めない」という批判には、本人の選択を反映した厚生の不均等を許容ないし要請する「厚生への機会の平等（equality of opportunity for welfare)」[1]の立場に立てば、そのような高価な嗜好の保持者に対する補償を拒むことができると反論する。

さらに彼は、ドゥオーキンが平等構想を魅力的に解釈するべく訴える適理的な後悔の観念や、意図的に涵養された高価な嗜好への補償を拒むべく訴える「公正な分け前(fair shares)」(Dworkin 1981a, p. 239)の観念も、それを厚生への機会の平等などの他の分配的平等の構想によって同定する可能性が斥けられていない以上、公正な分け前の観念に訴える必要性からは直ちに資源の平等の擁護が導かれるわけではないと反論する(Cohen 1989, p. 924)[2]。その上で後述するような自己の平等主義的正義の代替案を構想するわけである。

2 センの自由観に対する批判

またコーエンは、センの潜在能力の平等としての平等主義的正義構想に対し、その潜在能力概念の分析を通じ、その背後に控えているセンの自由概念を批判する。

コーエンは、センが潜在能力の概念を、「財が人間に対してすること」一般を指すのに(も)用いていることを指摘した上で、潜在能力概念をそのような広い意味で用いることは適切でないと批判する(Cohen 1989, pp. 942-944)。というのも、「財が人間に対してすること」と一口に言っても、その中には①「財が――本人がそれを行使するか否かは別として――人々に潜在能力を与えること」、②「人々の潜在能力の行使を通じて、財が価値ある活動の遂行や望ましい状態の達成に寄与すること」、③「財が――その保持者が潜在能力を行使することなくして――直接に望ましい状態を引き起こすこと」が含まれており(Cohen 1993, p. 18)、そのうち「潜在能力」の名で呼ぶことが適切なのは①、すなわち「人々が財を用いてできること」のみであるからである。①から③を含めた「財が人間に対してすること」一般に対してコーエンは、「中間財(midfare)」という名称を割り当て、潜在能力概念をその一部に限定するわけであ

---

[1] このような厚生への機会の平等の立場は、初期のリチャード・アーネソンが採用していた立場である(Arneson 1989, Arneson 1990)。ただし周知の通りアーネソンは後に、機会の平等ではなく、「責任感応的優先主義(responsibility-catering prioritarianism)」の立場へと移行する(Arneson 1999b, p. 497, Arneson 2000, p. 340)。

[2] またコーエンは、ロールズによる「高価な嗜好」批判の文脈でも、同様の議論を展開している(Cohen 1989, pp. 913-914)。

る。

　潜在能力概念にこのような広い射程を持たせたセンの実践的動機につきコーエンは、センの平等主義的正義における自由への関心が反映されていると推察する（Cohen 1993, p. 23）。その上でコーエンは、福利の指標として財や効用以外にも着目する動機のうち、①財の保持や効用の享受に尽きない重要な現実の状態への着目と、②現実の状態ではなく、状態を達成するための選択肢への着目、という二つの異なるベクトルを持つ動機が存在することを指摘する。そしてそのうち自由への関心は②の動機のみであり、「財が人間に対してすること」一般への着目は、両方の動機に駆動されているところ、「財が人間に対してすること」一般を潜在能力概念で包摂することは、このような実践的動機に照らしても正当化されない（過剰包摂である）と応ずる。また、センの言う「飢餓からの自由」の例を挙げ、そのようなものまで潜在能力のうちに含むような自由概念に依拠すると、行為主体でなくても——例えば植物であっても——有することができるような自由概念を認めてしまうことになり、適切でないとする（Cohen 1993, pp. 23-25）。

　自由概念における行為主体性の不可欠性という視点は、センの実効的自由概念に対するコーエンの批判にも示されている。第２章Ⅰ４でセンがコントロールとしての自由概念を批判して、実効的自由概念を擁護したことは既に述べたが、コーエンはこのような主体のコントロールを伴わない実効的自由は、「自由」ではないと断じる（Cohen 1994, p. 121）。すなわち、実効的自由の概念においては、仮に本人が主体的に選択できたとしたら選択したであろう帰結が実現された際には自由が尊重されたと評価されるわけだが、そこにおいては「望むままに選択する能力」が存在していないとコーエンは言う。というのも、能力は主体によって行使（exercise）されなければならないが、上のような状態では能力の行使はされていないからである。また、「選択する能力」や「選択する自由」は、現に選択することが可能な時に存在するのであり、上のような意味での実効的自由が存在する状況では、行為主体は選択肢を有しているとは限らないからである（Cohen 1994, p. 123）。したがって、実効的自由概念は実は自由を表していないとコーエンは言うのである。

　以上のような自由概念をめぐっての、コーエンによるセンに対する批判は、

単なる「自由」という言葉の使用法をめぐっての対立とも見えそうだが、実はそうではない。上のようなコーエンによるセンの自由概念批判は、平等構想における自由の役割についての、コーエンの実践的コミットメントに裏打ちされたものなのである。コーエンが自らの平等主義的正義構想として、「アドバンテージへのアクセスの平等（equality of access to advantage）」を擁護することについては本章Ｉ４で後述するが、彼は「アクセス（access）」の概念につき、個人が現実に有するものに対しては全て「アクセスを有する」と評価されると言う。そして「アクセスを有する」と評価されるには、それに当たって本人が潜在能力を行使したかどうかはイレレヴァントとされる（Cohen 1993, p. 28）。

このことが示すのは、コーエンの平等主義的正義にとって重要なのは、諸個人が（本人の落ち度による場合を除いて）等しく望ましい状態としての「アドバンテージ（advantage）」を有することである。そのようなアドバンテージを達成するための機会ないし潜在能力を等しく事前に有するかどうかは二次的な関心でしかないということである。現にコーエンは、「誰もが自己の必要としているものを持っているならば、たとえ彼女がそれを得るのに指一本動かさなかったとしても、深刻な不平等はない」とまで言い切っており、少なくとも平等の観点からは自由ないし自律に内在的関心はないという立場にコミットしていると言える。センの潜在能力概念を分析し、本人の行為主体性が発揮される場合にのみその概念の射程を限定したのも、平等の関心が自由に限定されるわけでないことを明確化するための腑分け作業と理解することができよう。

平等と自由との必然的結び付きを肯定するか否かは、ロールズ以降の平等主義の諸構想を分断する対立軸を形成するものであり、この点で平等主義的正義構想において、自律的主体を規範とするロールズの立場を引き継ぐこととなるアンダーソン及び筆者自身の関係的平等主義に基づく正義構想は、平等と自由との必然的結び付きを否定するコーエンの立場と対極に位置することとなるが、そのことについてはまた後述することにしたい（第６章Ｉ２(2)）。ここではコーエンの平等主義的正義が、少なくとも平等の観点からは自由に内在的関心を有していないことが確認されれば充分である。

3 厚生(への機会)の平等と資源の平等に対する批判

　以上でコーエンの議論の背景と批判的問題意識について敷衍したが、その理解の上で彼自身の平等主義的正義構想であるアドバンテージへのアクセスの平等の内容に立ち入る。本章Ⅰ1で確認した通り、ドゥオーキンによる厚生の平等批判及び資源の平等擁護に反論した後にコーエンは、厚生のみを平等主義の指標とする厚生(への機会)の平等によっても、資源のみを指標とする資源の平等によっても、平等主義的正義の諸々の道徳的直観に全て対処するには不充分であると論じる。その上で彼は、両者をともに指標として包摂するような平等主義的正義構想の必要性を論じる。

　すなわちまず彼は、足が麻痺しており移動するのに高価な車椅子を要する者の例を挙げ、平等主義者であればその人物の厚生水準に着目せずとも、彼ないし彼女の障害それ自体に対し、車椅子を支給することを通じて補償するであろうと言う。厚生の不足への補償と資源の不足への補償とが区別できるのであれば、後者が独立に平等の問題を喚起すると論じるのである(Cohen 1989, pp. 917-918)。さらに彼は、チャールズ・ディケンズの小説『クリスマス・キャロル(*A Christmas Carol*)』の登場人物であるティム坊や(Tiny Tim)の例を挙げる。ティムは足が不自由で車椅子がないと移動できないものの、現に幸福であるだけでなく、持ち前の楽観的な心理傾向ゆえに幸福への機会においても恵まれており、それゆえ車椅子がなくても人一倍に幸福になることができるが、にもかかわらず平等主義者は彼に対して車椅子を支給することを拒まないであろうと言う。以上を反例にコーエンは、厚生(への機会)の平等が不充分な分配的平等の構想であると論じるのである。

　次にコーエンは資源の平等に対して、腕を動かすこと自体に不自由がなくむしろ通常の人よりも自由に動かせるが、動かした後に筋肉に激痛が走る人の例を挙げる。そして、もし痛みを止める副作用のない高価な薬があったとしたら、平等主義者はその人物に対しその薬を提供することを望むだろうが、彼ないし彼女の腕を動かす能力は「レレヴァントな意味で」[3] 通常の人よりも優れているのだから、薬の支給は資源としての能力不足に対する補償という見地からは

3　ここでの「レレヴァントな意味で」とは、「厚生への機会とは対置される能力という意味で」ということである。

根拠付けられないと論じる (Cohen 1989, pp. 918-919)。

　さらにコーエンは、厚生（への機会）の平等でも資源の平等でも充分に対応できない例として、いわゆる「安価で高価な嗜好 (cheap expensive tastes)」の保持者の例を挙げる。すなわちその人物は、当初、通常の人よりも遥かに安価な嗜好を持っていた——すなわち、通常の人と同量の厚生を得るのに遥かに少ない資源を用いるので済んだ——が、ある時意図的により高価な嗜好を涵養し、厚生を得るに際して当初より多くの資源を要するようになったものの、それでもなお通常の人と比べて同量の厚生を得るのにより少ない資源を用いるので済むと言うのである。

　コーエンによると、まず厚生への機会の平等の立場からは、その人物は新たなより高価な嗜好を涵養しないことも選択できたのだから、その嗜好を身に付けたことに由来する厚生の相対的不足に対して補償を根拠付けることができない。しかし補償をしたとしても、その人物は依然として通常の人よりも少ない資源しか有していないことになるのだから、「もらい過ぎ (overpaid)」ということにはならず、不正義はないはずだと言う。その一方でコーエンは、その人物は資源から厚生を引き出す高い能力に恵まれているのだから、通常の人よりも少ない資源しか配分しなくても理に適わないことはないとも言う。しかしながら資源の平等の立場からは、その人物に通常の人よりも少ない資源を配分する理由を提供できない (Cohen 1989, p. 925)。それゆえ厚生への機会の平等でも資源の平等でも、この事例に対して充分に対応できないと言うのである。

4　アドバンテージへのアクセスの平等

　以上の事例を用いた論証の上で、コーエンは厚生（への機会）の平等にも資源の平等にも代わる平等主義的正義構想として、「アドバンテージへのアクセスの平等 (equality of access to advantage)」を打ち出す。すなわちこの立場は、「本人がなした／なす／なすであろう選択[4]を適切に反映していないがゆえに

---

[4] この「なすであろう (would make) 選択」とは、スキャンロンが挙げていた苦行僧の例——すなわち、苦行を本質とする宗教にコミットしており、それゆえ厚生の相対的不足に見舞われているが、当の苦行僧自身は、そのような信仰を身に付けないことを事前に選択できなかったし、今もその信仰を捨て去ることができないという例——に対応するべくビルトインされた条件である。スキャンロンは、そのような苦行僧の厚生の相対的不足に対して補償をすることは馬鹿げていると主張している (Scanlon 1986, p. 117)。したがってコーエンのアド

本人がそれについて責任を問われ得ないディスアドバンテージを意味する、「非自発的なディスアドバンテージ（involuntary disadvantage）」を除去することを目的とする」（Cohen 1989, p. 916）ものである。そして指標としての「アドバンテージ（advantage）」の中には厚生も資源も、さらには他の種類のアドバンテージも包摂されるため、厚生と資源のいずれかのみを指標とする立場と異なり、上の諸事例に充分に対応できると言うのである。さらに「アクセス（access）」概念は、単に選択肢が開かれているという意味での「機会（opportunity）」のみならず、その機会を活用するための「能力（capacity）」（Cohen 1989, p. 917）をも含むものである。

したがってこのようなアドバンテージへのアクセスの平等からは、厚生の相対的不足であれ資源の相対的不足であれ、「［そのディスアドバンテージ］を避けることができたならば、平等主義の観点からは補償を求める権利を有しない［が、］彼が［そのディスアドバンテージ］を避けることができなかったとしても今それを克服できるなら、彼はそれを克服する努力に対して助成を求めることができる。しかし、それを克服せずにそれに対して補償するよりもそれを克服する方が高コストということでない限り、彼は社会に対して自らのディスアドバンテージに対して補償することを期待し得ない」（Cohen 1989, p. 920）という分配的正義の基準が示されることとなる。

5　運の平等主義の徹底と非自発的な高価な嗜好

以上がコーエン自身の平等主義的正義構想であるアドバンテージへのアクセスの平等の内容であるが、このような彼の正義構想は、第5章Ⅱ1で後述する「運の平等主義（luck egalitarianism）」の立場を徹底したものとして理解することができる。第3章Ⅰ4（2）で述べたようにドゥオーキンは、熟慮の上で計算されたギャンブルの結果がどうなるかに関わる選択の運と、熟慮されたギャンブルでないリスクの降りかかりに関わる厳然たる運を区別し、後者に由来する資源の格差についてのみ平等主義的正義の関心が向けられるとした（Dworkin

バンテージへのアクセスの平等の立場からは、仮に本人がその嗜好を身に付けないことができたとしてもその嗜好を身に付けないことを選択しなかったであろう場合（反実仮想）については、本人にその責任を問い得ることになる（Cohen 1989, p. 937）。

1981b, p. 293)。またドゥオーキンは、人格と環境の二分法に依拠し、本人の嗜好や企図は前者に、身体的・精神的能力は後者に属するとして (Dworkin 1981b, p. 302)、自己の資源の平等の立場から分配的正義の関心となるのは、諸個人が前者を追求するための手段や制約となる後者のみであり、前者については個人がその形成 (formation) に責任を持つ事柄であるから国家は関知すべきでないとした (第3章Ⅰ3)。

これに対しコーエンは、人々はドゥオーキンの言う「人格」に分類される嗜好や企図の全てを形成しているわけではない——人々はいかなる生を追求するかを自分で決めているものの、いかなる生を欲するかを自分で決めているわけではない——一方で、彼の言う「環境」の方に分類される身体的・精神的能力であっても、その一部は形成されていると述べる。そして仮に人格が形成されていて環境が形成されていないという区別が成り立つとしたら、人格と環境の区別は「選択 (choice)」の有無に還元されるため、ドゥオーキンによる線引き (cut) の魅力は選択の有無という観念に負っていると論じる (Cohen 1989, pp. 928-929)。ドゥオーキンの選択の運と厳然たる運の区別のモチーフを徹底するならば、分配的正義の観点からレレヴァントたり得るのは「本人の選択によるものか、本人のコントロールの及ばないものか」であって、人格と環境の区別ではないということである。この点でコーエン自身のアドバンテージへのアクセスの平等としての平等主義的正義構想は、厚生の相対的不足であれ資源の相対的不足であれ、それが本人の選択に起因しない限り非自発的なディスアドバンテージとして是正の対象となるため (Cohen 1989, pp. 921-922)、ドゥオーキン以上に運の平等主義の立場を徹底していると理解できる[5]。

そしてこのようなコーエンの運の平等主義の徹底——とりわけ本人の選択に起因しない厚生の相対的不足に対しても補償を要請すること——のコロラリーとして、ドゥオーキンの立場からはそれに対する補償が一律に否定されていた高価な嗜好[6]についても、その内で非自発的に形成されたものについては、平

---

5 ただし第3章Ⅱ3で述べたように、ドゥオーキンは自己の立場が運の平等主義であることを否定している。
6 ただしドゥオーキンも、本人が当の嗜好を取り除きたいと考えるであろう場合については、その嗜好を当人の生の追求を制約する「障害 (handicaps)」と考えることができるため、彼の仮想的保険市場の下でもそれに対する補償を基礎付けられるとしている (Dworkin 1981b, pp. 302-304)。

等の立場から補償が要請されることとなる (Cohen 1989, pp. 922-923)。「平等主義の観点からは、高価な嗜好を責任なく身に付けた（ないしは落ち度なく涵養することを選択した）者と、価値ある資源を責任なく失った（ないしは落ち度なく消費することを選択した）者との間に道徳的差異はない」(Cohen 1989, p. 922) とコーエンは言う。そしてコーエンは高価な嗜好に対して補償するべきか否かを判断するため、以下に引用するような基準を示す。

> 「私は高価な嗜好を、その保持者がそれに対して適理的に責任を問われ得るか否かによって区別する。高価な嗜好には、彼が形成せざるを得なかった、且つないし又は、今取り除くことができないものと、それとは反対に、彼が身に付けないことができた、且つないし又は、今取り除くことができるもの——それゆえ、彼がそれに対して責任を問われ得るもの——とがある」(Cohen 1989, p. 923)。

コーエンの示した上の補償基準からは、例えば意図的に高価なシャンパンへの嗜好を涵養したゆえに、他者と比べて同量の厚生を得るのにより多くの資源を要するようになった人物に対しては補償が否定されることとなる。その一方で、自己が幼少時より無意識的に金のかかる趣味を身につけてしまったゆえに、他者と比べてより多くの資源を要するようになった人物に対しては補償が要請されることとなるのである。

6 ロールズに対する批判

以上まででコーエンによる、平等指標をめぐってのドゥオーキン及び厚生（への機会）の平等主義者に対する批判（Ⅰ1・3）及び、コーエン自身のアドバンテージへのアクセスの平等としての平等主義的正義構想の内容（Ⅰ4）を取り上げたが、彼は第1章で検討したロールズの正義理論に対しても批判的問題意識を抱いている。そして彼は、後述のドゥオーキンとの論争（Ⅱ1）と並行して、ロールズに対しても、とりわけ彼が正義の二原理の一部を構成する格差原理に基づき才能ある資産家へのインセンティブ報酬を擁護した点、正義の原理の第一義的な適用対象を社会の基本構造とした点について批判を展開している。以下で見るように、両批判は密接に関連するものであるため、ここでまと

めて概観することにしたい。

(1) インセンティブ報酬擁護に対する批判

第1章Ⅰ3で述べた通り、ロールズは格差原理によって社会的基本財の不平等が生じることを擁護するに当たり、才能ある資産家たちへのより大きな経済的恩恵の見込みは彼らにとってインセンティブとなり、それによって経済的プロセスが効率化され、最終的に帰結する物質的利益が制度全体に、そして最も不遇な人々へと広がるという趣旨の議論をしたのであった。このようなロールズの議論を、コーエンは所得税の最高税率の引き上げの局面を例にとって、以下のような議論として再構成する。

> 「経済的不平等は、最も不遇な人々を物質的により良い境遇にする場合に正当化される［規範的大前提］。最高税率が40パーセントだと、(a)才能ある資産家たちは最高税率が60パーセントの時と比べてより多くを生産し、(b)その結果、最も不遇な人々は物質的により良い境遇となる［事実的小前提］。それゆえ、最高税率は40パーセントから60パーセントに引き上げられるべきでない」(Cohen 1992, p. 271)。

コーエンは、そのような論証は「正当化の共同体（justificatory community）」という道徳的正当化のテストによって正当化され得ないと論じる。ある政策に対する擁護が、その下で一定の人々が一定の行為をすることを前提にしてなされている場合、その政策に対する擁護は、その下でのそのような人々の行為がそれ自体として正当化されている場合にのみ正当化されるとする。このような政策の正当化は「包括的正当化（comprehensive justification）」と呼ばれ、その政策の下での人々の行為が独立に正当化され得ない場合には、当の政策は包括的に正当化され得ないこととなる (Cohen 1992, p. 279)。

ある政策の下での人々の行為が独立に正当化されるかを判定するべく、コーエンは「間主観性テスト（interpersonal test）」という道具立てを持ち出す (Cohen 1992, p. 280)。この間主観性テストにおいては、当の政策の擁護が「誰によって誰に対してなされているか」が異なっても正当化可能かどうかがチェックされる。そしてその正当化（不）可能性が論証を提示する（される）人によって変わる場合、当の政策の包括的正当化に失敗していると評価される。

このような包括的正当化の営みは、一定の共同体の存在を前提とする。コーエンはそれを「正当化の共同体」と呼び、このような共同体においては人々の間で先の包括的正当化が互いの規範となっているとする（Cohen 1992, p. 282）。したがって、このような正当化の共同体の構成員としての関係性にある人々の間では、ある政策の下での一定の構成員の行為につき、それらの構成員が自らの行為につき、他の構成員の前で正当化することに失敗した場合、それらの構成員は他の構成員との間における正当化の共同体の関係性から離反していることとなる。まとめると、正当化の共同体を構成する（べき）人々に関わる政策は、その人々の間での間主観性テストで判定される包括的正当化に成功しないと正当化し得ないということである。

　以上のコーエン自身の正当化の共同体としての道徳的正当化のテストに照らして、ロールズの議論を再構成した前述の所得税の最高税率引き上げの局面での、才能ある資産家へのインセンティブ報酬の擁護の論証は、正当化し得ないとコーエンは言う。

　まず「才能ある資産家は所得税率が高率のもとでは、それが引き下げられたもとでほど一生懸命には働かなくなる」という事実が、当の資産家自身の「決定と意図によって真となっている」（Cohen 1992, p. 287）点をコーエンは指摘する。その上で、「税率が高いと自分たちは一生懸命に働かなくなる」だろうから——そしてそれによって、最も不遇な人々はより境遇が悪くなるだろうから——「税率を引き上げるべきでない」というインセンティブ報酬擁護論が、才能ある資産家たちの口から直接発せられた時になおも正当化し得るかを検討する。その結果、たとえ税率が高率であっても、資産家たちは収入においても生活様式においても高い水準を維持しながら同等に一生懸命に働くことができ、それによって貧民たちにより多くの恩恵をもたらすことができ、しかも貧民たちよりも遥かに良い境遇を保てるという事実に照らすと、資産家たちは貧民たちから、「あなたたちは税率が上がった場合に、今と同じくらい一生懸命に働いたとしても我々より遥かに良い境遇でいられるとしたら、にもかかわらず税率が上がった場合にあまり一生懸命に働かないというあなたたちの意図はなぜ正当化されるのか？」と問われたとしたら、応答できないだろうとコーエンは言う（Cohen 1992, pp. 300-301）。

またコーエンは、才能ある資産家たちの口から直接発せられた、「税率が上がると我々は一生懸命に働かなくなるだろう」というインセンティブ報酬擁護の主張が、資産家たちの選択的な態度や決定を「所与の事実（given facts）」や「選択を超えた何ものか（something beyond choice）」として描いている点に注目する。このように自分たちを「自己の行為主体性から疎外されたものとして（in alienation from their own agency）」提示するような態度は「狂気染みて（crazy）」おり、「不気味である（weird）」とコーエンは言うのである（Cohen 1992, p. 308）。したがって、才能ある資産家へのインセンティブ報酬を擁護する論証は、正当化の共同体における間主観性テストをパスし得ないとコーエンは結論付ける。

以上のコーエン自身の道徳的正当化のテストに基づく批判とは別に、才能ある資産家へのインセンティブ報酬の擁護がロールズ自身の立場に照らしても正当化され得ないとコーエンは論じる。コーエンはまず、最も不遇な人々の境遇を最善化するのに必要な不平等を擁護する格差原理には、二通りの解釈が可能であるとする。第一に、そのような不平等の「必要性」を人々——とりわけ才能ある資産家たち——の意図と独立に定義する「厳格な（strict）解釈」があり得るとする。この厳格な解釈の下では、才能ある資産家へのインセンティブ報酬は擁護不能となる。そして第二に、そうした「必要性」を人々の意図にも依存させる「緩い（lax）解釈」があり得るとする。この緩い解釈の下では、先のインセンティブ報酬も擁護する余地があることとなる（Cohen 1992, p. 311）。

その上でコーエンは、全ての人々が心から正義の原理を遵守している社会では、格差原理は市民の経済生活における動機に影響を及ぼしており、報酬についての市民の期待をもコントロールしていることから、緩い格差原理の解釈は格差原理に心からコミットする主体が主張し得るものではないとし、厳格な解釈の方を擁護する（Cohen 1992, pp. 312-315）[7]。そしてコーエンは、このような格差原理の厳格な解釈の方が、ロールズのテクストにおける他の記述、とりわけ、人々が正義の原理によって吹き込まれた正義感覚から日常的に行為することを

---

7 さらにコーエンは、このような厳格な解釈は、政府の立法のみによっては実施できず、このような解釈が市民の間で浸透するには社会全体で格差原理にコミットするエートスが吹き込まれる必要があるとする。そしてそのようなエートスなしに正義に適った社会の存立は不可能であるとする（Cohen 1992, pp. 315-316, Cohen 1997, pp. 9-10）。

想定した「良く秩序付けられた社会（well-ordered society）」の記述や、他の構成員の利益をも同時に伸長できない限り、自分だけ多くを得ようとは欲しないという「友愛（fraternity）の価値」についての記述などに照らして支持される（Cohen 1992, pp. 317-318, 321-322）というわけである。

(2) 制度的正義論に対する批判

　以上がロールズの格差原理に基づき才能ある資産家へのインセンティブ報酬を擁護した点についてのコーエンによる批判であるが、このような批判に対してはロールズの側から次のような反論が想定されるだろうとコーエンは言う。すなわち、（格差原理も含めた）ロールズの正義の二原理は、社会の基本構造のみに適用されるところ、才能ある資産家たちも含めた人々の日々の行動選択はそのような基本構造の中で行われており、基本構造そのものを規定するものではない。したがって、基本構造が正義の二原理を充足していればその内部での人々の選択がどうであれ、正義に適っていると言い得るのであって、コーエンの先の批判は格差原理の射程を誤っているという反論である（Cohen 1997, pp. 10-11）。

　第1章I5で確認した通り、確かにロールズは自らの正義の二原理が主として社会の基本構造を適用対象とする旨を述べていた。しかしコーエンは、ロールズがこのように述べていることを認めつつも、同時にロールズは先の、良く秩序付けられた社会や友愛の価値についての記述などで、それとは整合しないことも述べていると指摘する（Cohen 1997, pp. 15-17）。その上で、社会における人々の経済的境遇は社会の基本構造——とりわけ法的構造——のみならず、その下での人々の個々の行動選択によっても影響されるのだから、正義に適った分配状態を実現するためには、正義の原理の適用対象を社会の基本構造のみに限定するのでなく、個々人の行為そのものに直接正義の原理を適用するべきであると言うのである。

　センが正義の原理の適用対象を社会制度に限定する超越論的制度主義の立場を批判して、実現志向的比較論のアプローチを擁護した点については第2章I5で述べたが、正義の原理の適用対象の点で、コーエンはセンと足並みを揃えていると言えよう。

Ⅱ　その評価と批判的検討

　以上のようなコーエンの立場についていかなる評価を下し得るか。

　正義の原理の適用対象をめぐっての、コーエンによるロールズらの制度的正義論への批判、及びコーエン自身の立場の当否については、この論点においてロールズ同様に制度的正義論の立場に立つアンダーソンや、それを発展させた筆者自身の関係的平等主義に基づく正義構想への外在的批判という形で、後に第9章Ⅰで検討する。したがって、ここでは評価を留保し、コーエン自身のアドバンテージへのアクセスの平等としての平等主義的正義構想に焦点を絞って、批判的考察を加えることにする[8]。

1　高価な嗜好問題とコーエン＝ドゥオーキン論争
(1)　ドゥオーキンによる批判

　コーエン自身のアドバンテージへのアクセスの平等に対してドゥオーキンは、それを厚生への機会の平等の立場と解した上で（Dworkin 2000, p. 286）、それに対して徹底的な批判を展開する。

　第一に、意図的に涵養された高価な嗜好に対しては補償を拒否する一方で、そうでない高価な嗜好に対しては補償を要請するという厚生への機会の平等の立場は、厚生の（単純）平等の立場に崩壊してしまうとドゥオーキンは言う（「崩壊」批判）。すなわち彼によれば、意図的に洗練された高価な嗜好を涵養した人物も、そのような洗練された嗜好を涵養することに対する嗜好——いわゆる「二階の高価な嗜好（second-order expensive tastes）」——を有しており、後者の嗜好は、非自発的に身に付けてしまった「一階の高価な嗜好（first-order expensive tastes）」と同様に、本人の選択に起因しないのだから、コーエンが言うような区別は幻想（illusory）であると言うのである（Dworkin 2000, p. 289）。

　また第二にドゥオーキンは、そもそも自らの嗜好や企図に対して補償をするということは、それらの嗜好を自らの生の追求を制約する「障害（handicaps）」

8｜　以下の論述は、森 2016a の記述と大幅に重なる。

と考えることを意味すると言う。しかしながら、我々の嗜好のほとんどは自らがなす価値判断と結びついているものであり (Dworkin 2000, pp. 290-291)、そのような嗜好が我々の善き生の内容を決めるのだから、それらの嗜好を生の追求の障害と考えることは首尾一貫した態度ではないと断じる (Dworkin 2000, p. 293.「障害」批判)。

 そして第三にドゥオーキンは、通常の我々の人間観とは異なる「中毒者 (addicts)」として、自身に快楽経験をもたらすことを唯一の行動原理として、自らの選好を快楽経験に資することのみによって価値付ける「興奮中毒者 (a buzz addict)」と、自身の選好が充足されることを唯一の行動原理として、より容易に達成できる事態を欲求できるように自らの選好構造を変えられるならばそれを望む「あれもこれも中毒者 (a tick addict)」の例を挙げる (Dworkin 2000, pp. 291-293)。そして高価な嗜好に対して補償することを求めるコーエンの立場は、このような中毒者の人間観に立脚しないと理解できないと論難するのである (「中毒」批判)。

(2) 高価な嗜好に対する補償基準の再定式化

 以上のドゥオーキンによる批判に対し、コーエンは自らがかつて示した高価な嗜好に対する補償基準（Ⅰ5参照）を再定式化した上で、応答を試みる。先のドゥオーキンによる批判に応答するべく著されたコーエンの論文「高価な嗜好・再訪 (Expensive Taste Rides Again)」（2004年）において、彼はかつて1989年の論文で示した高価な嗜好への補償基準を以下のように定式化し直した。

> 「私は高価な嗜好を、その保持者がその嗜好が高価であることに対して適理的に責任を問われ得るか否かによって区別する。高価な嗜好には、彼らが自身の判断を侵害することなくしては形成を避けられなかった、且つないし又は、今取り除くことができないものと、それとは反対に、彼らがその発展を、自身の判断を侵害せずして前もって避けることができた、且つないし又は、今取り除くことができるもの——それゆえに、彼らがそのコストに対して責任を問われ得るもの——とがある」(Cohen 2004, p. 8, 傍点筆者)。

上の再定式化においては第一に、本人に責任を問うべき対象が、当の高価な嗜好を身に付けたことそれ自体ではなく、当の嗜好が高価であることに求められている点が注目される。本章Ⅱ1 (3)で後述するように、ドゥオーキンによる先の「障害」批判に対し、コーエンは高価な嗜好の保持者は自分がそのような嗜好を持っていること自体を後悔しているのではなく、そのような嗜好が高価であることをこそ悔やんでいるのだと応酬する。その際にそのような自らの立場を明確化するべく、かつて提示した補償基準があたかも当の嗜好を身に付けていること自体が本人への帰責や本人の後悔[9]の対象であるかのように読めてしまう点でミスリーディングだったとして、修正を施したものと理解できる。

　また第二に、上の定式の第二文以降に「自身の判断を侵害せず（without violating their own judgment）」という留保が挿入されている点が注目される。再定式化された補償基準に挿入されたこれらの留保条項は、コーエンが「判断的嗜好（judgmental tastes）」（Cohen 2004, p. 7）[10]と呼ぶ本人の価値判断が伴っている嗜好を念頭に置いたものである。この新しく定式化された補償基準の下では本人に責任を問う――すなわち補償を拒む――に当たって、単に当の嗜好を身に付けないことができた――且つないし又は、今その嗜好を取り除くことが

[9] 責任を持つことと後悔することとは必ずしも同一ではない――それゆえ、帰責の対象と後悔の対象を一致させる必然性はない――のだから筆者の解釈は飛躍しているのではないか、と問われるかもしれない。しかしコーエンは、「当の嗜好を身に付けたこと自体ではなく、当の嗜好が高価であるという事実こそが帰責の対象である」と述べる一文において注を付し（Cohen 2004, p. 7）、その注の中において、彼の1989年の論稿における「音楽に対する高価な嗜好を有する恵まれない者の典型は、自分がその嗜好を有していること自体ではなく、その嗜好が偶々高くついてしまっていることを不運と見なしているのである」（Cohen 1989, p. 927）という文を引用している（Cohen 2004, p. 26, n. 10）。そしてコーエンの論稿において、「不運と見なしている（regard as a bad luck）」は、「後悔している（regret）」と互換的に用いられているのである（cf. Cohen 2004, p. 11, Cohen 1989, p. 927）。したがって、運の平等主義者であるコーエンが「不運」の概念を媒介して、帰責の対象と後悔の対象を一致させるべく上のような修正を施したとする筆者の解釈は自然であると考える。ドゥオーキンもまた、コーエンによる再定式化について、「今や［コーエン］は、「当の嗜好が高価であるという点に不運が存する」という主張（the bad-price-luck version of the claim）こそが、彼が唯一意図していた主張であると言い張っており、その点を反映するべく彼は再定式化をしたのである」（Dworkin 2004, p. 345, 傍点筆者）として、同様の理解を示している。それゆえこのような理解は筆者のみによる突飛な解釈というわけでもない。

[10] これに対して、本人の価値判断を体現していない嗜好をコーエンは「生の嗜好（brute tastes）」と呼んでいる。この生の高価な嗜好に対してはかつての補償基準の下での対応と同様、本人が当の嗜好を身に付けないことができた場合、且つないし又は、今その嗜好を取り除くことができる場合には、本人に責任を問うことができ、それゆえ補償が否定されることとなる。

(物理的に) 可能である——ということだけでは不充分であり、そう求めることが本人の判断を侵害しないということが要請されるのである。

本人が自らの高価な判断的嗜好を「持ち続けたい」と積極的に是認 (endorse) している場合、その嗜好を身に付けないことができた——且つないし又は、今その嗜好を取り除くことができる——からと言って、その嗜好を取り除くことを求めたりその嗜好を充足することを断念させたりすることは、「本人にとって深いものからの疎外 (an alienation from what is deep in them)」を求めることとなる。そのような対応は、本人の当の嗜好への積極的是認という判断を尊重しないこととなってしまうため、本人がその嗜好を充足することを可能とするべく補償が要請されるということである。

(3)　コーエンによる応答

以上のように高価な嗜好への補償基準を再定式化した後、コーエンは先のドゥオーキンによる諸批判に対して応答を試みる。第一の「崩壊」批判に対し、彼は応答を試みている。誰しも自己の嗜好や選好を真には選び取っていないから、そのような選択の存在を前提としている厚生への機会の平等は厚生の (単純) 平等と区別できなくなり、結局前者は後者に崩壊するというドゥオーキンの批判に対してコーエンは、嗜好や選好がその本性上完全に選び取られているわけではないことには同意しつつ、一定の選好は他のそれよりも正義の観点からレレヴァントな形で本人の意志を反映していると言うことができると応ずる (Cohen 2004, p. 20)。我々は自己の選好を涵養するに際して多かれ少なかれコントロールを及ぼしており、それゆえ結果として、その選好形成の結果に対して異なった程度の責任を問われ得ると言うのである。そしてこのことをコーエンは、様々な異なる経緯で高価な嗜好を身に付けることとなった人物を挙げながら例証しようとしている (Cohen 2004, pp. 20-21)。

「意図的に洗練された高価な嗜好を涵養した人物も、そのような洗練された嗜好を涵養することに対する二階の嗜好は本人の選択に起因しないのだから、コーエンによる区別は維持できない」というドゥオーキンの批判に対しても、もし選択の帰結に対する責任がその選択がなされる状況に対する責任をも要請するとしたらそう言えるだろうが、我々は通常そうした想定をする必要はないと応ずる (Cohen 2004, p. 21)。

また、第二の「障害」批判に対しても、コーエンはそれを「全く説得的でない（entirely unpersuasive）」（Cohen 2004, p. 11）とし、高価な嗜好の保持者の不運はその嗜好を持っていることそれ自体にあるわけではなく、その人物は自らの嗜好をその「高くついてしまう」という価格ゆえに不運であると考えているのだと言う。ゆえに高価な嗜好の保持者が、自らの嗜好を高価にしてしまう環境に対して補償を求めることは矛盾なくできると応ずるのである[11]。

　このようなコーエンの立場をドゥオーキンは、コーエンによる「最後の反論（final objection）」と位置付ける。そして、もしこのような反論を認めてしまったら誰しも自らの嗜好が絶対的な意味でいかに安価に充足できるとしても、他者の嗜好や社会の需要と供給ゆえに自らの嗜好がもっと安くならないのは不運であると主張できてしまい、結局コーエン自身による厚生への機会の平等と厚生の（単純）平等との区別が失われてしまうと再反論する（Dworkin 2000, p. 298）。

　それに対してコーエンは、まずそのような高価な嗜好を身に付けた理由が「その嗜好が高価だから」であるという人については、自身が身に付けた嗜好が高くつくことはその人物にとって単なる不運ではなくなるため[12]、コーエンの立場を前提としても補償を拒む理由となり得る——それゆえ厚生の（単純）平等との区別は維持される——と応ずる（Cohen 2004, p. 14）。また、自らの嗜好がそれに対する社会の需要と供給が違っていた場合と比べて高くつくかどうかが問題なのではなく、（不）正義の問題を喚起するような不運こそがここで問題となっているのであり、そういった不運の同定に際しては他の人々が有する運との比較が求められているのだと応ずる（Cohen 2004, pp. 14-15）。すなわち、コーエンが問題にしているのは他者の嗜好と比べて充足するのにより高くついてしまうそれを持っている人々の不運であって、ドゥオーキンの上の反論は的外れであるというわけである。

　さらに第三の「中毒」批判に対しても、そのような快楽経験ないし選好充足

---

[11] またコーエンは、第三の「中毒」批判についても、高価な嗜好の保持者が自らの嗜好が高くつくことではなく、その嗜好を持っていること自体を後悔しているという誤解に根差したものであるとしている（Cohen 2004, p. 11）。

[12] つまりそのような人物は、仮に当の嗜好が安価であったならばその嗜好を身に付けなかったであろうというわけである。本章14のスキャンロンによる苦行僧の例もこの人物の例と同様であり、いずれもそれによって被る厚生の不足が「本人のコミットメントの内在的コスト（the intrinsic costs of commitments）」（Cohen 1989, p. 938）である例なのである。

のみを行動原理とする人間観がおかしなものである点には賛同しつつ、自らの立場はそのような人間観に立脚していないと応ずる（Cohen 2004, p. 15）。というのも、快楽、選好充足のいずれによって同定するにせよ、厚生はそれ自体で生の目的たり得なくても平等指標となり得るため、ドゥオーキンの言う中毒者の人間観に立脚しなくても厚生を（も）平等の指標にすることができるからであるというわけである（Cohen 2004, pp. 15-16）。そしてさらに、資源を平等指標とするドゥオーキン自身、資源そのものを生の目的としている人がまともでないことを認識しているはずだから、自らの上の反論の正当性を承認しなければならないとコーエンは応酬する。

2　コーエン＝ドゥオーキン論争の評価

　平等の指標、とりわけ非自発的に形成された高価な嗜好に対する補償の是非をめぐる、以上の両者による応酬に対していかなる評価を下し得るか。2004年のコーエンによる応答論文で再定式化された補償基準による、高価な嗜好に対する補償を一律に否定するドゥオーキンの立場との対立精鋭化は、両者の「市場（market）」に対する、正義や平等の観点からの評価の相違を反映したものとして理解することができる。

　ドゥオーキンは自らの平等主義的正義構想である資源の平等を同定するに当たって、市場及びそこでの諸個人の自由な選択を、欠くべからざるものとして捉えている[13]。それに対し、コーエンは市場に対して「厳然たる運を生み出す装置（brute luck machine）」（Cohen 2004, p. 17）であるとして辛辣な評価を下している。このことは、コーエンが「自らの嗜好が高くついてしまうことについて責任を問われ得ない」人として、自らの嗜好が市場における他者の選好分布ゆえに――とりわけ自分と同じ嗜好を共有する人が少数であるがゆえに規模の経済の論理から――高くついてしまっている人を主として想定していることから

---

[13]　「市場経済の観念は、広範な種類の財やサービスの価格を設定する装置として、資源の平等のいかなる魅力的な理論的発展においても中心とならざるを得ない」（Dworkin 1981b, p. 284）。ただし第3章Ⅰ4で見たように、ドゥオーキンは規制なき自由市場が自動的に正義に適った分配をもたらすと考えているわけではもちろんなく、競争参入前に等しい初期資源を有していること、障害や稼得能力の欠損などに対して適切な補償がなされていることなどの修正を施してはいる。

もうかがわれよう[14]。

　ドゥオーキンは、コーエンの立場を厚生への機会の平等の立場と解した上で、厚生主義者は諸個人の嗜好や選好を、自身が有するであろう資源の量及び自身が有すべき資源の量についての判断とは独立に決定されると想定しているとする。それに対し、現実の我々の嗜好や選好はそのほとんどが価値判断を伴っており、それらの価値判断は全体的な善き生についての倫理的確信や、個々の資源配分についての適理性・公正性・正義についての道徳的判断を含むものであると言う。したがって我々は自らの嗜好や選好を、自身の手に入るだろう資源の量及び自身が有するべき資源の量をもとにした、自己の全体的な生の追求についての判断に依拠するものとして想定しなければならないと言うのである（Dworkin 2000, pp. 295-296）。またドゥオーキンは、「共同体内の諸個人の企図や態度や選好及び、世界の資源の総体が、個人がすることや持つことの（不）公正さを決める」のだとも言う（Dworkin 2000, pp. 298-299）。そしてこれらの人間観や想定をドゥオーキンは、「通常の人々の倫理的経験（ordinary people's ethical experience）」（Dworkin 2000, pp. 289-290）に依拠していると断じ、それらの人間観や想定に立脚している自らの資源の平等の、分配的平等の構想としての優位を論証しようとする。

　しかしドゥオーキンによるこのような論証の試みは、コーエンに対して論点先取であるように思われる。というのも、コーエンの平等主義的正義構想がドゥオーキンの言うような「通常の人々の倫理的経験」を受容していない可能性があるからである。既述のようにドゥオーキンの資源平等論は、我々の嗜好が個々の資源配分の公正性などについての道徳的判断を含む価値判断を介在しているという想定に立脚するが、そこでは公正性の内容が独立に擁護されているわけではない。公正な分け前の観念に訴える必要性からは直ちに資源の平等の擁護が導かれるわけではない——「なぜ厚生への機会の平等ではダメなのか？」——というコーエンのドゥオーキンに対する批判（Ⅰ1）については既述した。コーエンの側からすればむしろ、市場において自己の利益ばかりを慮

---

[14] コーエンはそのような人物として、高価な芸術の本を読む人（Cohen 2004, pp. 12, 17）や、写真撮影の趣味を有する人（Cohen 1989, pp. 932-933）などの例を挙げている。また彼は、市場で高くついてしまう嗜好を有する人々を、共同体において文化的少数に属する生活様式を嗜好する人とのアナロジーで語っている（Cohen 2004, p. 18）。

る多数者の選択を所与のものとして不問に付すことこそが、それによって少数者に転嫁されてしまう、自らが積極的に価値付ける生活様式を容易に追求できなくなってしまうという社会的コストに対し、その正当な対価を多数者に支払わせることができなくなってしまう——それゆえ資源の平等は不公正だ——ということになるだろう[15]。したがって、通常の人々の倫理的経験に訴える上のようなドゥオーキンの論証は、厚生を（も）平等指標に用いるコーエンの平等主義的正義構想に対する批判としては、必ずしも決定的ではないと言える。

3 高価な嗜好問題と正当化の共同体

　もっともこのことは、コーエンの平等主義的正義構想の内容が、彼自身の理論内在的に何ら問題がないことを意味するわけではない。とりわけ、彼が再定式化した高価な嗜好への補償基準が、当の嗜好を今取り除くことができる場合においても、本人が自らの嗜好を「持ち続けたい」と積極的に是認してさえいれば、平等の見地から補償を要請してしまう内容となっている点については、本章Ⅰ6（1）で先述した彼自身の道徳的正当化のテストである正当化の共同体の間主観性テストをパスし得ないように思われる。

　「高価な嗜好の保持者に補償をしないと厚生の相対的不足が生じる」という事実は、当の嗜好の保持者による、「今その嗜好を取り除くことができるけど敢えてその嗜好を積極的に是認し、取り除こうとしない」という決定や意図によって（も）真となっている。それに加え、先述のインセンティブ報酬擁護の論証と類比的に見ても、高価な嗜好の例においては、その嗜好の保持者が当の嗜好を取り除くことを選択すれば他の構成員たちは、その人物の奢侈に耽る生活様式に対して補償することに自らの資源の相当部分を捧げなくてもよくなり、それゆえ境遇が相当程度改善され得る。したがって、高価な嗜好の保持者の口から直接に「我々は自らの高価な嗜好を積極的に是認しており、それを取り除くつもりは毛頭ない——それゆえ、補償しないと我々の厚生水準はあなたたちよりも低くなるだろう——から、我々に補償をすべき」という主張が発せられ

---

[15] 「多数者はそれゆえ、自らの選択の社会的コストを払っていないことになるだろう。そしてその社会的コストは（いかなる理解可能な社会的コストの観念においても）少数者の構成員が被る価値剥奪を含んでいなければならない」（Cohen 2004, p. 14）。

た場合、それらの高価な嗜好の保持者は、他の構成員から「あなたたちは補償がされなかった場合にも今の嗜好を取り除くことができ、それによって我々と同等の厚生を得ることができ、しかも我々の境遇を相当程度改善できるとしたら、今の高価な嗜好を取り除かないというあなたたちの意図はなぜ正当化されるのか？」と問われた場合に、適切に応答できないと思われるからである。

自己規律をし、「適応的選好形成」などすれば、自らの高価な嗜好を今取り除くことができるにもかかわらず、それをせずして社会に対し補償を求める態度は、自らを専ら受動的な配慮の対象（「効用の器（？）」）として描き、自己の行為主体性を表現していないと解される。その点においても、インセンティブ報酬の例とパラレルをなしていると言えよう。したがって、高価な嗜好に対するコーエンの補償基準は、当の嗜好を今取り除くことができる場合においても、本人の積極的是認さえあれば補償を要請してしまう内容となっている点で、正当化の共同体における間主観性テストをパスし得ないように思われるわけである。

4 高価な嗜好問題と社会主義

コーエンの平等主義的正義構想は、自らの社会主義的問題意識との間でも、実は不整合を来してしまうかもしれない。先のコーエンとドゥオーキンとの間の応酬において、通常の人々の倫理的経験に訴えるドゥオーキンの論証は、コーエンの立場に対する批判としては決定的でないことを確認した（Ⅱ2）。このような両者の立場の相違は、分配的正義の観点から公正な分け前を同定するに当たって、市場にその役割を承認するか否かの立場の違いに求められる。

すなわち、ドゥオーキンは公正な分け前を、市場競争参入前に有する初期資源の均等化や障害や稼得能力の生来的な欠損に対する適切な補償などの一定の修正を施しさえすれば、後は市場における自己利益追求的な諸個人の行動選択を所与とした上での他者に課する機会費用で同定している。それに対し、コーエンはそれを、市場において自己と同じ嗜好を共有する人がどれくらいいるかにかかわらず、「各人の必要に応じて配分する (to each according to their needs)」(Cohen 2004, p. 17) という反市場主義的・社会主義的規範によって同定しようとしていると、一応は理解することができよう。

しかしこのような立場が、本当にコーエン自身の社会主義的問題意識に応えるものとなっているかどうかは、彼自身の社会主義社会の構想に立ち入って検討してみなければ判断できない。

(1) コーエンの社会主義社会の構想

コーエンの社会主義社会の理想は、「平等主義の原理（an egalitarian principle）」と「共同体の原理（a principle of community）」という二つの原理から成り立っている（Cohen 2009, p. 12）。そしてコーエンは自らの理想とする社会主義社会で実現されるべき平等原理を、彼が「社会主義的機会の平等（socialist equality of opportunity）」と呼ぶラディカルな機会の平等原理であるとする（Cohen 2009, p. 13）[16]。そしてこのような社会主義的機会の平等の下では、「結果としての格差は、本人の嗜好及び選択のみを反映する」こととなると言う。

もっともコーエンの社会主義的機会の平等は、初期状態が平等で選択の結果に対して責任を問われ得る、当事者の真正な選択を反映した資源の不平等については看過してしまう。例えば、第3章Ⅰ4(2)で述べたドゥオーキンの言う、熟慮されたギャンブルの結果がどうなるかに関わる選択の運に由来する不平等と、社会主義的機会の平等は両立してしまうのである（Cohen 2009, pp. 30-32）。しかしそのような選択の運に由来する不平等であっても、その格差が相当に大きいものである場合には、社会主義社会の構想と齟齬を来してしまうことがある。

そこで社会主義社会の理想を構成する、もう一つの原理である共同体の原理から歯止めがかけられることとなる（Cohen 2009, p. 34）。共同体の原理は「人々が互いのことを気に掛け、必要であり可能とあらば、互いに対して世話を焼き、自分たちが互いのことを気に掛けていることを気に掛ける」（Cohen 2009, pp. 34-35）ことを要請する。平等主義の原理との関係で言うと、社会主義的機会の平等から生じた人々の間での不平等が、人々の生活水準がそれぞれの間で余りに

---

[16] 機会の平等原理のあり得べき解釈には他にも、人種や性別、家柄などの社会的に構築された地位による桎梏のみを除去する「ブルジョワ主義的機会の平等（bourgeois equality of opportunity）」と、前者の桎梏に加えて生まれや育ちにおける社会的環境による不利な影響をも（そしてそれらのみを）除去する「左派リベラル的機会の平等（left-liberal equality of opportunity）」が存在する。コーエンはこれら二つの解釈を斥け（Cohen 2009, pp. 14-17）、これらが除去する桎梏や不利な影響に加え、生まれながらの能力に基づく不利な影響をも除去する社会主義的機会の平等を、行為主体に対して責任を問い得ない全てのディスアドバンテージを是正することを試みているという理由で擁護する（Cohen 2009, pp. 17-18）。

もかけ離れていて互いの間に共同体的関係を構築し得ないほどに大きくなる場合、そのような不平等に対して、この共同体の原理から歯止めがかけられるということである。

また共同体の原理は、「市場主義的な相互性」とは対比されるような「共同体的な相互性（a communal form of reciprocity）」をも要請する（Cohen 2009, p. 38）。共同体的な相互性は、市場主義的な相互性が相手からの見返りを条件に相手に奉仕するという関係性に貫かれているのとは対照的に、相手が自分の奉仕を必要としていることを理由に相手に奉仕するという関係性に貫かれている（Cohen 2009, p. 39）。むろん共同体的な相互性においても、自分が相手の奉仕を必要としている際には、相手が自分に奉仕してくれることを期待している。しかしそれは相手が自分に利益をもたらしてくれる限りで——そしてその利益の見込みに応じて——奉仕をするという戦略的な関係性ではなく、相手にも自分にも同時に「互いが互いの奉仕を必要としているときに——そしてそれを理由に——奉仕しなければならない」といういわば「定言命法（categorical imperative）」が相互的に課されるという関係性に貫かれているということなのである。

（2） 社会主義社会の理想との衝突

以上がコーエンの構想する社会主義社会の理想及びそこに貫かれている原理であるが、先ほど反市場主義的・社会主義的問題意識に根差していると解釈したコーエンの高価な嗜好に対する姿勢は、このような社会主義社会の理想と本当に整合的なのか。

既述の通り、コーエンは自らの平等主義的正義構想が「各人の必要に応じて配分する」という反市場主義的・社会主義的規範に根差していると言う。しかし「必要（needs）」と「主観的選好充足」との間には径庭があるところ、ドゥオーキンによる批判を受けてコーエンが再定式化した補償基準によれば、当の高価な嗜好を今取り除くことができるとしても、本人がその嗜好に対して「持ち続けたい」と積極的に是認しさえすれば補償を要請してしまう。したがって、例えば幼少時から奢侈に耽るような生活様式を、裕福な家庭環境ゆえに無意識的に刷り込まれた者が、それらの奢侈な生活様式への自らの嗜好に対して、「そのような生活様式を営むことが高くつくから」ということ以外の理由で

「持ち続けたい」と積極的に是認してさえいれば、たとえその嗜好を今取り除くことが本人に可能だとしても、共同体の他の構成員はその人物がそうした奢侈に耽る生活様式を送れるようにするべく——そして他者と同じ量の厚生を得られるようにするべく——彼ないし彼女に対して追加の資源によって補償することが、平等の見地から要請されることとなるのである。

確かに上のコーエンの社会主義社会の理想を構成する平等主義の原理である社会主義的機会の平等は、構成員間の厚生の差異にも敏感であることが示唆されている（Cohen 2009, p. 24）。しかし高価な嗜好に対するコーエンの上の補償基準においては、補償が要請される嗜好の高価さについては何ら上限がない。先の共同体の原理を敷衍するに際してコーエンは、構成員の間で生活水準に大きな格差がある場合には、その間に「共同体の欠如（a luck of community）がある」（Cohen 2009, p. 36）とするが、コーエンによる補償基準からそれに対して補償が要請される生活様式が極度に奢侈なものであった場合、補償を受けながら奢侈な生活に耽る者と、その人物のために補償をし続けなければならない者との間で同胞意識を築けるのだろうか。むしろその人物がそのような高価な嗜好を今取り除くことができるならば、彼ないし彼女に対して他の構成員たちと同等に安価な嗜好を有するよう「適応的選好形成（人間改造（？））」をさせることの方が、コーエンの構想する社会主義社会の理想に適合的なのではないか。

またコーエンは、先の共同体的な相互性についても「社会主義的共同体へのコミットメントは私に、あなたが私に（もしそれが可能ならば）奉仕してくれる用意があるかどうかに関わりなくあなたに奉仕するような貢ぐ君（sucker）になることを求めているわけではない」（Cohen 2009, p. 43, 傍点筆者）と述べている。少し離れた安価な市場まで歩いて買い物に行くことができるにもかかわらず、面倒くさがって自宅に近い高級百貨店で食料品を調達する人に対して補償することが、それによってコストを課される他者に対する「負担の搾取的配分（an exploitative distribution of burden）」（Cohen 1989, p. 911, 傍点筆者）ならば、今その嗜好を取り除くことができるのに頑として「今の奢侈に耽る生活様式に対する嗜好を持ち続けたい」と譲らない人物に対して、他の構成員の犠牲の上に補償することもそれと選ぶところがない。コーエンが再定式化した高価な嗜好に対する補償基準は、当の嗜好を今取り除くことができる場合においても、本人

の積極的是認さえあれば補償を要請してしまう内容になっている点で、彼自身の構想する社会主義社会の理想と齟齬を来し得るように思われる。

　もちろんこれに対してコーエンは、厚生はアドバンテージに含まれる平等指標の一つに過ぎず、平等も諸価値の一つに過ぎないのだから、上に掲げた高価な嗜好に対する補償基準からの補償要請は、アドバンテージに含まれる他の指標との関係や、平等以外の価値との関係で覆され得るから問題ないと応ずるであろう[17]。しかしコーエンは、そうしたトレード・オフのための具体的基準はおろか、一般的指針さえも特に示しておらず、対応がアド・ホックに過ぎるとの批判を免れ得ないだろう。批判に応答したというよりも単に問題を先送りにしたに過ぎない。

　また同様にコーエンは、上の高価な嗜好に対する補償基準は自らの社会主義社会の理念を構成する二つの原理の一方である平等主義の原理の規範内容であって、このような平等主義の原理から社会主義社会の理想と齟齬を来すような要請が発せられてしまうことに対しては、もう一方の原理である共同体の原理の方から歯止めがかけられると応答するだろう。しかし、このような応答も彼自身の平等主義的正義構想を救うことにはつながらないように思われる。というのも先に見たようにコーエンは、自身の立場がドゥオーキンと比べて高価な嗜好に対し「寛大」な態度で臨む所以を、コーエンが自身の平等主義的正義構想の内容を、「各人の必要に応じて配分する」という自らの社会主義的問題意識に動機付けられて同定している点に求めているからである。そのような自らの平等構想から自身が構想する社会主義社会の理想と齟齬を来すような帰結が生じ得るのであれば（そして自らの社会主義者としての実践的問題意識に誠実であろうとするならば）、初めからそのような齟齬を生じ得ないような内容の平等構想を彫琢すれば良かったはずである。したがって、上のようなコーエンの応答は、彼自身の平等主義的正義構想を救出する試みとしては些か本末転倒であり、むしろ自身の社会主義的問題意識に照らして平等を同定しようとする自らの試みが不満足なものであることの告白となってしまうだろう。

17　「条件付きのないし弱い平等要求（a qualified or weak equalisandum claim）は、人々はある側面では可能な限り等しくあるべきだが、他の諸価値に敬譲すべく課される必要のあるいかなる制約にも服すると言う。……私のは弱い提案であるから、非平等主義的な反論は私にとって痛くない」（Cohen 1989, pp. 908-909）。

5　アド・ホックな価値多元主義的応答の問題

　高価な嗜好の問題に限らず、上のようなコーエンによるアド・ホックな多指標的・価値多元主義的応答は、彼の方法論における独自の問題を炙り出す。本章Ｉ4で見たように、コーエンはアドバンテージへのアクセスの平等を、自らの平等主義的正義構想として擁護していた。このようなアドバンテージの中には厚生も資源も下位指標として包摂されるが、問題は下位指標相互の優先関係を示す統一指標がない点である[18]。

　この点、コーエン自身はこのような統一指標なき多元主義を、平等主義についての我々の道徳的直観を余さずに包摂する以上やむを得ないことだと考えている（Cohen 1989, pp. 920-921）。しかし、平等を格差の有無で同定する「均等主義（equalitarianism）」の立場に立ち、しかもセンの設定した「何の平等か？」という分配的平等主義のパラダイムを受容するのであれば、諸個人間の終局的な境遇比較ができなければならない[19]。そしてそのためには分配指標を単一にするか、複数の分配指標を用いるならば、それらの下位指標相互の関係を一次的にまとめ上げる統一指標を示すことが強く求められるだろう[20]。

　むろんコーエンも、このような分配指標の多元性と統一指標の不在が、個人間の境遇比較において困難を来してしまうことを自覚している。そして例えば住宅供給の優先順位を決めるに当たって、「一定の閾値以下であれば、資源がより少ない方が絶対的に優先されるが、閾値以上であれば、厚生と資源との間のトレード・オフが認められる」といった個人間比較の統一基準を示そうとし

---

[18]　コーエン自身もこの点を認めており、それゆえ自らの立場はまだ「理論（theory）」とまでは呼べず、「準理論（semitheory）」の名を甘受せざるを得ないと述べている（Cohen 1989, p. 921）。

[19]　もっともマイケル・ウォルツァー（Michael Walzer）のように、複数の異なる正義の領域ごとに妥当すべき分配原理を判断するという「複合的平等論（complex equality）」（Walzer 1983, p. 17）の立場を採れば、諸個人間の終局的な境遇比較を避けることができるかもしれない。しかし序章Ｖ2 (2)で述べたように、彼の社会的意味論が擁護し得ない以上、その場合においても各々の領域に妥当する分配原理を一貫した形で正当化する上位の規範的原理ないし規制理念が必要となろう。そしてコーエンの平等の指針である「非自発的なディスアドバンテージの除去」のみでは、このような上位指針ないし規制理念の役割を十分に果たし得ないのではないかと思われる。

[20]　ドゥオーキンもまた、コーエンのアドバンテージへのアクセスの平等という多指標的な平等主義的正義構想に対して、資源や厚生を下位指標に含むアドバンテージ概念が不明瞭であること、「アドバンテージにおいて等しい」ということをいかなる指標で測定すべきかが不明であることなどを理由に批判している（Dworkin 2004, p. 342）。

ている (Cohen 2011, pp. 62-63)。とはいえ、この基準はあくまで住宅供給という個別具体的な事例においてのみ射程を有するものであり、いかなる事例でいかなる統一基準を構築するかの判断は、ほぼ全面的に直観に丸投げされてしまうこととなろう[21]。

同じ指摘は彼の、「平等＝正義」の価値と他の諸価値との関係性についても妥当する。コーエンは自らのアドバンテージへのアクセスの平等としての運の平等主義で正義の原理を同定するが、「何が正義か？」に関わる「正義の原理 (principles of justice)」の要請と、「終局的に国家や我々は何をすべきか？」に関わる「統制ルール (rule of regulation)」の要請とを分けて考え (Cohen 2003, p. 244, Cohen 2008, chap. 7)、自らのアドバンテージへのアクセスの平等のみから発せられる要請は前者に関わるとする。そして後者の統制ルールの要請は、正義の原理に加え、現実世界の事実的諸制約や他の競合する諸価値との関係で発せられるところ、彼は「根源的多元主義 (radical pluralism)」の立場に立ち (Cohen 2008, pp. 4-5)、それらの諸事実の下で諸価値の優先関係を導出する包括的なルールを得ることはできないとする。しかしそうすると当然、このような統

---

[21] もっとも、このようなコーエンのアドバンテージ概念の多指標性の問題は、彼の立場のみならずおよそ「インデックス問題」を抱えるアプローチ一般に通底する問題であり、上のようなコーエンに対する批判は、同様にインデックス問題を抱える潜在能力アプローチに与するアンダーソンや筆者自身の立場にも跳ね返ってくると反論されるかもしれない。しかしアンダーソンやそれを発展させた筆者の立場は第6章 II (3) で後述するように「充分主義 (sufficientarianism)」に立つのであり、(運の) 均等主義に立つコーエンの立場ほど諸個人間の終局的な境遇比較を行う必要性が強く妥当するわけではない。充分主義にとって重要なのは、諸個人の境遇が一定水準に達しているか否かであるから、分配指標が複数あったとしても、各指標における閾値の充足の有無のみを見れば良く、充分水準以上における諸個人の境遇を比較する必要性は原則としてないからである。

また、アンダーソン及びそれを発展させた筆者の立場は、「抑圧の除去」と「民主社会における市民の対等関係性」という、ニーズをベースにした平等の規制理念を持っている (第6章 II (1) (2))。したがって、この理念に照らしてレレヴァントな潜在能力を同定するとともに、第8章 I で見るようにインデックス問題への対応においても、この理念に照らして異なる潜在能力間の優先順位付けの指針を提供することができる。それに対して、コーエンの平等の指針である「非自発的なディスアドバンテージの除去」のみでは、厚生の相対的不足や資源の相対的不足、さらには中間財の相対的不足といった数あるディスアドバンテージの間での、このような優先順位付けの指針を十全に提供し得ないだろう。「非自発的か否か」という、ニーズをベースとしない規制理念からは、より緊急度の高いディスアドバンテージに対する優先的考慮が出てこないように思われるからである。

したがって、仮にアドバンテージ概念の多指標性の問題が、多かれ少なかれアンダーソンや筆者の立場にも跳ね返ってき得るようなインデックス問題一般のそれであったとしても、アンダーソンや筆者の立場の方がコーエンのそれよりも、優先順位付けへの対処において相対的優位にあると考える。

制ルールの要請を導出する過程がブラック・ボックス化され、事実上、諸原理間の適用の優先順位の判断がアド・ホックな直観に丸投げされることとなってしまうだろう（広瀬 2014、43-46 頁、井上彰 2010a、132-134 頁、井上彰 2017b、139-141 頁）。

6　制度的な厳然たる運とコーエンの関係的契機

　以上、コーエン自身のアドバンテージへのアクセスの平等としての平等主義的正義構想の内容を見てきたが、彼の平等主義的正義構想——とりわけ高価な嗜好への補償基準——は、彼の理論内在的に見ても、彼の実践的問題意識に照らしても、やはり難のあるものであった。

　もっとも、高価な嗜好への補償基準に貫かれた彼の問題意識そのものは意義のないものでは決してない。彼が、共同体内における他者の選好ゆえに市場で高価となってしまった嗜好の持ち主に対して正義の関心を向けたことは、「自然的な（natural）厳然たる運」とは区別される、人々の選好や行動の総体によって制度化されたものとしての「制度的な（institutional）厳然たる運」とも言うべきものの存在に着目するという、ポジティブな意義を有するものと理解できる。そしてこのような問題意識は、市場におけるノーマルな多数者の生活様式の規格化により、アブ・ノーマルな生活様式を営もうとする少数者が周縁化されるという問題にも連なるものであり、誤承認の不正義や第 5 章 II 2 (2) で後述する関係的平等主義の問題意識にも通底するものと言える[22]。

　しかし問題は、コーエンがそのような問題意識を、主観的選好充足度合いの格差の問題に回収してしまい、奢侈な生活様式に耽る人々の要求と、抑圧的な文化的意味秩序の下でスティグマ化・周縁化される人々の欲求とを規範的に区別できなくなってしまっている点、それに加えてそれらの問題を、追加資源による事後的な「補償（compensation）」で対処すべき問題として捉え、そのよ

---

[22] コーエンが自らの道徳的正当化の理論として、正当化の共同体における間主観性テストを用いている点にも、彼の平等主義的正義構想における関係的平等主義の契機を見出せると思われる。第 6 章 I 1 (4) で後述するようにアンダーソンは、「合同生産（joint production）」のシステムとしての経済の中で、社会全体にとって必要かつ有用な自発的選択をした者が、抑圧的関係的保障を正当化するに当たって、この正当化の共同体における間主観性テストの観念に依拠している。コーエンのこのような、正当化の共同体における間主観性テストのうちに、後述のアンダーソンや筆者の関係的平等主義に受け継がれるような関係的契機を見出すことができるということである。

うな制度的な厳然たる運を構造化している背後の制度そのものを是正しようという発想には必ずしも結びついていない点である。

　既に本章I2で、コーエンの平等主義的正義が（平等の観点からは）自由や自律に内在的関心を有していないことを確認した。このようなコーエンの立場は、重度の認知症や精神障害といった行為主体性を有しない存在に対しても、平等の立場から道徳的配慮ができるという長所を持っていよう[23]。しかしその反面、国家が自律のための基盤を作出すれば自律的主体たり得るような存在に対しても、そうしないで事後補償だけをする方が効率的であれば、彼らに対して自律的でないままに留め置くことが平等の見地から看過されてしまうように思われる。したがって政治共同体において、既に自律的な強い「守る側」と、自律しないで専ら事後補償で保護される「守られる側」との非相互的で非対称的な温情的支配関係が存在しても、平等の見地から問題がないことになってしまうように思われるが、果たしてそれは「平等」の解釈として最善なのだろうか。むしろそのような非対称的な関係性自体を除去し、諸個人が自己の生を自律的に追求できる道徳的人格及び能動的市民として承認されることのみによって、他者と対等な関係で相互行為ができるような社会制度を構築することこそを目指すべきではないだろうか。そして、このような背後の制度そのものを是正しようという発想を採ることで、コーエンの問題意識は後述の関係的平等主義の問題意識へと発展させられるのである。

| 23 | 平等理念で規律される主体を自律的な合理的行為主体とするアンダーソンや筆者自身の関係的平等主義の立場から、このような行為主体性を欠いた存在に対する配慮をいかに基礎付けるかという問題は、第9章III2で後述する。

第1部 総括

 以上、本第1部では、分配的平等主義の代表的立場とされる主流派の平等主義的正義構想として、ロールズ（第1章）、セン（第2章）、ドゥオーキン（第3章）、コーエン（第4章）のそれを概観し、その関係的平等主義に受け継がれる契機を抽出するとともに、それらへの批判的検討を加えた。

 これらの平等主義的正義構想の間の理論的争点は、以下の五つの対立軸によって整理することができる。すなわち、1 指標問題、2 水準問題、3 アド・ホックな価値多元主義的応答の採否、4 平等と自律との関係、5 制度的正義論の採否である。以下それらを順に見ていく。

1 指標問題

 第2章I1で、センが「何の平等か？」という問題設定をしたことは既述した。第3章I3で、ドゥオーキンが「厚生の平等か？資源の平等か？」という分配的平等の構想の対立図式を設定したことも既述した。そしてコーエンもこのような指標問題を、平等論の主たる問題機制とした上で議論を展開したのであった（第4章I1）。主流派の平等主義陣営内での論争が、主としてこのような指標問題をめぐってのものだった、とりわけ厚生アプローチと資源アプローチとの争い——ないしはそれに潜在能力アプローチが加わった三つ巴の争い——だったという整理は、既に多くの論稿でなされているところである（Pojman & Westmoreland 1997, pp. 9-10、飯田 2002、132-136 頁、飯田 2006、12-18 頁、藤岡 2002、1260 頁、井上達夫 2004、76 頁、Anderson 1999a, p. 293）。

 この指標問題に沿って整理すると、主流派の平等主義的正義構想のうち、ロールズの基本財アプローチとドゥオーキンの資源の平等はともに資源アプローチに分類される。コーエンのアドバンテージへのアクセスの平等は、アドバンテージ概念の下に厚生も資源も中間財の一部も下位指標として包摂しているこ

とから、厚生にも感応的な分配的平等の構想という点では厚生アプローチに分類できるかもしれない[24]。そしてセンの潜在能力の平等は潜在能力アプローチに分類されよう。

2 水準問題

　平等主義的正義構想をも含む分配的正義の諸構想は、先の指標問題に関わる分配指標と、水準問題に関わる分配水準によって同定される[25]。この点、とりわけ機会の平等にコミットする正義構想においては、機会そのものを分配指標に含め、水準問題において「(単純) 均等主義 (equalitarianism)」の立場に立つものとして同定するという考え方と、分配指標に機会は含めずに、水準問題において機会の均等主義ないしは運の平等主義に立つものとして同定するという考え方とがある。

　いずれにおいても後述する運の平等主義の立場に変わりはないため、どちらの整理でも良いとも思われるが、第一に、単純均等主義との実践的差異を明確にする必要がある点、第二に、先の指標問題の整理において厚生や資源を分配指標とする整理を本第1部では採用した点、第三に、特にコーエンの立場においては明確なように、これらの運の平等主義の多くは、必ずしも事前の機会そのものを均等化することに固執するわけでなく (Cohen 1993, p. 28)、格差が本人の責めに帰し得ない場合にそれを事後に是正するという理論構成を採る点に鑑みて、後者の、機会そのものを分配指標には含めない整理をここでは採用する。ただしセンについては、上の指標問題において機能そのものではなく潜在能力を分配指標とする整理を採用したことから、便宜上、(単純) 均等主義として分類する。

　したがって、この水準問題に沿って整理すると、ドゥオーキンやコーエンの

24	ただし、厚生にも資源にも還元し尽くされない望ましい状態にも着目するという点では、潜在能力アプローチに分類されるという考え方もあり得る。このような分類をするものとして、藤岡 2002、1313 頁注 10 参照。なお、初期のアーネソンの厚生への機会の平等は厚生アプローチに分類できる。
25	例えば、総和主義的な功利主義であれば、分配指標としての厚生アプローチと、分配水準としての集計最大化によって同定される。総和主義的な功利主義を、帰結主義・厚生主義・総和順位 (sum ranking) という三つの特徴付けによって同定するものとして、Sen 1985, p. 175 参照。

立場は、機会の均等主義、すなわち運の平等主義に分類される。これに対してロールズの立場は、正義の二原理の一部を構成する格差原理に限ってみると、均等主義及び運の平等主義とは異なる立場にコミットしたものとして分類できる。そして先述の通り、センの立場は潜在能力の単純均等主義として、運の平等主義とは異なる立場として分類できよう。

3 アド・ホックな価値多元主義的応答の採否

　第1章Ⅰ3において、ロールズが直観主義——その内実は、優先ルールなき価値多元主義——への批判的問題意識から、正義の原理間の優先ルールとしての辞書的優先性を備えた正義の二原理を擁護しようとしたことは既述した。それに対してコーエンは、諸価値の間に一般的な優先ルールを設定することは不可能であるとして、根源的多元主義というアド・ホックな価値多元主義を擁護したことも第4章Ⅱ5で述べたところである。このような価値多元主義においては平等もまた諸価値の一つに過ぎず、終局的当為としては他の価値との関係で覆され得る。主流派の平等主義の諸立場は、この意味での価値多元主義を採用するか否かをめぐって立ち位置を異にするのである。

　このような観点で整理すると、まずコーエンは、上のような意味での価値多元主義を採用していると言える[26]。またセンも、平等の要請が効率の要請から覆され得ることを認めており（Sen 1992, p. 138）、両者の対立を調整する一般的な基準や指針を特に擁護していないことから、上の意味での価値多元主義を採用していると言える。それに対して、ロールズは上で見た通り、辞書的優先性を備えた正義の二原理を擁護していることから、上の意味での価値多元主義的応答を否定している[27]。またドゥオーキンは、「価値の統一性（the unity of

---

[26] 同様に厚生への機会の平等主義者であった初期のアーネソンも、このようなアド・ホックな価値多元主義を採用している（Arneson 1997, p. 240）。

[27] もちろんこのことは、ロールズが価値一元論者であることを意味するわけではない。ロールズの正義構想は二つの原理から成り立っているし、彼は合理的行為主体以外の感覚主体との関係を規律する共感（compassion）や人道性（humanity）の義務といった他の価値の存在をも認めている（Rawls 1971, p. 512）。その意味でロールズもまた価値多元主義者である。ここでの価値多元主義的応答とはあくまで、複数の価値からの要請が対立するとき、それを調整するための優先ルールや一般的指針、少なくともそれらの対立する価値相互間の関係性を具体的に明示することなく（井上彰 2017b、141頁）、アド・ホックな直観のみに拠って対応することを指す。

value)」(Dworkin 2011, p. 1) を自らの道徳方法論として採用していることから（第3章Ⅱ4 (3) 参照）、諸価値が対立競合し合うという意味での価値多元主義の想定をそもそも否定している。

4　平等と自律との関係

　アド・ホックな価値多元主義的応答の採否は、平等と自律との関係、すなわち、自らの平等原理ないし平等構想のうちに自律的行為主体性への尊重の要請をビルトインさせるか否かについての立場の相違へと反映される。というのも、平等を対立競合する諸価値の一つに過ぎず、他の価値——自由、自律、自尊など——との関係で覆され得るものと考えるなら、平等原理のうちに自律などの価値をビルトインさせる必要はないからである。逆に平等の要請が終局的な当為となるならば、個の自律や自尊が侵害されるという反直観的帰結を避けるために、当の平等構想のうちに自律や自尊の価値をビルトインさせる必要があるということである。

　こうした観点から見ると、アド・ホックな価値多元主義にコミットするコーエンにおいては、少なくとも平等の観点からは自由や自律に必ずしも価値を置いていない（第4章Ⅰ2）。この点で、同じくそのような意味での価値多元主義にコミットするセンは、潜在能力アプローチにコミットすることで自由へのこだわりをコーエン以上に見せてはいる。しかし彼の実効的自由概念は、自律的行為主体性の発揮の契機を要求しない、薄められた自由概念であったことは、第2章Ⅰ4で確認した通りである。

　これに対してアド・ホックな価値多元主義にコミットしないロールズは、自らの正義の二原理によって規律される主体として、自己の善の構想を自律的に形成・改定し、合理的に追求し得る道徳的人格を想定している（第1章Ⅰ4）。また彼は自らの正義の二原理において自由の優先性を擁護し（第1章Ⅰ3）、社会的基本財に自尊のための社会的基盤を含めている（第1章Ⅰ4）ことから、その平等構想において自律の価値に対する強いコミットメントが見られる。

　同様に、価値多元主義そのものを否定するドゥオーキンにおいても、自らの抽象的平等原理において、「どのように生を送るかについての理知的な構想を形成し、それに基づいて行為できる人間として」の等しい尊重を要請し（第3

章Ⅰ2)、法的自由の尊重をビルトインする形で自らの資源の平等構想を解釈している（第3章Ⅱ4 (1)）。また、いわゆる「高価な嗜好」に対する補償の否定（第3章Ⅰ3）に見られるように、自己の善の構想の形成につき本人に終局的責任を負わせるという特別な責任の原理としての倫理的原理にコミットすることで（第3章Ⅱ3)、彼は自らの平等構想内で自律の価値に強い意義を認めている。

5　制度的正義論の採否

　平等構想のうちに自律的行為主体性への尊重の要請をビルトインさせるか否かについての立場の相違は、正義の原理の主たる適用対象を制度と想定するのか、帰結としての望ましい分配状態の実現こそを正義は志向するのかについての立場の相違へと反映される。

　自律的行為主体を自らの正義の原理によって規律される主体と考えるならば、公正な制度が確立されれば、その下で生じる分配状態は通常、自律的な行為主体同士の対等な相互行為の賜物として評価されるため、そのような分配状態によって背後の制度そのものが歪められない限り (cf. Rawls 2001, pp. 53-54)、原則として正義の問題を喚起しない。むしろそのような分配状態を事後的再分配で度々是正することは、パターナリズムとして否定的評価を被ることさえあるだろう[28]。逆に、帰結としての望ましい分配状態が実現されても、望ましくない分配状態を生成していた背後の制度や構造が所与とされていたのでは、諸個人の自律的行為主体性は阻まれたままであろう。したがって、そのような抑圧的

---

[28] この点、公正な制度の下でも個人に帰責できない――ないしは個人を抑圧的状態に陥らせる――ような分配格差ないし貧困状態は生じ得るため、このような制度的正義論の立場からも一定の場合には事後的再分配が要請され得ることは確かである。その意味でここでの制度的正義論は、井上達夫が言うところの「分配的正義は、基本的制度設計にのみ関わるべきだ」という「排除的制度主義 (exclusive institutionalism)」（井上達夫 2012、89頁）のみを含意するのではなく、「基本的制度設計も分配的正義の射程に包含すべきだ」という「包含的制度主義 (inclusive institutionalism)」の立場をも含むものである。しかしそうであっても、このような制度的正義論の立場からは、そのような望ましくない分配状態を是正する手段として、それを生成する背後の制度や構造自体を是正するという手段が採用可能ならば、それらを所与とした上での事後的再分配よりも、前者の手段を選択する強い理由があるとは言えよう。したがって、上のような事情によっては、平等構想のうちに自律的行為主体性への尊重の要請をビルトインする立場が制度的正義論の立場に親和的であるという本第1部における総括、及び制度的正義論の立場が望ましい分配状態の実現よりも背後の制度ないし構造自体の是正の方を第一義的に志向するという本第1部における特徴付けが否定されるわけではないと筆者は考える。

な背後の制度ないし構造自体を是正することこそが、正義や平等の第一義的な関心となる。これに対して、正義の原理や平等構想のうちに自律的行為主体性への尊重の要請をビルトインさせない立場からは、望ましい分配状態が達成されるならばその手段は、少なくとも正義や平等の観点からは不問に付されることから、正義や平等の関心が制度や構造の是正には必ずしも向かうわけではない。

　この観点から見ると、正義の原理や平等構想のうちに自律的行為主体性への尊重の要請をビルトインさせていないコーエンは、上のような意味での制度的正義論にコミットせず、望ましい分配状態の実現が正義の第一義的関心となる（Cohen 1997, p. 12, 第4章Ⅱ6参照）。自由へのこだわりを見せつつも、自律的行為主体性にこだわらない自由概念を採用するセンにおいても、ロールズに対する超越論的制度主義批判や、実現志向的比較論の擁護に見られるように、望ましい分配状態の実現こそが正義の第一義的関心となっている（第2章Ⅰ5）。

　これに対して、平等構想内に自律的行為主体性への尊重の要請をビルトインさせたロールズは、正義の第一義的な適用対象を社会の基本構造とする制度的正義論にコミットしている（第1章Ⅰ5）。ドゥオーキンもまた先述のように、自己の平等構想内に自律的行為主体性の尊重の要請をビルトインさせていた。ドゥオーキンが制度的正義論にコミットしていると言えるかどうかは微妙であるが、平等を「主権者に特殊な徳」としている点（Dworkin 2000, p. 6）、「政治的視点と個人的視点の分業」に彼の資源の平等がコミットしていると述べている点（Dworkin 2000, pp. 280-281）から、制度的正義論にコミットしていると評価することも可能だろう。

　以上、主流派の平等主義的正義構想間の理論的相違を、1 指標問題、2 水準問題、3 アド・ホックな価値多元主義的応答の採否、4 平等と自律との関係、5 制度的正義論の採否という五つの対立軸から整理した。

　主流派の平等主義的正義構想、とりわけセン以降のそれは、平等の問題を語るに際し、社会に散在する財や資源を、各々の採用する指標に照らして均等分配するというモデルにコミットしていると言い得る。したがって、セン、ドゥオーキン、コーエンの平等主義的正義構想をそのような意味での分配的平等主義を採用したものと位置付けることは可能であろう。

	ロールズ	セン	ドゥオーキン	コーエン
指標問題	資源	潜在能力	資源	厚生 or 潜在能力
水準問題	格差原理	単純均等主義	機会の均等主義	機会の均等主義
アド・ホックな価値多元主義的応答の採否	否定	採用	否定	採用
平等と自律との関係	自律への強いコミットメント	自律への弱いコミットメント	自律への強いコミットメント	自律に価値を置いていない
制度的正義論の採否	採用	否定	採用	否定

　しかし同時に、センの平等主義的正義構想においてはその潜在能力概念のうちに、共同体の社会生活に参加できる能力も含められており、「民主社会における市民としての対等参加」を平等の積極的目的とする民主的平等としての関係的平等主義の契機をそこに見出せる（第2章Ⅱ）。ドゥオーキンの平等主義的正義構想においても、彼が誤承認の問題に対応するための独立性の原理を、等しい配慮（と尊重）を要請する抽象的平等原理に遡って導出しようとしたことに示されるように、「人々を対等者として取り扱うこと」ないしは「等しい配慮と尊重」としての抽象的平等原理を、資源の平等という分配的平等の構想よりも基底的なものと考える立場として彼の平等理論を再解釈する余地に開かれている（第3章Ⅱ5）。コーエンの平等主義的正義構想においても、高価な嗜好への彼の補償基準のうちに、市場において、アブ・ノーマルな生活様式を営もうとする少数者が周縁化されることへの批判的問題意識を看取することができる。また彼の道徳的正当化の理論である正当化の共同体における間主観性テストのうちに、彼の平等理論及び正義理論を関係基底的に捉える萌芽を見出すこともできる（第4章Ⅱ6）。したがって、これら三人の平等主義的正義構想のうちに、アンダーソンや彼女の理論を発展させた筆者の関係的平等主義に受け継がれるような関係的契機を見出すこともまた可能であるように思われる。

　同じことはロールズの立場についても言える。彼は一方で正義を、社会の協働の産物である権利や負担の公正な分配を規律する理念と捉えており、彼の格

差原理も社会的基本財の分配に関わる（第1章I3）。それゆえ彼の理論は分配的平等主義の代表的立場とも評価することができそうである。しかし他方で彼は正義の原理を、社会の基本構造に第一義的には適用されるものと考えており（第1章I5）、彼の格差原理もあくまで最下層の人々の利益への制度的期待を最善化するものであって、帰結としての望ましい分配状態そのものを直接志向するものではない。それゆえに彼の正義の原理や平等構想の第一義的な関心は財や資源の均等分配ではなく、公正な社会制度や構造の構築の方にあるとも評価できる（第1章II）。そして後述の関係的平等主義は、ロールズの正義理論の後者の側面に着目し、そのポテンシャルを発展させる試みとして位置付けられるのである。

　以上のように第1部での諸考察を終えたところで、我々は今どの地点にいるのだろうか。
　まず第1章のロールズの立場と第3章のドゥオーキンの立場の検討で、指標問題につき資源アプローチは、少なくともロールズやドゥオーキンが擁護するような形態においては、身体障害者の問題や文化的意味秩序に基づくスティグマ化などの誤承認の問題に十全に対応できないことを確認した（第1章II2、第3章II参照）。また第4章で、厚生アプローチがいわゆる「ティム坊や」問題──より一般的には、市民社会で自律的な市民として機能できなくても幸福でいられるような身体障害者を放置してしまうという問題──に対応できないことを、コーエンの議論の中で確認した（第4章I3）。したがって指標問題においては潜在能力アプローチが、第2章で見たようなセン自身のそれが抱える問題──すなわち、道徳的にレレヴァントな機能を特定する規制理念がない点（第2章II2）、平等や正義の原理の規律主体についての人間観が不在である点（第2章II3）──を克服した上で、アンダーソン及び彼女の理論を発展させた筆者自身の関係的平等主義へと受け継がれることとなる。
　水準問題につき、ロールズの格差原理については第1章で批判的検討に付して斥けた（第1章II1）。本書で擁護する関係的平等主義においては第2部で後述するように、市民社会で対等者として機能できるのに充分な水準までの資源分配が要請されるという「充分主義（sufficientarianism）」の立場が原則として

採用される(第6章Ⅰ1(3))。なお本書の目的は関係的平等主義に基づく正義構想の擁護であって、運の平等主義に対する理論内在的批判は本書の射程外にある。運の平等主義については第3部の第9章Ⅱで、自らの関係的平等主義に基づく正義構想への外在的批判として取り上げられ、それに対する応答が試みられる。

また第4章では、コーエンの根源的多元主義が、諸原理間の適用の優先関係をアド・ホックな直観に直接委ねており、それゆえ恣意性を免れ得ないとして批判した(第4章Ⅱ5)。したがって筆者自身の関係的平等主義においてはそのようなアド・ホックな価値多元主義的応答は否定されるとともに、平等の要請が終局的な当為を構成することとなる。

第2部で後述する関係的平等主義は、平等理念で規律される主体を自律的行為主体とするとともに(第6章Ⅰ2(2))、平等の積極的意義を、自律的・能動的な市民として対等関係で相互行為をすることに見出している(第6章Ⅰ1(1))。筆者自身の関係的平等主義においても、平等と自律との関係において、平等構想のうちに自律的行為主体性への尊重の要請をビルトインさせたものとなる。平等の要請からは自律にこだわらない立場からの、自らの立場に対する外在的批判は第3部の第9章Ⅲで取り上げられ、それに対する防御的応答が試みられることとなる。

さらに、アンダーソン及び彼女の理論を発展させた筆者自身の関係的平等主義に基づく正義構想は、平等の意義を、抑圧的な制度や構造の是正、諸市民が対等関係で相互行為ができる社会制度の構築に見出していることから、制度的正義論の立場を採用している。そしてその是正対象としての「制度」のうちにインフォーマルな文化的意味秩序のようなものも含める形で発展させられ、抑圧的な誤承認の問題にも対応していくこととなる。このような自らの立場に対する非制度的正義論からの外在的批判が後述の第3部の第9章Ⅰで取り上げられ、それに対して応答していくこととなる。

以上、後述の第2部及び第3部での展開の予告も含めて、第1部までの議論を経た段階での本書の現在地点を確認した。続く第2部では第1部までの諸議論を踏まえて、アンダーソンの民主的平等をベースとした筆者自身の関係的平

等主義に基づく平等主義的正義構想の擁護論を展開したい。

第2部
関係的平等主義の擁護

　第1部では分配的平等主義の代表的な正義構想として、ロールズ、セン、ドゥオーキン、コーエンの平等主義的正義構想を概観し、批判的検討に付すとともに各々の正義構想に胚胎する関係的契機を抽出する作業を試みた。

　続く第2部では、本書が積極的に擁護する関係的平等主義に基づく正義構想の彫琢を試みる。具体的にはまず、関係的平等主義の提唱者であるエリザベス・アンダーソン（Elizabeth Anderson）による既存の平等主義理論に対する批判を概観し、その積極的意義を抽出する（第5章）。その上で、アンダーソンの正義構想である「民主的平等（democratic equality）」の内容を概観し、その積極的意義を、第1部の分配的平等主義の正義構想の批判的検討から得られた示唆と、第5章で抽出した既存の平等主義理論に対する批判の積極的意義に照らして検討する（第6章Ⅰ）。その上で、アンダーソンの民主的平等においてなおも詰めるべき点として評価し得る、彼女の立場から批判・改革の対象とされるべき、不正義の具体的態様と生成構造の分析及びその類型化を試みる（第6章Ⅱ）。さらに、これもまたアンダーソンの民主的平等構想においてはなおも詰めるべき点として評価し得る、上のような不正義の相互行為の次元における態様や生成構造の違いに応じた適切な治癒策（remedy）として、公共政策が備えるべき一般的指針を提示する作業を試みる（第6章Ⅲ）。

第5章 アンダーソンによる「分配的平等主義」批判とその検討

　第2部ではアンダーソンの民主的平等をベースにして、筆者自身が擁護可能と考える関係的平等主義に立脚した平等主義的正義構想を彫琢することを試みるわけだが、そのような作業に入る前に、関係的平等主義の提唱者であるアンダーソンが、既存の主流派の平等主義理論にいかなる批判を加えたのかについて概観したい。アンダーソン自身のオルタナティブとしての関係的平等主義に立脚した民主的平等は、既存の平等主義理論に対する批判的問題意識に端を発している。それゆえ、彼女がいかなる批判的問題意識を有し、既存の平等主義理論のいかなる点に難点があると彼女が考えたかを知ることなしには、彼女の構想するオルタナティブとしての民主的平等の意義を十全に理解することはできないと思われるからである。

　したがって、本章では、アンダーソンによる既存の平等主義理論に対する批判である「運の平等主義」批判をまずは概観し（Ⅰ）、その上で彼女のこのような批判内容について、その意義を検討する（Ⅱ）。

Ⅰ　アンダーソンによる「分配的平等主義」批判の内容
——「運の平等主義」批判

1　運の平等主義に対する批判的問題意識

　アンダーソンによる既存の平等主義理論に対する批判内容を概観するに当たって、まずは彼女の問題意識について、簡単に述べておくことがその理解に資すると思われる。

　彼女の問題意識は、今日の平等主義の潮流に対する批判的洞察に端を発する。すなわち、今日において現代英米圏の主流派を占める平等主義理論は、働けるのに働かずに日がな一日サーフィンに邁進する人間（Van Parijs 1991）や、高価

な嗜好の保持者（Cohen 1989）などに関心を向けがちである。その結果、政治的に抑圧されている人々や、人種・ジェンダー・階級・カーストに基づく不平等や、ジェノサイドや奴隷制の犠牲者といった、本来平等理論が関心を向けるべき（とアンダーソンが考える）集団から理論的関心が逸れてしまっていると言う。また、主流派を占める平等主義理論の多くは、分割可能で私的に所有可能な財の分配にのみ焦点を当てており、より広い射程を有する現実の政治運動の問題関心からずれてしまっていると言う。

そして、主流派の平等主義理論がの関心が、本来関心を向けるべき対象からずれてしまった原因は、それらの平等主義理論が、「平等の根本的目的は、人々の値しない（undeserved）不運に対して補償を施す点にある」という、平等の眼目についての誤った理解、すなわち「運の平等主義（luck egalitarianism）」という立場に囚われてしまっている点に求められるとアンダーソンは言うのである（Anderson 1999a, p. 288）。

2　功績感応的運の平等主義と責任感応的運の平等主義

アンダーソンは、運の平等主義の中にも二つのタイプがあると論じる。すなわち、「功績感応的運の平等主義（desert-catering luck egalitarianism）」と「責任感応的運の平等主義（responsibility-catering luck egalitarianism）」とがそれである。前者は「値しない不平等を中立化し、異なるメリットを反映した不平等を許容する」ことで平等を推進する立場であり、後者は「責任を問い得ない財を均等化する」ことで平等を推進するが、「市場における選択の産物としての結果に対しては、諸個人の責任を問う」立場であるとして特徴付けられる（Anderson 2008, p. 240）。

これら二つの運の平等主義の類型を特徴付けるに当たって、アンダーソンは以下の三つの、市場のプロセスや結果に対して正義が課し得る制約の区別を導入する。一つ目は「純粋に手続的な制約（purely procedural constraints）」というもので、特定の手続きの正／不正を、それが産み出す結果とは独立に、特定するものである。二つ目は「範囲制約的原理（range-constraining principles）」というもので、正義の原理の特定の手続きによって許容される分配結果の範囲を、三つ目の個人的配分原理とは異なり、特定の個人に特定の結果を割り当て

ない形で、制約するものである。三つ目は「個人的配分原理（individually allocating principles）」というもので、特定の個人に対し、その個人の特性に応じて、異なる利益や負担を配分するものである。

　これら三つの制約の区別を導入した上でアンダーソンは、前述の功績感応的運の平等主義は、「自己の手続きから独立した基準によって評価された正しい結果を可能な限り達成するための、不完全な手続きを追求する」という「不完全手続的正義（imperfect procedural justice）」[1]にコミットしており、先の個人的配分原理を採用していると特徴付ける。それに対し責任感応的運の平等主義は、「特定の手続きを経由して生じた結果の正しさが、その手続きを経由したという事実のみによって決定される」という「純粋手続的正義（pure procedural justice）」にコミットしており、先ほどの純粋に手続的な制約のみを採用していると特徴付ける（Anderson 2008, pp. 241-242）[2]。

　また、これら二つの運の平等主義の類型を特徴付けるに当たり、アンダーソンは以下の三つの責任概念の区別を導入する。一つ目は「帰属的責任（attributive responsibility）」[3]というものである。この責任概念によると、個人は、称賛に値すべき／非難に値すべき、あるいはそのどちらでもない仕方で行為をした

1　「不完全手続的正義」、「自己の手続きから独立した基準によって評価された正しい結果を確実に達成するための手続きを追求する」という「完全手続的正義（perfect procedural justice）」及び後記の「純粋手続的正義」の概念及び区別は、第1章I2でも確認した通り、ロールズのそれに依拠している（Rawls 1971, pp. 84-86）。

2　さらにアンダーソンは、第6章II（1）で後述する自己のコミットする「民主的平等（democratic equality）」については、「不運な分配は、諸個人が他者と対等な関係に立つために必要な水準の平等主義的保障を毀損する場合には不正である」とする立場として特徴付けた上で（Anderson 2008, pp. 240-241）、純粋手続的正義にコミットし、純粋に手続的な制約と範囲制約的原理を併せて採用していると特徴付けている（Anderson 2008, p. 242）。もっとも、彼女がこのような自らの民主的平等を「純粋手続的正義にコミットしている」と特徴付けている点については、範疇錯誤に陥っていると考える。なぜなら、純粋手続的正義はその名の通り、自己の手続きとは独立に手続きの産物たる結果の正／不正を評価する基準があってはならないからである。第6章II（1）で後述する通り、アンダーソンは「民主社会において市民が対等関係で相互行為できる制度の構築」を、制度の正／不正を評価する独立した基準として定めている。そして、市場プロセスへの制約原理として純粋に手続的な制約と範囲制約的原理を彼女が採用したのも、このような究極的な制度評価基準が示す正義と適合的である——その正義を、効率性、自由・プライバシーの保障、スティグマの回避といった内在的制約の下で、可及的に実現できる——と考えているからである。したがって、市場プロセスへの制約原理たるこれら純粋に手続的な制約と範囲制約的原理はむしろ、「民主社会において市民が対等関係で相互行為ができる制度の構築」という独立の制度評価基準との関係において、不完全手続的正義の位置にあると評価するべきであろう（第9章I3参照）。

3　「帰属的責任」及び後記の「実体的責任」の概念を、アンダーソンはスキャンロンに負っている（cf. Scanlon 1998, p. 248）。

ことについて自らの行為が評価の基礎となる場合において、自らの行為について帰属的に責任がある、とされる。二つ目は「賢慮的責任 (prudential responsibility)」[4]というものであり、この責任概念によると、個人は、賢慮・予期・努力などといった、責任を持って行為する際に従事する徳を発揮する場合に、賢慮的に責任がある、とされる。三つ目は「実体的責任 (substantial responsibility)」というものであり、これには「強い意味での (strong) 実体的責任」と「弱い意味での (weak) 実体的責任」の二種類がある。前者の責任概念によると、我々は人々に対し、彼らが責任を割り当てられた結果を追求し損ねた際にペナルティを課すという形で、責任を課すことになる。それに対して後者の責任概念によると、我々は人々に対し、彼らが責任を割り当てられた結果を追求し損ねた際に、その結果の実現を他者に要求する資格を彼らに対して否認するという形で、責任を課すことになる。そして分配的正義との関係では、このうち後者の弱い意味での実体的責任が問題となる (Anderson 2008, p. 244)。

これら三つの責任概念の区別を導入した後にアンダーソンは、前述の二つの運の平等主義の類型を以下のように特徴付ける。まず、責任感応的運の平等主義については、「もし個人 A が行為 x について帰属的に責任があるとしたら、彼女は行為 x による自己にとっての分配的帰結に対して弱い意味で実体的に責任がある」とする立場として定式化する。そしてそのことの帰結として、このような責任感応的運の平等主義からは、行為 x につき帰属的に責任がある人々は、その分配的帰結が不遇を招くものであったとしても、他者や社会に対して不平を言う資格がないことになり、同時にその分配的帰結が望ましいものであった場合にはその産物を保持する権利があることとなる。そしてこの責任感応的運の平等主義における帰属的責任の根拠は、本人が自発的に当該行為を選択した事実に求められる[5]。

次に功績感応的運の平等主義については、「もし個人 A と個人 B が行為 x について等しく帰属的に責任があり、A の方が B よりも賢慮的責任を行使し

---

[4] このような責任概念をアンダーソンは、スーザン・ハーリィ (Susan Hurley) に負っている (cf. Hurley 2003, pp. 191-195)。

[5] アンダーソンは、このような責任感応的運の平等主義にコミットする立場として、ドゥオーキンとエリック・ラコウスキー (Eric Rakowski) (Rakowski 1991) を挙げている (Anderson 2008, p. 244, n. 7)。もっとも、ドゥオーキンの資源平等論に対するこのような責任感応的運の平等主義としての特徴付けが適切か否かについては、本章 II 1 で見る通り留保を要する。

ていたならば、Aはxにまつわる行為につきBよりも高い報償に値する、ないしは、行為xの帰結が彼女にとって悪いものであったならば、他者からのより大きな補償ないし助成に値する」とする立場として定式化される。そしてそのことの帰結として、この功績感応的運の平等主義からは、AとBが行為xについて等しく帰属的かつ賢慮的に責任があるならば、両者は等しい報償ないしは不遇な結果についての補償ないし助成に値することとなる（Anderson 2008, p. 245）。

　責任感応的運の平等主義と功績感応的運の平等主義とでは、帰属的責任の概念を異なった仕方で用いている点に相違がある。すなわち前者の責任感応的運の平等主義においては、帰属的責任が本人の行為との関係でのみ論じられ、帰属的責任の根拠が自発的選択の有無のみに求められていることから、帰属的責任については「有る」か「ない」かの二者択一的な評価がなされる。それに対して功績感応的運の平等主義においては、賢慮的責任を行使する能力に影響を与える諸要因についても、個人の帰属的責任を問えない可能性が承認されている。そして、これらの諸要因が賢慮的責任を行使する能力に与える影響には程度の差異があることから、それらの諸要因についての帰属的責任の程度にも差異を観念している。それらの要因についての人々の帰属的責任の差異を参照して、賢慮的責任としての功績を評価するのである[6]。

3　功績感応的運の平等主義に対する批判

　以上のように運の平等主義を二類型に区分してその特徴付けを行った上でアンダーソンは、そのそれぞれについて批判的検討を加える。

　まず功績感応的運の平等主義について、アンダーソンは以下のような内容の批判を加える。先ほど見た通り、功績感応的運の平等主義は個人的配分原理を採用し、市場における取引の帰結としての財の分配状態に対し、個人ごとにその値しない要因の効果を中立化するような、平等ないし正義の観点からの財の再分配を要請する。しかし、そうした功績を基礎とした介入は市場の効率性を

---

[6] このような功績感応的運の平等主義にコミットする立場としてアンダーソンは、「責任感応的優先主義（responsibility-catering prioritarianism）」に転身した後のアーネソン、ジョン・ローマー（John Roemer）（Roemer 1994）、コーエンの立場を挙げている（Anderson 2008, p. 245, n. 8, Anderson 2010a, p. 1, n. 2）。

大きく損なうと彼女は批判する。

　アンダーソンはフリードリッヒ・ハイエク（Friedrich Hayek）の議論（Hayek 1945, Hayek 1960）を援用し、市場における効率的な資源配分のためには諸個人の間に拡散した膨大な情報を活用することが要請されるところ、諸個人の選好は新たな情報に接するごとに常時変化することから、それらの諸個人の選好についての情報を、国家が中央に収集してくる営みは失敗を余儀なくされると論じる。それゆえそういった情報を活用するためには、自由な市場における価格シグナルに頼る他ないと言うのである。そしてこのような価格シグナルが効率的に機能するためには、他者の利益や要求といった、個人の観点から予測不可能かつコントロール不可能な、純然たる運に属する要因を市場価格は反映しなければならないところ、功績基底的な正義理論は諸個人に対してその内的な徳性に応じて報償を与えることにコミットしてしまう。それゆえ功績感応的運の平等主義は、市場の効率性の要請と相容れないと言うのである（Anderson 2008, pp. 247-248）。

　この点、功績感応的運の平等主義の内でもジョン・ローマー（John Roemer）のそれは、個人ごとの内的な功績の程度を分配状態に反映することを求めるものではないから、上の批判を回避し得るかもしれない。ローマーの提案は、人々を人種や性などの異なる社会経済的タイプに類型化し、その集団類型ごとに、彼らがいかなる逆境や不利益に直面していると考えられるか、そうした逆境に屈してしまうことについてどの程度弁解の余地があるかについて、政治的な判断に基づき、適理的に期待できる行為についての異なる基準を設定して功績感応的正義の要請に対応しようというものである（Roemer 1994, pp. 179-196）。

　しかしこのようなローマーの提案に対してもアンダーソンは、市場の効率性を大きく損なうことを免れ得ないと批判する。彼女は再度ハイエクの議論を援用し、そのような提案は、人々を価格シグナルの形で表現された他者の利益に奉仕させるべく仕向けるのではなく、人々をして政府が公定したメリットの基準に追従するべく仕向けさせることで、インセンティブ構造を歪めてしまうと論じる。すなわち、そのような公定されたメリット基準が政府によって示されることで人々は、そのような政府のメリット基準についての判断に従っていれば補償され、自己の判断に従って行動することで、政府の示したメリット基準から逸脱した場合には補償されないという予期を有してしまうと言うのである。

そして市場の意義は、人々に対して、価格シグナルに反応しつつ、リスクについての自己の判断と嗜好に従って自らの部分的で位置付けられた知識を活用する自由を保障することによって、他者の利益に資するべく人々の間に拡散した知識を効果的に活用させる点にあるのだから、そのように行政の部分的な知識のみを反映した社会の側の判断に従って行動するようなインセンティブを人々に与えてしまうことは、市場の効率性の要請と相容れないというのである（Anderson 2008, pp. 248-249）。

以上は市場の効率性の観点からの批判であるが、それとは別に、集団類型ごとに適理的に期待できる行為についての異なる基準を設定するというローマーの対応は、賢慮的に振る舞える能力についてのスティグマ的な判断を招き、人種や性などに基づいた集団単位でのステレオタイプについて公的承認を与えてしまうとアンダーソンは批判する（Anderson 2008, p. 250, Anderson 1999a, p. 310, n. 66）[7]。

これに対して、個人ごとに功績の程度を判断する類の功績感応的運の平等主義——典型的にはコーエンやアーネソンのそれ——については、ローマーの立場に対して向けられるような集団単位でのスティグマ化批判は回避できる。しかしその一方でそれらの立場は、補償の可否を判断するに際して国家が個人ごとにその内面に立ち入り、各人の自由の行使がどの程度責任を持ってなされたかについての道徳主義的な公的判断を逐一行使することにコミットしてしまうため、個人のプライバシーの基礎が掘り崩されてしまうとアンダーソンは批判する（Anderson 2008, p. 250, Anderson 1999a, p. 310）。

4 責任感応的運の平等主義に対する批判

以上が功績感応的運の平等主義に対する批判であるが、アンダーソンは責任

---

[7] また、アンダーソンは運の平等主義一般に対して、いわゆる厳然たる不運の犠牲者への補償を基礎付けるに際し、補償の理由をそれらの人々が内在的に他者よりも劣っている点にあるかのように扱ってしまう点で、スティグマ的であり、全ての市民に対する平等な尊重の要請を充足し得ないという批判を展開している（Anderson 1999a, pp. 305-306）。注意すべきはアンダーソンによるスティグマ化批判が、単にそのような効果を現に与えてしまうという点にとどまらず、それ以上に平等原理がそのようなスティグマ付与的な態度を発することが、諸市民に対して等しい尊重によって扱うべしという要請と齟齬を来してしまう点をも問題にしている点である（Anderson 1999a, p. 306, n. 61）。もっとも、このような厳然たる不運ゆえに補償を基礎付けるという態度そのものが、アンダーソンの言うようにスティグマ的な理由としてしか解し得ないかどうかは、本章Ⅱ1で後述するように議論の余地があると思われる。

感応的運の平等主義に対しても以下のような内容の批判を加える。

　第一に、責任感応的運の平等主義は純粋に手続的な制約のみに服し、本人の自発的選択の帰結として生じる分配状態に対しては、本人が責任を負うことを求める。そのため、たとえ本人の選択が社会全体にとって必要かつ有用なものである場合にも、その選択に伴うコストへのリスクを当の個人のみに負担させてしまうような社会制度を批判できなくなってしまうとアンダーソンは論じる。そしてそのような例としてアンダーソンは、家事や育児などの無償ケア労働に従事することを自発的に選択した者の例と、軍隊や消防士などの生命や身体に危険を伴い得る職業に従事することを自発的に選択した者の例などを挙げている（Anderson 2008, pp. 254-255, Anderson 1999a, pp. 296-298）[8]。

　第二に、責任感応的運の平等主義は、先に述べたような自発的選択によって個人が不遇や抑圧的状況に陥るのを未然に防ぐために、例えば強制保険に加入させたり一定の行為を禁止したりすることを正当化するに際して、パターナリスティックな理由しか提供できないとアンダーソンは言う。そして、国家が強制保険などをそのようなパターナリスティックな根拠に基づいて提供することは、諸市民に対し、彼らが自らの生を営むに際して賢明な判断ができない存在であり、彼らの利益をより良く配慮することのできる国家が善導してやる、というメッセージを発することとなり、そのような正当化理由は諸市民への尊重の観点から受容不可能であると批判する（Anderson 1999a, p. 301）。

　第三に、責任感応的運の平等主義は、本人の自発的選択の帰結である選択の運と、そうでない厳然たる運との区別に拘泥しているが、一定のリスクが「実践的に回避不能である」ことの意味を「適理的に回避不能である」という意味に解するならば、二つの運の区別は程度問題に過ぎなくなるとアンダーソンは

---

[8]　社会全体にとって必要かつ有用な自発的選択の例として、アンダーソンはその他に、一定以上の頻度での自然災害が見込まれるような地域に自発的に居住することを選択した者の例を挙げている（Anderson 1999a, p. 296）。また、社会全体にとって必要かつ有用な選択ではないものの、自発的選択によって不遇に陥った者を社会的抑圧下に置いてしまうことの問題として彼女は、無保険で不注意な運転をして交通事故に遭い、負傷した運転手を見殺しにすることを看過してしまう例、自己の落ち度によって障害を負った者に対して、公共施設の使用における差別的取扱いを認めてしまう例を挙げている（Anderson 1999a, pp. 295-296）。総じて個人がリスクある自発的選択をした場合、その選択の帰結がいかなる抑圧的状況を招こうと、当の個人は（平等の観点から）社会の側に救済を求める権利を失ってしまうという点を、彼女は問題視しているのである（Anderson 1999a, p. 298）。

言う。また、実践的に回避不能であるかどうかはそれに対して保険を掛ける際のコスト、すなわち個人の選択肢内での結果の内実に依存することになると批判している（Anderson 2008, p. 257）[9]。

以上の通り、アンダーソンは運の平等主義を功績感応的運の平等主義と責任感応的運の平等主義の二類型に分けて、それぞれにつき批判を展開するが、総じて運の平等主義一般に対し、それが自然による不正義とされるものを是正しようとする立場であるとする。そしてそのような立場は、正義の主題が人々の機会を形作る制度的な配置、つまり社会制度である点を看過しているとして批判するわけである（Anderson 1999a, p. 309）。

II　その意義と検討

1　運の平等主義批判の成否

以上、アンダーソンは既存の平等主義理論に対して「運の平等主義」という特徴付けをした上で、それらに対して多岐に亘る批判を展開しているが、個々の論者に対する功績感応的運の平等主義・責任感応的運の平等主義といった特徴付け[10]や、それらの論者に対する個別の批判内容[11]については、必ずしもそ

9　現にコーエンは、個人の選択の帰結に対する責任の適切な配分に際し、代替選択肢を選んだ際のコストが影響を及ぼすとしている（Cohen 2004, p. 21）。

10　ドゥオーキンの資源平等論を、彼女の言う責任感応的運の平等主義と同定した点については疑義を呈し得る。ドゥオーキン自身が自己の理論に対する運の平等主義としての特徴付けを否認している（Dworkin 2002, p. 107, Dworkin 2003, sec. 1）点を別としても（第3章II3参照）、前述のように責任感応的運の平等主義は、本人の自発的な分配的帰結が望ましいものであった場合には、その産物を保持する権利があるという立場にコミットするものである（I 2）。それに対して、ドゥオーキンの資源平等論はそのような権原理論に与するものではなく、本人の努力の産物であっても再分配のための課税の対象となり得るとしている（Dworkin 2003, pp. 191-192）。

11　アンダーソンはドゥオーキンの資源平等論を批判するに際し、彼の理論内容を正確に理解していない面がうかがわれる。彼女は、ドゥオーキンの仮想的保険市場によると、リスク選好を異にする人々の間で補償の有無について差別的取扱いが生じたり、容姿に主観的なコンプレックスを抱いている人に対して特別な補償を要請してしまったりすると言うが（Anderson 1999a, p. 303）、このような論難は、ドゥオーキンの仮想的保険市場が平均人の保険購買選択に基づいて補償の有無を決定するものであることを見落としている。彼女はドゥオーキンの仮想的保険市場につき、それに遭う可能性が極めて稀な――それゆえ人々が事前に合理的に、それに対して保険を掛けることが期待できないような――障害に対して、補償を基礎付けられなくなるとも言っている。

の全てが的を射たものというわけではない。

　第一に、彼女は功績感応的運の平等主義に対し、市場の効率性の要請と相容れないと批判するが、その論拠は必ずしも強力なものではない。既述のように、彼女はそのように論じるに際してハイエクの議論を援用しているが（13）、彼による市場の擁護論自体が相当に論争的な内容のものである。とりわけ、功績感応的運の平等主義が要請する分配状態が市場的競争を制限する規制ではなく、市場外での再分配措置によって目指されるのであれば、彼の言うような市場の価格シグナルの活用——それゆえ市場の効率性の要請——と両立可能であるという反論に晒されるだろう（井上達夫2015b、90頁）。

　またそもそも、ハイエクのこのような市場擁護論の前提には、人々が意図せずして、長い歴史を通じて自らの行動の結果として作り出してきた制度である「自生的秩序（spontaneous order）」の尊重と、そのような秩序からは独立に構想された「合理的な理性」なるものに基づいて、社会の諸制度を再設計しようとする態度への批判的問題意識とがある。したがって、功績感応的運の平等主義の立場を論駁するに当たってハイエク固有の議論に過度に依拠することは、社会におけるインフォーマルな文化的意味秩序に基づく差別実践の是正に関して、保守的な含意を持ってしまうように思われる[12]。

　　　しかし、ドゥオーキンの言う通り、仮想的保険市場が模倣する現実の医療保険は、個別の病気や障害ごとに補償の有無を逐一判断して担保範囲を決めるわけではない包括的なものである。当該障害が極めて稀なものであれば、保険によってカバーする費用もそれほどかからないだろう。したがって、それに対する補償も保険の範囲に含めることは不合理でないし、少なくとも稀であると言うだけで仮想的保険市場における担保範囲から直ちに排除されることにはならない（Dworkin 2002, pp. 115-116）。
　　　またアンダーソンは、ドゥオーキンの羨望テストを引き合いに出して、運の平等主義は再分配を、受給者の側の羨望感情と、施す側の憐れみ（pity）の感情とに基礎付けているとして論難するが（Anderson 1999a, pp. 306-307）、これもまたドゥオーキンの言う「羨望（envy）」があくまで規範的概念であり、ある個人が現実に他者の資源の束を羨んでいるという心理状態に訴えるものではないことに対する無理解に基づいている（Dworkin 2002, p. 117, n. 19）。誤解を生じさせる原因の一端は、複雑難解で他者による分析を拒むような理論装置を展開するドゥオーキンの側にもあるが、彼の理論に対する上のようなアンダーソンによる分析及び論難には勇み足の感があろう。

[12] ただしアンダーソンによる功績感応的運の平等主義に対する批判のうち、ローマーの理論に対する「人々をして政府が公定したメリットの基準に追従するべく仕向けさせることで、インセンティブ構造を歪めてしまう」という批判は、「人々に対し、現状の社会経済構造を維持・強化するような行動選択のインセンティブを付与してしまうおそれがある」という批判として再解釈する余地があると考える。このような「現状固定化」問題の克服との関連で、ローマーの理論を批判的に検討するものとして、森2017、192-195頁参照。

第二にアンダーソンは、運の平等主義者がいわゆる厳然たる不運の犠牲者への補償を基礎付けるに際し、それらの人々が内在的に他者よりも劣っているというようなスティグマ付与的な態度を発することになると述べているが（I3）、やや強過ぎる批判であるように思われる。というのも、運の平等主義が言う厳然たる不運には、身体や精神の障害といった本人の内的な特性における能力不足だけではなく、第4章Ⅱ6でコーエンの理論を検討した際に指摘したような制度的な厳然たる不運も含まれ得るからである。それゆえ、運の平等主義者が少なくともこのような制度的な厳然たる不運の犠牲者への補償を基礎付けるに当たっては、「彼らが他者よりも劣った存在である」という理由にしか依拠できないと考える必然性はなく、「彼らは能力において他者に劣らないにもかかわらず、本人が選んだわけでもない制度によって、他者よりも不利な立場にある。これはフェアではない。何とかしなければ」などといった、彼らへの平等な尊重の要請と両立するような態度を発していると解する余地も否定できないように思われる。

　第三に、アンダーソンは責任感応的運の平等主義に対し、選択の運と厳然たる運との区別は程度問題に過ぎないと批判しているが、彼女は選択の運と厳然たる運との原理的な区別可能性について、それほど本格的な議論を展開しているわけではない。したがって彼女の議論のみによって、両運の間の有意義な区別の可能性が否定されたと言えるかどうかは微妙であり[13]、結局のところ彼女

13　もっとも上のようなアンダーソン自身の議論とは別に、選択の運と厳然たる運との間の、運の平等主義者にとっての有意義な区別の可能性を否定しようとする議論はあり得る。例えばシェフラーは、本人の選択と、本人のコントロールの及ばない環境との区別が形而上学的な確固たる基礎付けを持たず、代替選択肢を選んだ際のコストなどの影響を受けるような程度問題に過ぎないのであれば、なぜ両者の区別に運の平等主義にとってそれほどの——すなわち、分配格差を是正するか否かの基準を画するほどの——根本的重要性が与えられるべきなのかが不明であるという疑問を投げかけている（Scheffler 2005, pp. 11-13. cf. Inoue 2016）。
　このようなシェフラーの議論に対しては、次のような応答が可能であるように思われる。すなわち、自身の根本原理を構成する重要概念が形而上学のような確固たる哲学的基礎付けを有しない点は、他の正義構想についても言えることであるから（後に筆者が擁護する、関係的平等主義に基づく平等主義的正義構想においても、例えばその根本原理を構成する「関係の対等性」の有無は、何らかの形而上学的真理に依拠して判定されるものではない）、運の平等主義に対してのみそのような確固たる形而上学的基礎付けを要求することは公正ではないという応答があり得る（森 2017、198頁注7）。
　ただし、上のシェフラーによる疑問は、「両者の区別に分配格差を是正するか否かの基準を画するほどの重要性がなぜ与えられるべきか」という言い方に示されるように、本人の選択に、必ずしも本人がコントロールできるわけでないようなコンテクストや意思形成能力が介在しているにもかかわらず、その選択の帰結としてのコストを本人のみに負わせる——本人

による一連の批判は、運の平等主義とされる諸理論を決定的に論駁するものにはなり得ていないと思われる[14]。

2 運の平等主義批判の意義

では彼女の一連の議論には何の意義も認められないのだろうか。そうではないと筆者は考える。私見によれば彼女による既存の平等主義理論に対する運の平等主義批判は、従来の平等主義理論が多かれ少なかれ共有するパラダイムに対して根本からの批判を加えようと試みたものとして、意義を認めることができると考える。すなわち、アンダーソンによる既存の平等主義理論に対する批判には、大きく次の二つの積極的意義をそこに見出すことができると考えられるのである。

(1) 分配的平等主義一般に対する批判的問題意識

第一に、彼女による運の平等主義批判は、その射程において運の平等主義として特徴付けられる一連の平等理論にとどまらず、およそ平等理念を第一義的に財や資源の格差なき配分状態によって同定しようとする「分配（基底）的平等主義（distributive egalitarianism）」一般に対して、批判を提起するものとし

---

14 が選択したという事実のみによって、分配格差を是正しないという結論を導く――のは過酷ではないかという問題提起としても理解することができる。本人の自発的選択の有無のみならず、本人の意思形成能力に影響を与える諸要因についての帰属的責任をも問題にする功績感応的運の平等主義の立場からは、それらの諸要因についての帰属的責任の程度に応じてその選択の帰結に対する責任を割り引くことができる――すなわち分配格差につき、本人のコントロールが及ばない程度に応じて補償すべきという結論を導くことができる――から問題はないという応答ができるだろう（cf. Knight 2009, p. 183）。それに対し、帰属的責任の根拠を本人の自発的選択の有無のみに求める責任感応的運の平等主義にとって、上のように理解されたシェフラーの問題提起は、責任感応的運の平等主義に対するアンダーソンによる第一の批判――すなわち、個人がリスクある自発的選択をした場合、その選択の帰結がいかなる抑圧的状況を招こうと、当の個人は社会の側に救済を求める権利を失ってしまうという批判――と同じ批判として利いてくることとなろう。

なお、アンダーソンが平等論の眼目を現実の政治運動の要求に定位させている点については、両義的な評価が可能であろう。既存の平等主義理論の議論内容が現実に生起する差別・抑圧実践に対応できないものとなっているとすれば、その潮流に対して批判的問題意識を抱くことは至極真っ当な対応である。しかし、現実の政治運動がそれに対して闘ってきたないしは現在も闘っている問題のみを、真正な平等の問題として承認し、それ以外の問題を矮小化することは、ややもすれば既に被抑圧集団としての公的承認を獲得した集団の政治的要求のみを救い上げ、集団の規模が小さいないしは政治運動を展開するだけの物的・人的資源及び動員力がないなどの理由から、未だ声を上げられずに公的承認を獲得していない被抑圧集団の差別・抑圧経験を、捨象・不可視化してしまうおそれもある。これは筆者が序章III 3 (2) で多文化主義や集団主義の立場に対して提起した問題でもあるが、この問題への対応については第 6 章 I 2 (3) で後述する。

て理解することができる。

　第6章Ⅰ2(1)で後述するように、アンダーソンは平等理念を主体間の相互行為における関係の対等性によって同定する「関係的平等主義（relational egalitarianism）」の立場に立つ。しばしば「運の平等主義」対「関係的平等主義」という対立図式が示されるが（齋藤2017、34頁）、このような対立図式の設定の仕方はあまり的確ではない。財の分配状態における格差をもたらす運の効果を中立化するという運の平等主義の立場は、財の配分状態を規制する指導理念たる分配的正義の一基準であって、それが答えている問いは、「財の配分状態における格差の有無と、主体間の相互行為における関係の（非）対称性との、いずれが平等理論にとって基底的な問題か」という問いとは次元を異にするからである[15]。

　もちろん運の平等主義にコミットする論者が同時に、平等の第一義的眼目を財の格差なき配分状態に求める分配的平等主義にコミットするということはあり得るし、おそらくほとんどはそうであろう。しかし、ドゥオーキンのように責任感応的な資源平等論を分配的正義の基準として採用しつつも、平等の第一義的眼目を「国家は全ての被治者を平等な配慮と尊重によって扱わなければならない」という抽象的平等原理に求めている、と解される立場も存在する（第3章Ⅱ5参照）。したがって、「分配的平等主義」対「関係的平等主義」というのが的確な対立図式である。

　アンダーソンは運の平等主義を、平等を分配パターンとして理解する「平等の分配的理論（distributive theory）」であると特徴付け、それに対して自らの積極的に擁護する民主的平等を、「財の分配それ自体のみならず、その中で財が分配される関係性に根本的に着目する」ような「平等の関係的理論（relational theory）」として特徴付けている（Anderson 1999a, pp. 313-314）。またアン

15　この点については、運の平等主義もまたより一般的な平等概念によって繋ぎ止められる余地があると論ずる、シェフラーが明確な理解を示している（Scheffler 2003, p. 31）。もっともシェフラー自身は、運の平等主義をそのようにより一般的な平等理念によって基礎付ける試みによって、かえって運の平等主義の魅力は減じられると論じている。また運の平等主義的な分配的正義を、非従属（non-subordination）、等しい行為主体性（equal agency）、結束性（solidarity）といった関係的理念によって基礎付ける試みとして、例えばMarkovits 2008がある。ただしそのような試みについて、アンダーソンは成功し得ないと論じている（Anderson 2008, sec. 6）。

ダーソンは運の平等主義のみならず、人々が何らかの福利基準において等しい境遇にあることがそれ自体として善いと主張するいわゆる「目的論的平等主義（telic egalitarianism）」（Parfit 2002 [1991], p. 84）に対しても、人々の間の相互行為が捨象されているため、平等論の歴史や平等を求める社会運動の規範的関心から離れており、平等についての政治的関心に無関連であるとして批判の矛先を向けている（Anderson 2012, pp. 54-55）。したがってアンダーソンの批判は、分配的平等主義一般に対して批判を提起するものとして理解すべきである。

このようなアンダーソンによる既存の平等主義理論に対する分配的平等主義批判は、アイリス・ヤング（Iris Young）による「分配パラダイム（distributive paradigm）」批判に照らして理解可能である。周知の通り、ヤングは主流派の正義理論に対して、それらがいずれも社会正義を、社会構成員間での利益と負担の適切な分配の問題として同定する分配パラダイムにコミットしていると特徴付ける（Young 1990, p. 16）。

彼女は主流派の正義理論としてロールズをまず念頭に置いているが[16]、そのような分配パラダイムにおいては諸個人間の財の分配状態の最終結果のパターンのみが志向され（Young 1990, p. 18）、そのような財の分配状態をもたらす背後の社会構造や制度を社会正義の観点から評価することができなくなってしまうとして批判する（Young 1990, p. 20）。またヤングは、資源などの物質的財以外の、権利・機会・自尊・権力についても、分配パラダイムにコミットする正義理論においては、それらをあたかも諸個人間での分配対象として扱う傾向がある点を指摘する。そしてそうすることは、本来は社会的関係やルールとして捉えるべきものを物象化してしまうとともに、社会正義の焦点を社会的プロセスから最終結果へと逸らしてしまうと言う（Young 1990, p. 25）。その上でヤングは、社会的正義の射程は財の分配の問題に第一義的焦点を当てるべきでなく、それよりも広い射程を有するべきであると論ずるのである（Young 1990, p. 33）。

アンダーソンもまた、権威（authority）や地位（standing）などといった、自らの関係的平等主義において主として焦点が当てられる対象につき、それらは

16　これに対してアンダーソンは、ロールズを関係的平等主義の論者として位置付けており（Anderson 2010a, p. 1）、ヤングの分配パラダイム批判がロールズに対して向けられる限りにおいては留保を付すと思われる。筆者も第1章Ⅱで前述したように、彼女の分配パラダイム批判はロールズに対して向けられる限りではあまり的を射たものではないと考える。

いずれも相互関係に言及するものであり、それらにおける平等は、財の平等分配のように、ある個人の有する量が他の個人の有する量や両者の社会的関係性とは論理的に独立に定まるものではないため、それらを等しい量で有しているという分配のタームで表現することは適切でないと論じる（Anderson 2012, pp. 41, 53）[17]。この点で、彼女はヤングと立場をほぼ同じくしていると言える。

第6章Ⅱ1で後述するように、アンダーソンは自らの民主的平等から批判される関係性としての抑圧概念をヤングに負っており、このこともまた、アンダーソンの問題意識に対するヤングの分配パラダイム批判の影響関係を傍証しよう。

(2) 誤承認の不正義の問題の可視化

第二に、彼女の従来の平等主義理論に対する批判は、財や資源の（再）分配という視点では必ずしも捕捉し切れないような、制度化された文化的意味秩序に基づくいわゆる「誤承認の不正義（injustice of misrecognition）」に対しても、平等の観点から捕捉する必要があることを問題提起するものとして理解することができる。

本章Ⅰ3で前述したように、アンダーソンは功績感応的運の平等主義につき、とりわけ社会集団ごとに適理的に期待できる行為についての異なる基準を設定しようとするローマーの提案に対し、賢慮的に振る舞える能力についての集団単位でのスティグマを与えてしまうと批判した。このことが示唆するのは、たとえ社会経済的に不利な立場にある人々に対する救済を意図した分配政策であったとしても、そのための方法によってはかえってその受給者をスティグマ化するような意味秩序を維持・強化・作出してしまい得るという事実である。

この問題は、ナンシー・フレイザー（Nancy Fraser）の提起した「再分配／承認の正義（justice of redistribution and recognition）」の問題枠組みに照らして、より良く理解することができる。周知の通りフレイザーは、資源や富の公正な分配といった経済的（再）分配を求める運動と、多数派による支配的な文化的規範への同化吸収に抵抗して差異に寛容な社会を求めるいわゆる「承認の政治

17 　したがってアンダーソンの関係的平等主義の立場に対して、例えば「全ての平等理論は、平等という、諸個人間の特定の関係性に関心を寄せているから、関係的である」（Barclay 2007, p. 200, n. 5）という類の反論をすることは的外れである。このような反論は関係的平等主義が着目する主体間の相互行為の契機を、端的に見落としているからである。

(politics of recognition)」(Taylor 1994) を求める運動とが、互いに乖離し合う冷戦後の「ポスト社会主義 (postsocialism)」としての時代状況において、正義は経済的（再）分配と（文化的）承認の両方を必要としているのだと主張した (Fraser 2003, pp. 8-9)。そしてフレイザーは、既存の承認の理論――典型的にはアクセル・ホネット (Axel Honneth) の承認論 (Honneth 1995) ――によって分配の問題を充分に包摂できないと同時に、現代英米圏において主流派を占める平等主義的な分配的正義理論によって、誤承認の不正義の問題に対し十全に対応することもできないと論じる (Fraser 2003, p. 34)[18]。

　その上でフレイザーは、（再）分配の正義と承認の正義を単一の規範的枠組みの下で統合するべく、「参加の平等 (parity of participation)」という独自の包括的正義理念を擁護するわけだが (Fraser 2003, pp. 35-36)[19]、ここでもう一つ重要なのは、このような包括的正義理念を現実世界において実施するに際しての公共政策の次元での議論である。

　「肯定的 (affirmative) 戦略」と「変革的 (transformative) 戦略」という、不正義を治癒する手法として彼女が挙げた二つの理念型については第6章Ⅲ3(1)で論じるが、あるべき公共政策の指針を論じる際に彼女の念頭にあった問題意識は、現代の社会においては人々の階級関係を規律する経済秩序と、人々の承認関係を規律する文化的意味秩序が相互に浸透しており (Fraser 1998, p. 39)、その結果として分配的不正義を是正しようとする公共政策と、誤承認の不正義を是正しようとする公共政策との間に実践的緊張関係が生じ得る (Fraser 1998, p. 47) というものである。すなわち、誤承認を正すための政策は、人々の経済的地位に不可避の影響を及ぼすと同時に、分配的不正義を正すための政策は、

---

18 | フレイザーはそこにロールズ、セン、ドゥオーキンの平等主義的分配的正義論を含めている (Fraser 2003, pp. 99-100, n. 34)。フレイザーは、これら分配的正義理論の論者は資源と法的権利の公正分配のみを志向しているところ、全ての誤承認が経済的不正義と法的差別によって生じているわけではないと論じる。そして、経済的不正義及び法的差別のみでは捉えられない誤承認の不正義を被っている例として、ウォール街の黒人銀行家が経済的には富裕であるにもかかわらず、人種的少数派に対する社会的偏見ゆえにタクシーの乗車拒否に遭ってしまう例を挙げている。ただしロビンズが正しく指摘する通り、フレイザーはそれらの分配的正義論が誤承認の問題に対処できるかどうかについて、立ち入った理論内在的な検討を施しているわけではない (Robeyns 2008, p. 179)。

19 | この「参加の平等」は、正義は全ての大人の社会構成員が、互いに対等者 (peers) として相互行為ができるような社会的配置を要請するというものであり、後に第6章Ⅰ1(1)で見るアンダーソンの民主的平等の内容と、機能的にほぼ等価である。

人々の承認秩序に不可避の影響を及ぼすため、ともに意図せざる効果として、誤承認を是正する過程で分配的不正義を強め得ると同時に、分配的不正義を是正する過程でスティグマ化などの誤承認の効果を強めてしまい得るということである（Fraser 1998, pp. 47-49, 51-53）。そしてそれに対処するためには、分配的不正義と誤承認の不正義を同時に是正し得るような公共政策の指針を提供できる規範理論・政治理論を構築することが必要であり、そのためには正義の射程を財の分配の問題に限定せず、承認の正義の視点をも包摂できるような正義理念を擁護する必要があるというのがフレイザーの議論の眼目である。

　アンダーソンは、自らの擁護する民主的平等が分配基底的な運の平等主義とは異なり、「その中で財が分配される関係性に根本的に着目する」ような「平等の関係的理論」であると述べた（II 2 (1)）。そのことの含意として彼女は、民主的平等が「平等な分配の要求と平等な承認の要求とを統合する必要」にも対応していると述べているが（Anderson 1999a, p. 314）、このような彼女の言明は、そのようなフレイザーの設定した議論文脈に照らしてみることで良く理解できる。

　「平等の関係的構想」は、1960年代以降、政治経済への関心から「文化・表象・言説」などの問題に焦点をシフトさせていった、人種・ジェンダー・セクシュアリティ・障害に基づく不平等の問題に貫通する「文化的アジェンダの論理を、分配的構想よりも的確に説明できる」（Anderson 2012, p. 52）とアンダーソンは述べている。このような言明もまた、彼女の既存の平等主義理論に対する批判（I 3・4）が、財の（再）分配という視点では捕捉し切れないような誤承認の問題に対しても、平等の観点から捕捉する必要性を提起しているという理解を傍証すると思われる。

3　その後の論争の展開

　以上、アンダーソンによる既存の平等主義理論に対する批判の積極的意義について考察した。次章では、第1部での分配的平等主義の正義構想の批判的検討から得られた示唆と、本章II 2で抽出したアンダーソン自身による既存の平等主義理論に対する批判の積極的意義に照らして、アンダーソン自身の積極的に擁護する民主的平等としての関係的平等主義の理論内容について検討を施す。

その上で、そこで得られた考察をもとに、彼女の民主的平等をベースにして、筆者自身の関係的平等主義に基づく正義構想を発展させていくという作業の運びとなる。

序章Ⅴ2（3）で記した通り、本書の目的は筆者自身の関係的平等主義に基づく平等主義的正義構想を擁護することにとどまり、運の平等主義の諸正義構想を積極的に論駁することは本書の射程外にある。本章で概観したアンダーソンによる運の平等主義批判は、運の平等主義の諸理論をことごとく論駁するものとまでは言えないということは既に確認したが（Ⅱ1）、そもそもそのような彼女の一連の批判の成否は、上のような射程を有する本書で敢行するプロジェクトの成否には、少なくとも直接的には影響を及ぼすものではない。

しかし本書に続く筆者自身のより包括的な正義論の試みとしては、筆者自身のコミットする関係的平等主義が擁護可能であることを示すにとどまらず、運の平等主義もそこに含まれる他の諸正義構想の論駁——ないしは少なくとも、それら他の諸正義構想に対する自らの正義構想の相対的優位を示す作業——が課題として待ち構えている。それゆえ、今後の課題として運の平等主義の諸正義構想を論駁するに当たっての道筋を確認しておくことは無駄な作業ではないと思われる。

したがって本章の最後に、アンダーソンによる一連の批判に対して運の平等主義の立場からいかなる応答が試みられているのか（Ⅱ3（1））、そのような応答に対してアンダーソンがどのような方向性で議論を展開しているのか（Ⅱ3（2））を簡単に確認した後、分配基底的（価値論基底的）な運の平等主義と、関係的平等主義に基づく正義構想との根本的対立点について若干程度敷衍したい。

（1）　運の平等主義によるアド・ホックな価値多元主義的応答

前述のように、アンダーソンは既存の運の平等主義理論に対して種々の観点——市場の効率性・スティグマ化・プライバシー侵害など——からの批判を展開した（Ⅰ3・4）。それらの中には的を射ているものとそうでないものとがあったわけだが（Ⅱ1）、実は多くの運の平等主義の論者はそれらの批判に対し、自らの運の平等主義を貫徹した場合にそのような不都合な帰結が生じ得るという点については譲歩している。そして、終局的に国家が採るべき公共政策の次元においては、自らの運の平等主義的正義原理の要請に対して、一定の修正を

かけるべきことを承認しているのである。

　例えばコーエンは、自らの運の平等主義的なアドバンテージへのアクセスの平等としての正義の原理は、現実世界の諸事実から解き放たれた「正義の根本原理（fundamental principles of justice）」に属しており、このような正義の根本原理は、現実世界の事実的諸制約や他の競合する諸価値との関係で、終局的に我々や国家は何をすべきかに関わる「統制ルール（rule of regulation）」とは概念的に区別されると述べる（Cohen 2003, p. 244, Cohen 2008, chap. 7）。そしてアンダーソンの運の平等主義への批判の多くは、正義の原理を現実世界で実施する際の統制ルールに向けられたものとしては理解できるものの、正義の根本原理は終局的な当為性を主張していないため、彼女の批判は正義の根本原理としての運の平等主義に対する批判としては必ずしも利いてこないと論じるわけである[20]。

　また、既に第4章Ⅱ5で記した通り、コーエンは自らの運の平等主義的に理解された正義の原理を諸価値の一つに過ぎないと述べている（Cohen 2003, p. 244）。それゆえ彼は、平等主義的な正義の原理の貫徹から不都合な帰結が要請される場合には、そのような要請は効率性や自由などの他の諸価値との関係で覆され得るという価値多元主義的応答に訴えるであろう（Cohen 1989, pp. 908-909）[21]。そしてこのような価値多元主義的応答はアーネソンを始め（Arneson 1997, p. 240）、その後のより洗練された運の平等主義者の多くがこぞって採る応答戦略でもある[22]。

　既にコーエンの平等主義的正義構想を検討する中で筆者は、このような価値多元主義的応答が、具体的場面における終局的当為を導出するに際して、諸原理間での比較衡量及び適用の優先順位の決定をアド・ホックな直観に委ねてし

20	ただしコーエンは、アンダーソンの運の平等主義批判が、単に現実世界でこのような原理を実施することの困難性・不都合性を主張するものではなく、そのような現実世界で実施困難な原理を正義の原理とすることの適格性そのものに対し疑義を呈するものとして理解し得る余地があるとも述べている（Cohen 2003, p. 244, n. 48）。
21	現にコーエンは自らの立場を、諸々の価値原理間の比較衡量を体系的に行う優先ルールを欠いた「根源的多元主義（radical pluralism）」に与していると自認している（Cohen 2008, pp. 4-5）。
22	Temkin 2002, p. 155, Knight 2009, chap. 6, Segall 2010, pp. 64-66. アンダーソンの批判に対して最先端の運の平等主義者が採る価値多元主義的応答については、広瀬 2014、42-46頁、井上彰 2015a、240-244頁などで詳述されている。

まい、規範的判断が過度に恣意的になるとして批判した（第4章Ⅱ5）。その意味で、不都合な帰結を避けるべくアド・ホックな価値多元主義的応答に訴えざるを得ないことは、コーエンらの運の平等主義の理論的な弱みであることは確かである。

しかし同時にこうした批判は、そのままではコーエンらのアド・ホックな価値多元主義的な運の平等主義を決定的に論駁するものたり得ないこともまた事実である。というのも、このような価値多元主義的応答は別段それ自体で内在的矛盾に陥っているわけでもなく、それによって我々の道徳的直観に反する帰結が終局的に要請されることを、一応は回避できているからである。したがって、規範的判断がより恣意的にならないような代替案が提示されない限り、このようなアド・ホックな価値多元主義の立場は、「相対的にマシ（lesser evil）」としての地位を享受できるのである（Cohen 2008, pp. 3-6）。

ロールズが直観主義——その内実は、道徳認識論としての直観主義というよりも優先ルールなき価値多元主義——を乗り越えるに当たって、正義原理間の優先ルールを積極的に擁護する挙証責任を引き受けざるを得なかったように（Rawls 1971, p. 41, 第1章Ⅰ3参照）、筆者もまたアド・ホックな価値多元主義的運の平等主義を積極的に斥けるに当たっては、より優れた代替案を提示しなければならない。そしてそのためには、ロールズの優先ルールのように、平等と、効率性・プライバシー・自由・自尊などの他の価値との関係性を具体的に明らかにするか、少なくとも運の平等主義批判との関係では、それら他の価値が正義の原理ないしは平等理念にとって、一定の内在的制約たり得ることを示すような正義概念論ないしメタ倫理的立場に訴えるか、いずれかの必要があるように思われる。

(2) 二人称的視点としての道徳

この点につき、アンダーソン自身は後者の道を選択している。すなわち彼女はスティーヴン・ダーウォル（Stephen Darwall）の道徳概念論[23]に依拠して、「我々が互いに負い合うもの」としての「道徳的権利（義務）」の部分集合（subset）をなす正義の主張は、一方の行為主体が他方の行為主体の行為ない

23　ダーウォルの道徳概念論としての「二人称的視点（second-person standpoint）」のアイデアは、Darwall 2006において展開されている。

し意志に対して、自らの利益に対して正当な関心を払うように要求（demand）ないしは請求する（claim）という形で問責する、「二人称的（second-person）な」正当化実践に、必然的にコミットしていると言うのである（Anderson 2008, p. 251, Anderson 2010a, p. 4）。

　正義の主張がこのような二人称的性格を有することの要請[24]として、少なくとも[25]問責されるところの行為主体——正義主張の場合、多くは制度を運営する公務員——が、そのような要求ないし請求に応えるべく行動する、すなわち公共政策を実施するための権限（authority）ないし能力（capacity）を備えていることが前提となる。そして、功績感応的運の平等主義が志向するように、諸個人の内的徳性に応じて報償するためには、それについての諸個人の情報を収集しなければならないところ、国家にはそのような能力がないために、それができなかったとしても問責され得ない。しかも、人々は市場の効率性やプライバシーの保護、尊厳の尊重などに共通の利益を見出しているため、そのような利益を大きく犠牲にしてでも、功績に応じた分配パターンを実現するための公共政策を実現する権限を、国家に移譲しようとは理性的には考えない。

　したがって、正義の主張の構造的要請そのものから、運の平等主義——少なくとも、コーエンやアーネソンがコミットしているとされる功績感応的運の平等主義——を、正義の原理としては棄却する理由があると論じる（Anderson 2008, pp. 251-253）。二人称的正当化という、我々が互いに負い合うものとしての道徳の部分集合としての正義についての概念的主張に依拠することで、効率性・プライバシー・自由・自尊などの諸価値が、正義の原理にとっての内在的制約たり得ることを論証し、運の平等主義者によるアド・ホックな価値多元主義的応答を封じようとするわけである。

　もちろんこのようなアンダーソンによる論証の成否は、彼女の依拠する「二人称的視点にコミットしたものとしての道徳」という、ダーウォルの道徳概念

---

[24] ただしここで言う「要請」とは、論理必然的要請という意味にとどまらず、遂行的行為としての適切性や、行為主体性の尊重といったものまでも要求する、より強い意味での「要請」が含意されている。このような要請をダーウォルは、二人称的行為理由が存在し、それが成功裡に発信され得るための「規範的適切性条件（normative felicity conditions）」（Darwall 2006, p. 4）と呼び表している。

[25] 他の概念的要請については、Anderson 2010a, p. 5 を参照されたい。

論の成否に依存する。ダーウォルのこのような二人称的視点に立脚した道徳概念論は、相当に論争的な概念的主張であり、その成否について判断するためにはなおも立ち入った検討を要する[26][27]。いずれにせよここで確認すべき点は、アンダーソンらによる批判以降、運の平等主義の諸理論は概念的精緻化と洗練化を極め、もはや両陣営間の根本的対立点は、正義概念論ないしはメタ倫理のレヴェルに据え置かれているということである[28]。

したがって、関係的平等主義に基づく正義構想の立場から、運の平等主義の諸正義構想への積極的論駁を試み、後者に対する前者の相対的優位を論証するためには、このような正義概念論ないしはメタ倫理のレヴェルにおける議論に立ち入る必要があるということである。しかしそのような試みを敢行することは本書の射程を超えるものである上に、現時点での筆者自身の能力を超えている。今後の課題として、別の機会に委ねたい。

---

[26] ダーウォルの二人称的視点への批判として、Korsgaard 2007, Wallace 2007, Watson 2007 がある。それらへの応答として、Darwall 2007 参照。

[27] またそもそも、効率性・プライバシー・自由・自尊などの価値が、正義や平等にとっての内在的制約たり得ることを示すに当たって、上のダーウォルの立場に依拠することが唯一の選択肢というわけではない。他の可能性として、ドゥオーキンの道徳方法論に倣って、平等・効率性・自由・自尊などの諸価値が互いに両立する形で支え合っていることを示すような、「価値の統一性（the unity of value）」（Dworkin 2011, p. 1）に訴えるという道があり得よう。そうすることで、例えば効率性や自尊を犠牲にするような帰結が運の平等主義的に解釈された平等構想から要請された場合、そのような平等構想は、他の価値との関係で最善の光に照らして解釈されていないとして批判することが可能かもしれない。あるいは井上達夫の正義概念論に倣って、当事者の個体的同一性に究極的に依拠する正当化理由に基づく差別化の排除をその内容とする普遍主義的正義概念の根本含意としての「反転可能性（reversibility）」の要請（井上達夫 2003、23 頁）――ないしは「反転可能性」テスト（井上達夫 2015b、22 頁）――に訴えるという道もあり得る。そうすることで同様に、効率性や自尊を犠牲にするような運の平等主義の構想に対し、自分がそのようなコストを負わずに済む場合には受容できても、そのようなコストを負う立場に自分が置かれたら受容できないなどとして、批判することが可能かもしれない（cf. 井上達夫 2017、152-159 頁）。これらの可能性についても今後併せて検討したい。

[28] アンダーソン自身、運の平等主義と関係的平等主義との根本的対立点は、正義の原理の正当化を行為主体中立的な「三人称的視点（third-person standpoint）」から行うか、行為主体相関的な「二人称的視点（second-person standpoint）」から行うかといった、メタレヴェルでの相違に求められると述べており、そのような認識を現に示すに至っている（Anderson 2010a, pp. 2-3）。これに対し、「三人称的視点から正当化される運の平等主義」と「二人称的視点から正当化される関係的平等主義」という区分を相対化するものとして、井上彰 2017a、38-40 頁参照。

第6章 アンダーソンの関係的平等主義の検討とその洗練化

　本章ではいよいよ、アンダーソンの民主的平等をベースにして、筆者自身の関係的平等主義に基づく正義構想を擁護・発展させる作業に取り掛かる。

　具体的にはまず、アンダーソンの関係的平等主義に基づく正義構想である民主的平等の内容を概観し（Ⅰ1）、その積極的意義を、第1部での分配的平等主義の正義構想の批判的検討から得られた示唆と、前章で抽出したアンダーソン自身による既存の平等主義理論に対する批判の積極的意義に照らして評価する（Ⅰ2）。次に、アンダーソンの民主的平等においてなおも詰めるべき点として評価し得る、彼女の立場から批判・改革の対象とされるべき、不正義の具体的態様と生成構造の分析及びその類型化を試みる（Ⅱ）。さらに、これもまたアンダーソンの民主的平等構想においてはなおも詰めるべき点として評価し得る、上のような不正義の相互行為の次元における態様や生成構造に応じた適切な治癒策（remedy）として、公共政策が備えるべき一般的指針を提示する作業を試みる（Ⅲ）。

Ⅰ　アンダーソンの「民主的平等」とその検討

　本章Ⅰではまず、アンダーソンの関係的平等主義に基づく正義構想である民主的平等の内容を概観する（Ⅰ1）。その上でその積極的意義を、第1部での分配的平等主義の正義構想の批判的検討から得られた示唆と、前章で抽出したアンダーソン自身による既存の平等主義理論に対する批判の積極的意義に照らして評価するとともに、若干の批判的指摘となおも具体的に発展させるべき課題の所在を指摘する（Ⅰ2）。

1 アンダーソンの「民主的平等」の内容

(1) 平等の眼目は何か？

アンダーソンは「平等の眼目（the point of equality）」について、平等主義的な政治運動が歴史的に目指してきたもの、すなわち彼らが反対してきた反平等主義的制度に焦点を当てて捉えようとする。そしてそれは、人間をその内在的価値によって序列付ける「階層（hierarchy）」であるとアンダーソンは言う。不平等とは、上位の者と下位の者とからなる関係性であり、「抑圧（oppression）」こそが平等を求める政治運動が揃って標的としていた不平等であるというわけである（Anderson 1999a, p. 312）。

そして、平等主義的な政治運動は人格の等しい道徳的価値を主張してきたとアンダーソンは言う。すなわち消極的には、家柄・世襲の社会的身分・人種・民族・ジェンダー・遺伝子などの、生まれや社会的アイデンティティに基づく道徳的価値の序列に反対し、積極的には、全ての道徳的能力を備えた大人は等しく道徳的行為主体である——道徳的責任を発展させ行使したり、正義の原理に従って他者と協同したり、善の構想を形成し実現したりする能力を等しく[1]備えている——と主張するというわけである[2]。そして平等主義者は社会的・政治的平等を、このような普遍的な道徳的平等に基礎付けており、消極的には、平等主義者は抑圧を除去することを目指しており、積極的には、諸個人が対等な関係で対峙するような社会秩序を目指している、つまり民主的共同体[3]で共生することを目指しているとアンダーソンは言うのである（Anderson 1999a, p.

---

1 アンダーソンは「等しく（equally）」と記しているが、徳の高い人もいれば低い人もおり、合理的計算能力の高い人もいれば低い人もいるため、むしろ「誰もが一定の閾値まで備えている」というべきだろう。このような道徳的能力を一定の閾値まで備えていることを、平等な尊重の道徳的基礎とする立場として、例えば Carter 2011, pp. 550-560 参照。ただし、イアン・カーター（Ian Carter）によるこのような「あいまいな尊重（opacity respect）」に訴える議論に対しては批判も存在する（井上彰 2014a、178-179 頁）。
2 このような道徳的人格の観念を、アンダーソンは第1章Ⅰ4で前述したロールズに負っている（Rawls 1980, p. 525）。
3 アンダーソンは「デモクラシー（democracy）」を、対等者の間における開かれた討論によって、全員が受容可能なルールに従って集合的決定をなすことと理解している。そして討論において対等であることは、討論に参加する資格が与えられるとともに、他の人が参加者を尊重してその話を聴き、その人の議論にきちんと応答する責務を認識しており、誰もが自分の主張を聴いてもらうために遜る必要のないことを意味すると述べている（Anderson 1999a, p. 313）。このようなアンダーソンのデモクラシー理解は、後に彼女の不正義への治癒策としての「統合（integration）」の擁護に繋がってくる（Ⅲ2 (2) 参照）。

313)。

(2) 民主的平等と潜在能力アプローチ

以上が彼女の関係的平等主義に基づく正義構想である「民主的平等（democratic equality）」の基本理念であるが、このような民主的平等の立場からは、全ての人に「自由（freedom）」を保障することが要請される。そしてそこで言う自由は、潜在能力として理解すべきであると言う。平等主義者は全員に潜在能力としての自由の平等を求めるべきと言うのである（Anderson 1999a, p. 316）。そしていかなる潜在能力を社会が平等に保障する責務を有するかにつき、アンダーソンは先の平等主義の消極的・積極的目的に立ち返る。それらの目的に対応して、消極的には、人々は抑圧的な社会的関係に陥ることを回避するのに必要な潜在能力への権利が保障され、積極的には、民主国家の対等な市民として機能するのに必要な潜在能力への権利が保障されるとしているのである。

この内で後者の対等な市民として機能するのに必要な潜在能力に着目すると、まず「市民（citizen）」としての地位は、投票したり、政治的表現をしたり、政府に請願したりといった政治的主体としての機能のみならず、市民社会に対等者として参加する機能にも関わる。そしてここで言う「市民社会（civil society）」とは、一般公衆に開かれており、法の運用に携わる官僚機構の一部でないような社会生活の領域を指す[4]。したがって、対等な市民として機能するための潜在能力は、政治的権利を実効的に行使する能力のみならず、経済活動も含めた市民社会一般における様々な活動に参加する能力にも関わるが、そのような対等な市民として機能するためには、「人間（human being）」として機能することが前提となる。そのためアンダーソンは、対等な市民としての機能を考察するに当たって、個人の機能を、①人間としての機能、②協同生産枠組みの参加者としての機能、③民主国家の市民としての機能という三つに分けてその内容を敷衍する。

4 | 市民社会の領域に含まれる具体例としてアンダーソンは、公道や公園、公会堂といった、いわゆる「パブリック・フォーラム（public forum）」のみならず、レストランや販売店、ショッピング・モール、劇場、公共交通機関などの「パブリック・アコモデーション（public accomodation）」、報道や電話、インターネット、図書館、病院、学校、NPOなども含まれると述べている。また、市場における生産に従事する企業も、一般公衆としての顧客に製品を販売し、一般公衆から被用者を募っている点で、市民社会の一部を構成するとしている。そして家族や交友関係、教会、私的クラブなどの私的生活の領域は、市民社会には含まれないと言う（Anderson 1999a, p. 317, Anderson 2010b, p. 94）。

第一の人間として機能するためには、食料・シェルター・衣服・医療といった生物学的な生を存続させるのに必要な手段、自己の状況や選択肢についての知識や、目的や手段について熟慮する能力、自分一人で考えて判断するに当たっての自信や思想・移動の自由などの自立のための心理的条件といった、行為主体性を発揮するための基礎的条件への効果的なアクセスが要請されると言う。

　次に協同生産枠組みの等しい参加者として機能するためには、生産手段や能力開発のための教育への実効的なアクセス、職業選択の自由、他者と契約を締結する権利、労働の公正な対価を受け取る権利、生産における貢献を他者から承認されることが要請されると言う。

　さらに市民として機能するためには、表現の自由や選挙権といった政治参加の権利、結社の自由や、パブリック・フォーラムやパブリック・アコモデーション、公共通信手段への効果的なアクセス、恥をかくことなく公共空間に出られるといった他者から受容されるための社会的条件などの、市民社会における財や他者との関係構築のための実効的なアクセスが要請されると言う。とりわけ市民社会において他者と関係を形成するためには、他者からの監視や干渉からの保護が必要なことから、私的領域への効果的なアクセスも要請されるとも言う（Anderson 1999a, pp. 317-318）。

(3)　潜在能力の充分主義

　以上のようにアンダーソンの民主的平等は、抑圧的関係に陥ることなく、民主国家における対等な市民として機能するために必要な潜在能力を保障するという意味での潜在能力アプローチに立脚する。こうした立場において注目すべき点として第一に挙げられることは、諸市民に対して現実の機能そのものを達成させるのではなく、そのような機能の水準に達するための実効的なアクセスである潜在能力を保障するということである。すなわち諸市民に対し、既に自らの手の内にある手段を用いて、そういった機能に達することができるようにすることにとどまり、当人が努力することなく、無条件にその機能を保障するというわけではないということである（Anderson 1999a, p. 318）[5]。

---

[5] ただし例外として子供については、自分で選択するだけの自律的能力を欠いており、しかも子供が達成する現実の機能の水準は、大人になった際の潜在能力に対して甚大な影響を及ぼし得るため、潜在能力ではなく機能そのものの達成が要請される（Anderson 2010c, p. 84, Anderson 1999a, p. 331, n. 97）。

第二に着目すべきは、民主的平等から要請されるのは「等しい」水準の機能への効果的アクセスではなく、社会において対等者として相互行為をするのに「充分な」水準の機能への効果的アクセスであるということである。このような充分主義の立場は私的所有の対象となる物質的資源の分配においても妥当し、全員に他者からの抑圧を回避するのに充分な資源、諸市民に市民社会において対等者として機能するのに充分な資源への実効的なアクセスを保障することが要請される（Anderson 1999a, p. 320）。

　何が「充分」かはその社会の文化的規範や自然環境、個人の状況に依存するが、生存のための最小限度では足りず、例えば従属的関係に陥らないための個人の経済的独立に充分な程度の財産、当の社会の文化的規範に照らして恥をかくことなく公共空間に出るのに必要な衣服を購入するのに足りる程度の収入などが要請されると言う（Anderson 2008, pp. 265-266, Anderson 2010b, p. 18）。とりわけ障害の有無といった個人の状況は、対等者として機能するのに必要な資源の量（資源の機能への転換率）に影響を及ぼすため、例えば足の不自由な人々には、移動するのに充分な機能を達成するために車椅子などの支給が特別に要請されると言うのである（Anderson 1999a, p. 320, Anderson 2008, p. 254, n. 25）[6][7]。

　したがって、民主的平等の立場からは充分主義が原則となるが、諸市民の民主社会における対等関係という民主的平等の基本理念との関係で例外もある。民主的平等の基本理念は、財の分配の正義の基準としては、「財の分配の不平等は、不正義な社会的関係を体現しているか、人々の間の不正義な関係性（相互行為）によって生じたものか、そのような不正義な関係性を生じさせるものである場合には、正義に適っていない」（Anderson 2010b, p. 18）という一般的指針を示す[8]。そして基本的自由や投票権などの不均等な分配は、それ自体で市

---

[6] 私的所有の対象となる物質的資源とは別に、車椅子で移動しなければならない人々に対しては、公共生活への参加の機会から排除されないようにするために、公道や建物、公共交通機関などにおけるバリアフリー施設といった公共財への権利が特別に保障されると言う（Anderson 2010b, p. 18）。

[7] むろんそのような選別主義的な分配政策によって、傷病者や障害者に対するスティグマが一定程度生じる可能性も完全には否定できない。この点についての筆者の応答は、第10章Ⅱ 4 (2)において社会保障の領域における具体的制度構想――とりわけ社会保障の現物給付――へと敷衍する際に後述する。

[8] 先の物質的資源の充分主義は、資源分配が「人々の間の不正義な関係性を生じさせ」ないようにするべく要請されるものと理解できる。また、財の分配の不平等が「人々の間の不正義な関係性（相互行為）によって生じた」場合は、財の分配状態そのものではなく、このよう

民の間の不正義な社会的関係を体現していると理解されるため、それらについては等しい分配が要請されるとする（Anderson 1999a, p. 318, Anderson 2010b, p. 18）。

物質的資源の配分についても、その不均等な分配状態が、自尊の社会的基盤や選挙への影響力の差異といった社会的地位の不平等に転換されやすい場合には、不正義な関係性を生じさせ得るそのような不均等な分配状態を是正することが要請され得るという（Anderson 1999a, p. 326. cf. Walzer 1983, p. 22）[9]。また、アンダーソン自身は特に述べていないが、民主的平等からの当然の帰結として、対等者の間における開かれた討論及び全員が受容可能なルールに従った民主的決定によって、分配格差是正のための政策を施行することは、許容されると考えられる。

公職へのアクセスや、公職でなくても、権力や責任を伴う職業・社会的地位をめぐって競争するために必要な能力を開発するための教育への機会についても、他者からの抑圧を回避するのに充分な水準では足りず、諸市民に対して公正に保障することが要請される[10]。特定の集団に対してそのような公正な機会

9　な関係性こそが「不正義」と評価される――それゆえ是正の対象となる――と考えられるため、この部分の条件節は厳密には不要かと思われる。
　　逆に言えば、そのような分配状態の不均等が政治的影響力や自尊の社会的基盤といった社会的地位の不平等に波及しないような制度的工夫がされていれば、そのような分配状態の不均等を是正する必要がないということになる。この点に関してスキャンロンは、経済的格差そのものが貧困層の人々の自尊の社会的基盤を掘り崩す可能性（彼が言うところの「地位の不平等（status inequality）」を招来する可能性）については、市民は自分と境遇を同じくするような集団（ロールズの言う「相互の比較が問題にならない諸集団（non-comparing groups）」に自己同一化し、異なる集団間での境遇の差によっては引け目を感じない――それゆえ庶民や貧困層の人々は、自分たちとあまりにも境遇のかけ離れた資産家たちとの比較によっては、劣等感を感じない――傾向にあるため、あまり問題にならないとしている（Scanlon 2018, p. 37. cf. Scanlon 2003 [1996], p. 217, Rawls 1971, pp. 441-442, 536-537）。それに対して、経済的格差と政治的影響力の不平等との関係については、一握りの富裕層や大企業が新聞やテレビ放送などのメディアを牛耳ることで、情報を統制し、諸市民間の政治的自由の価値を損ねてしまうため、経済的格差が政治的影響力の不平等に波及しないようにすることは困難であるとしている（Scanlon 2018, pp. 90-91）。
　　上のスキャンロンの主張が正しいかどうかについて、筆者は判断を保留するが、いずれにせよ物質的資源の不均等な分配状態が自尊の社会的基盤や政治的影響力の不平等に波及することを、制度的工夫によって防げるかどうかは、当該社会に偶有的な要因に依存する部分が多いと思われるため、民主的平等の立場からそのような不均等な分配状態を是正することが要請されるかどうかも、そういった当該社会に偶有的な要因に照らして判断されることとなろう。

10　教育への公正な機会についても、物質的資源の不均等な分配状態によって影響を受け得る。とりわけ富裕層の人々が、庶民や貧困層の人々よりも、その子に対して小さい頃から英才教育を受けさせることができるとしたら、高等教育機関における公正な機会均等が脅かされるのではないか、という懸念が切実なものとなろう。ただしこのような問題に対しては、庶民

が否定されている社会は、「ある種のカースト的、貴族的社会」となり、人々の間の不正義な社会的関係を生じさせてしまうからである（Anderson 2010b, pp. 18-19, Anderson 2010c, p. 84）。したがって、民主的平等からは充分主義が原則となるが、それがコミットする基本理念から導かれる指針との関係で例外もあり得るということである。

　第三に注目すべき点は、民主的平等の立場からは社会において対等者として機能するのに充分な水準の潜在能力が、諸個人の全生涯を通じて保障されるということである（Anderson 1999a, p. 319）。しかもそうした充分な水準の潜在能力への権利を、権利保持者の尊厳を尊重するべしという道徳共同体における他者の責務に基礎付けて、不可譲とすることで、そのような諸個人の潜在能力の生涯に亘る保障を、パターナリスティックな理由に基づかずに正当化することができるという（第5章Ⅰ4参照）。

(4)　合同生産のシステムとしての経済

　以上がアンダーソンの民主的平等の内容であるが、彼女の民主的平等においては経済を、「合同生産（joint production）」のシステム、すなわち「あらゆる生産物を、全員の協働によって合同で生み出されたものとして見る」システムとして想定している。各々の労働者の労働能力は、食料・教育・親業といったシステム内の他の人々の生産したものや、娯楽産業に従事する労働者の存在にも依存する。それゆえ特定の職業に従事する労働者の生産性は、自身の努力のみならず、分業構造の中で別の役割を果たす他者の存在にも依存していると言うのである。効率的な分業構造の中で自らの役割を果たすことで、各々の労働者は、自らの生産物を消費する人々や、その労働者が果たす役割から解放されることでより生産的な活動に能力を傾注できる人々の「代理人（agent）」として、理解することができると言うわけである（Anderson 1999a, pp. 321-322）。

　このように経済を協同的な投企と見なすことでアンダーソンは、第4章Ⅰ6(1)で述べたコーエンの正当化の共同体における間主観性テストに依拠して、

> や貧困層の家庭の子であってもアクセス可能な、公立の初等中等教育機関の教育水準を充実させることや、高等教育機関の入試において、富裕層の家庭の子に明らかに有利になってしまうような——なおかつ、入学者の適性を測ることに必要でないような——要素を考慮することを禁止するなどして、対処することができるように思われる（cf. Scanlon 2018, pp. 69-70）。

「ある政策を正当化するために提供されるあらゆる理由は、経済に労働者ないしは消費者として参加している人々の間で、誰によって誰に対して発せられているかにかかわらず、正当化に供することができるものでなければならない」という基準を立てる。分業及び分業構造内における特定の役割遂行に対し、特定の利益を割当てる原理は、上のような意味で全員にとって受容可能でなければならないということである（Anderson 1999a, p. 322）。

そして、こうした協同による合同生産のシステムとしての経済内における間主観的正当化のテストに依拠することで、生命や身体に危険を伴い得る職業に従事することを自発的に選択した者、一定以上の頻度での自然災害が見込まれるような地域に自発的に居住することを選択した者、家事や育児などの無償ケア労働に従事することを自発的に選択した者などの、社会全体にとって必要かつ有用な自発的選択をした者が、抑圧的関係に陥らないような制度的保障を正当化できると、アンダーソンは論じるわけである（Anderson 1999a, pp. 322-325）。

2 その評価と検討
(1) 運の平等主義批判の積極的意義との比較

第5章II2で検討したアンダーソンによる運の平等主義批判の積極的意義に照らして、彼女の民主的平等の内容を検討してみよう。まず彼女の民主的平等は、社会的に作られた抑圧の除去を目的としていると言う（Anderson 1999a, p. 313）。彼女は運の平等主義一般に対して、それが自然による不正義とされるものを是正しようとする立場であるとし、正義の主題が社会制度である点を看過しているとして批判したが（第5章I4）、この点で彼女の民主的平等の立場は、自らの運の平等主義批判に照らして一貫していると評価できる。

また、彼女の民主的平等は「二人の人間が、互いの行為をもう一方にとっても受容可能な原理によって正当化する責務を受容し、相互に協議し、報い合い、承認することを当然視している場合には、対等者と見なす」という、平等の「関係的理論（relational theory）」である点で[11]、平等を第一義的には分配パタ

11　この点、このような「二人の人間が、互いの行為をもう一方にとっても受容可能な原理によって正当化する責務を受容」するという規範内容は、当事者の個体的同一性に究極的に依拠する正当化理由に基づく差別化の排除をその内容とする普遍主義的正義概念の根本含意としての「反転可能性（reversibility）」の要請（井上達夫 2003、23頁）——ないしは「反転可能

ーンの問題と考える運の平等主義と対比される。運の平等主義のほとんどが分配(基底)的平等主義であるのに対し、民主的平等は関係的平等主義の正義構想であるということである。

　民主的平等が関係的平等主義であり、平等の関心が財の分配問題を超えることの含意として、民主的平等は「平等な分配の要求と平等な承認の要求とを統合する必要」にも対応しているとアンダーソンは述べる(Anderson 1999a, p. 314)。第5章Ⅰ3で見た通り、アンダーソンは運の平等主義に対してスティグマ批判を展開した。彼女の民主的平等は、正義の射程を財の分配の問題に限定せず、承認の正義の視点をも包摂できるような正義理念を擁護することで、分配的不正義を是正しようとする公共政策と、誤承認の不正義を是正しようとする公共政策との間で生じる実践的緊張関係にも対処し得るものとなっているということである。

　さらに、彼女の民主的平等は、社会において対等者として機能するのに充分な水準の潜在能力を、パターナリスティックな理由に基づかずに[12]諸個人に対して全生涯を通じて保障するものとなっている。またそれは、経済を「合同生産(joint production)」のシステムと想定することで、自発的選択、とりわけ社会全体にとって必要かつ有用な自発的選択をした者が抑圧的関係に陥らないような——抑圧状態に陥ることを看過しないような——制度的保障を正当化することができる。それゆえ自らのなした運の平等主義批判(第5章Ⅰ4)にも対応できるような正義構想となっているのである。

> 性」テスト(井上達夫 2015b、22頁)——のそれであって、関係的理論固有のものではないと言われるかもしれない。しかし、筆者自身はこのような「反転可能性」テストと関係的理論との間には強い内的結合関係があると考えている。「自分の視点を特権化」せず、「他者の視点からも拒絶できないような理由によって、自分の他者に対する行動や要求がジャスティファイできるかどうかを吟味する」諸行為主体の精神態度や、「他者が反転可能性テストを自らに適用しないならば、その他者の視点を尊重する必要はない」(井上達夫 2015b、24頁)という行為主体間の相互性(reciprocity)への「反転可能性」テストのコミットメントは、「天は人の上に人をつくらず、人の下に人をつくらず」という平等観とともに、主体間の相互行為の次元における対等関係性へのコミットメントが前提にあって、初めて理解可能なものと思われるからである。したがって上のような事情はむしろ、アンダーソンが自己の関係的理論にそれとは無関係な要素を密輸入しているのではなく、彼女及び筆者がコミットする関係的平等主義に基づく平等主義的正義構想が、正義概念の普遍主義的要請及びその根本含意たる「反転可能性」の要請を、最善の形で体現した正義構想たり得ていることを示すものと思われる。
>
> [12] ただし彼女のパターナリズム批判がどこまで重要で、彼女自身の応答が果たしてパターナリズムを回避し得ているかどうかはなお検討を要するかもしれない。

(2) 第1部から得られた示唆との比較

次に、第1部で検討した分配的平等主義の正義構想の批判的検討から得られた示唆に照らして、彼女の民主的平等の内容を検討してみよう。

まず彼女がいわゆる「指標問題」において、潜在能力アプローチを採用していることの意義である。第1部におけるロールズとドゥオーキンの検討で見た通り、資源アプローチには文化的意味秩序に起因する誤承認の不正義への対応、それに加えて、資源を機能ないし自由に転換することに困難を有する障害者への対応において難があることが分かった（第1章Ⅱ2、第3章Ⅱ）。

アンダーソンは、「個人の潜在能力は、個人の［変更可能な］特性や、個人の有する分割可能な資源のみならず、個人の変更不可能な特性、社会関係及び規範、機会の構造、公共財、公共空間の関数でもあ」り、潜在能力アプローチの利点の一つは、「資源や他の分割可能な財の分配以外の事柄においても不正義を分析できる」ことであると述べている（Anderson 1999a, p. 319）。また、先に障害者への対応で見た通り（Ⅰ1(3)）、潜在能力アプローチは障害者のニーズに合わせた物質的資源の分割をも正当化し得る（Anderson 1999a, p. 320）。指標問題において潜在能力アプローチを採用することで、アンダーソンの民主的平等はロールズやドゥオーキンのような資源アプローチの難点を克服し、誤承認の不正義と障害者の問題に適切に対応できるようになっているのである[13]。

さらにアンダーソン自身の潜在能力アプローチは、正義の観点から保障が要請される潜在能力の具体的内容を、抑圧の除去と民主社会における市民としての対等関係という基本理念に照らして同定している（Ⅰ1(2)）。センの潜在能力アプローチが正義の観点からレレヴァントな潜在能力の同定基準を未決問題としており（Anderson 1999a, p. 316）、それゆえ平等理論としての曖昧さを抱えて

---

[13] 潜在能力アプローチが、資源などの分割可能な財の分配以外の事柄においても不正義を分析できるとするならば、狭義の分配的正義を超えた射程を持つ規範理念ということになるのだろうか。アンダーソン自身はそのように考えていると思われる。もしそうだとすれば次に、潜在能力アプローチがそのような広い射程を持ち得るならば、分配的正義とは別に承認の正義という異なる正義の領域を設ける必要がなくなるのではと問われるだろう。筆者自身の関係平等主義において、潜在能力アプローチの射程を狭義の分配的正義に限定するか否かについてはひとまず未決とする。しかし、潜在能力アプローチの射程を狭義の分配的正義を超えたものとしても、国家による法的差別の禁止のように、潜在能力アプローチのみからは一義的な規範的指針が出てこない正義の領域も認めていることから、なおも正義や平等の問題関心のうちに、分配的正義以外の正義の領域を認める意義があると考える。

いること、さらには潜在能力の同定を民主的プロセスに一任するというセンの対応に問題があることや、平等や正義の原理の規律主体についての人間観を欠いていることは第2章で指摘した通りである（第2章Ⅱ2・3）。後述のようにアンダーソンは、平等や正義の原理によって規律される主体として、自律的な合理的行為主体及びそこから派生する能動的市民にコミットしている。このような人間観に依拠することで、正義の観点からレレヴァントな潜在能力の同定に当たっての規範的指針を擁護することによって、彼女自身の潜在能力アプローチはセンのそれが抱える困難を克服していると評価できる。

また、詳しくは第8章Ⅳで後述するように、彼女の潜在能力アプローチで同定される機能——すなわち人間としての機能と協同生産枠組みへの参加者としての機能——は、関係性の平等を規制理念としていることから、他者との関係で相互に抑圧的な関係に陥らないという自由に関わっている。井上達夫の言葉を借りるなら、それは「個人の自律と他律を、社会的結合からの独立とそれへの依存としてではなく」、「自律を可能にする社会的結合様式と他律的結合様式と［を］対比」（井上達夫1986、186頁）しているのである。したがって、自由を他者との関係性の契機を捨象した単なる分配対象として考えているわけではなく、センの潜在能力アプローチに対してしばしば向けられる「自由の自己力能化」批判（井上達夫2004、76頁）をも回避し得ていると考えられる。

次に「水準問題」であるが、前述の通り彼女の民主的平等は、社会的対等関係性という基本理念との関係で、原則として充分主義を採用している（Ⅰ1(3)）。したがって、平等を第一義的に格差なき配分状態の問題と捉え、均等主義をデフォルトとする運の平等主義の理論とは対照をなす。

また、「平等と自律との関係」について言うと、前述した通りアンダーソンは、平等を求める政治運動は、全ての道徳的能力を備えた大人を、道徳的責任を発展させて行使したり、正義の原理に従って他者と協同したり、善の構想を形成して実現したりする能力を備えた道徳的行為主体であると主張しているとし、平等主義者は社会的・政治的平等をそのような普遍的な道徳的平等に基礎付けていると言っている（Ⅰ1(1)）。それゆえ、自らの平等理念によって規律される主体を、自律的な行為主体としていると解することができる。

したがって、関係的平等主義に基づく彼女の民主的平等においては、自身の

平等構想及び正義の原理のうちに、自律的行為主体性への尊重の要請をビルトインしていると評価できる。平等や正義の観点から自律的行為主体性に特別な関心を払わないようなコーエンのような立場に対しては、「政治共同体において既に自律的な強い『守る側』と、自律しないで専ら事後補償で保護される『守られる側』との、非相互的で非対称的な温情的支配関係が存在しても、平等の見地から問題がないことになってしまう」という批判が向けられ得るが（第4章Ⅱ6）、アンダーソンの立場はそのような問題を回避していると評価できる[14]。

では「正義の原理の適用対象」について、アンダーソンの民主的平等はいかなる立場を採っているのだろうか。この点について確認するためには、公人と私人における差別的行為の不正義性についての、彼女の議論を参照することが有益だろう。人種・性・民族などにおける、自己の属する集団に対する愛着に基づく行為が正義に反するか否かにつきアンダーソンは、当の行為をする主体の、社会的領域において果たす責任に依存すると述べる。すなわち、民主国家は全市民に対して不偏的に奉仕する義務を有するため、公務員による自己の属する集団に対する愛着に基づく行動[15]は、そのような不偏性に反するものとして正義に反するとの評価を受けると言う。また、立法・司法・行政作用を担う公務員ではなくても、公衆全員に不偏的に奉仕する義務を有するようなパブリック・アコモデーションの担い手、全員に公正な経済的機会を保障する責務を有する雇用者や不動産業者もまた、自己の属する集団に対する愛着に基づく行動が正義に反し得ると言う。

それに対して一般私人については、交友関係や親密関係において、自己の属する集団への愛着に基づいて行為することが、自己の属さない集団構成員を貶

---

[14] なお、「アド・ホックな価値多元主義的対応の採否」の点では、アンダーソンの民主的平等が運の平等主義の諸構想の多くに見られるような、アド・ホックな価値多元主義的応答を拒絶していることは、第5章Ⅱ3（2）で見た通りである。

[15] 「自己の属する集団に対する愛着に基づく行動」とアンダーソンは限定して述べるが、「自己の属しない集団に対する愛着に基づく行動」も、同様に正義に反し得ると理解するべきだろう。例えば「女好き」の男性公務員が、そのような自己の異性愛的選好に基づいて女性市民のみを優遇するような法の運用をした場合（現実世界において大いにありそうな想定であるが）、同様に「全市民に対して不偏的に奉仕する義務」を怠ったとして、彼の行為は正義に反すると評価されよう。後述のパブリック・アコモデーションの担い手や雇用者、不動産業者についても同様である。

めることにはならないから、正義には反しないと言う[16]。ただし一般私人についても、自己の属する集団への愛着を超えて、自己の属しない集団への偏見やスティグマに根差した行為をすることは、その集団構成員の尊厳を傷つけ、正当化し得ない根拠によってその集団構成員の重要な財へのアクセスを妨げることとなるため、正義に反すると言う（Anderson 2010b, p. 20）。

このようにアンダーソンの民主的平等においては、公衆全員に不偏的に振る舞うという正義の責務につき、社会制度を担う公務員と一般私人とで非対称的な責任が課されていることとなる。そしてこのことは彼女の民主的平等にとって、正義の原理の第一義的な適用対象を社会の基本構造などの制度とすべき理由を提供する[17]。ただし、一般私人の行為についても、意図的な加害意思に基づいた行為などは不正義と評価されることから、例外として私人の行為についても正義の原理の適用対象となり得ると理解される[18]。

正義の原理の第一義的な適用対象を社会の基本構造と考えるロールズにおいても、善きサマリア人の義務や、他者に危害を加えたり不必要な苦痛を与えたりしない義務といった「自然的義務（natural duty）」が私人に課され、それらの義務内容は社会制度によって規定されないとされている（Rawls1971, p. 114, 第1章Ⅰ5参照）。それと同様に、例外として私人の行為を対象に正義／不正義の評価がされ得るとしても、正義の原理の第一義的な適用対象が社会の基本構造などの制度であるとする立場と言い得るだろう[19]。そして、このような正義の

16	ただしアンダーソンも、そのような一般私人による愛着行動が一切の道徳的非難を受けないとまでは述べておらず、それらの愛着行動が積み重なると、その効果が親密圏の領域を超え出てしまい、集団単位での偏見やスティグマに繋がり得ると述べている（筆者が第3章Ⅱ4(3)で展開した、ドゥオーキンの資源平等論に対する「誤承認の不正義に対応し得ない」という批判をも併せて想起されたい）。したがって、一般私人の行為を直接公権力によって統制しないまでも、意味秩序の改革を通じての間接的な意識改革が、彼女の立場から求められると解されよう。
17	アンダーソンが、正義の原理の第一義的な適用対象が社会の基本構造であると考えていることを傍証する記述は他にもある。分配的正義の指標について、厚生のような主観的指標を斥ける理由として彼女は、正義の原理の適用対象が社会の基本構造であることを挙げている（Anderson 2010c, p. 86）。また、功績感応的な分配的正義を斥ける理由としても彼女は、正義の原理の適用対象が社会の基本構造である点を挙げている（Anderson 2008, p. 253）。
18	現にアンダーソンは、私的領域においても、例えば夫が妻の性的自律を奪うような支配従属関係に置くことは抑圧的関係に相当し、平等主義的正義の観点から批判の対象となり得るという見解を示している（Anderson 1999a, p. 316）。したがって、正義の原理が私人の行為に対しても適用され得ると考えていることをうかがわせる。

原理の第一義的な適用対象を社会の基本構造などの制度とする立場は、例外的場面を除いて私人の行為に対して直接正義を適用しないことで、個人の自律を尊重するとともに、財の分配状態をもたらしている背後の社会構造や制度を、直接に社会正義の観点から批判し得る理論となっていると評価できよう。

(3) 「非対称的な相互行為」概念の明確化の必要性

以上、アンダーソンの民主的平等の内容を、前章で検討した彼女自身による運の平等主義批判の積極的意義及び、第1部で検討した分配的平等主義の正義構想の批判的検討から得られた示唆に照らして検討した。関係的平等主義に基づく彼女の正義構想である民主的平等は、彼女が運の平等主義に向けた批判点を克服するとともに、分配的平等主義と目される代表的な正義構想が抱える難点をも克服するものとなっていることから、筆者自身の考えに照らしても、おおむね擁護可能な平等主義的正義構想であると評価できる。

もちろん先に検討した彼女の民主的平等の内容にも難点がないわけではない。彼女の民主的平等が関係的平等主義の立場を採用していることの意義の一つは、平等の関心において財の分配問題を超える点にあることは既に確認した（Ⅰ2(1)）。然るに彼女は、先に見た通り、物質的資源のみならず、投票権や基本的自由、公職への機会などをも分配対象として語っていた（Ⅰ1(3)）。しかしヤングによる分配パラダイム批判の眼目は、正義の関心が分配問題に限定されていることに加え、本来は関係的側面がある権利や自由、機会といった非物質的財について、その相互行為の側面を捨象して分配対象として扱われている点にも向けられていたものであった（第5章Ⅱ2(1)）。したがって、そのようなヤングの分配パラダイム批判の問題意識を徹底するのであれば[20]、アンダーソンの民主的平等においても、これらの非物質的財については分配対象として考え

19　したがってその意味で、このようなロールズ及びアンダーソンの与する制度的正義論は、井上達夫が言う「分配的正義は、基本的制度設計にのみ関わるべきだ」という「排除的制度主義（exclusive institutionalism）」（井上達夫 2012、89頁）ではない。ただしその一方で、正義の原理の第一義的な適用対象は制度とすることから、単に「基本的制度設計も分配的正義の射程に包含すべきだ」と主張するにとどまる「包含的制度主義（inclusive institutionalism）」よりは強い主張となるだろう。そして第9章Ⅰ2で後述する通り、筆者の立場もそのような排除的制度主義には与しない。
20　現にアンダーソンはそのようなヤングの批判的問題意識と足並みを揃えて、前章で見た通り、権威や地位につき、分配のタームで表象することは適切でないと論じていたのであった（第5章Ⅱ2(1)参照）。

るべきではなかったのではないかと思われる。

　また、社会全体にとって必要かつ有用な自発的選択をした者が抑圧的関係に陥らないような制度的保障を正当化するべく彼女が援用する、合同生産のシステムとしての経済理解は、そのような生産枠組みに参加している労働者につき、各々の貢献の程度を特に問うていない。このような合同生産システムとしての経済観念は、社会全体にとって必要かつ有用な自発的選択をした者に対して、社会全体のコストで救済することの許容性を論証したものにとどまり、そのようなシステムに労働者として参加していることを、社会的救済の必要条件として積極的に基礎付けるものではないと解される（アンダーソンの立場において社会的救済の積極的基礎付けは、共同体への「貢献」ではなく、抑圧的関係に陥らないための「ニーズ」によってなされている）。したがって、「合同生産システムにおよそ参加し得ない身体障害者に対する社会的救済を基礎付けられない」という批判を彼女に対して向けることは的外れだとしても、合同生産システムに参加している労働者の貢献の程度を全く等閑視して良いのか——ほんの少しの貢献だけでも良いのか——という問題は残る[21]。

　とはいえこれらの問題のうち、前者については彼女の平等理論に微修正を施すことで対処可能と思われるし、後者についても基本的には線引きの問題であることから、補助的な議論に訴えることで、具体的制度構想のレヴェルにおいては対処可能であろう。より重要な問題は、アンダーソンの民主的平等において、批判の対象となる不正義な社会階層ないし抑圧の中身が不分明であるとい

---

[21] アンダーソンにおいては、日がな一日サーフィンに興じるマリブのサーファーに対しては、社会的救済の対象としない一方、主婦については、育児に全く従事しなくても夫のための家事さえしていれば合同生産の参加者として貢献していると判断されているようである（cf. Anderson 1999a, pp. 323-324）。だとすれば、親の家事手伝いのみをしているニートに対しては、彼女の立場からいかなる態度が採られることになるのだろうか。また、芸術活動に興じるなどの文化的貢献についてはどう評価されるのだろうか。オランダ出身の絵本作家であるレオ・レオーニ（Leo Lionni）の絵本に出てくるネズミのフレデリック（Lionni 1967）のように、周囲があくせく働いている中、自分は専ら趣味に興じ、しかしその成果を無償で人々に披露するような人々、あるいは、有償労働にも無償ケア労働にも従事せずに、駅前でギターの弾き語りだけをしているような人々に対しても、合同生産の経済システムの参加者として貢献していると言うべきだろうか。そもそも貢献及びその程度につき、市場の価格シグナルによって測らないとしたら（価格シグナルによって測られるとしたら、無償のケア労働は放置されることとなろう）、誰によっていかにして判断されるのか、どこで線引きをするのかといった厄介な問題が待ち受けているように思われるが、それらについては今後検討することにしたい。

うことである。彼女は抑圧の概念をヤングに負っているが、自らの論文「平等の眼目は何か？（What Is the Point of Equality?）」（1999年）において、その中身を明確に定義しているわけではない（cf. Anderson 1999a, p. 312）。

このことの問題は、アンダーソンが平等論の眼目を現実の政治運動の要求に定位させている点にも関わる。彼女が抑圧概念をヤングに負っていることからしても、社会運動が定義してきた被抑圧集団の状況から「抑圧」の中身を抽出してくるという、ヤングの姿勢（Young 1990, p. 42）に倣っていると言って良い。しかしこのような態度を採用するからといって、アンダーソンは「いかなる要素が抑圧を構成するのか？」という抑圧概念——さらには不正義な「社会階層」ないし「非対称的な相互行為」の概念——を明確化しなくて良いことにはならない。黒人や女性、未熟練労働者などの置かれている社会的状況が、正義や平等の観点から批判対象になる理由を、彼らが抑圧を被っている点に求めた上で、なぜそれらの状況が共通に抑圧的と言えるかという問いに対して、「そういった状況に置かれているのが黒人や女性、未熟練労働者だから」と答えるのでは明らかな循環論法である。

抑圧の本質を、既に「被抑圧集団」としての社会的な承認を獲得している被抑圧集団の被る社会状況によって同定すれば、一応循環は回避できる。しかしそのことの含意は、平等や正義理念による救済を受けるためには、あらかじめ被抑圧集団としての公的承認を受けていなければならないということであり、その実践的帰結は、不平等を訴える主張の正統性を専ら「勝てば官軍」式の赤裸々な「承認をめぐる闘争」に委ねてしまうということである。

フェミニストや反人種差別主義者、労働者の運動は、既存の体制の中で自らの被る不条理な経験が無視されてきたからこそ、「声なき声」を可視化するべく平等をめぐる政治運動を展開してきたのであった。だとすれば、そのような実践的帰結を良しとすることは、それらの政治運動の初発の動機を根本から裏切ることとなる。むしろ、抑圧を始めとする不正義な社会階層や相互行為の概念の明晰化を試みることによって、未だ被抑圧集団としては認知されていないものの、既に公認された被抑圧集団の被る不条理な実践と何らかの点で類似する実践を被る集団の状況をも、平等や正義の観点から可視化することこそが、フェミニストや反人種差別主義者などの政治運動の初発の問題意識に誠実であ

ろうとするならば、要請されるのではないだろうか[22]。

また既に本章Ⅰ2 (1) で見たように、アンダーソンの民主的平等が平等の関心を財の分配問題に限らない関係的平等主義を採用することの意義として、「平等な分配の要求と平等な承認の要求とを統合する必要」にも対応している点が挙げられる。分配的正義と承認の正義とを統合することの意義は、両者の不正義を同時に是正しようとする公共政策において生じる実践的緊張関係に対処し得る治癒策（remedy）を構築できる点にあるということは既に確認した通りだが、その割にアンダーソンは、「平等の眼目」論文においてそのような治癒策の一般的指針をそれほど明確には示していない。したがって、そのような不正義を是正するための治癒策の一般的指針を構築する作業が求められる。そしてそのためには、治癒されるべき不正義の相互行為の次元における態様と生成構造についての分析も求められることから、そのような観点からもまた、先に述べた民主的平等の立場から問題にする不正義の態様の明確化作業が求められよう。

今や本章での筆者の遂行すべき課題は明らかとなった。すなわち、本章Ⅰで検討したアンダーソンの民主的平等をベースとしつつ、彼女においてやや不足している不正義の態様の明確化作業及びそのような不正義を是正するための治癒策の一般的指針の構築作業を通じて、筆者自身の関係的平等主義に基づいた正義構想論へと発展させていくことである。以下ではその課題を早速遂行していきたい。

Ⅱ　不正義の態様と生成構造の類型化

1　ヤングの抑圧概念

アンダーソンは抑圧概念の分析をヤングのそれに負っており、またフレイザ

---

[22] フェミニズム、「女性学」による、女性の被る性差別についての分析を摂取し、その規範的含意を普遍化して男性の被る性差別への分析にも応用する「男性学」などが、そのような試みの代表例と言えるかもしれない（cf. Farrell 1993）。そして第11章Ⅱで後述するように、本書では筆者自身の関係的平等主義の立場から問題とするべき、不正義の相互行為の次元における一態様たる「差別」（及びそれへの治癒策の一般的指針たる「反差別」）が、男性に対する不利益な取扱いに対していかなる規範的評価を下し得るかについても若干の検討を試みている。

ーの「再分配／承認の正義」の問題関心を共有していることから、まずはヤングの抑圧概念の分析及びフレイザーの分配不平等の不正義・誤承認の不正義の分析をすることが有用と思われる。

ヤングは「抑圧 (oppression)」を、「一定の人々を社会的に承認された配置において、満足で汎用性の高い技術を習得したり使用したりすることから妨げるような、システマティックな制度的プロセス、ないしは他者と遊んだりコミュニケーションをとったり、他者が耳を傾けてくれるような社会生活の文脈において、自己の感情やものの観方を表現したりする人々の能力を妨げるような制度化された社会的プロセス」(Young 1990, p. 38) として定義している。そしてそのような抑圧には、「搾取 (exploitation)」、「周縁化 (marginalization)」、「無力化 (powerlessness)」、「文化帝国主義 (cultural imperialism)」、「暴力 (violence)」の五つの形態があると述べる (Young 1990, p. 40)。

まず「搾取」とは、ある社会集団の労働の成果を、他の社会集団が利得する移転のプロセスとして起こる抑圧であるとされる (Young 1990, p. 49)。次に「周縁化」とは、労働市場において使用してもらえない人々が被る抑圧であるとされる (Young 1990, p. 53)。「無力化」とは、他者の命令を受けるものの、自分では他者に命令する権利を有しない人々が被る抑圧とされる (Young 1990, p. 56)。

また「文化帝国主義」とは、社会の支配的な意味秩序によって、特定の集団の観点が不可視化されると同時に、その集団をステレオタイプ化し「他者 (Others)」として表象するような抑圧とされる。このような文化帝国主義は、しばしば支配的集団の経験や文化を普遍化して、それをノルムとすることを伴う (Young 1990, pp. 58-59)。「暴力」とは、制度的に暴力を振るわれる形態の抑圧である。そうした抑圧的関係性において特定の集団の構成員は、自らや自らの財産に対してランダムな攻撃が行われることを恐れながら生活しなければならず、そういった攻撃は当該構成員に危害を加えたり辱めたりする意図で行われるとされる (Young 1990, p. 61)。また物理的な攻撃に限らず、ハラスメントや威嚇、当該構成員を貶めたり辱めたり、スティグマ化したりする目的でなされる嘲笑なども、暴力に含まれるとされる。

抑圧の程度には差があるものの、以上の五つの類型の実践の一つでも構造的に被っている集団は、抑圧されているというわけである。

2 フレイザーの分配的不平等の不正義と誤承認の不正義

　フレイザーは前述のようなヤングによる抑圧概念の五つの類型化につき、「大きく二つのグループに分けることができる」(Fraser 1997c, p. 198) とし、「搾取・周縁化・無力化は政治経済に根差してお」り、「文化帝国主義と暴力は文化に根差して」いると述べる。

　ヤングは文化に根差した抑圧である文化帝国主義と暴力に対しては、「単一の普遍的な文化規範」という考えを改めて、文化的多元主義と差異を積極的に肯定することを治癒策と考え、経済に根差した抑圧に対しては、分業構造そのものを除去することを治癒策と考えている。しかし文化に根差した抑圧に対する彼女の治癒策は、集団の差異化を促進する一方で、経済に根差した抑圧に対する彼女の治癒策は、集団の差異を掘り崩そうとするから、両者の治癒策の間には潜在的に実践的緊張関係が存在するとフレイザーは言う (Fraser 1997c, p. 199)。政治経済に根差した抑圧と、文化的意味秩序に根差した抑圧との差異を見落としたヤングによる抑圧の五類型及びそれに基づいた治癒策によっては、上のような治癒策の間の緊張関係という問題意識を捉えることができないというわけである。

　それに対してフレイザーが提唱するのが、「分配不平等の不正義 (injustice of maldistribution)」と「誤承認の不正義 (injustice of misrecognition)」という区分である。フレイザーによると、前者の分配不平等の不正義は社会の経済構造に根差しており、その例としては、ある人の労働の産物を他者の利益のために使われてしまうという「搾取 (exploitation)」、誰もがやりたくないないしは低賃金の仕事に制限されるか、有償労働へのアクセスを否定されるといった「経済的周縁化 (economic marginalization)」、充分な生活水準を否定されるという「剥奪 (deprivation)」が含まれると言う (Fraser 2003, pp. 12-13)。

　そして後者の誤承認の不正義は、社会の「表象・解釈・コミュニケーションのパターン」、すなわち文化的意味秩序に根差しており、その例としては、別の文化と結び付いた、ないしは自己の文化にとって異質ないしは敵対的な意味秩序に従属させられるという「文化的支配 (cultural domination)」、権威的な意味秩序に根差した実践によって不可視化されるという「不承認 (nonrecognition)」、ステレオタイプ的な公共文化ないしは日々の生活の相互行為において

日常的に貶められたり蔑まれたりするという「不尊重（disrespect）」が含まれると言う（Fraser 2003, p. 13）。

　当初のフレイザーは不正義について、経済秩序に根差したものと意味秩序に根差したものとの二つのみを想定していたが、後にそれだけでは不充分と考えるに至り、「経済（economy）」と「文化（culture）」に加えて、第三の「政治（politics）」の正義の側面を構想する（Fraser 2008, p. 17）。フレイザーによれば「政治」は、国家の管轄や、国家による意思決定手続きに関わるとされる。そして、このような政治の側面としての正義は「代表（representation）」に関わるとし、そのような政治の側面における不正義を、「不代表の不正義（injustice of misrepresentation）」とする（Fraser 2008, p. 18）。経済秩序や意味秩序とは密接に相互作用しつつも、それらに還元されない別個の国家秩序に根差した不正義というわけである。そしてそのような不代表の不正義の例として、政治的意思決定のルールが一定の社会構成員から対等者として参加する機会を否定するという「通常政治の不代表（ordinary-political misrepresentation）」が含まれるとしている（Fraser 2008, pp. 18-19）[23]。

3　アンダーソンの支配の階層・評価の階層・地位の階層

　先に筆者は、アンダーソンは「平等の眼目」論文にて抑圧概念の明確な定義をしていないと述べた（Ⅰ2(3)）。実はその後のアンダーソンは、自らの民主的平等から批判対象とされる不正義を構成する社会階層について、その内実を若干敷衍しようとするに至っている。アンダーソンは「社会階層（social hierarchy）」を、「法や規範、慣習によってシステマティックに維持されている集団的不平等」（Anderson 2012, p. 42）と定義し、「支配の階層（hierarchies of

---

[23] もっともフレイザーは、不代表の不正義の例として、このような通常政治の不正義のみならず、二階の不代表として、一階の正義の問題に関係する当事者の範囲を誤って確定する——つまり、一定の人々を、その当事者たり得るにもかかわらず、そこから排除する——という「誤ったフレーム化（misframing）」（Fraser 2008, p. 19）及び、三階の不代表として、一階の正義の問題に関係する当事者の範囲確定という二階のフレーム化の問題を決定する手続きから特定の人々を排除する「メタ政治的な不代表（meta-political misrepresentation）」（Fraser 2008, p. 26）が含まれるとしている。しかし、これら二階の不代表及び三階の不代表は「再分配／承認／通常政治の代表の正義」といった、既存の規範的正義論の問題を別の言い方で問うているに過ぎない——すなわち、結局はこれら一階の正義の問題に解消される——か、メタ正義論に属するかのいずれかであると思われるため、ここでは検討を省くことにする。

domination）」、「評価の階層（hierarchies of esteem）」、「地位の階層（hierarchies of standing）」の三つの階層に分類している。

　まず「支配の階層」においては、下位の者が上位の者の恣意的で無答責な権威に従属させられており、それゆえ無力化させられていると言う（Anderson 2012, pp. 42-43）。この意味での従属的関係に置かれている人々は、共和主義的な意味での自由を奪われているとアンダーソンは述べている。そのような支配の階層においては、フィリップ・ペティット（Philip Pettit）の言う「恣意的な根拠に基づいて」、「他者の一定の選択」に対して「干渉する能力を有する」状態にあるという意味での、「支配（domination）」（Pettit 1997, p. 52）としての非対称な関係性が想定されていると理解できる。

　次に「評価の階層」においては、上位の者は、称賛や名誉を享受する一方で、下位の者は、それらの人々をその集団的アイデンティティに基づいて、不名誉・侮蔑・むかつき・恐れ・嫌悪の対象として表象するような、権威的なステレオタイプに従属させられ、それゆえ嘲り・恥かかせ・委縮・分離・差別・糾弾・暴力にさらされてしまう形でスティグマ化されていると言う（Anderson 2012, p. 43, Anderson 2008, p. 263）。

　最後に「地位の階層」においては、上位の者の利益は他者の考慮や社会制度の通常の、習慣的ないし無意識的、自動的な作用において特別な重み付けが与えられ、その結果として上位の者はより大きな権利・特権・機会・利益を享受するとともに、とりわけ他者と利益が衝突した際に、自己の利益が関わるような意思決定に対して特別な影響力を行使したり他者に請求をなす特別な地位が認められたりする。それに対して、下位の者の利益は他者の考慮や社会制度の通常の作用において無視されるか少ない重み付けしか与えられない。それゆえ下位の者は周縁化され、上位の者が享受しているような権利・特権・機会・利益が与えられないとともに、他者に対して請求をなすことができないか、なすのに劣った場しか与えられず、自己の利益が関わる意思決定において少ししか影響力を行使できない状況に置かれていると言う（Anderson 2012, p. 43）。

　そしてアンダーソンは先のフレイザーの不正義の分析との関係で、誤承認の不正義は自らの言う評価の階層に対応し、分配不平等の不正義は自らの言う地位の階層におおむね対応すると述べている（Anderson 2012, p. 44）。そして支配の

階層を付け加えることで、平等主義による不正義な社会階層に対する批判理論が完成するというわけである。

4 その評価と批判的検討

以上、ヤングの抑圧概念の分析、フレイザーの分配不平等の不正義・誤承認の不正義の分析、アンダーソンの社会階層の分析を見てきたが、それぞれに一長一短があると思われる。

(1) ヤングの抑圧概念の評価と批判的検討

まずヤングの抑圧概念であるが、先のフレイザーの指摘の通り、搾取・周縁化・無力化がいずれも経済構造との関係でしか定義されていない点が注目される。

搾取についてはそもそも経済的にしか定義され得ないのでやむを得ないが、問題は周縁化と無力化である。というのも、システムからの排除が正義の観点から問題となるのは労働市場のような経済構造のみならず、政治参加や公職への登用、さらには市民社会の諸施設への参加においても問題となるからである[24]。無力化についても、市場での雇用関係における一方的支配従属関係のみならず、政治的意思決定においても問題となる。政治共同体における参政権のない者は、制定された法に従う義務を有しても、その立法に何ら影響力を行使できない点で、政治共同体の集合的意思決定に一方的に従属していることとなるからである（第10章II1 (1) 参照）。然るに、経済構造との関係でのみ定義されたヤングの周縁化、無力化概念では、そのようなより広範な排除と従属の契機を包摂することができず、不充分であると言える。

ヤングの抑圧概念が、政治共同体の集合的意思決定や市民社会の諸施設からの排除の側面を十全に捉えられていないことは、抑圧を超えた不正義を捉えられていないというさらなる問題へと繋がる。平等を求める政治運動が真っ先に批判の対象としたのは、確かに抑圧的な構造であり関係性である。その意味で、抑圧が何よりも優先して是正されるべき不平等であり不正義であるという認識

---

[24] 一応ヤングは周縁化につき、それによって広く市民社会での参加が阻まれることをも指摘しているが（Young 1990, p. 53)、それは単に労働市場から排除されたことに伴う付随的効果としてのみ把握されているに過ぎない。さらに、政治参加や公職への参加の障壁については、彼女の抑圧概念において特に触れられていない。

は正しい。しかし不平等が抑圧に尽きると言うのは正しくない。先にアンダーソンが、平等を求める政治運動の積極的課題は、民主国家において市民が対等者として機能できるような社会制度を構築することであると指摘した通り（I 1 (1)）、平等の眼目は抑圧の除去に尽きるわけではない[25]。民主国家の市民の間で社会的対等関係が構築されるためには、抑圧を超えた不正義の態様の分析及びその是正が必要なのである（Anderson 2010b, p. 18）[26]。

(2) フレイザーの不正義の概念の評価と批判的検討

この点でフレイザーの不正義の概念は、第三の不代表の不正義概念を導入することで、政治共同体の集合的意思決定からの排除という形での不正義をも包摂できるものとなっていると評価できる。ヤングの抑圧概念との対比でさらに敷衍すると、フレイザーの分配不平等の不正義に含まれる「搾取」はヤングのそれに対応し、「経済的周縁化」はヤングの「周縁化」にほぼ[27]対応する。そして敢えて「経済的」と付け加えている点に、ヤングの周縁化概念が経済構造との関係でのみ規定されていることについてのフレイザーの洞察がうかがわれる。

フレイザーの類型においては充分な生活水準を否定されるという「剥奪」が存在するが、筆者の見解によれば、このような類型は不要だろう。というのもこのような意味での剥奪は、個人の福利が低くなっているという状態に着目したものであり、「経済的周縁化」という排除的相互行為の結果であってそれ自

---

[25] 「もしも抑圧を回避するのに必要な潜在能力のみが問題なら、平等主義者は——例えば女性役員のガラスの天井のように——相対的に特権的地位にある人々の間での差別に反対できないであろう」（Anderson 1999a, pp. 316-317）。

[26] さらに言うと、ヤングの抑圧概念は社会集団間の構造的な不正義のみに適用されるため（Young 1990, p. 41）、不平等や不正義を彼女のいう抑圧のみに求めてしまうと、個人間での物理的な力関係の非対称性に基づく意図的な加害行為に対して、平等や正義の観点から批判ができなくなってしまうのではないかという問題は残る。そしてその問題は後述のアンダーソンの社会階層概念にも妥当する（II 4 (3) 参照）。この点で、後述の筆者自身による不正義の相互行為の次元における態様による類型化のオルタナティブは、私人による意図的な加害行為についても、社会構造によるものについても包摂できるものとなっている点で、その難点を回避している（II 5 (1)(2) 参照）。

[27] ヤングの周縁化が労働市場から完全に排除されている（雇用されない）形態のみを包含しているのに対し、フレイザーの経済的周縁化は、おそらくヤングにおいては搾取ないし無力化において包摂される3K労働者や低賃金労働者をも含んでいるという違いがある。なお、フレイザーの分配不平等の不正義にはヤングの無力化に対応する概念がないが、これはヤングの無力化という抑圧を被っている非熟練労働者が、同時に彼女の言う搾取の犠牲者でもあることから、フレイザーにおいては先の経済的周縁化と搾取概念とに分かれて包摂されているということであろう。

体は相互行為ではないからである。したがって、不正義を相互行為の契機で捉える関係的平等主義の立場——そしてフレイザーも、市民間の「対等者 (peers)」としての相互行為という「参加の平等 (participatory parity)」を規制理念としている (Fraser 2003, p. 36) ことから、関係的平等主義に立脚していると理解できる——からは、経済的周縁化とは別に剥奪という不正義の類型を置くべきではないと考える[28]。誤承認の不正義の諸類型について言うと、「文化的支配」と「不承認」はヤングが言う「文化帝国主義」に、「不尊重」は「暴力」に対応していると理解できる。

　総じてフレイザーの分配不平等の不正義と誤承認の不正義に含まれる不正義の態様は、ヤングのそれとほとんど同じであると言える。しかしにもかかわらず、それらの不正義の態様を、「分配不平等」と「誤承認」という二つの視点からさらに大きく分類することには意義があると思われる。既に述べたように、フレイザーは社会における経済秩序と意味秩序の相互浸透関係、それゆえ分配政策と承認政策を同時に追求した際の実践的緊張関係を認識しており、このような緊張関係を克服するような治癒策の一般的指針を提示するという実践的問題意識に根差して、不正義の相互行為の次元における態様を二類型化している（第5章Ⅱ2 (2)）。本章Ⅰ2 (1) でアンダーソンの民主的平等の積極的意義を見出す際にも確認した通り、筆者自身もこのようなフレイザーの実践的問題意識は正当なものであると考えており、それゆえ不正義の態様を、それが根差す社会構造（経済秩序・意味秩序）との関係で少なくともそのような二類型化をすることには、分析的有用性が認められると考える[29]。

　ただし、フレイザーの分配不平等の不正義・誤承認の不正義・不代表の不正義のみで、関係的平等主義の観点から問題とすべき不正義の態様の全てを捉えることができないのもまた事実である。というのも、フレイザーの不代表の不正義においては国家秩序に起因する不正義への着目がなされてはいるものの、一階の不正義としてそこに含まれるのは、例えば小選挙区制が少数派の政治代

---

[28] なお周知の通り、ヤングにおいて、フレイザーの剥奪に相当する契機は、周縁化概念のうちに包含されている。「周縁化はおそらく最も危険な形態の抑圧であろう。その類型に属する人々全員が……深刻な経済的剥奪や殲滅の潜在的危険にさえ晒されるからである」(Young 1990, p. 53)。

[29] それに加えて、本章Ⅱ2で指摘した通り、国家秩序に根差した不正義の態様を把握していることも評価できよう。

表を阻んでいないか、ジェンダーに基づくクォータ制が代表における参加の平等を促進するかといった、専ら政治的意思決定手続きからの排除に関わるものに限られているからである (Fraser 2008, pp. 18-19)。したがって例えば、政治的意思決定手続きから排除するわけでもなく、深刻な分配不平等や誤承認等の抑圧的な不正義を招来しないものの、国家による不合理ないし恣意的な差別行為と言えるようなものをそこに包摂できないのではないかと思われるからである。

例として、国家ないし州が、交通安全を目的として、アルコール度数の低いビールの販売につき、21歳未満の男性に対しては禁止しながら、18歳以上の女性については購入可能とするという法律を制定したとしよう。そして18歳以上21歳未満の男性については2%が飲酒運転で検挙されているのに対し、同じ年代の女性は0.18%に過ぎないという立法事実が仮にあったとし、そのような事実に依拠して男性についてのみ特別に販売を禁止している、というのが国ないし州側の言い分であったとしよう[30]。

この法律はあくまで交通安全を目的とするものであるから、男性に対する社会的偏見や劣等視等の意味秩序を反映しているないしはそのような意味秩序の維持・存続に寄与しているとはおそらく言い得ないし、アルコール度数の低いビールを（21歳になるまで）購入できないことによって、深刻な物質的剥奪を被るということもないだろう。その意味でこの法律によって男性が抑圧されているとまでは言い得ない。

にもかかわらず、この程度の立法事実に基づいて、一律に男性にのみビールの購入資格を21歳まで禁止することには、交通安全促進という目的と手段との間の実質的な関連性が明らかに乏しい（わずか2%の男性の飲酒運転のために、なぜ残りの98%の罪なき男性までもが、21歳までビールを購入できないというとばっちりを食らわなければならないのか！？）。それゆえこのような法律を制定することは、少なくとも飲酒運転を起こしていない残り98%の21歳未満の男性市民の視点からは受容可能とも言い得ず、男性に対する不合理かつ恣意的な差別として正義に反すると評価されるだろう[31]。したがって、分配不平等の不正

---

30 | この事例はCraig v. Boren, 429 U. S. 190 (1976) に負っている。事例の詳細については、樋口2011、470頁を参照した。
31 | 現にこの事例のもととなった前注の連邦最高裁判決においても、7対2で違憲との判断が示された。この判断に疑いを差し挟む余地はおそらくほとんどないだろう。

義・誤承認の不正義・不代表の不正義とは独立に、国家による不合理ないし恣意的な差別行為という態様そのものを、正義の観点から問題にすべきである。

　以上は被抑圧集団とは一般に見なされていない男性に対する差別行為の例ではあるが、いわゆる「公認された被差別者」（中島 2009、37 頁）である女性についても同様の例を挙げることができる。日本の民法においてはかつて、女性は「前婚の解消又は取消しの日から六箇月を経過した後でなければ、再婚をすることができない」（民法第 733 条第 1 項）と定められていた（ただし例外として、同条第 2 項、第 770 条第 1 項第 3 号）。この法規定の目的（立法趣旨）は、単に「父性の推定の重複を回避し、父子関係をめぐる紛争の発生を未然に防ぐことにある」と理解されるため[32]、「男尊女卑」の思想や女性蔑視的な意味秩序を反映しているないしはそれを維持・強化しているとまで言い切れるかどうかはかなり微妙な問題である。また、同性婚の禁止とは異なり再婚が未来永劫禁止されるわけではなく、一定期間にとどまることから、このような規定の効果として直ちに女性が深刻な物質的剥奪を被るとまでは言い得ないだろう[33]。

---

[32] 最判平成 7 年 12 月 5 日判時 1563 号 81 頁。

[33] むろん婚姻の効果として、同居、協力及び扶助の義務（民法第 752 条）や、婚姻費用の分担義務（同第 760 条）などが発生することで、当該女性は後夫からの経済的恩恵に与ることができ、これらの恩恵はとりわけ懐胎中ないしは子を出産したばかりの女性にとっては切実な利益と言えるかもしれない。しかし再婚禁止期間中も後夫と内縁関係にあることは妨げられず、上の扶助義務などの効果は内縁関係にも準用されると理解されている。もちろん武田政明が指摘する通り、そのような法的効果を享受するためには「内縁関係にあることの証明が必要であり、またその実現程度においても当然にその効果が予定されている婚姻男女の場合とはやはり異なるもの」（武田 1994、22 頁）であるから、一定程度の不便と不利益は強いられることになろう。しかし「実現程度」が異なるといっても、扶助義務の程度が内縁関係だから直ちに軽くなるという理解がなされているわけではないし、そのような「実現程度」の相違が内縁関係にある女性に深刻な物質的剥奪をもたらすほどのものであることを、武田は同論文内で具体的かつ積極的に論証してはいない。唯一武田は「相続等の関係」における「内縁関係ゆえの不利益」（武田 1994、24 頁）――すなわち、後夫の法定相続人になれないこと――に言及しているが、それに対しては事前に遺言を作成することで対応可能であろう（逆に言えば、後夫がそのような遺言の作成にも協力してくれないような人間であれば、仮に再婚禁止期間がなかったとしても当該女性と婚姻してくれるかどうかは疑わしいように思われる）。またそもそも、「不便」であることが直ちに「抑圧」を構成するわけでもない。
　この点、婚姻に伴う経済的利益を一定期間享受できないことではなく、一定期間婚姻できないことそれ自体が抑圧を構成するという考えがあり得るかもしれない。しかし日本の改正前の民法は婚姻可能年齢につき、「男は、十八歳」、「女は、十六歳」と定め（民法第 731 条）、その意味で男性は女性と比べて生涯にわたって二年間の待婚期間を有していることになるが（2018 年 6 月 13 日に参議院本会議において、女性の婚姻可能年齢を男性と同じ 18 歳に引き上げる改正民法が可決・成立し、2022 年 4 月 1 日より施行される予定である）、同規定に対して、少なくともそれが「男性を抑圧する」という理由で批判しているジェンダー法学の研

しかし、このようなかつての規定が女性に対する不合理ないし恣意的な差別であったことについては、おそらく異論は少ないと思われる。最近では特に「医科学技術の進歩によって妊娠の有無や父子関係確認が容易になった」(辻村 2016、60 頁) ことから待婚期間そのものが不要であるとの議論にはかなりの説得力があると思われるし、そうでなくても嫡出推定の重複を避けるためであれば 100 日間の待婚期間で足りるため、少なくとも 6 か月に亘る待婚期間は明らかに目的と手段との間の関連性に乏しい[34]。したがって、分配不平等の不正義・誤承認の不正義・不代表の不正義とは独立に、端的に国家による不合理ないし恣意的な差別として、正義の観点から批判的評価を下すべきであろう[35]。

(3)　アンダーソンの社会階層の評価と批判的検討

　この点でアンダーソンの社会階層は、下位の者の利益が社会制度の通常の作用において小さい重み付けしか与えられず、それゆえ上位の者が享受しているような権利・特権・機会・利益が与えられない状況に置かれるという地位の階層の内に、国家による不合理ないし恣意的な差別を、不正義の一態様として包摂していると理解することができる[36]。その点で先のフレイザーの難点を克服していると言える。

究者を筆者は寡聞にして知らない。深刻な分配不平等の不正義といった抑圧の有無を問題にすることなく、端的にこのような待婚規定を、国家による女性に対する不合理ないし恣意的な差別として正義の問題に乗せることが直截的であると思われる。なお、この規定によって子供が不安定な地位に置かれて多大な不利益を被るとは言い得るだろうから（辻村 2016、117 頁）、（女性ではなく）子供に対する抑圧を問題にするという方向での議論はあり得るかもしれない。このような議論の成否は別途検討したい。

34　最高裁も近年、このような規定のうち「100 日超過部分」については、「憲法 14 条 1 項に違反するとともに、憲法 24 条 2 項にも違反する」として、違憲判決を下すに至った（最大判平成 27 年 12 月 16 日民集 69 巻 8 号 2427 頁）。その後 2016 年 6 月 1 日に、このような 6 か月間の待婚期間を 100 日間に短縮する改正民法が、参議院本会議において可決・成立し、現行の規定に至っている。

35　なおフレイザーへの公平のために付言すると、彼女もまた、参加の平等の必要条件の一つとして「法的平等（legal equality）」を要請している（Fraser 1998, p. 30）。ただし、Fraser 2003 の対応個所においては、このような法的平等を要請する記述はなくなっている。いずれにせよ問題は、このような国家による不合理ないし恣意的な法的差別の禁止要請一般が、先に見たようなフレイザーの分配不平等の不正義・誤承認の不正義・不代表の不正義において十全に包摂されているのかということである。

36　ただし、彼女の社会階層の定義が包括的な集団的不平等を問題とするものであるため、先に見たアルコール度数の低いビールの購入可能年齢についての男女差別の例のような、いわゆる「逆差別」の事例について対応し得ないのではないかという問題は起こり得る。第 11 章 II で詳しく論じるように、筆者の関係的平等主義からは、このような男性に対する不合理ないし恣意的な差別をも不正義の一態様として批判対象とすることができる。

また、下位の者が上位の者の恣意的で無答責な権威に従属させられており、それゆえ無力化させられているという支配の階層を、フレイザーの誤承認の不正義に対応する評価の階層と、分配的不平等の不正義にほぼ対応する地位の階層に加えて導入することで、ヤングのように経済関係における排除や従属のみを問題とするのではなく、政治参加や公職への登用からの排除の問題をも、平等や正義の問題として捕捉可能にしている点も評価できよう[37]。また、「地位の階層がフレイザーの分配不平等の不正義にほぼ対応している」というアンダーソンの微妙な言い回しに示されるように、地位の階層は社会の経済秩序に起因しないような不正義をも包摂しているため、市民社会の諸施設からの排除の問題もそこにおいて捕捉可能となっている点も評価できる[38]。

　もっとも、このように多くの不正義の態様を地位の階層で包摂した結果、そこに搾取・経済的周縁化・社会的周縁化などの異なる態様の不正義が含まれ、地位の階層の内実がブラック・ボックス化してしまうという問題がある。加えて、アンダーソンは、フレイザーの誤承認の不正義に対応する評価の階層と、分配不平等の不正義にほぼ対応する地位の階層では包摂不可能なものとして支配の階層を設定したが、「誤承認／分配不平等／不代表の不正義」という分類は、第一義的には不正義の根差す社会秩序（経済秩序／意味秩序／国家秩序）の区別に着目した分類であるのに対し、「支配従属関係（／それ以外）」という分類は、不正義の相互行為の次元における態様に着目した分類であるため、これら二つの分類視点は厳密には次元を異にしているように思われる[39]。したがって、民主的平等の立場から批判対象とするべき不正義の態様を分析及び類型化

---

[37] アンダーソンが、フレイザーの誤承認の不正義を自らの評価の階層に、分配不平等の不正義を自らの地位の階層に対応させて、新たに支配の階層を付け加えた際には、フレイザーが既に第三の不代表の不正義を導入していたことを認識していなかったのだろう。もっとも支配の階層は、政治的集合意思決定の場面のみならず、およそ支配従属関係にある全ての契機において適用されることから、フレイザーの不代表の不正義で、アンダーソンの支配の階層が念頭に置くような不正義の態様の全てを包摂できるわけではないことも事実である。

[38] ただし、ヤングの抑圧概念との関連で既に指摘したように（II 4 (1)）、アンダーソンの社会階層概念は社会集団間の構造的な不正義のみに適用されるようにも思えるため、それだけでは個人間での物理的な力関係の非対称性に基づく意図的な加害行為を包摂できないのではないかという問題は残る。

[39] 現にアンダーソンの評価の階層における「下位の者が、その集団的アイデンティティに基づいて、不名誉・侮蔑・むかつき・恐れ・嫌悪の対象として表象するような、権威的なステレオタイプに従属させられる」という不正義の契機は、不正義の相互行為の次元における態様で言えば、支配の階層と同様に支配従属関係と言える。

するに当たっては、(1)不正義の根差す社会秩序と(2)不正義の相互行為の次元における態様という、別々の視点からの整理をするべきであろうと考える。

5 本書の立場

以上、ヤングの抑圧概念、フレイザーの「分配不平等／誤承認／不代表の不正義」概念、アンダーソンの社会階層概念を分析し、その長短を比較検討したところで、筆者自身の関係的平等主義から批判対象とされるべき不正義の態様の類型化を、オルタナティブとして提示したい。先ほど述べた通り（Ⅱ4(3)）、不正義の態様を類型化するに当たっては、異なった視点からの整理が可能である。以下、これまでの検討で得られた知見をもとに筆者は、(1)不正義が第一義的に根差す社会秩序（経済秩序／意味秩序／国家秩序）の区別に基づいた類型化、(2)不正義の相互行為の次元における態様（従属／排除／差別）の区別に基づいた類型化、(3)正義の原理が規律する共同体（道徳共同体／政治共同体）の区別に基づいた類型化を提示したい。

(1) 経済秩序／意味秩序／国家秩序に根差した不正義

筆者自身の関係的平等主義から批判対象とされるべき不正義の態様は、それが第一義的に根差す社会秩序の区別に基づいて次の三つに分類できる。まず、①社会の経済秩序に根差した不正義であり、これはフレイザーの言う分配不平等の不正義に対応する。それゆえフレイザーの言う「搾取」や「経済的周縁化」がそこに含まれる。ヤングの言う「無力化」もそこに含まれる。

次に、②社会の意味秩序に根差した不正義であり、これはフレイザーの言う誤承認の不正義に対応する。それゆえフレイザーの言う「文化的支配」、「不承認」、「不尊重」（ヤングで言えば「文化帝国主義」と「暴力」）が含まれる。

第三に、③国家秩序に根差した不正義であり、そこにはフレイザーの言う不代表の不正義[40]が含まれるが、それにとどまらず、フレイザーの不正義の枠組みでは必ずしも包摂されていなかったような、国家による不合理ないし恣意的

40　ここで言う不代表の不正義には、フレイザーのそれを少し拡大して、立法・代表機関としての政治的意思決定手続きだけでなく、法の運用に携わる行政機構の公職への参加も含まれるものとする。したがって、およそ国家による不合理ないし恣意的な理由に基づく排斥行為が、この不代表の不正義に含まれる。

な理由に基づく差別行為や、国家による不合理ないし恣意的な理由に基づく市民の自由制限やプライバシー侵害などもそこに含まれる。

　もちろん、この経済秩序・意味秩序・国家秩序という三類型は網羅的なものでは必ずしもなく、例えば私人間の物理的な力関係の非対称性に基づく意図的な加害行為などが、関係的平等主義の立場から不正義を構成することを妨げるものではない[41]。また、これらの経済秩序・意味秩序・国家秩序という不正義の淵源は、あくまで当該不正義の態様が第一義的に根差す社会秩序に基づくデフォルト的な分類である。したがって、例えば経済秩序に基づく不正義の付随的効果として誤承認の不正義が生じること――労働分業体制において、黒人が有償労働へのアクセスを否定されたり3K労働に追いやられたりすることで、社会的疎外を強め、「劣等だ」「危険だ」などとしてスティグマ化やヘイトクライムの対象とされること――や、意味秩序に基づく不正義の付随的効果として分配不平等の不正義が生じること――美醜についての意味秩序によって、重度のレックリングハウゼン病の患者が顧客や使用者による嫌悪の対象となることで、有償労働へのアクセスを否定されること――などもあり得る。

　しかしそれでも、未熟練労働者のように、その被る不正義の根本原因が経済秩序に根差す集団――彼らが社会から「粗野である」「みすぼらしい」などとしてスティグマ化されるとしたらその理由は、労働分業体制において最下層に追いやられている彼らの職業や貧困ゆえにである――や、労働分業体制の中で高い地位から低い地位まで広く占めるゲイ男性のように、その被る不正義の根本原因が意味秩序に根差す集団――彼らが市民社会において被る差別や暴力は、多数派のホモフォビアを体現した意味秩序に根差している――というものを現実世界において見出すことができるから、このような不正義が第一義的に根差す社会秩序に基づく分類は意味をなす（Fraser 1997a, pp. 17-19）。

　また第5章Ⅱ2（2）、本章Ⅱ2で述べた通り、経済秩序・意味秩序・国家秩序は、相互に自律するとともに相互浸透している。とりわけ経済秩序と意味秩序の相互浸透関係は、分配不平等を是正する政策と、誤承認を是正する政策を同時に追求する際の実践的緊張関係を生じさせ得るため、このような不正義が

41　このような私人間における意図的な加害行為を国家が放置することを、国家の不作為による不正義と構成する余地があるかどうかは、ここでは問わないこととする。

根差す社会秩序に基づく類型化は、適切な治癒策の指針を考察する上でも分析的有用性を有することは、既に何度も強調してきたところである。

(2) 従属／排除／差別

　筆者自身の関係的平等主義から批判対象とされるべき不正義の態様は、不正義の相互行為の次元における態様の区別に基づいて、①「従属（subordination）」、②「排除（exclusion）」、③「差別（discrimination）」という三つの相互行為に分類することができる。そしてこれらの不正義の態様は、私人間における意図的な加害行為のレベルでも、よりマクロな社会構造のレベルでも観念することができる。

　まず「従属」とは、ある個人（／集団／国家）が別の個人（／集団）との関係で不合理ないし恣意的な理由に基づいて、一方的に命令したり、脅しをかけて言うことを聞かせたりするなどの、支配従属的な関係性ないし相互行為のことをいう。次に「排除」とは、ある個人（／集団／国家）が別の個人（／集団）を、罵倒したり、コミュニケーションを断ったり、最悪の場合には殲滅したりなどして、不合理ないし恣意的な理由に基づいて自己との関係性（／自集団からなるないしは共通に属する協同枠組み）から排斥するという相互行為のことをいう。最後に「差別」とは、ある個人（／集団／国家）が別の個人（／集団）に対して、自己（／自集団）ないしはさらに別の個人（／集団）との間で、不合理ないし恣意的な理由に基づいて不利益な取扱いをするという相互行為のことをいう。

　以上の三類型にこれまで検討してきたヤングの抑圧やフレイザーの不正義の態様を当てはめるとどうなるか。まず、ヤングやフレイザーの言う「搾取」を搾取たらしめているのは、このような意味での「従属」関係と考えられる。というのも、搾取される側は、搾取する側との力関係において、搾取する側の提示するような対価関係での労働条件を承諾せざるを得ない——すなわち、搾取する側の言うことを聞かざるを得ない——点にこそ問題があるからである。このような従属の契機こそが搾取を、本人が自発的に従事して、任意にその関係から退出できるような無償のボランティア活動などから区別するのである。したがって、「搾取」は「従属」に分類される。

　ヤングの言う「周縁化」——フレイザーの言う「経済的周縁化」のうち、3K労働や低賃金労働への従事[42]を除いたもの——は、労働市場から排斥され

るという意味で「排除」に分類される。また特定の集団を、他の集団に比して特別に労働市場から排斥しているという点では「差別」としての契機をも併せ持っている。ヤングの言う「無力化」は「従属」に分類される。

　ヤングの言う「文化帝国主義」は、その態様に応じてフレイザーの言う「文化的支配」と「不承認」とに分類されることは既にフレイザーの検討のところで確認した（Ⅱ2）。このうち前者の「文化的支配」はアブ・ノーマルな少数者に対し、ノーマルな支配的集団、多数派の生活・行動様式への同化を強いるものであることから、「従属」に分類される。それに対して後者の「不承認」は、少数者の観点が不可視化されるとともに、支配的集団によって、自分たちとは異質な「他者（Others）」として表象されることから、共通の共同体における相互行為から排斥されるという「排除」に分類されると言える[43]。

　ヤングの言う「暴力」（フレイザーの言う「不尊重」）は、それが支配的集団の構成員によって、彼らのノルムへ同化させるための手段としてなされている場合や、いじめやセクシュアル・ハラスメントに見られるように、楽しみ（for fun）として、暴力やハラスメントの対象とされる人々の存在が欲されている場合などには、「従属」として分類できる。それに対し、嫌悪の対象、殲滅の対象として、支配的集団の共同体ないしは共通の共同体における協働枠組みから排斥する目的でなされている場合には、「排除」として分類できる[44]。

　以上がヤングとフレイザーの抑圧、不正義の態様を分類した結果であるが、先の社会秩序による不正義の態様の類型化のうち、国家秩序に根ざした不正義について検討すると、まず政治的意思決定手続きや行政機構の公職などから不合理ないし恣意的な理由に基づいて排斥されるという不代表の不正義は「排除」ないしは「差別」に、国家による不合理ないし恣意的な理由に基づく自由制限やプライバシー侵害行為は、有無を言わせず国家の命令に従わせられるの

42	厳密に言えばこれらは、高賃金の熟練労働との関係では排除、3K労働や低賃金労働との関係では従属を構成するが、社会構造全体を見た場合、後者の領域でこれらの集団を搾取するためにこそ前者の領域から排斥していると多くの場合において見ることができるから、後者の従属の側面の方が基底的であると言える。
43	そして後者の不承認はノーマルな支配的集団と比して、これらの少数者を不利益に取り扱うという点で「差別」でもある。
44	そして後者の場合は、支配的集団に属する構成員ではなく、少数者の構成員にだけ物理的暴力やハラスメントがなされるのだから、「差別」をも構成する。

だから、「従属」に、国家による不合理ないし恣意的な理由に基づく差別行為は「差別」に分類されよう。

	従属	排除	差別
経済秩序に根差した不正義	搾取、無力化	周縁化	周縁化
意味秩序に根差した不正義	文化的支配、暴力	不承認、暴力	不承認、暴力
国家秩序に根差した不正義	国家による自由制限やプライバシー侵害行為	不代表の不正義	国家による差別行為 不代表の不正義

　以上の「従属」、「排除」、「差別」の各々に分類された不正義の態様は、既に見たように互いに重なり合うこともももちろんある。とりわけ「排除」に分類された不正義の態様は、同時に「差別」としての契機をも有するであろう。しかし、国家による不合理ないし恣意的な理由に基づく特定の人々のみに対する不利益な取扱いの全てが従属や排除に還元し尽くされるわけではないから[45]、なおも「差別」という独立の相互行為の類型を設ける意味はある。

　また従属と排除についても、独立の相互行為の類型として区別する分析的有用性がある。第一に、しばしば従属としての関係性に置かれる被抑圧集団は、支配的集団にとって利用価値がある、社会全体の維持・存続にとって必要不可欠な分業構造上の位置を占める存在であるからである。3K労働や低賃金労働に従事することを強いられる黒人や未熟練労働者や、いわゆる「ピンクカラー」の縁辺労働や家事や育児などの無償ケア労働に従事することを強いられる女性などがその典型である。彼らは「利用の対象」ではあり得ても「殲滅の対象」ではない。彼らに対しては、支配的集団が（道具主義的な意味で）合理的である限り、いわば「生かさず殺さず」という対応が採られるのである。

　これに対して「排除」される被抑圧集団の中には、支配的集団にとって、利用すらしてもらえない、自分たちの協働枠組みからできることなら排斥したい

---

[45] 先に見たアルコール度数の低いビールの購入可能年齢、6か月の待婚期間の有無についての男女差別の例も、「従属」や「排除」で説明しようとすると、（全く不可能とまでは断言しないものの）些か無理が生じるであろう。端的に区別の不合理性ないし恣意性を問うた方が直截的であるように思われる。

と見なされる人々の例がしばしば含まれる。支配的集団との社会的協働から排斥されても、互いに棲み分けられるのならば——相互不干渉の「暫定協定（modus vivendi）」を支配的集団から引き出せるだけの対抗力を有するならば——まだ幸運であるが、それらの被抑圧集団の存在は、支配的集団にとって無価値、ないしもっと酷ければ「存在自体が許せない」と認識され得る。そのため、最悪の場合には、ナチス・ドイツ下でのユダヤ人や、ルワンダ内戦時のツチ族のように、エスニック・クレンジングなどといった「殲滅の対象」ともなり得るのである。したがって、このようなしばしば従属の対象とされる集団と、排除の対象とされる集団との間に生じる、支配的集団との関係性における対象化のされ方——「利用の対象」か「殲滅の対象」か？[46]——の根本的差異に着目する上でも、「従属」と「排除」という独立の不正義の相互行為の類型を設ける認識的意義があると考える。

第二に、このような「利用の対象／殲滅の対象」という区別とも関わり、本章Ⅲ1で後述するように、「従属」という形態での不正義と、「排除」という形態での不正義とでは、それに対する治癒策の指針においても差異が生じてくる。共同体の協働枠組みから排除されている人々に対し、個人的独立を保障することだけでは必ずしも適切な治癒策とはならないということである。したがって、不正義の態様の違いに応じた適切な治癒策を構想するという意味で、このような「従属」と「排除」という独立の相互行為の類型を設ける実践的意義もある

---

[46] この「利用の対象」と「殲滅の対象」とは、第一義的に分配不平等の不正義を被る集団と、誤承認の不正義を被る集団との区別に重なることも多いが、完全に重なるわけではない。ナチス・ドイツ下でエスニック・クレンジングを被ったユダヤ人や、「同性愛は神への罪である」としてヘイトクライムの犠牲となる同性愛者といった、「殲滅の対象」とされる集団はしばしば第一義的に誤承認の不正義を被っている。しかし身体障害者や精神障害者もまた、支配的集団によって利用すらしてもらえない「殲滅の対象」であるが（ナチスのいわゆる「T4作戦（Aktion T4）」や、やまゆり園における障害者殺傷事件を想起せよ）、彼らが排除されるのは労働分業体制において「経済的利用価値がない」と支配的集団から認識されることに由来するのであり、第一義的には「経済的周縁化」としての分配不平等の不正義を被っていると理解するべきだろう。したがって、「利用の対象／殲滅の対象」という分類は、「分配不平等の不正義／誤承認の不正義」という分類とは独自の意義を有すると理解するべきである。なお、このような筆者の「利用の対象／殲滅の対象」という分類の発想自体は、米国の社会学者であるオリバー・コークス（Oliver Cox）の「反ユダヤ主義（anti-Semitism）」と「人種的偏見（race prejudice）」の区別にヒントを得たものである。彼は「反ユダヤ主義」を、ユダヤ人の存在そのものを搾取でなく除去することをレゾン・デートルとしているとし、それに対し「人種的偏見」を、黒人の存在そのものの安価な未熟練労働者としての有用性を認め、黒人を除去でなく搾取することをレゾン・デートルとしていると特徴付けている（Cox 1970, pp. 393, 400-401）。

と考えるからである。

　この点、ペティットの言う、恣意的な根拠に基づいて干渉を受ける可能性がある状態としての「支配（domination）」に、従属のみならず排除をも還元できるのではないかという指摘がなされるだろうが、それは難しいのではないかというのが筆者の見解である。確かにペティットの言う支配概念を構成する「干渉（interference）」は、不作為（omission）によって、相手の選択肢に働きかける行為も包含する (Pettit 1997, pp. 53-54)。したがって、「排除」に典型的に見られるようなコミュニケーションの拒否や無視といった行為も、形式的には干渉概念のうちに包摂可能である。

　しかし、そのような社会的周縁化を被っている人々の状況の深刻性は、他者の恣意的な干渉にさらされるような状態に置かれている──「放置されるのも救われるのも他者次第」──ことというよりも、コミュニケーションを拒まれて共通の社会的協働枠組みに参加できないことそれ自体にあると思われる。したがって、そのような「排除」という契機において、それらの人々が他者との間で立つ関係性を第一義的に捉えた方が直截的であると思われる[47]。

　加えて、ペティットの言う「干渉」は意図的な行為に限定されるところ (Pettit 1997, pp. 52-53)、被抑圧集団へのステレオタイプに基づいた忌避的行為は何気ない無意識的な反応によっても採られ得るものである。そしてそのような無意識的行為であっても、それが社会の至るところで積み重なることで、特定の集団構成員に対する排除の構造が生成され得るのだから、ペティットの支配概念だけでこういった構造的不正義をも十全に包摂できるかどうかはやや心許ない。したがって排除をペティットの言う「支配」に還元するのではなく、従属と排除を独立の不正義の相互行為の次元における態様として設定することが、なお正当化され得ると筆者は考える。

(3)　抑圧と民主的不平等

　筆者自身の関係的平等主義に基づく正義構想によって批判対象とされるべき

---

[47] ほぼ同様の立場から、社会的紐帯の弱化として理解される「孤絶化（disaffiliation）」が、第一義的にはペティットの言うところの他者による支配ではなく、「社会的周縁化（social marginalization）」として把握されるべきとする──それゆえ関係的平等を規律する理念として「非支配（non-domination）」だけでは不充分だとする──立場として、Garrau & Laborde 2015, p. 63 参照。

不正義の態様に対しては、正義の原理が規律する共同体に基づいた区別が可能である。すなわち、①道徳共同体（moral community）の構成員としての尊厳を蹂躙する不正義である「抑圧（oppression）」と、②政治共同体（political community）の構成員としての地位を毀損する不正義である「民主的不平等（democratic inequality）」である。

　先にヤングの抑圧概念の検討をしたところで、民主国家の市民の間で社会的対等関係が構築されるためには、抑圧を超えた不正義の分析及び是正が必要である点を、アンダーソンの言う平等を求める政治運動の積極的課題に言及することで確認した（Ⅱ4 (1)）。筆者自身のここでの二分類も、アンダーソンの言う平等主義の消極的課題／積極的課題で批判対象とされる不正義の態様と軌を一にしている。したがって、「抑圧」はヤングの抑圧概念（フレイザーで言う分配不平等の不正義、誤承認の不正義）に加え、国家による不合理ないし恣意的な理由に基づく自由制限・プライバシー侵害・差別の内で、個人の行為主体性を蹂躙し得るものが対応する。「民主的不平等」には、フレイザーで言う不代表の不正義及び、国家による不合理ないし恣意的な自由制限・プライバシー侵害・差別の内で、抑圧概念によっては包摂されないものの市民全員に不偏的に奉仕する民主国家の責務からして問題のあるものが含まれる。

　先にアンダーソンが、平等を求める政治運動は、全ての道徳的能力を備えた大人を、道徳的責任を発展させ行使したり、正義の原理に従って他者と協同したり、善の構想を形成し実現したりする能力を備えた道徳的行為主体であると主張している点、平等主義者は社会的・政治的平等をこのような普遍的な道徳的平等に基礎付けていると言っている点を確認した（Ⅰ1 (1)）。このことから分かるように、抑圧とは究極的には、諸個人をそのような正義感覚の能力と善の構想の能力を備えた道徳的人格として扱わないような行為ということとなり、地球上の全ての大人の個人は原則として、そのような道徳的人格として、道徳共同体の構成員としての等しい地位が承認される。したがって、抑圧の除去という正義の要請はグローバルな射程を有する（Anderson 2010b, p. 17）。

　これに対して、民主的不平等は、そのような道徳的人格の内で、ともに共通の政治共同体に属している同胞市民の間での、社会的に非対称な関係性ということであり、それゆえその射程も当該政治共同体内の構成員としての市民に限

られる[48]。政治的意思決定手続きや行政機構の公職からの排除が抑圧ではなく民主的不平等に分類される理由も、それが民主国家の市民との関係で問題となる点に求められる。抑圧に当たらないような国家による不合理ないし恣意的な自由制限や差別などが民主的不平等に分類され、それゆえ民主国家の市民との関係で特に問題となるのも、民主国家の責務として、全ての市民に対して不偏的に奉仕することが求められるからである。

Ⅲ 不正義への治癒策の一般的指針

本章Ⅱではアンダーソンの民主的平等の立場、ひいてはそれを発展させた筆者自身の関係的平等主義に基づく正義構想の立場から問題にすべき、不正義の態様及び生成構造の内容を明確化する作業を試み、その上で筆者自身の不正義の態様についての類型化を試みた。具体的には、(1)不正義が第一義的に根差す社会秩序（経済秩序／意味秩序／国家秩序）の区別に基づいた類型化（Ⅱ5(1)）、(2)不正義の相互行為の次元における態様（従属／排除／差別）の区別に基づいた類型化（Ⅱ5(2)）、(3)正義の原理が規律する共同体（道徳共同体／政治共同体）の区別に基づいた類型化（Ⅱ5(3)）を提示した。

既に何度も述べてきたように、上のような視点からの類型化を試みたのも、そのような不正義の態様の違いに応じた適切な治癒策（remedy）の指針を示すためである。(1)の不正義が第一義的に根差す社会秩序の区別に基づく類型化について言えば、社会秩序間、とりわけ経済秩序と意味秩序の相互浸透関係により、分配不平等を是正する政策と誤承認を是正する政策が、実践的緊張関係にあり得るというのがフレイザー理論の眼目であった（第5章Ⅱ2(2)、本章Ⅰ2(1)・Ⅱ2参照）。したがって、そのような実践的緊張関係の所在を認識し、両者の不正義を同時に是正しようとする政策が相互干渉を引き起こさずに、可能ならば両政策がシナジー効果を有するような治癒策の一般的指針を構築することが求められるということになる。

[48] 「抑圧的な社会的関係は、不利益を被る集団の構成員の基本的人権をはく奪するから正義に反する。より程度の激しくない集団的不平等は、デモクラシーの根本規範である社会的平等を侵害するから正義に反するのである」（Anderson 2010b, p. 21）。

(2)の不正義の相互行為の次元における態様の区別に基づいた類型化についても、そのような態様の違いに応じた適切な治癒策の指針を示すことが求められる。結論から先に述べると筆者は、①「従属（subordination）」に対しては「独立（independence）」、②「排除（exclusion）」に対しては「統合（integration）」、③「差別（discrimination）」に対しては「反差別（anti-discrimination）」を、治癒策の一般的指針にすることを擁護するつもりである。

1 差別と従属への治癒策：反差別と独立の擁護

　③の「反差別」については詳しい説明を要しないだろう。差別が一定の人々に対し、他の人々と比べて不合理ないし恣意的な理由に基づいて不利益な取扱いをすることであるならば、「反差別」とは、そのような不合理ないし恣意的な理由に基づく不利益な取扱いを禁止することである。

　むろん、具体的にいかなる基準で「不合理」ないしは「恣意的」な差別を判断するのか、判断基準の厳しさは差別の対象とされる集団（人種・性・社会的身分・学歴・居住地など）ごとにどう異なるのか、被抑圧集団の社会的地位を向上させるために暫定的に有利に取り扱う措置（いわゆる「積極的差別是正措置（affirmative action）」）についてはいかなる基準で判断するのか、などは開かれた問いである。これらの問題について本格的な考察をめぐらすためには、「差別の反道徳性の根拠（the wrongness of discrimination）」を解明することを通じて一般的な「差別概念論（the concept of discrimination）」を展開することが要請されるが[49]、紙幅の点でも現時点での筆者の能力の点でも本書でそれを展開することはできない。筆者自身の関係的平等主義の正義構想と適合的な差別の一般理論の本格的な展開は別の機会に委ね、後述の第11章Ⅱでは、若干の事例を題材に、簡単な素描を試みるにとどまることとなろう。ここでは、少なくとも民主国家における市民間での社会的対等関係という民主的平等の見地からは、国家による不合理ないし恣意的な差別はたとえ抑圧を構成しないとしても、

---

[49] 「差別の概念（the concept of discrimination）」及び「差別の反道徳性の根拠（the wrongness of discrimination）」という区別は、Lippert-Rasmussen 2014, pp. 6-8 に負っている。なおリッパート＝ラスムッセンはそこで、私人によるものも含めた差別行為一般について議論しており、国家による法的差別に特に射程を限定していない。ただし、法的差別において特に問題となる考慮要素についての考察も、若干程度敷衍している（Lippert-Rasmussen 2014, pp. 217-221）。

全市民に対して不偏的に奉仕するという民主国家の責務（Anderson 2010b, p. 20）に照らして不正義と評価され得、それに対して国家による差別行為の禁止という反差別が治癒策の指針となることを確認するにとどめたい。

また、①の従属に対して「独立」が適切な治癒策になるというのも問題ないだろう。被抑圧集団が支配的集団の言いなりにならざるを得ないのも、自らの生を彼らに主として経済的に依存しているからであり、こうした支配従属関係から抜け出すためには被抑圧集団の構成員の、支配的集団（の構成員）との関係での一方的依存関係を絶つことが有効であるからである。このような独立としての治癒策には個人としての独立と、労働組合などのように被抑圧集団の集団としての独立とが一応観念できるが、後者の場合には当の集団内での支配従属関係がなおも問題となることから、やはり重要となるのは個人単位での独立であろう。

アンダーソンもまた自らの民主的平等にとって、「個人的独立（personal independence）」が重要であることを述べている。各々の個人が「他者の許可を得たり、他者に自己の理念を正当化したり、他者による道徳主義的な吟味に晒されたりせずに、自分の判断で生を送る真の自由を広範に享受」するためには、「危害を加えたり自己の利益や尊厳にとって重要なものを取り上げたりすると脅迫することを通じて、他者が恣意的な要求をしてくるような、個人的な従属状態に置かれない」（Anderson 2008, p. 265）ことが要請されると言うのである。そしてそのためには、他者に経済的に依存しないことはもちろんのこと、国家・中間共同体両方との関係で、個人単位でのプライバシーの確保や充分な余暇時間（cf. Anderson 2017, pp. 68, 136）、私的結社の自由などが最低でも要請されるだろう。②の排除に対する治癒策としての「統合」については本章Ⅲ2 で詳述する。

もちろん、不正義の態様に応じて誂えた治癒策が、他の不正義の態様の治癒策としても有効性を持つ場合は多々ある。女性について、有償労働からの排除に対してそこへのアクセスを保障する「統合」という治癒策を採ることが、同時に家庭領域における無償ケア労働を強いられるという従属関係に対する治癒策としても一定程度機能するというのが、その好例であろう。非嫡出子について、法定相続分を嫡出子の半分とするという家族法における差別に対して、嫡

出子と同等の法定相続分を認めるないしは法定相続制度及び遺留分制度を廃止するという「反差別」という治癒策を採ることが、同時に社会領域における人々の非嫡出子、さらには事実婚のカップルに対する偏見を一定程度改革し、インフォーマルな社会的排除に対する治癒策としても機能し得るという例も挙げられる。

　しかし本章Ⅱ5（2）でも述べた通り、従属としての関係性に置かれる被抑圧集団はしばしば、支配的集団にとって利用価値がある「利用の対象」であるのに対して、排除される被抑圧集団の中には、支配的集団によって利用すらしてもらえない「殲滅の対象」が多く含まれる。したがって、支配的集団との関係で「利用の対象」と目されている集団構成員にとって有効に機能する、彼らが支配的集団との関係で、言いなりにならず、交渉力を強められる──毅然と対峙でき、ギブ・アンド・テイクでビジネス・ライクな互恵的協働関係を築ける──ようにするための「独立」という治癒策は、支配的集団との関係で「殲滅の対象」と目される集団構成員に対しては必ずしも有効に機能しない。支配的集団にとって、それら「殲滅の対象」の存在は、「なくてはならない」存在ではないため、彼らが自らの言いなりにならない独立した存在になったとしても、それらの人々との間で「ギブ・アンド・テイク」の互恵的協働関係を築くインセンティブは必ずしも生じない。むしろそのような「殲滅の対象」たる被抑圧集団の構成員は、たとえ露骨な暴力的排除に晒されないまでも、共同の社会生活において、「真綿で首を絞める」ような数々の慇懃なる無視や「高度な嫌がらせ」の対象とされ続けるだろう。

　井上達夫の用語を借りるなら、「利用の対象」に対して支配的集団が向ける態度はしばしば、「自分たちの利益を充たしたい」という「充足要求」であるのに対し、「殲滅の対象」に対して支配的集団が向ける態度はしばしば、自分たちの価値に照らして「その存在すら許せない奴らを抹殺したい」という「妥当要求」である（井上達夫1999、6-7頁）。「利用の対象」に対しては、独立した彼らと対等関係で協働することが支配的集団にとっても得になる──すなわち、支配的集団の既存の内在的欲求を充足する道具的欲求の対象となる──と分かればそうするのに対し、「殲滅の対象」と同じ共同体内において対等関係で協働するインセンティブを支配的集団に持たせるためには、支配的集団の既存の

内在的欲求である価値判断ないし意識そのものを変容させなければならない。そしてそのためには「殲滅の対象」とされる被抑圧集団を共通の共同体の中に統合することを通じて、両集団構成員間の相互交流の機会を作り、互いの異なった視点への共感及び相互理解を促す——少なくとも支配的集団の構成員をそれら被抑圧集団の存在に「慣れさせる」——という、より積極的な治癒策が有効だと思われるためである。

　不正義の相互行為の次元における態様の違いに応じた治癒策のうち、①の「独立」と③の「反差別」については以上のように一般的指針を示した。以下では態様の違いに応じた治癒策のうち、②の「統合」の内容について、アンダーソンの議論に依拠しながら敷衍した後（Ⅲ2）、不正義が第一義的に根差す社会秩序の区別のうち、分配不平等と誤承認とを同時に是正する政策を追求した際の実践的緊張関係に対処し得るような治癒策の一般的指針として、フレイザーによる「肯定的戦略／変革的戦略」の議論に依拠しながら、筆者自身の採用する立場を示したい（Ⅲ3）。

2　排除への治癒策：統合の擁護

　以下では、「排除」という不正義の態様に対する治癒策としての「統合（integration）」の内実につき、アンダーソンによる単著『統合の責務（*The Imperative of Integration*）』（2010年）の記述に依拠しながら、敷衍する[50]。

(1)　差異化された結束に対する批判

　アンダーソンの統合論は、米国における事実上のものも含めた「人種分離（racial segragation）」の実態を念頭に置いている。そしてこのような人種分離に対する治癒策として、ヤングが統合を批判して「居住分離（residential segragation）」を擁護したことに対するアンチテーゼとして、アンダーソンは議論を展開している。

---

[50] もっともアンダーソンは本章Ⅲ2 (2)で後述するように、筆者の言う「排除」に分類される不正義の態様に対して特別に誂えた治癒策というよりも、米国の黒人について、彼女の言う抑圧の五類型及び民主的不平等の全てに通底する原因としての人種分離（racial segragation）に対する治癒策として、統合を提唱している。ただしそのことは、彼女の「統合」という治癒策が筆者の言う「排除」に対する治癒策として有効であるという評価を妨げるものではないと考える。

ヤングは人種分離に対する「統合」という治癒策に対して、第一に、人種分離の問題を集団が区別されていることそのものに求めているが、人種分離の問題の本質は人種間の居住分離そのものにではなく、物質的利益へのアクセスが支配的集団に不均衡に分配されていることにあるのを看過している点（Young 2000, pp. 217-218）、第二に、統合の治癒策は支配的集団には変化を求めずに、排除されている集団の構成員のみに対して変わることを求める傾向がある点（Young 2000, p. 216）、第三に、統合論は支配的集団の抵抗に遭って失敗し、失敗した場合に被抑圧集団の側に非があるとされる傾向がある点（Young 2000, p. 217）、第四に、統合の治癒策は、特別な愛着を感じている者と一緒に住んだり結び付いたりするという人々の欲求に妥当性を承認していない点（Young 2000, pp. 216-217）で不適格であるとして批判する。

　そしてそれに対するオルタナティブとして「差異化された結束（differentiated solidarity）」という、集団構成員ごとの善意の（benign）、自己が属する集団への愛着に基づいた居住分離を擁護する（Young 2000, pp. 221-228）。ヤングによればそのような居住分離は、一定の人々を利益や機会から排除するものでなく、単に愛着に基づいた相互扶助や自文化の形成を目的としたものであれば問題はなく、既得権を保持したり他者を無理やり排除したりするわけでなければ、支配的集団によるものであっても問題がないと言うのである（Young 2000, p. 217）。

　このようなヤングによる居住分離の擁護に対して、アンダーソンは反論を展開する。第一のヤングの批判に対しては、それを「人々の居住分離を所与にして物質的資源を移転して分配すれば、人種的平等が達成される」という前提に立っていると特徴付けた上で、黒人の不利益は物質的資源の欠損のみならず、社会的・文化的資本の欠損にも存するのであり、それらの社会的・文化的資本は人種間の相互行為があって初めて獲得されるものであるとして反論する（Anderson 2010b, p. 186）。そしてヤングの第二の批判につき、統合はあくまで黒人に対して、文化資本へのアクセスを保障することで、白人が多数派を占める社会制度でそつなく立ち振る舞うために必要な技術を獲得させるものであって、黒人に対してそこで学んだ技術や慣習によって、自分たちの（他の領域での）慣習や生活習慣を置き換えることを求めるものではないと反論する。それゆえ

支配的集団へ一方的に同化する (assimilate) ことを強要するものではないと言うのである[51][52]。

また、ヤングの第四の批判を念頭に置いた上でアンダーソンは、個人には集団的ステレオタイプを打破したり、集団の垣根を越えた文化的実践をしたりする自由があり、それゆえ個人には、集団的ステレオタイプを打破する自由を阻害するような統計的差別 (statistical discrimination) に反対する権利が認められると主張する。そして自己の属する集団の文化への愛着を推奨する規範は、そのような個人の自由を剥奪することになり得る、としてヤングのオルタナティブに批判を加える (Anderson 2010b, p. 178)。したがってアンダーソンはヤングとは反対に、人種分離の問題に対して居住分離ではなく、「統合」という治癒策を擁護するのである。

(2) 統合の価値とデモクラシー

アンダーソンはとりわけ人種に基づく諸々の不正義の実践が、人種間の分離を促進する形で作用しているという現状認識を示し (Anderson 2010b, p. 16)、それゆえ「人種分離が問題ならば、人種統合がその治癒策である」(Anderson 2010b, p. 112) として、統合を擁護する。そしてそのような統合は、「全ての社会的領域、とりわけ教育や経済、公共財へのアクセス、政治的影響力への機会を規定するような主要な社会制度において、全ての人種の構成員が完全に包摂されて参加する」ことを要請すると言う (Anderson 2010b, pp. 112-113)。

その上で彼女はこのような統合の価値を、デモクラシーに関連付けて擁護する。彼女はデモクラシーを、①国家の管轄内で生活する全ての永続的な社会構成員の、普遍的で平等な市民的地位に関わる「構成員の組織化 (membership organization)」、②対等者からなる討論を通じて、人民によって統治されると

---

[51] もっとも多文化主義ないしは集団単位での差異の政治にコミットする立場からすれば、このような比較的簡潔な反論のみでは必ずしも充分に説得され得ないかもしれない。多文化主義批判及び多文化主義の立場からの批判へのより丁寧な応答は、別の機会に試みたい。そして同時に多文化主義や差異の政治の擁護者からは、序章Ⅲ3 (2) で筆者が記したような、これらの立場に対してしばしば寄せられる正当な懸念を充分に払拭できるような応答を期待したい。

[52] 第三の白人による抵抗とそれゆえの失敗という点については、そのような抵抗が生じることは否定しないものの、長期的には成功するという応答がアンダーソンの立場から可能であると思われる (cf. Anderson 2010b, pp. 180-183)。

いう「統治の様式（a mode of government）」、③市民社会において平等な条件の下で、あらゆる出自からなる市民が自由で協働的な相互行為をするデモクラシーの「文化（culture）」という、三つのレベルで特徴付ける（Anderson 2010b, p. 89）。そしてこのようなデモクラシーにおいて、統合の価値が重要性を有するということを論証する（Anderson 2010b, p. 95）。

　第一にデモクラシーには、構成員全てが公共の問題について認識し、それに対する解決策を提示して実験してみるという、集団的な教育と学習の様式としての意義があり、そのような集団的な教育と学習の実践は、市民社会や統治機構において相互行為をする市民による、表現の自由・集会の自由・請願権・議会での証言・投票・デモンストレーションなどを通じてなされる（Anderson 2010b, pp. 96-97）。そして、そのような公共の問題を解決するために必要な知識は市民全体に広く拡散していることから、それらの広範な市民の有する情報を意思決定権者のもとにもたらすべく、統合が重要性を有する。また、支配的集団が被抑圧集団と分離した状態にあると、前者は後者との相互行為の契機を失い、後者の境遇についての知識を得られなくなるため、後者の抱える問題が「共通の」公共的問題であるとの認識ができなくなる。したがって、そのような支配的集団と被抑圧集団との心理的障壁を取り除くためにも、統合が重要性を有すると言うのである（Anderson 2010b, pp. 98-99）。

　第二に、より情念に訴える手段[53]として（Anderson 2010b, p. 99）、アンダーソンは民主的な社会運動、典型的には公民権運動に着目し、それらの運動が、自分たちを尊重することを求めて相手に対して問責することの正統性を論証しようとする「二人称的（second-person）正当化[54]」実践にコミットしていること

---

[53] ただし情念に訴える手段には、しばしば「敵と味方」という過度に単純化した二項対立的なレトリックを用いることを通じて、政治共同体を分断する危険性があることも否めない。したがって筆者としては、デモクラシーにおける正当化実践においては、理性的な対話と討論を基本とすべきであり、情念に訴える手段に対しては、それを補完するための限定的な役割を承認するに留めるべきであると考える。その点で筆者は、例えば正義の実現における愛着感情の役割に過大な期待を寄せるような、ヌスバウムの『政治的感情（Political Emotions）』（2013年）のような立場（Nussbaum 2013）に対しては、一定の距離を置いている。

[54] 第5章Ⅱ3 (2) で確認したように、アンダーソンはダーウォルの二人称的正当化にコミットするものとしての道徳的責務（Darwall 2006）の理解を採用している。もっとも私見によれば、このような相手に対して自己を尊重するよう請求するという、「答責のシステムとしてのデモクラシー」実践の意義を評価するに当たって、二人称的視点としての道徳という、ダーウォルの特殊な道徳概念論を採らなければならないとまでは言えないように思われる。

を、デモクラシーの意義として強調する (Anderson 2010b, p. 101)。

このような二人称的正当化の実践に胚胎する、一方が他方に対して請求をなすという構造に貫かれた、「答責のシステムとしてのデモクラシー (democracy as a system of accountability)」という機能は集団デモに限らず、手紙やニュースなどの他の手段を通じてもなされ得るが、問責の対象となる政治的意思決定権者はしばしば容易にそういったコミュニケーションから目を背けることができる。しかし対面的 (face-to-face) な契機に直面すれば、意思決定権者たちも容易にはそれらの問責から目を背けることができない。もし意思決定権者たちが閉ざされた一枚岩の社会集団から構成され、被抑圧集団から分離されていたら、彼らは自らの意思決定の影響を被る被抑圧集団から実効的に問責され得ないだろう。それゆえ意思決定機関への、被抑圧集団の統合が重要となると言うのである (Anderson 2010b, p. 102)。

第三に、デモクラシーの理念は社会的に平等な関係性を必然的に含むところ、既述のように、市民的地位は法的権利のみならず、文化的規範にも関わる。アンダーソンは社会的に平等な関係性というデモクラシーの理念からの要請について敷衍した上で[55]、これらの要請からは、上位の職務が公衆全体の利益に奉仕することが求められると言う。そして、集団間の分離が生じている社会において、一部の集団の利益のみならず公衆全体の利益に奉仕するという、上位の

---

[55] アンダーソンによるとそのような要請としては、第一に、そのような関係性にある全ての当事者は互いに請求をなす等しい権利と権威を有すること (「反奴隷原理 (the antislavery principle)」)、第二に、誰も生まれによるアイデンティティや地位に基づいて劣位な社会的地位に閉じ込められないこと (「反カースト原理 (the anticaste principle)」)、第三に、意思決定や監督的地位などの上位の職務は、全ての (それに見合った技能を有する) 諸個人に開かれなければならず、そうした職務に就く能力を獲得する潜在力を有する者は誰しも、そのような能力を発展させたり、公正な条件で競い合ったりするための実効的な機会を与えられなければならないこと (「公正な機会の原理 (fair opportunity principle)」)、第四に、上位の権限はその職務内容の範囲内でのみ行使され得るということ (「領域差異化原理 (the principle of sphere differentation)」)、それゆえ職務外の関係では、誰も他者に非相互的な権限を主張できないこと、第五に、職務的地位に伴う権力は、その職務的地位に割り当てられた目的遂行のために最低限設えた範囲内で行使されなければならないこと (「必要手段原理 (the instrumental necessity principle)」)、第六に、公職の目的は民主的に——すなわち、「全ての市民の利益は等しく考慮されなければならないという理解の上で」市民間で相互に協議して——定められなければならず、民間の職務的地位の目的も、たとえ市民の集合的決定によって定められないにしても、パブリック・アコモデーションの提供において差別をしないといったように、公共の利益の一般的規制と整合する形で定められなければならないこと、が求められると言う (Anderson 2010b, pp. 106-108)。

職務の機能と答責性を確保するためには、それらの職務が異なる集団の構成員で占められる必要があり、それによって互いの有する知識を共有し、集団間のコミュニケーションや相互行為についての相互尊重的な規範を作り出し、それらの職務の目的を全ての市民の利益に奉仕するような形で遂行させるべきであると論じる（Anderson 2010b, p. 109）。こうしたデモクラシーに適合的な市民の社会的平等としての文化的規範を作り上げるためにも、統合が重要となるということである。

統合の価値をデモクラシーと関連付けた上でアンダーソンは、「統合」について「地理的（spatial）／社会的（social）」、「公式的（formal）／非公式的（informal）」という視点で分類する（Anderson 2010b, p. 116）。そして米国の人種分離を例にして、それらの「統合」という指針に基づいた政策が、黒人に対する差別や偏見の軽減、より良い物質的財の享受や教育・雇用の機会の確保を通じての経済的地位の向上、長期的な人種間の宥和の伸長などにおいて一定程度の成果を上げ得ることを、社会学的知見などを駆使して実証するのである（Anderson 2010b, p. 134）。

以上のアンダーソンによる統合論は、基本的に米国の白人／黒人間での人種分離を念頭に置いたものではあるものの、このような「統合」という治癒策の指針自体はより一般的なものであり、彼女の言うようにそれは、「あらゆる分離された集団に応用することができる」（Anderson 2010b, p. 110）。しかも、彼女の「統合」は居住分離の解消のような地理的な統合のみならず、職域分離の解消のような社会的な統合をも含むものであることから、政治的領域、社会的領域一般での協働関係における排除実践を問題にできる。したがって、より具体的な制度構想は第4部の第10章Ⅱでの素描を待たなければならないが、筆者自身が先に導入した排除としての不正義の相互行為における態様に対しても、適切な治癒策の指針たり得ると考える。

3 分配不平等／誤承認の不正義への治癒策：変革的戦略の擁護

以下では、不正義が第一義的に根差す社会秩序の区別のうち、分配不平等と誤承認とを同時に是正する政策を追求した際の実践的緊張関係に対処し得るような治癒策の一般的指針として、フレイザーによる「肯定的戦略／変革的戦

略」の議論に依拠しながら、筆者自身の採用する立場を示すことにする。

(1) フレイザーによる変革的戦略の擁護

既に何度も述べた通り、フレイザーは、現代の社会においては人々の階級関係を規律する経済秩序と、人々の承認関係を規律する文化的意味秩序とが相互に浸透しており（Fraser 1998, p. 39)、その結果として分配的不正義を是正しようとする政策と、誤承認の不正義を是正しようとする政策との間に実践的緊張関係が生じ得る（Fraser 1998, p. 47）という知見を示したのであった。そして、そのような両者の政策の間での相互干渉を回避するような治癒策の一般的指針を考案するべく、「肯定的（affirmative）戦略」と「変革的（transformative）戦略」という二つの理念型を提示する（Fraser 2003, p. 74)。前者は社会制度が生む不公正な帰結を、根底にある社会構造に手を付けずに是正しようとするものであり、後者は不公正な帰結を生み出している社会構造そのものを再編することで、結果を是正しようとするものである。

二つの戦略の区別はまず分配的正義において適用することができ、「肯定的再分配（affirmative redistribution)」の典型例は、分配不平等を収入の移転によって、経済構造には手を付けずに是正する、いわゆる「リベラルな福祉国家」政策であると言う。それに対して「変革的再分配（transformative redistribution)」の典型例は、正義に反するような分配状態を生成する構造そのものを、分業構造や所有形態などを変えることを通じて変革しようとする、いわゆる「社会主義」政策であると言う。

また二つの戦略の区別は誤承認の治癒策としても適用でき、「肯定的承認（affirmative recognition)」の典型例は、不正に貶められてきた集団のアイデンティティを、当のアイデンティティの中身やその背後にある差異化コードそのものには手を付けずに積極的に再評価することで不尊重を是正するという、「主流派の多文化主義」政策であると言う。それに対して「変革的承認（transformative recognition)」の典型例は、既存の文化的意味秩序を構成している二元的差異コードそのものを脱構築することで——すなわち全員のアイデンティティを変容させることで——従属関係を是正しようとするいわゆる「脱構築主義」であると言う（Fraser 2003, p. 75)。

	肯定的戦略	変革的戦略
再分配	肯定的再分配 ex. リベラルな福祉国家	変革的再分配 ex. 社会主義
承認	肯定的承認 ex. 主流派の多文化主義	変革的承認 ex. 脱構築主義

　このように「肯定的／変革的戦略」を「再分配／承認の正義」それぞれに適用した後にフレイザーは、肯定的戦略には難点があると論じる。すなわち、まず肯定的承認については、被抑圧集団の集団的アイデンティティを物象化してしまい、集団的アイデンティティの単一の軸のみを強調することで、集団内の個々の構成員の生の複雑性、アイデンティティの多様性などを否定してしまうと言う。そして最悪の場合、諸個人に対して当該集団への無批判的な忠誠を強いてしまい、集団内での差異を抑圧することで、その集団内での支配的勢力への従属の実態を隠蔽してしまうと言う。総じて「分離主義と抑圧的な共同体主義に容易に転化し得る」(Fraser 2003, p. 76) というわけである。

　また肯定的再分配についても、往々にして受給者をターゲット化する (target) ような選別主義にコミットするとともに (Fraser 1997a, p. 25)、貧困を生成する経済構造そのものには手を付けずに貧困者を助成するために、表層的な財の再分配を延々と繰り返さなければならないと言う。そのため受給者を内在的に劣った強欲な存在として印象付け、分配不平等の是正に失敗するのみならず、スティグマ化・誤承認を強化してしまうと言うのである (Fraser 2003, pp. 76-77)。

　これに対して変革的戦略はそのような弊害を伴わないと言う。すなわちまず変革的承認としての脱構築的な治癒策については、意味秩序による地位の区別を不安定化させることを目指しているため、集団的アイデンティティを原則として物象化しない。アイデンティティの複雑性と多様性を認識することで、黒人／白人、同性愛／異性愛といった既存の二元的差異コードを脱中心化された無数の差異に置き換えるため、集団共通のアイデンティティへの順応主義を挫き、異なる者の間での相互行為を促進させると言うのである (Fraser 2003, p. 77)。

　また変革的再分配についても、パイの拡大と分業構造の再編に焦点を当てる

ことで、選別主義と対比される普遍主義的な社会政策にコミットする傾向にあり、それゆえ「特権の享受者」として表象されるようなスティグマ化された階級を生み出さずに済み、社会的結束を促進すると言う。分配不平等の是正とともに誤承認をも一定程度是正することができるというわけである。したがって、肯定的戦略よりも変革的戦略の方が望ましいとフレイザーは言う。

ただし、変革的戦略にも難点はあると彼女は付け加える。すなわち、まず変革的承認については、既存の二元的差異コードを脱構築することは誤承認されている人々の当座の関心からかけ離れているし、変革的再分配についても、分配不平等を被っている人々の当座の利益——「変革するなら金をくれ！」——からかけ離れていると言う（Fraser 2003, pp. 77-78）。また、変革的戦略は集合行為問題にも悩まされると言う。多くの人々が当座の利益やアイデンティティの軛から解放されるような特殊な状況下でなければ実効性がないと言うのである。

その一方で、「肯定的／変革的戦略」の区別も文脈に依存し、抽象的には「肯定的」と思しき改革も、一定の文脈で継続的に追求されるならば、「変革的」な効果を有し得るとフレイザーは言う。そして彼女は、このような既存の分配及び承認の枠組みにおいて解釈された人々のアイデンティティやニーズに適合的で、なおかつ長期的にはより根本的な改革が実効可能となるような状況への変化をもたらすような治癒策として、「非改良主義的改良（nonreformist reforms）」[56]という戦略のオルタナティブを提示するに至る（Fraser 2003, p. 79）。人々のインセンティブ構造と政治的機会の構造を変えることで、将来の改革のための実効的な選択肢を拡大し、それによって長期的に、不正義を生成する構造を変革するような累積効果をもたらすと言うのである（Fraser 2003, pp. 79-80）。

(2) 本書の立場

以上、フレイザーによる分配不平等と誤承認とを同時に是正する政策を追求

56 　短期的には一見して根底にある社会構造には手を付けないような、穏健な「改良」を手段に採りつつも、長期的には「改良主義（reformism）」にはとどまらない社会構造の根本的な改革を志向するという、逆説的な意味がこの用法に込められている。このようなフレイザーによる逆説的用法は、カントの「非社交的社交性（ungesellige Geselligkeit）」をもじったものと考えられる（この点は筆者の指導教員である井上達夫教授からご指摘を頂いた）。かつて筆者はこのようなフレイザーの意図に気付かずに、この概念に対して「非改革的改革」という拙劣な訳を不用意にも当ててしまっていたが（森 2016c, 35 頁 注 22）、以上の理由から訳を改めることにした。

した際の実践的緊張関係に対処し得るような、治癒策の一般的指針を概観した。彼女の議論のうち、とりわけ変革的戦略を肯定的戦略より望ましいとする議論と、非改良主義的改良を擁護する議論とをどう評価するべきだろうか。筆者の考えでは、分配不平等と誤承認とを同時に是正する治癒策の一般的指針として、変革的戦略の擁護を「理想理論（ideal theory）」として、非改良主義的改良の擁護を「非理想理論（nonideal theory）」として採用することが可能である[57][58]。

フレイザーによる、分配政策と承認政策を同時に追求したときに生じ得る実践的緊張関係についての分析及び、肯定的戦略に対する批判は説得的であり、筆者自身も変革的戦略の方が擁護可能であるという見解に異論はほぼない[59]。

[57] 「理想理論」と「非理想理論」との区別については、序章Ⅲ3（1）を参照。この点に関連して、ジョン・シモンズ（John Simmons）はロールズの非理想理論が過渡的な（transitional）性格をその本質としている――すなわち、非理想理論における政策は、理想理論における完全な正義を達成する道に通じる限りで正当化される――という解釈を提示している（Simmons 2010, p. 22）。筆者はこのような意味での過渡的性格を、非理想理論の「概念（concept）」そのものの要請とは考えないものの、長期的に根本的な改革が実効可能となるような状況への変化をもたらす非改良主義的改良を非理想理論に位置付ける筆者の立場は、非理想理論の「構想（conception）」の次元において、シモンズ的なロールズの非理想理論解釈と一定の親和性を有すると思われる。

[58] むろんこれら変革的戦略及び非改良主義的改良は、治癒策の一般的な指針ではあるものの、分配政策と承認政策との間での相互干渉を回避するための実践戦略であって、両者の実践的緊張関係の調整原理そのものではない。そのような調整原理の基準として、筆者の立場からは「抑圧的関係性の除去」と「民主国家における市民としての対等関係性」という一般的な規制理念――フレイザーにおいては市民間の対等者としての相互行為という「参加の平等」に対応する――はあるものの、現実世界の具体的な場面において分配不平等と誤承認との間の不可避的なトレード・オフ――ある政策を採ると分配不平等を一定程度に是正できるが、一定程度の誤承認の効果をももたらす場合、ないしはその逆の場合など――をどう決するかについてはなお開かれた部分が多いことは確かである。

いかなるトレード・オフであれば許され、いかなるトレード・オフは許されないかについてのより具体的な調整基準は別途論証していかなければならないが、差し当たり、例えばある政策によって是正されるべき分配不平等（／誤承認）の態様の深刻性・切迫性との関係で、その政策に伴う誤承認（／分配不平等）の効果がそれほど重要でない場合には、他により誤承認（／分配不平等）の効果が少ない代替策を採り得ない限りでトレード・オフが認められる一方で、ある政策によって是正しようとする分配不平等（／誤承認）の態様がそれほど深刻で切迫しているわけでもなく、且つないし又は、その政策によってそのような分配不平等（／誤承認）を是正できる程度もそれほどでもないにもかかわらず、その政策によって相当程度の誤承認（／分配不平等）の効果が伴う場合にはトレード・オフが認められない、という基準が立てられるのではないかと考える。後述する筆者の、非改良主義的改良の指針から選別主義的政策を例外的に許容する際の考慮要素も、同様の発想に基づいている。

[59] ただし彼女による変革的再分配の擁護については一点留保しなければならない。人種や性別などに基づいた分業構造が再編されるべきことには異論がない。問題は彼女の言う「分配不平等／誤承認の不正義」を是正するために、市場による財の配分や生産手段の私的所有を一切否定するような社会主義経済に移行する必要があるかどうかである。私見には、生産構造を解体しなくても後述のように普遍主義的な社会保障政策によってスティグマを回避することは可能と思われるし、たとえ労働市場全体において一定の分業構造があり、一事業所

しかし、そのためにはフレイザーも述べたように、既存の人々の価値観や選好構造を大きく改造しなければならないところ、そのような人間改造を短期間に急激に行うためには、人々の自由とプライバシーを大きく制限するような措置を採らなければならないことは想像に難くない。そしてそのためには、そのような措置を行う大きな権限と広範な裁量を国家に授権しなければならないところ、そうすることは公務員をしてその権限を濫用するインセンティブを与えてしまい、市民に対する恣意的な介入としての「支配（domination）」の危険を増加させるだろう。不正義を是正するための治癒策がかえって市民の国家に対する従属を強めるという自壊的な帰結を招き得るのであり、そのような権限を国家に授権することは、自律的な道徳的人格からなる道徳的共同体においても、独立した市民からなる政治共同体においても、受容不可能であろう。

一方で、非改良主義的改良に基づいた政策でも、特定の人々を「ターゲット化」しない普遍主義的政策であれば、スティグマ化のおそれも比較的少ない。現にフレイザー自身も「変革的」な効果を目した「肯定的」な戦略の全てを擁護しているわけではない。非改良主義的改良に基づく擁護可能な政策の例として挙げているものは、無条件のベーシック・インカムといった普遍主義的政策であり（Fraser 2003, pp. 78-79）、例えば女性のエンパワーメントのために「女性性（feminity）」を称揚したり、女性の伝統的な役割を強調したりするいわゆる「戦略的本質主義（strategic essentialism）」に対しては、少なくとも現状のジェンダー化された意味秩序の下ではその変革の効果に対して懐疑的な立場をとっている（Fraser 2003, pp. 80-81, 94, n. 108）[60]。したがって、非理想理論として非改良

内で使用者と被用者の命令・被命令関係があっても、責任と権限のある職務に就く公正な機会が全員に保障されており、命令関係がその職務に関連する限りで正当化されていて、職業選択の自由が実質的に保障されており、親の職業的・階級的地位が子に再生産されないような社会経済構造になっていれば、看過し難い不公正はないように思われる。また、アンダーソンが功績感応的運の平等主義を批判した際に依拠したハイエクによる市場擁護の内容が論争的なものであるとしても（第5章Ⅱ1）、少なくとも人々のニーズや選好を効率的に充足する利点が一定程度市場にある、という事実までは否定できないように思われる。したがって、そのような市場の利点にも鑑みて、社会主義経済に移行する必要はないのではないか、という考えに筆者は傾いている。

[60] もっともフレイザーは、ジェンダーのように非対称的な関係性として構築されたものではなく、区別自体が抑圧的でない集団については、差異コード自体を脱構築する必要はなく、そのような集団の区別を維持するかどうかは「後の世代の選択に委ねるので良い」（Fraser 2003, p. 81）としている。ただしその場合においても、「集団的ステレオタイプを打破したい

主義的改良を擁護するとしても、可能な限り特定の人々をターゲット化した選別主義的政策でなく、普遍主義的な政策の方を採用するという指針は立てられよう。

ただしこのような普遍主義的政策の選択は、他の考慮を悉く覆すような絶対的な要請とまではすべきでないだろう。障害者や傷病者などについては、全ての社会制度をそれらの人々を標準として設計することは極めて不効率であり実効的ではない（足の不自由な人々を標準にして、例えば全ての道路を「動く道路」に設計し直すことは実効的ではないだろう）。可能な限りユニバーサル・デザインを志向するとしても、ある程度までは健常者を標準に設計して、そのままでは市民社会の諸領域において対等者として機能できない障害者や傷病者に対し、車椅子や医薬品など、そのように機能するのに必要な現物を給付することによって、特別に補償するのを否定することはできないだろう。したがって、例外的に選別主義的政策が許容されるか否かは、抑圧の態様の深刻性・切迫性、スティグマやバックラッシュの生じにくさ、普遍主義的な代替手段や社会制度そのものを、被抑圧集団を標準に設計することのコストの大きさ等を考慮要素として、具体的なケースに応じて判断するより他ないと思われる。

個人の自由」（Anderson 2010b, p. 178）は最大限尊重されなければならないだろう。むろんフレイザーもそのような問題意識は有しており、集団的区分を存続させるかどうかについての将来の世代による意思決定が自由になされるようにするべく、例えば集団的権利を憲法に書き込むといったことは避けるべきだとしている（Fraser 2003, p. 82）。

第2部　総括

　以上第2部では、本書が積極的に擁護する関係的平等主義に基づく正義構想の彫琢を試みた。第5章ではアンダーソンによる既存の平等主義理論に対する運の平等主義批判を概観し（第5章I）、その積極的意義を抽出した（第5章II）。その上で第6章では、アンダーソン自身の関係的平等主義に基づく正義構想としての民主的平等の内容を概観し（第6章I 1）、その意義を、第1部での分配的平等主義の正義構想の批判的検討から得られた示唆と、第5章で抽出したアンダーソン自身による、既存の平等主義理論に対する批判の積極的意義に照らして検討した（第6章I 2）。

　彼女の民主的平等は正義の主題を社会制度としており、平等を第一義的には関係的理念とし、平等の観点から分配的正義のみならず承認の正義の視点も包摂している。また彼女の民主的平等は、社会において対等者として機能するのに充分な水準の潜在能力を、全生涯を通じて保障する点、経済を「合同生産（joint production）」のシステムと想定する点で、自発的選択の犠牲者を放置してしまうという運の平等主義批判にも対応している（第6章I 2 (1)）。彼女の民主的平等は「指標問題」においては潜在能力アプローチ、「水準問題」においては充分主義を原則として採用し、平等理念で規律される主体を自律的行為主体とし、アド・ホックな価値多元主義的応答を否定している。また正義の適用対象は原則として社会の基本構造などの制度としており、例外的に私人の行為に適用されるとしている（第6章I 2 (2)）。

　筆者はこのようなアンダーソンの民主的平等を基本的に擁護可能な立場と考える（第6章I 2 (3)）。それゆえそれをベースとした上で、彼女の理論の不足を補うべく、民主的平等から批判対象とされるべき不正義の態様と生成構造の分析及び類型化を試み（第6章II）、それらの不正義の態様などの違いに応じた適切な治癒策の一般的指針を示すことで（第6章III）、筆者独自の関係的平

等主義に基づく平等主義的正義構想の発展を試みた。筆者の立場からは不正義の態様につき、それが根差す社会構造の区別に基づく類型化(経済秩序／意味秩序／国家秩序に基づく不正義)及び、不正義の相互行為の次元における態様の区別に基づく類型化(従属／排除／差別)が可能であることを示した(第6章Ⅱ5)。そして、不正義の相互行為の次元における態様の違いに応じて、「独立」、「統合」、「反差別」という治癒策の一般的指針を示すとともに(第6章Ⅲ1・2)、分配不平等と誤承認とを相互干渉することなく同時に是正する治癒策のための一般的指針として、理想理論としての変革的戦略、非理想理論としての非改良主義的改良を擁護した(第6章Ⅲ3)。

　これらの治癒策の一般的指針を頼りにした制度構想についての素描は、第4部で展開する予定である。続く第3部では、以上のようなアンダーソンの民主的平等及びそれを発展させた筆者自身の関係的平等主義に基づく正義構想に対する外在的批判を検討し、それに対して防御的に応答することを試みることになる。

第3部
関係的平等主義に対する外在的批判とそれへの応答

　第3部では、第2部でアンダーソンの民主的平等をベースにして、筆者自身により独自の形で発展させた、関係的平等主義に基づく平等主義的正義構想に対して利いてくるであろう外在的批判を検討し、それに対して応答することを試みる。具体的には、「水準問題」につき充分主義に対する批判（第7章）、「指標問題」につき潜在能力アプローチに対する批判（第8章）、筆者の関係的平等主義に基づく正義構想のその他の特徴についての批判（第9章）を順に検討する。
　なお、第3部の目的は第2部で展開した筆者自身の関係的平等主義を擁護することであるから、充分主義一般、潜在能力アプローチ一般、制度的正義論一般を擁護することを目的とするものではない。したがって、以下の各章での議論はあくまでも、本書の目的との関係での必要最小限のものであって、比較的簡素なものになるということは予め断っておきたい。

第7章 水準問題
——充分主義への批判

　第6章のアンダーソンの民主的平等の内容の検討で示した通り、アンダーソンの民主的平等、そしてそれをベースに発展させた筆者自身の関係的平等主義に基づく正義構想は原則として、抑圧を回避し、民主社会において諸市民が対等者として機能するのに充分な潜在能力の保障という「充分主義（sufficientarianism）」の立場を採用している（第6章 I 1 (3)・2 (2)）。したがって本章では、分配的正義における水準問題において充分主義を採用する立場に向けられるいくつかの外在的批判を検討し、それらに対して応答することを試みる。以下、それらの外在的批判を順に検討する。

I 「充分」レベルの道徳的恣意性に基づく批判

　充分主義に対してなされる最も一般的な批判は、「充分」という絶対水準を定めるに当たって、道徳的な恣意性を免れないというものである。すなわち、「充分」の水準をどの程度高くないしは低く定めるにしても、多かれ少なかれ道徳的観点から恣意的な選択をしなければならず、それゆえ充分主義は道徳的に恣意的な要因に依拠しなければならないという批判である[1]。
　第6章で詳述したように、アンダーソンの民主的平等やそれを発展させた筆

---

[1] アーネソンも同趣旨の批判を展開している。すなわち、まず充分水準を資源ないしは収入に基づいて測る立場に対しては、そのような収入に基づいて一意的な「充分」のラインを設定することができないと批判する。また、ヌスバウムのように福利についての多指標的な客観的リストを構想し、各々のリストの項目ごとに「充分」レベルを設定する立場に対しても、各々のリストごとの「充分」のラインの設定について恣意性を免れないとし、さらにはそれらのリストを包括して、個人の総合的な福利を判断する際に、最終的にいかなる判断に基づいて「充分」ラインを設定するかについて、やはり恣意的な判断に基づかざるを得ないという批判を展開している（Arneson 2002, pp. 190-191）。ただし最後の点については、広瀬巌が指摘するように（Hirose 2015, p. 129）、充分主義一般に対する批判というよりも、潜在能力アプローチに対するいわゆるインデックス問題についてのそれと思われるため、検討は第8章 I に回したい。

者の関係的平等主義に基づく正義構想は「充分」レベルを、抑圧を回避し、民主社会において対等な市民として機能するのに「充分」な水準として、「充分」レベルについて一定の道徳的論拠に基づいて設定を試みている（第6章Ⅰ1 (2)(3)・2 (2)）。しかし前述のような批判からすれば、そうは言っても「充分」レベルについての厳密なラインが一義的に決まるわけではなく、それゆえ一定の恣意性を免れないから、そのような充分主義に基づいた正義構想は恣意的で採用不可能であると言うわけである。

　前述のような批判は成功しているか。筆者によれば、このような「充分」レベル設定の道徳的恣意性に基づく批判は成功していないと考える。確かにこのような批判が言う通り、いかなる道徳的論拠に基づいて「充分」レベルを擁護するに際しても、ボーダーライン周辺において一定の曖昧性を残すことは否定できない。重労働のわりに低収入で、過労で健康を害してしまうおそれのある現代日本の介護士の就労状況が抑圧的であることは誰も疑わない一方で、平均以上の年収が保障されており、社会的な地位と名声を有するテニュア・トラックの大学教授の境遇が、民主社会における対等な市民として機能するのに充分であることも明らかであろう。だが、明らかに「充分」水準に達していない人々と、明らかに達している人々との境遇の間には、無数の境遇の候補が位置している。民主社会で対等な市民として機能するのに充分なラインの境界も、そのどこかに引くことになると思われるところ、そのような境界線を誰もが疑わないほどに厳密に引くことはできないこともまた事実である。

　しかしそこから「いかなる『充分』ラインの設定も恣意的である」という結論を引き出すことは行き過ぎではなかろうか。というのも我々は、社会的境遇が市民として対等に機能するのに充分かどうかということ以外にも、様々な場面で一意的な境界線が引けないにもかかわらず、「あるものは充分に〜だ」、「あるものは全く〜でない」という評価をなしているからである。広瀬巌が言うように、高身長と低身長とを選り分ける一意的な境界線が引けないとしても、「A氏は背が高い」、「B氏は背が低い」という評価が無意味とはならない (Hirose 2015, p. 128)。

　同様に、民主社会において対等な市民として機能するのに充分な境遇にある人と、そうでない人とを分別する一意的な境界線が引けないからといって、充

分な水準について語ることが無意味になるわけではないだろう。「充分」ラインの線引きが一定の恣意性を帯びることを承認しても[2]、その境界線が一定の範囲内において引かれる限りは受容可能性を持つ。線引きが一定の恣意性を免れないから充分主義はおよそ道徳的に恣意的であるというのは、明らかに強過ぎる批判であるように思われる。

むろん規範理論の長短を測るに際して、明確な基準を示せるということは有利な事情であり、他の事情が等しければ基準がより明確な理論の方が、そうでない理論よりも優れているということは確かである。しかし水準問題における他の立場についても、基準の設定が一定の恣意性を帯びている点——例えば、格差原理は「最下層の人々」の同定に際して一定の恣意性を免れないし、運の平等主義についても、選択の運と厳然たる運との間に一義的な境界線が引けるわけでは必ずしもない——では一緒であるし、水準問題において充分主義よりも基準の明確性において優れている（と思しき）立場が、他の点で充分主義と比べて致命的な難点——例えば均等主義について、アド・ホックな価値多元主義的応答戦略を採らない限り、誰の境遇も改善せずに一部の人々の境遇を改悪することで格差を縮減できるならば、そのような政策を要請してしまうなど——を抱えていることもある。

だとすれば、「充分」ラインの線引きにおいて一定の恣意性を免れないという一事だけで、充分主義の他の立場に対する相対的優位の主張適格をア・プリオリに否認することは、公平性を欠いているだろう。このような「充分」レベル設定の道徳的恣意性に基づく批判はそれ自体では決定的なものではないように思われる。

2　したがって井上彰が指摘するように、ここでの筆者の応答は「閾値の非恣意的構想」を完全な形で示すものではない（井上彰 2018、101 頁注 7）。しかし後述のように、どの分配的正義の構想も水準問題において何らかの難点を有するのであり、その内でどれが最も優れているかは相対的優位の問題とならざるを得ないのであるから、このような閾値の恣意性批判に対しては、その批判の程度を弱めることを通じて消極的に応答するので充分であると考えている。

II 「充分」レベル以上での格差に無頓着であるという批判

　本章Iでの批判と並んで充分主義の立場に対してしばしばなされる一般的な批判としては、充分主義は「充分」水準以上の境遇にある人々の格差に対しては、道徳的観点から関知しないが、正義はそのような「充分」水準以上での格差に対しても関心を払うべきであるというものが挙げられる。

　例えばアーネソンは、課税政策の例を挙げ、このような充分主義の立場の実践的帰結が反直観的であることを論証しようとする。すなわち、充分主義においても、税制を通じてそのような充分主義的正義を実現するための再分配政策を採ることが要請され得るところ、そのような再分配政策を実施するためのコストを誰がいかなる程度負担するかが問題となる。

　「充分」水準以上の人々の境遇も一様ではなく、少なくとも「充分」水準をわずかに上回っている人々と、そのような水準を遥かに上回っている人々がいる。然るに、充分主義の立場からはそれらの人々の間での水準の格差には関知しないため、再分配政策を実施するためのコストの負担（徴税負担）につき、如何様でも構わない——すなわち、「充分」水準を遥かに上回っている人々から徴税してもいいし、「充分」水準をわずかに上回っている人々から徴税してもいいし、それらの人々全員から等しく徴税してもいい——ということになってしまう。しかし、そのような結論は不当ではないか——「充分」水準を遥かに上回っている人々から優先的に徴税すべきではないか——と言うのである（Arneson 2000, p. 347. cf. Hirose 2015, p. 132）。

　前章で確認したように、アンダーソンの民主的平等及びそれをベースとする筆者自身の正義構想の立場からは、「充分」水準以上における格差であったとしても、対等者の間における開かれた討論及び全員が受容可能なルールに従った民主的決定によって、分配格差是正のための政策を施行することは認められる（第6章II (3)）。アンダーソンが「分配格差がそれ自体として悪い」とする立場に疑義を呈したのも、そのような立場が市民間での「嫉妬（envy）」感情に基づいているとしか理解できないとするからであって、分配格差を是正す

る政策が基づく理由が民主的平等の理念と適合的であれば、アンダーソンの立場からも筆者の立場からも許容されるのである。

　しかし、こうした応答だけではアーネソンを満足させることはできないだろう。というのもアーネソンによる充分主義批判の眼目は、このような立場からは「充分」水準以上での格差是正が仮に許容されるとしても、正義の観点から要請されないという点にあると思われるからである。

　こうしたアーネソンによる批判に対しては、いくつかの応答戦略が可能であろう。一つには、このようなアーネソンによる批判が充分主義の立場に対して論点先取であるとして応じることができる。アンダーソンや筆者の立場から原則として充分主義の立場が採られるのは、それが平等の眼目を、そもそも抑圧の除去と民主社会における市民間の対等関係性に求めており、それらの目標を達する限りで分配政策が要請されると考えているからである。したがって、それらの目標達成とは無関連な分配格差の是正が要請されないことは、自己の平等論の問題意識に照らして何ら恥ずべきことではなく、アーネソンはなぜ平等・正義の立場からそのような「充分」水準以上での格差の是正が要請されるかについて、平等についての異なる問題意識を有する立場に対して積極的に論証すべき事柄を前提とした上で批判をしている、として切り返すことができるだろう。

　「『充分』水準以上における分配格差の是正が要請されない」という一般的な批判に対する応答としては、上のような応答で充分であろう。問題は、徴税負担という個別の場面における問題への対応である。「充分」水準に達していない人々に対する分配政策のコスト負担において、充分主義に立脚する正義構想が何ら指針を示せない——「充分」水準をかろうじて上回っている人々から徴税するのと、「充分」水準を遥かに上回っている人々から徴税するのとでは、道徳的観点から差がないという結論が引き出される——としたら、「国家は全市民に不偏的に奉仕する義務を有する」という民主的平等の理念からしても不都合な事情となろう。

　だがこの問題に対応することは、実はそれほど困難ではない。というのも関係的平等主義に立脚する平等主義的正義構想は、平等の焦点を財の配分状態に関わる狭義の分配的正義の原理のみに当てるわけではなく、抑圧を回避し、民

主社会で諸市民が対等関係で機能するのに充分なレベルの境遇を保障するという充分主義の要請を充たすような複数の政策の内からどれを選択するかにつき、タイ・ブレイカーとして他の原理に訴えることが可能であるからである。

アンダーソンの言う通り、関係的平等主義に立脚する平等主義的正義構想はそのような徴税政策のタイ・ブレイカーとして、「租税の正義 (justice in taxation)」といった「局所的正義 (local justice)」の原理を導出することができる (Anderson 1999b, Anderson 2010c, p. 84. cf. Rawls 2001, p. 11)。そのような租税の正義の原理は、「国家は全市民に不偏的に奉仕する義務を有する」という民主的平等の理念に照らして、公平な徴税負担の基準を擁護し得るだろう。

例えば、適理的な租税の原理は人々に対しておおむね等しいコスト負担を求めるが、そのような負担は人々の包括的な富裕さの度合いに依存することから、累進課税制度により高収入で担税力のあるような富裕層——すなわち「充分」水準を遥かに超えている人々——に対して、優先的にコスト負担を求めることを好む理由を提供し得るだろう。また、富裕層の方がそうでない人々と比べて、全体としての社会制度の恩恵を包括的に多く享受していると想定することはあながち不当ではないから[3]、そのような包括的な「応益負担」原則に立脚しても、富裕層に多くの徴税負担をさせる政策を好む理由を提供し得るだろう。

もちろん徴税負担を決めるに当たっては、インセンティブ効果・徴税コスト・スティグマの有無といった他の要素も考慮されることになるが、少なくとも「充分」水準をわずかに上回る人々と、それを遥かに上回る人々のいずれから徴税すべきかの選択については、民主的平等の理念からも後者を選択する当座の理由がある——したがって、特段の反対理由がない限り、「充分」水準をわずかに上回る人々に優先的に租税コストを負担させることに対しては、民主的平等の見地からも正義に反するという否定的評価を下し得る——と言うこと

---

3 | もちろん、他の同胞市民から妬まれやすい、「セレブ」と称されて週刊誌やパパラッチに追い回されて私生活を暴かれやすい、自分たちの子供が身代金目的での誘拐に遭う可能性が大きくなるなど、富裕であることがかえって社会的に不利益となるという事例もある。しかし市民社会のあらゆる領域における、彼らが享受する利益の総体とのトレード・オフで言えば、なお包括的な意味で社会的協働の恩恵を相対的に多く享受していると言えるだろう。そしてこれらの富裕層としての地位は、人種や性別などと異なり、寄付などの自発的選択によって容易に放棄することもできるであろうから、このようなラフな代理変数に基づいてより大きな徴税負担を求めるという「統計的逆差別 (statistic reverse discrimination)」も比較的許容されやすいのではないかと思われる（第3章Ⅱ1参照）。

はできると思われる。

　そもそも先のアーネソンによる批判は、配分状態としての格差を是正することを国家に求める権利を各人に承認することと、「充分」水準未満の人々に助成するための分配政策のコストにつき、不公正な負担を拒否することを国家に求める権利を各人に承認することとの区別を混同したものと考えられる。

　後者の権利を承認することは、前者の権利を承認することを含意しない。租税の正義において、個々の分配政策のコストを負担する候補となる、「充分」水準以上に位置する人々の境遇に着目するのは、それを個々の分配政策の公正性を判断する際の考慮要素とするために過ぎず、分配政策によって「充分」水準以上における格差なき配分状態を積極的に実現するためではない（Anderson 1999b）。したがって、実現されるべき配分状態についての基準として充分主義を採用することと、租税の正義において、個別の分配政策の公正性を判断するに当たって「充分」水準以上での境遇の差異に着目することとは、容易に両立するのである。

III　「充分」レベル上下間のトレード・オフを認め得ないという批判

　充分主義の立場に対する原理的な批判としておそらく最も強力であるのは、次のような批判である。すなわち、充分主義の多くの立場は、「充分」水準未満の人々の境遇を改善することにつき、「充分」水準以上の人々の境遇と比して絶対的な優先順位を承認しているため、このような立場は、「充分」水準未満の人々の利益と、「充分」水準以上の人々の利益との間でのいかなるトレード・オフも認めない。したがって、例えば、「充分」水準未満の人々の利益を一定程度向上させることが可能であれば、それによって「充分」水準以上の人々の利益をいかなる程度犠牲にしようとも、それらの人々が「充分」水準未満に転落しない限り、そのような政策が要請されてしまう。しかしそれはいくら何でも不当ではないか、「充分」ラインにそのような「破壊的帰結」を正当化するだけの道徳的重要性がなぜ承認され得るのか、ということである（Hirose 2015, pp. 129-130. cf. Arneson 2002, p. 188）。

三点ほど補足をしたい。第一に、本章Ⅱで検討した批判との違いについてである。本章Ⅱでの批判は、「充分」水準未満の人々の境遇を向上させるための分配コストを、「充分」水準以上の人々の間でどう公平に分担するのかという問題である。これに対し、ここでの批判は、「充分」水準以上の人々とそれ未満の人々との間での利益のトレード・オフの問題である。したがって、利益が対立している当事者が異なるのである。

　また第二に、先の批判において念頭に置いている「『充分』水準未満の人々の利益の向上」は、「瑣末でない（non-trivial）」（Hirose 2015, p. 129）ものに限定される。したがって、そのような政策を施しても「充分」水準未満の人々の境遇を全く改善できないか、ほんのわずかにしか改善できない政策を充分主義の立場から要請しなかったとしても[4]、充分主義としての一貫性が直ちに失われる、とするほど強い主張をしているわけではないということである。

　第三に、充分主義の立場からも、「充分」水準以上の人々をそれ未満の水準に転落させるような政策を要請することはないという点は承認されている。ここで問題にしているのは、たとえ「充分」水準以上の人々がそれ未満の水準に転落しないとしても、そのような莫大な犠牲を「充分」水準以上の人々に強いるのは不当な帰結ではないか、ということなのである。

　「充分」ラインの道徳的重要性につき、アンダーソンの民主的平等及びそれを発展させた筆者の立場からは、それが抑圧を回避し、民主社会において対等な市民として機能することを可能ならしめる水準である——それゆえ平等の眼目に適合的である——という回答を与えることができる。そして、そのような抑圧回避及び対等な市民としての相互行為を可能にする上で有効な政策であれば、それによって「充分」水準以上の利益を享受している人々の境遇を、「充分」水準未満に転落させない限り、引き下げることとなっても、自らの立場に照らして何ら恥ずるべき結論ではないと言って居直ることも可能ではある。

　とは言え、このような応答戦略を採ることには一定程度の躊躇があることもまた事実である。というのも、充分主義を採用する論者の多くは同時に、ロー

---

[4] アンダーソンもこのような場合については、自らの潜在能力ベースの充分主義の立場から、「充分」水準以上の人々に対して膨大なコストを課するような政策を理性的に拒絶可能であるとしている（Anderson 2010c, p. 97）。このことの含意については、第8章Ⅳの潜在能力アプローチに対する批判で再度取り上げる。

ルズの格差原理を批判するに際し、それが「最下層の境遇の最善化に絶対的な優先性を承認しており、そのためにそれ以外の階層（とりわけ中間層）にいかなる犠牲を強いることも要請してしまう」として斥けているからである (Anderson 1999a, p. 326, 井上達夫 2003、241 頁)[5]。それゆえ同様に、充分主義が「『充分』水準未満の境遇の実質的向上のために、それ以上の人々にいかなる犠牲を強いることも要請してしまう」という問題に対しても、懸念する理由を有するのである (cf. Hirose 2015, p. 130)。

　格差原理にせよ充分主義にせよ、一定水準未満の人々の利益に絶対的な優先性を承認し、それ以上の人々の利益との間にトレード・オフを認めないという問題がともに妥当するということは、少なくともそのような懸念を搔き立てるような事例が可能的世界において想起される以上、原理的には正しい。ただし、仮にこのような批判者による議論が論理的に正しかったとしても、そのような事態が生じることを懸念する理由が、格差原理と充分主義とで等しく存在するということにはならない。充分主義につき、そのような「充分」水準未満の人々の境遇を「充分」水準まで引き上げるに際し、既にそれ以上の境遇にいる人々に対して膨大なコストを課することになるという想定が、我々の現実世界の一般的事実に照らしてどの程度懸念すべき事態なのか、というこのような批判の実践的レレヴァンスを争うことはできよう。

　なるほど格差原理については現実世界においてそのような懸念があろう。しかしそれは、格差原理が最下層の境遇の「最善化」を求めるものであり、人々が全員一定の「充分」ラインに達しさえすれば、それ以上は要求しない充分主義の立場よりもラディカルな再分配を求め得るものである点に由来する。したがって、格差原理について最下層以外の人々に膨大なコストを課し得る現実的懸念があるからといって、同じような懸念が充分主義に対しても等しく妥当するということにはならない。

---

[5] ただし、水準問題において資源アプローチを採用する井上は、潜在能力アプローチを採用するアンダーソンや筆者よりも、この問題に対してはそれほど懸念する必要がないかもしれない。というのも、「充分」水準以上の人々に膨大なコストを強いるという事態の一端は、資源を潜在能力に転換する効率の差異に多くの場合由来していると考えられるからである。ただし資源アプローチは別の点で潜在能力アプローチよりも難点を抱えることについては、既に第1部のロールズ及びドゥオーキンの批判的検討で論じてきた次第である（第1章Ⅱ2、第3章Ⅱ参照）。

現にアンダーソンは、センによるインド及び中国における貧困の実証研究を挙げ、極貧国においてすら、充分な栄養状況・健康・識字率といった基本的潜在能力の確保を全ての社会構成員に対して提供できるとしている（Anderson 1999a, p. 325, n. 88. cf. Sen 1999a）。もしそうであれば、先進諸国においてはなおさら「充分」水準の潜在能力の確保を、膨大なコストを強いることなしに全社会構成員に対して保障することができると考えることが正当化されよう。それに対してこのような批判を展開するアーネソンは、単に「一人の『充分』水準未満の人を、このような水準をわずかに上回る境遇に引き上げるために、何百万人もの「充分」水準以上の人々の膨大な利益を犠牲にする場合」という、一般・抽象的なシミュレーションをしているにとどまり（Arneson 2002, p. 188）、現実世界においてそのような事態が生じることを示唆する実例を示しているわけではない。

　アーネソンの批判は、充分主義についてそのような不都合な事例が可能的世界において生じ得るということだけでなく、分配的正義の原理はあらゆる可能的世界における妥当性をクレイムするものであるということを前提にして意味をなすと思われる。しかし後者の想定は相当に論争的であるし[6]、私見によれば人間の認識的限界に照らして不健全ですらある[7]。それにもし仮に我々の現実世界の一般的事実に照らして、充分主義についてもそのような懸念が現実味を帯びるとすれば、アンダーソンの民主的平等及びそれを発展させた筆者の立場からは、分配的正義の原理として、「『充分』水準以上の人々に理性的に拒絶可能なほどの膨大なコストを強いるような場合には、それらの人々はその限度でそのような分配政策を拒絶できる」という、解除条件付きの充分主義原理を同定するまでのことである。

　もちろん、いかなる場合にそのような「理性的に拒絶可能」なコストと評価されるかについては、一定の複雑な基準を原理内にビルトインすることとなろう。しかし、そのような基準を想起することが不可能とまで断言する必然性は

---

[6] そのような想定に立つものとして、Cohen 2003。それを批判するものとして、Miller 2008。
[7] 井上彰もまた、このような立場を「人間社会の一般的事実が成立する世界以外の可能世界に根本原理が適用しうるかどうかをくまなくチェックし、それにより事実感応的原理……の紛うかたなき成立根拠を明らかにするという、明らかに道理に欠く要求をわれわれに突きつけることになる」（井上彰 2014b、165 頁）として批判している。

ないし、原理が複雑になること自体は直ちにその原理を拒絶する論拠とはならない。したがって、ここでの充分主義批判もまた、アンダーソンの民主的平等及びそれを発展させた筆者自身の正義構想に対する批判としては、決定的ではないと思われる。

第8章 指標問題
──潜在能力アプローチへの批判

　既に第6章で詳述したように、アンダーソンの民主的平等及びそれを発展させた筆者の正義構想は、「指標問題」において、抑圧を回避し、民主社会において対等な市民として機能するための潜在能力を保障するという、潜在能力アプローチを採用している（第6章Ⅰ1 (2)・2 (2)）。したがって本章では、このような潜在能力アプローチに対して向けられる代表的な外在的批判を検討し、それらに応答することを試みる。以下、それらの批判を順に検討する。

Ⅰ 「インデックス問題」への批判

　指標問題における潜在能力アプローチに対してしばしば投げかけられる批判は、いわゆる「インデックス問題（index problem）」に関連する批判である。第2章において、センの平等主義的正義構想を検討した際にも言及したが（第2章Ⅱ2）、このような批判を展開する立場として、アーネソンによる次の批判を再掲しよう。すなわち、潜在能力アプローチが着目する個人の潜在能力には、多くの種類の「できること」や「なれること」の候補があるところ、分配的平等の構想として見なされるためには、これらの様々な個人の潜在能力を包括的な指標にまとめ上げる必要があるが、それは不可能ないし著しく困難である、と言うのである（Arneson 1989, p. 91）[1]。

　このようなインデックス問題に対するセンの応答も既述した（第2章Ⅱ2）。センは異なる種類の潜在能力の総体を、一つの包括的な指標の下で集計できな

---

[1]　第7章Ⅰで取り上げたアーネソンの、「ヌスバウムによる多指標的な客観的リスト説は、それを包括して個人の総合的な福利を判断するに際し、最終的にいかなる判断に基づいて『充分』ラインを設定するかについて、恣意的な判断に基づかざるを得ない」という趣旨の批判（Arneson 2002, p. 191）もまた、充分主義一般に対する批判と言うよりも、このような潜在能力アプローチに対するインデックス問題批判として理解するべき、ということは既述した。

い可能性を認めていた。そして全ての分配状態の組を順序付けられるという完備性の要請は非現実的である上に、道徳的にレレヴァントな情報を捨象してまで貫徹されるならば望ましいものですらなく、部分的で不完備であっても、現実世界の不正義に対応できる程度に順序付けが可能ならば問題ないという趣旨の応答していた（Sen 1985, pp. 200, 205）。その上でセンは、そうした部分的順序付けをする際に依拠する共通の価値付けとして、例えばスキャンロンの言う当の潜在能力を充足する「緊急性（urgency）」（Scanlon 1975）などを挙げている（Sen 1985, p. 198）。

　セン同様に潜在能力アプローチを採用するアンダーソンもまた、異なる潜在能力間での充足されるべき優先性につき、事前に全ての種類の潜在能力を包括的に集計できないとしても、説得的に擁護可能であるとしている。すなわち例えば、多くの人々が最低限の尊厳ある生すら送れていないような一部の発展途上国においては、そのような最低限の尊厳ある生を送るのに必要な潜在能力さえ特定できていれば、行為や政策を指導するのに充分であり、その最低限の尊厳ある生を送るのに必要な水準以上の潜在能力を特定できているかどうかは、そうした最低限の水準を皆が達成した段階で議論すれば間に合うとしている（Anderson 2010c, p. 83）。

　また彼女は、異なる潜在能力間の優先順位につき、基本的な栄養摂取や健康、安全といった生存のために緊急を要する潜在能力が第一に優先されることや、生命が危機にさらされている人々の間でも、「トリアージ」原理に依拠して救命すべき人の優先順位をつけられることを述べている（Anderson 2010c, p. 98, n. 3, p. 99, n. 10）。さらに彼女は、全ての人が最低限の尊厳ある生を送るのに必要な潜在能力が充足されたような先進国においては、その次に優先されるべき潜在能力を決めるに当たっては、政策的な選択に委ねるので良いと述べている[2]。

　このようなアンダーソンの立場については、やや非理想理論の次元に傾斜していないかなどの問題もあるが、いずれにせよこうした多指標的な潜在能力を事前に完備的な形で順序付けられないからと言って、直ちに実践を指導するの

---

[2] またアンダーソンは、自らの潜在能力アプローチの指針となる「民主社会における対等な市民として機能できる潜在能力」という基本理念からは、優先されるべき潜在能力の順序が一義的に決まらないケースにおいては、民主的立法にその優先順位の決定を委ねて良いとしている（Anderson 1999a, p. 332）。

に充分な程度に個々の潜在能力間の優先順位付けが不可能になると断定する理由はないと思われる。とりわけアンダーソンによる潜在能力アプローチはセンのそれと異なり、道徳的観点からレレヴァントな能力について、抑圧の回避と民主社会における対等な市民としての機能という基本理念を指針として擁護している。そのため、一義的に確定出来ない部分については政策判断に委ねられるものの、優先すべき潜在能力の特定を専ら民主的立法に丸投げするようなことにはならないだろう。また、アンダーソン及び彼女の民主的平等をベースにしている筆者の立場からは、抑圧の回避が民主的平等の実現よりも優先性を有するため、その意味でも異なる潜在能力間の優先順位付けの指針を提供し得るだろう。

もっとも、こうした異なる潜在能力を包摂するアプローチにおいては、異なる潜在能力間の優先順位付けにおいて一定程度の複雑性を伴うことは否定できず、それゆえその基準の明確性という点で難点を抱えることもまた事実である。しかし、第7章Ⅰ・Ⅲの充分主義批判でも述べた通り、基準が複雑だったり明確でなかったりすることは、それ自体で直ちにその正義構想の受容可能性を否定するわけではなく、結局は指標問題における他の候補との相対的優位の問題となろう。

この点で、潜在能力アプローチよりも基準の単純性及び明確性の点で優位にあると思われるのは、資源アプローチと厚生アプローチであるが、資源アプローチの内でロールズによる社会的基本財に依拠する立場は、やはり異なる社会的基本財間でのインデックス問題を抱える（Rawls 1971, pp. 93-94. cf. Sen 1992, pp. 45-46）。もちろん社会的基本財の内で、権限と富・収入、自尊のための社会的基盤といった種類の少ない社会的基本財の間での優先順位付けをすれば済む——権利・自由・機会といった他の基本財については、優先ルールに基づいて順序付けが擁護されている（第1章Ⅰ3・4参照）——基本財アプローチは、インデックス問題においてそれよりも多くの機能間の優先順位付けに取り組まなければならない潜在能力アプローチよりも、困難が少ないとは言える。しかし、その代償として文化的意味秩序に基づく誤承認の問題、少なくとも制度的要因によって形成されたわけではない障害者の問題に適切に対処できないことは既に確認した（第1章Ⅱ2(3)）。

この点でドゥオーキンの資源平等論は、資源の価値を専ら市場において他者に課す機会費用で同定することから（第3章Ⅰ4(1)）、インデックス問題は問題とならない。しかし、身体障害者の問題に対処するための仮想的保険市場について理論的難点があったことに加え（第3章Ⅱ2・3）、文化的意味秩序に基づく誤承認の問題に適切に対応できない（第3章Ⅱ4）という点はロールズと同様である。

　同じく単一指標に基づきインデックス問題を回避している厚生アプローチについても、第4章Ⅰ3で検討した「ティム坊や」事例が示すように、社会的助成なくしては自律的行為主体性を発揮することができないにもかかわらず、そのような助成がなくても大きな量の厚生を引き出せる者に対してはそのような社会的助成をしなくても良いという、民主的平等の見地から不都合な帰結が生じることは既に確認した。

　したがって、インデックス問題の対応において潜在能力アプローチよりも優位に立つ厚生アプローチや資源アプローチに、平等主義的正義構想としての看過しがたい難点があり[3]、このようなインデックス問題において一定程度の困難を抱えることが決定的な難点ではないことに鑑みると、指標問題において潜在能力アプローチを採用することがなおも正当化されるのではないかと考える。

Ⅱ　「卓越主義」批判

　潜在能力アプローチに対して次にしばしば投げかけられる批判が、いわゆる「卓越主義（perfectionism）」批判である。「卓越主義」とは、「幸福は個人の主観的欲求の実現ではな」く、「倫理的に卓越した生き方の実現であ」り、それゆえ「人々の人格を倫理的完成へと善導することが法と国家の任務である」（井上達夫2003、280頁）という立場である。このような立場の問題は、「正義の問題に関する決定は、「善き生」についてのいかなる特殊な解釈にも依存することなく正当化可能でなければならない」という正義の「独立性の要請」（井

---

[3] なお、コーエンによるアドバンテージへのアクセスの平等よりも、アンダーソンや筆者の立場の方がこのような優先順位付けへの対処において相対的優位にあることも、第4章Ⅱ5で確認した通りである。

井上達夫1986、216-217頁）にコミットするリベラリズムと抵触し、自らの善の構想を追求する個人の自律を侵害する点にある。

アーネソンは先のインデックス問題に続けて、潜在能力アプローチがこのような卓越主義に陥ると論難する。すなわち、人々には「できること」や「なれること」について多様な能力が想定されるところ、そのような能力の全てが道徳的観点からレレヴァントとは言えない。そして、道徳的にレレヴァントな潜在能力を個人の（合理的に熟慮された）選好以外によって同定するとしたら、擁護不可能な卓越主義的原理に依拠しなければならなくなると言う（Arneson 1989, pp. 91-92）。このような批判がアンダーソンの民主的平等及びそれを発展させた筆者の正義構想に向けられるとしたら、それらの立場は、民主社会における市民として他者と対等な関係で機能できることに価値を見出す市民の善の構想を優遇しており、それゆえ卓越主義にコミットしている（Anderson 1999a, pp. 329-330）、という批判として理解されよう。

上のような卓越主義批判に対してどう応答するべきか。まず、潜在能力アプローチの目的は福利としての機能そのものではなく、機能を達成するための潜在能力を保障することにとどまっているから、当の機能を実現するか否かの自由を本人に認めており、個人の自律を侵害しないから卓越主義には陥らないという応答がしばしばなされる（Sen 1992, pp. 82-83）。

しかし、潜在能力アプローチにコミットする野崎綾子自身が、「いかなる能力を『基本的潜在能力』のリストに加えるかの検討において、特定の善の構想からの独立を保つことは、かなり微妙な問題である」（野崎2003、47頁）と懸念を表明する通り、「機能ではなく潜在能力を保障するから」という「比較的簡単」な応答では、必ずしも満足のいくものではないことも事実である。とりわけ、国家がそれに対して潜在能力を保障する機能が特定の善の構想に依拠して同定されたとしたら、それらについてのみ機能達成の自由を認めたところで、それ以外の機能を達成しようとする自由が十全に保障されなくなることとなるため、個人の自律的な善の構想の追求が制約されてしまうという問題はなお残るからである。したがって、なおもこれらの機能の同定が、特定の善の構想に依拠していないことを示すことが求められる。

もっとも、このような卓越主義批判への応答はそれほど困難ではない。確か

にアンダーソンの民主的平等及びそれを発展させた筆者の正義構想は、抑圧の回避及び民主社会で市民として他者と対等に相互行為をすることに価値を見出す市民の善の追求を、そうでない市民のそれよりも可能ならしめるだろう。しかしリベラルな反卓越主義の要請——すなわち正義の独立性の要請——は、諸個人の善の追求が等しく実現されるべきことを要求しているわけではなく（もしそうであれば、「殺人を刑法で罰している全てのリベラル・デモクラシーは、快楽殺人鬼の善の追求を妨げているという理由で非リベラルである」という、明らかに不合理な結論が導出されてしまう）、政治的決定ないし権力行使の正当化理由を特定の善の構想に依存させることを禁止する、というものにとどまる（井上達夫 1986、217-218 頁）。

アンダーソンの民主的平等及びそれを発展させた筆者自身の関係的平等主義に基づく正義構想から、上のような内容の潜在能力を特に保障することが要請されるのは、互いを抑圧的な関係性に置いてはならないという個人相互の義務、民主社会において互いを対等な同胞市民として扱わなければならないという市民相互の義務から、それらの潜在能力の保障が要請されるからであり（すなわち、諸個人、諸市民が互いの関係性を規律するに当たって、いかなる善の構想を有する個人・市民の視点からも受容可能な理由に基づいて正当化されるからであり）、そのような対等者として相互行為をすることが特定の善の構想に照らして優れているからという理由に基づいているわけではない（Anderson 1999a, p. 329）。

したがって、アンダーソンの民主的平等及びそれを発展させた筆者の立場からの潜在能力アプローチの擁護は、「一定の人間のテロスないし完成理想に依存」（井上達夫 2004、77 頁）しているわけではなく[4]、正義の独立性の要請を充たしており、卓越主義であるとの批判を回避し得ていると結論する。

4 　むろんアンダーソンの民主的平等及びそれを発展させた筆者の立場においては、平等や正義の原理によって規律される主体を、自律的な合理的行為主体及びそこから派生する能動的市民としている。しかし、このような人間観へのコミットメントは、上のような諸個人、諸市民相互間における、相互に受容可能な理由を同定するに当たっての補助的前提として援用されているに過ぎず、このような人間観が特定の善の構想に照らして優れているという理由で採用されているわけではない。論争的な哲学的人間観にコミットすることと、特定の善の構想に依拠した卓越主義的人間観にコミットすることとは区別されるべきであり、前者にコミットすることは後者にコミットすることを必ずしも意味しない。現に前述のような正義の独立性の要請にコミットする井上達夫もまた、「自己解釈的存在」としての論争的な哲学的人間観にコミットしている（井上達夫 1999、第 5 章）。

III 「本質の固定化」批判

　潜在能力アプローチを提唱するセンや、それを発展させているヌスバウムは、しばしばジェンダーに基づく抑圧の問題に大きく関心を寄せて議論を展開している。リベラル・フェミニズムの立場に立つ野崎綾子もまた、ロールズやドゥオーキンなどの「資源アプローチ」では「ジェンダーやケアの問題には充分対処し得ない」ことから、このような「ジェンダー不平等の問題に対処する理論的基礎付けを与える」（野崎2003、45-47頁）ような潜在能力アプローチにコミットしている。

　しかし潜在能力アプローチに対しては、そのような実践的関心に照らして自壊的であるとの批判がなされている。井上達夫は、「ケア労働負担を能力実現への資源の変換率を規定する社会的障害と見なす［潜在］能力アプローチは、ケア労働負担を自然的能力格差と同様に、公正に分配ないし再分配さるべき対象（財やコスト）そのものとしてではなく、分配の公正化において考慮さるべき与件的条件として扱って」おり、「ケア労働負担の現状を正義の問題として主題化して変革しようとするフェミニズムの観点から見ても中途半端な方法である」（井上達夫2004、77頁）と言う。そして、「（多くの場合男性が享受する）ケア労働の免除により向上した機会という資源と、その資源享有が他者（多くの場合女性）に課すケア労働負担というコストの分配の公正化の問題としてケア労働問題を直接に分配的正義の法廷に引きずり出すことができる」ような「資源アプローチ」の方を、ジェンダーとケアの問題により的確に対応できる分配的正義の構想であるとする（cf. 井上達夫2016、207-208頁）[5]。

5　井上は、「性別分業観によるケア労働負担の男女間の不平等の問題は、キャリア追求など自己の人生目的に投入できる時間という希少資源の分配の男女間の不公正の問題である」（井上達夫2016、207-208頁、傍点筆者）と述べている。したがって、本文で言う「ケア労働の免除により向上した機会という資源」と「ケア労働負担というコスト」とはそれぞれ、「ケア労働の免除によりキャリア追求などに充てることができた時間」と「ケア労働に従事することでキャリア追求などに充てることができなかった時間」を指していると理解することができる。ただし井上は、「時間」一般を直ちに資源として評価するのではなく、キャリア追求などの自己の目的追求のための機会・選択肢（という別種の資源）に資する限りで、「資源」として評価している（したがって慢性的失業者のように、時間を多く有していてもこれらの選択肢が閉ざされている場合には、「資源を多く有している」とは評価されない。この点は、本書のもととなった助教論文に対する井上の応答によって明らかになった）。

このような井上による、潜在能力アプローチが女性の「ケア労働負担」を「与件的条件として扱っている」ことに対する批判は、それが性差の「本質主義的固定化」(井上達夫2004、75頁)を招来し、そのような性差に基づく社会的不平等を解消することを目的とするフェミニズムの実践に対して自壊性を持ち得ることを、鋭利に指摘したものと理解することができる。

ポッゲもまた同様の批判を、潜在能力アプローチに対して展開する。すなわち、潜在能力アプローチは女性の被る不遇を、彼女らの劣った自然的特性に対して充分な補償がなされていないことに由来すると考えているが、女性の被る

もっとも、このような「資源」の構成の仕方が仮に資源アプローチの立場から採用可能だとしても、資源アプローチの立場を採用することから直ちに導かれるわけではないように思われる。男女間のケア労働負担の不均衡——その意味で、時間という資源の不均衡——を所与とした上で、そのような「ハンディキャップ」を抱えた女性の側に、総合職への採用や管理職への昇進において優先措置を施すという手法を採ることによって、キャリア追求などの実質的な機会・選択肢(という資源)を均等ないしは充分に保障するという立場とも、資源アプローチは両立可能であるように思われるからである。したがって、キャリア追求などに投入できる時間そのものを分配対象とするという理論構成を採るためには、資源アプローチの採用とは別個の補助的考慮(例えば、根底にある性別分業構造そのものの変革を志向する非改良主義の立場など)を要する。

同様に潜在能力アプローチを採用しても、「性別分業観の下での女性の［ケア労働を押し付けられるという］社会的障害を自然的障害と同様な「障害与件」にしながら他の再分配措置で間接的にそれを補正する」(井上達夫 2016、208頁)という立場を採ることは、可能であっても必然ではなく、後述のようにジェンダーの不正義への治癒策の次元の一般的指針として、既存の不正な社会制度そのものの変革を試みる変革的戦略を採用することで、不均衡なケア労働負担を生み出す性別分業観という社会的障害そのものの是正を要請することもまた可能である。それゆえ、資源アプローチを採用した上で、キャリア追求などに投入可能な時間そのものを分配対象とするべく、別個の補助的考慮に訴えることを許すのであれば、潜在能力アプローチに対しても同様に、治癒策の次元での変革的戦略の採用といった補助的考慮に訴えることを許さない理由はないであろう。したがって、ジェンダー問題の文脈における井上の資源アプローチ擁護の試みは、潜在能力アプローチに対する資源アプローチの相対的優位を論証することまでには成功し得ていないと考える。

また井上も、障害者や傷病者に対する医療サービスや車椅子の提供などの、特別な無償現物給付(ないしはそれらの費用をカバーするための現金給付の割増し)を全否定はしないであろう。したがって、資源アプローチの立場からそのような障害者などのニーズに対応するべく、ドゥオーキンが用いた仮想的保険市場が成功し得ていない点について筆者と立場を同じくする以上(井上達夫 2016、207頁)、それに代わる仕方で資源アプローチの立場から、障害者や傷病者に対する特別措置をいかにして理論的に基礎付けるか——分配的正義とは別個の人道主義的考慮に訴えるのか、あるいは「障害者や傷病者は、健常者中心に設計された包括的社会制度を強制されるという、制度的加害を被っているのだから、このような被害に対する補償措置としての間接的再分配が要請される」として匡正的正義に訴えるのか——について、井上は明らかにする必要があると思われる。なお井上は、これまで種々の論稿で論じてきた自己の分配的正義論の骨子を整理して提示した井上達夫 2016 において、筆者が既に提出した助教論文に言及した上で、同論文公刊の後に応答を試みる旨を予告している(井上達夫 2016、209頁)。本書に対する井上の応答を期待したい。

抑圧の原因はむしろ、社会制度が両性間の「生物学的性差」なるものを過度に強調し、そのような「性差」を社会的排除や不利益の正当化根拠としてきたことに由来すると言う。そしてこのような社会的障壁を取り除いて、市民的・政治的権利、機会、同一価値労働同一賃金などの、資源ベースでの等しい扱いをすれば、女性たちは特別な考慮を受けなくても抑圧状態から抜け出せるとして、資源アプローチの潜在能力アプローチに対する優位を論じている（Pogge 2010, pp. 24-25）。

　上のようなジェンダーの本質主義的固定化批判の根底をなす井上及びポッゲの批判的問題意識は、極めて正当である。とりわけポッゲの指摘するように、現実世界に存在するジェンダーに基づく差別・抑圧の多くは、女性を一律に「肉体的に弱き性」と位置付けて、保護の対象とすることで結果的に彼女らの政治的領域・社会的領域・労働市場などへのアクセスを断ったことに起因するという認識を、筆者も共有する[6]。純粋に母体保護の見地から正当化される施策や、逆差別にならない程度の過渡的措置としての積極的差別是正措置については別途論じる必要があるとして（第11章Ⅱ2・3参照）、それ以外の単に女性であることに基づく特別扱いはほとんど正当化される余地はないのではないかと、筆者自身も考えている。

　ただし、このようなジェンダーの本質主義的固定化に向かうか否かが、分配指標として資源アプローチを採るか潜在能力アプローチを採るかという選択に依存するという、上述の批判の前提認識には異を唱えたい。確かに潜在能力アプローチに対して分配的平等主義の枠組みの下で、財の（再）分配の観点のみから焦点を当てた場合には、そのような懸念が生じよう。しかし、アンダーソンの民主的平等及びそれを発展させた筆者自身の正義構想が依拠する関係的平等主義の立場は、平等の関心を分割可能な資源の分配のみに向けるのではなく、経済秩序や意味秩序の改革も含めた包括的なものとして平等の課題を捉える。そして、既に第6章で検討した通り、既存の不正な社会制度に手を付けない肯定的戦略が誤承認の効果をもたらし得ることから（第6章Ⅲ3 (1)）、筆者自身の関係的平等主義に基づく正義構想の立場から導き出される治癒策の一般的指

---

[6] 19世紀初頭のイギリスにおける工場法につきそのような認識を示すものとして、例えばオークレー 1986 参照。

針としては、そのような社会制度そのものの変革を試みる変革的戦略の方が支持されるのだった（第6章Ⅲ3 (2)）。それゆえ、他の条件が等しければ、筆者自身の関係的平等主義に基づく潜在能力アプローチの立場は、不均衡なケア労働負担などの分配的不正義を生み出す性分業の経済秩序や性別役割分担の意味秩序そのものを、いわば「直接に正義の法廷に引きずり出」して再考するのであり、そのための理論的資源をも有しているのである。

したがって、ジェンダーの本質主義的固定化に向かうか否かは、資源アプローチを採るか潜在能力アプローチを採るかよりも、平等の関心を財の分配のみに限定する分配的平等主義にとどまるか、分配不平等のみならず誤承認の問題も包摂できるようなより広い平等の射程を有する関係的平等主義を採用するかの違いの方が、根源的であるように思われる。

Ⅳ 「自由の自己力能化」批判

潜在能力アプローチに対して投げかけられる批判として、私見によればおそらく最も強力なのは、次の「自由の自己力能化」に基づく批判であろう。井上によると、「［潜在］能力アプローチは厚生アプローチと同様、資源が資源享有主体に与えるインパクト（その主体の選好充足度や能力実現度）によって資源の価値を測定する」ため、「主体の自己力能化としての自由の観念がもつ自己中心性の罠にはまる危険がある」（井上達夫2004、76頁）と言う。それ「に対し、資源アプローチは資源享有主体が自己の資源享有によって他者に課す機会費用によって資源の価値を測定する」ため、「『他者から自己が奪っている機会』に対する先鋭な道徳的感受性をもって自他の視点を反転させた公共的正当化可能性の吟味を資源分配問題に貫徹することを人々に要求し、分配的正義における『他者に対する公正さ』をより的確に配慮している」（井上達夫2004、76-77頁）と言うのである。

資源の価値を他者に課す機会費用によって測るという、このような資源アプローチの特徴付けを、井上はドゥオーキンの資源平等論に負っている（Dowrkin1981b, pp. 288-289, 第3章Ⅰ4 (1) 参照）。ポッゲもまた、潜在能力アプローチに対して同様の批判を展開している[7]。資源の価値を資源享有主体の能力実現度の

みで測るため、他者に課す機会費用に無頓着となり、そのために膨大なコスト負担をも他者に要請してしまうという問題があるのである。

このような「他者に対する公正さ」という視点は、平等を第一義的には他者との関係性の次元で設定する関係的平等主義に基づく正義構想においても重要たり得る。上のような井上による批判に対して潜在能力アプローチの擁護者である野崎もまた、「何らかの限定を付さないと再分配が大規模となり過ぎ、効率性とのトレードオフの問題が生ずる」ため、「ケイパビリティー論においても、他者に課す機会費用による限定を付すことを考えるべき」として問題意識を共有し、「残された課題」としている（野崎 2003、48頁）。資源アプローチが分配的正義の局面において、コストを課される他者の視点からの吟味をも必然的に要請するとしたら、その利点は否定し難いように思われる。

しかし筆者は、「自他の視点を反転させた公共的正当化可能性の吟味を資源分配問題に貫徹する」に際して、必ずしも資源アプローチにコミットしなければならないというわけではなく、潜在能力アプローチに立っても可能であると考える。確かに、ある種の目的的人間観に依拠し、そのような完成された人間としての能力実現のみを目した潜在能力アプローチであれば、主観的厚生アプローチと同様に、「主体の自己力能化としての自由の観念がもつ自己中心性の罠にはまる危険がある」（井上達夫 2004、76頁）と言えよう。しかし、関係的平等主義に立脚した筆者やアンダーソンの潜在能力アプローチは、そのような目的的人間観に依拠するものではないし、第6章Ⅰ2(2)で既に述べたように、そもそも自由を他者との関係から切り離された分配対象として、専らその享受者にとっての自己実現の問題と解するような「自己力能的」自由観を採ってい

7　「[資源を機能に転換する効率の悪い人々に対して補償する]制度装置の公正な設計について考えるに当たっては、我々は『自然によって恵まれてない』人々に対して相対的利益をもたらすべきかどうかのみならず、それによって、他者に相対的な損失をもたらすことを受容できるかをも問わなければならない。そして我々は、提案された補償のルールが多様な特別なニーズを有する受益者の間での衡平を達成するかと同時に、それらの便益に貢献する人々との間での衡平をも達成するかどうかを問わなければならない。それゆえ……潜在能力の理論家は、そのような説得的な社会正義の基準を詳細に特定する困難な課題に直面しているのである」（Pogge 2010, p. 49）。「潜在能力の理論家は、正義による補償の社会的コストを制約することに、深刻な困難に直面する。……そのような理論家たちは、最も低い潜在能力の水準を上げるのに追加の資源が資するならば、そのような資源分配が正義の観点から要請されると結論付けなければならない」（Pogge 2010, p. 53）。

ないのである[8]。

　関係的平等主義の立場からは各人への自由の保障は、「他者との関係で非対称的な関係性に置かれない」という理由で、そしてその限度でのみ擁護される。それゆえ分配的正義の側面において、例えば他者との関係で脆弱な立場に置かれている者の水準を、資源分配によって対等関係に立てるようになるまで引き上げることが要請されると同時に、当該資源移転によってコストを課される他者の側をも、脆弱な境遇に陥れないようにすることが要請されるのである。したがって、他者と対等関係に立てるようになるための機能への潜在能力の基礎付けの内に既に、「自他の視点を反転させた公共的正当化可能性の吟味」という他者性の契機がビルトインされており、他者に課されるコストへの原理的な制約をかけることにもコミットしていると言えるから、「自己中心性の罠にはま」っているという批判は当たらないと考える[9]。

　したがって、潜在能力アプローチを専ら分配的平等主義の枠組みの中でのみ思考するのでなく、それが基礎付けられる関係主義的基礎にまで視野を広げた

---

[8] 自由・権利・機会・権力といった非物質的財が、他者との相互行為という関係性の次元を有し、それゆえ「分配」のタームで語ることが適切ではないというのが、関係的平等主義の理論的支柱の一つを構成するヤングの分配パラダイム批判の骨子であった。アンダーソンには基本的自由などについても、分配対象として表現している箇所も見受けられる（Anderson 1999a, p. 318, Anderson 2010b, p. 18）が、ヤングによる分配パラダイム批判に依拠する関係的平等主義の問題意識を徹底するならば、この点についてのアンダーソンの記述は修正されるべきであろう。この点については既に第6章Ⅰ2（3）でも述べた。

[9] 加えて関係的平等主義に立脚する潜在能力アプローチにおいては、当該資源移転によってコストを課される他者の側が脆弱な境遇に陥らないとしても、それらの人々に膨大なコストを課すことへの限定を付すことが可能であると思われる。例えばアンダーソンは、自らの関係的平等主義に基づく民主的平等の正義の原理が、契約論（contractualism）の枠組みで導出されるとする。そして契約論においては仮想的とはいえ、等しい参加の権利を有した理性的な人々が集団的に欲する（互いに正当化する）ことができる社会統制の原理のみが採用されるため、このような契約論によって基礎付けられる潜在能力アプローチに立脚した正義の原理においても、理性的な人格が拒絶可能な程度の膨大なコストを課すことを要請してしまうことに対しては、内在的制約が付され得るとするのである（Anderson 1999b）。そしてその見地から、例えば医療や教育資源をいくら投入しても効果がないような傷病者や障害者、それらの資源を膨大に投入しても極めて瑣末な程度の潜在能力の向上しか見込まれないような傷病者や障害者などに対しては、それらの膨大なコストを課される側の人々は、それを理性的に拒絶可能であるとしている（Anderson 2010c, p. 97）。ただしアンダーソンはこのような限定を、正義の原理に対する他の価値的要請からの「妥協（compromise）」として表現しているが（Anderson 1999b）、平等についてのアド・ホックな価値多元主義的応答を採用することとなり妥当ではないだろう。むしろ、自らの契約論によって同定する潜在能力ベースの充分主義としての正義の原理自体が、このような限定を内在的制約としてビルトインしている（「解除条件付きの潜在能力ベースの充分主義」）とする方が、理論的に筋が良いだろう。

ホーリスティックな思考をすることで、「ケイパビリティー論においても、他者に課す機会費用による限定を付す」(野崎 2003、48 頁) ことは可能であると考える。

　以上、潜在能力アプローチに対する四点に亘る外在的批判を検討し、それらに対する応答を試みた。いずれも潜在能力アプローチ一般に対する批判としては正当であるものの、アンダーソンの民主的平等及びそれを発展させた筆者自身の関係的平等主義に基づく平等主義的正義構想が採用する潜在能力アプローチにとっては、これらの批判に対していずれも適切に応答可能であると考える次第である。

第9章 | 関係的平等主義自体への批判

本章ではアンダーソンの民主的平等及びそれを発展させた筆者の関係的平等主義に基づく正義構想に対して向けられる外在的批判の内で、「水準問題」及び「指標問題」におけるそれ以外の批判を検討し、応答することを試みる。

以下、まず本章Ⅰでは、アンダーソンの民主的平等及びそれを発展させた筆者の関係的平等主義に基づく正義構想が、正義の原理の第一義的な適用対象を社会の基本構造などの制度としていることに対する批判を検討する。続く本章Ⅱでは、そのような関係的平等主義に基づく正義構想が、本人の自発的選択の有無にかかわらず、充分水準の潜在能力を諸個人に対して生涯を通じて保障することに対して向けられる運の平等主義の立場からの批判を検討する。本章Ⅲでは、アンダーソンの民主的平等及びそれを発展させた筆者自身の関係的平等主義に基づく正義構想が、正義や平等の理念によって規律される主体として、自律的な合理的行為主体を想定していることに対するフェミニズムの立場からの批判を検討する。本章Ⅳではそのような関係的平等主義に基づく正義構想が、その積極的目的として、民主社会における諸市民間の対等関係性を指導理念としていることにつき、正義の原理の適用範囲が国家の枠内に限定されてしまうのではないかという、グローバルな正義の観点からの批判を検討する。

Ⅰ 制度的正義論への批判

1 コーエンによる批判再び

第6章で確認したように、アンダーソンの民主的平等の立場からは、社会制度を担う公務員及び市民社会におけるパブリック・アコモデーションの担い手や雇用者と、一般私人とで、公衆全員に不偏的に振る舞うという正義の責務につき、非対称的な責任が課される。このことは彼女の民主的平等にとって、正

義の原理の第一義的な適用対象が社会の基本構造などの制度とすべき理由を提供する（第6章Ⅰ2(2)）。そして、それをベースとする筆者の関係的平等主義に基づく正義構想においても、そのような立場を採用している。このような制度的正義論とも言うべき立場に対しては、既に第4章Ⅰ6(2)で確認したように、コーエンによって以下のような批判がなされている。

すなわちこのような制度的正義論は、第一に、基本構造たる制度が正義に適っており、そのような正義に適った制度に対して諸個人が遵守行動をとりさえすれば、このような制度であるルールを遵守する範囲内での諸個人のその他の行為選択によって財の配分状態が（良きにつけ悪しきにつけ）影響を受けても、それによって「より正義に適っている／適っていない」という規範的判断が仮定によって（ex hypothesi）できなくなる。しかし分配的正義は制度や構造のみによっては達成できず、より平等な配分状態を志向するような個人の選択行動を触発するための社会的エートスを涵養することも必要であるから、そのような社会的エートスにより触発された諸個人の選択行動によって影響を受けた財の配分状態に対して、「より正義に適っている／適っていない」という判断ができない制度的正義論は不適格である、という趣旨の批判をする（Cohen 1997, pp. 12-13）。

また第二に、制度的正義論が問題にしている「社会の基本構造（the basic structure）」が、公権力によって強制執行可能な法的制度[1]のみを含意しているのか、そのような法的制度のみならず、慣習・しきたり・社会的期待といったインフォーマルな制度をも含意するのかが問われるところ（Cohen 1997, pp. 18-19）、後者の解釈を採用するならば、正義の適用対象から諸個人の行為選択を除外することができなくなると言う。というのも、例えば性別役割規範といったインフォーマルな家族構造の例に見られるように、インフォーマルな制度や構造は、構成員の日常的な行為選択によって維持・存続させられているからである。したがって、そのようなインフォーマルな制度や構造に関しては、法的制度とは異なり、制度を制定したり維持したりする選択と、その制度の下での

---

[1] コーエンはそのような法的制度として、憲法の規定に存在する制度、そのような規定を実施するための立法、憲法の規定という形はとらないものの重要な立法や政策などを想定している（Cohen 1997, p. 18）。

諸個人の選択とが、概念的には区別し得ても現実的には区別し得ないため、正義の原理を構造のみに適用し、その構造内の諸個人の日々の行為選択には適用しないと言うことは不可能だからと言うのである（Cohen 1997, p. 20）。

そして社会の基本構造を法的制度に限定するという前者の解釈も採用し得ないと言う。というのも、正義の第一義的な適用対象を社会の基本構造とする理由は、その効果が根強い（profound）点に求められるところ（Rawls 1971, p. 7）、そのような根強い効果を諸個人に対してもたらすのは法的制度のみならずインフォーマルな制度もそうであるから、このような理由に基づくならば、正義の第一義的な適用対象を法的制度に限定するのは恣意的であるからであると言う（Cohen 1997, p. 21）。また、効果が根強いかどうかが正義の原理の適用の有無に関して決定的ならば、諸個人の行為選択も、仮にそれが維持・強化するインフォーマルな制度と分離可能であったとしても、正義の原理の適用対象から除外する理由はないと言うのである。

むろん以上のようなコーエンの議論は、ロールズの格差原理が才能ある資産家へのインセンティブ報酬を擁護することを、格差原理の適用対象を社会の基本構造に限定することで正当化しようとする議論に対して向けられているものであることは、既に第4章Ⅰ6 (2) で確認した通りである。しかし以上のコーエンによる制度的正義論批判のエッセンスは、このような文脈を超えた射程を有するものである。

2　制度的正義論についての補足

筆者の立場からの応答に入る前に、ロールズ自身の制度的正義論の含意について補足をしたい。第一に、当たり前の事実の確認であるが、正義の原理が社会の基本構造に適用された結果、そのような社会の基本構造を構成する諸制度が定めるルール（とりわけ強制的な法的ルール）は、その下で相互行為する諸個人に対して適用される。正義の原理の直接的な適用対象が制度であっても、制度を通じて間接的に諸個人の選択行為が規律されることは妨げられない[2]。

さらに諸個人は、一般私人としては制度のルールに消極的に遵守することの

---

2 | 正義に適ったルールへの遵守行動は、「正義の自然的義務（natural duty of justice）」として諸市民に対して要請される（Rawls 1971, pp. 115-116）。

みが要請されるとしても、市民の立場として政治機構を通じて、その下で協働する社会の基本構造を正義の原理に適ったものとするべく投票行動をする義務[3]を、正義の責務として互いに負っていることは論を待たない(そのような義務を、専ら一部の政治家に任せきりで良いとしたら、民主国家とはおよそ言い得ないだろう)。したがって、制度的正義論の立場からはおよそ諸個人の行為には正義の原理が適用されない——すなわち、正義の責務によって規律されるのは公務員だけである——というのは正しくない。

　また第二に、ロールズは自己の正義論の第一義的な適用対象が社会の基本構造であるとし、そのような問題設定をする理由を、社会の基本構造の効果が「とても根強く、生まれた時から存在する (so profound and present from the start)」点に求めたのはその通りだが (Rawls 1971, p. 7)、社会の基本構造に適用されるのと同内容の正義の原理が他の領域におけるルールや慣習などに、直ちには適用されるわけではないと述べるにとどまり (Rawls 1971, p. 8)、社会の基本構造以外においてはおよそ正義の原理の適用の余地はない、という議論をしているわけではない。

　「正義の原理は、私的結社やより包括的でない社会集団のルールや実践を規制するものとしては、機能し得ないかもしれない」とロールズは言う。それはその通りだろう。官公庁の職場において、お茶汲みを専ら女性職員に求めたり、重量物の運搬を専ら男性職員に要求したりするといった性別役割分担を制度化することはおよそ受容不可能であるが、例えば学生が自発的に結成した社交ダンスサークルにおいて、男性に「リーダー」としての役割、女性に「パートナー」としての役割を期待しても、そのような実践が直ちに正義に反するとは言えないだろう。

　しかしその一方でロールズは、必ずしも社会の基本構造に属しないような儀式においても、例えば人身御供を要求するような儀式などについては正義の原理の適用対象になる余地を認めている (Rawls 1971, p. 58)。社会の基本構造内部の結社などに直接適用される「局所的正義 (local justice)」の存在を、ロール

---

[3] ただしこの立場は、投票そのものを義務化すべきかどうかについては中立である。自由投票制を採用した上で、投票を単なる権利ではなく公務である——したがって各市民は、自分の政治的選好のみに基づくのではなく、他の市民の立場や視点からも受容可能な理由に基づいて投票することが求められる——と考えることもできるからである。

ズは自身の正義理論において認めているし (Rawls 2001, p. 11)、「諸国家間の法 (the law of nations)」などの、一主権国家内の社会の基本構造ではないものについても、主権国家内の基本構造に適用されるのと同内容ではないにしろ、何らかの正義の原理が適用されると論じている (Rawls 1971, p. 8. cf. Rawls 1999)。ロールズの立場から善きサマリア人の義務や、他者を害しない義務などが、「自然的義務 (natural duty)」として諸個人の行為に対し直接適用されることも、既に確認した通りである (Rawls 1971, p. 114. cf. Anderson 2010a, p. 16, 第1章Ⅰ5参照)。

　したがって、正義の原理の第一義的な適用対象を社会の基本構造とすることは、それ以外の領域におけるルールや実践に対して正義の原理が適用される余地をおよそ否定するというものではない。アンダーソンの民主的平等やそれを発展させた筆者の正義構想がコミットする制度的正義論もまた、正義の原理によって「全ての市民の利益に不偏的に奉仕することが求められる」主体として、社会制度を担う公務員等を第一義的に想定している点で、正義の原理の第一義的な適用対象として社会の基本構造を想定しているものの、それとは非対称な内容の正義の要請が一般私人に対してもかかってくることも承認していることは、既に確認した通りである (第6章Ⅰ2 (2)参照)。制度的正義論の主張内容は、そのようなものとして理解すべきである。

3　コーエンによる批判への応答

　制度的正義論の主張内容を以上のようなものとして確認した上で、前述のようなコーエンによる批判を検討したい。第一の批判点であるが、コーエンの批判内容は平等を促進するための社会的エートスの涵養が、制度そのものの改革とは見なされないという前提に依拠しているが (Cohen 1997, p. 28)、そのような前提そのものを疑うことができる。

　制度的正義論は社会の基本構造のうちに、法的制度や経済秩序のみならず、制度化された文化的意味秩序をも含めることを妨げない[4]。法的制度が正義に

---

[4] ロールズの制度的正義論に対して「日々の選択行為は、こうした強制力を伴う構造に全面的に支配されているわけではない。家族や市場経済はそうした典型例、すなわち、慣習や慣行といった非強制的な選択パターンが見出せる領域である」(井上彰 2012、300-301頁、井上彰 2017b、176頁) として批判的留保をする井上彰の記述も、ロールズの言う社会の基本構造が、強制的な法的制度に限定されるものとして解釈している。社会の基本構造のうちに性

適っているとしても、意味秩序が抑圧的であれば、制度的正義論を仮に「分配的正義は、基本的制度設計にのみ関わるべきだ」という「排除的制度主義（exclusive institutonalism）」（井上達夫 2012、89 頁）の意味に解したとしても、その下で生じる財の配分状態などが正義に適っていないと判断されることになろう。したがって、意味秩序が抑圧的である状況下では、そのような社会的エートスの涵養は意味秩序の改革と理解される限りで、制度的正義論の立場からも、そのようなエートスを涵養するための施策を正義の観点から擁護することができる。

　むろん既存の意味秩序が既に正義に適っていると判断される場合でも、制度的正義論の観点からより望ましい社会状態を促進するべく、諸個人を動機付けるためのエートスの涵養は、政策的裁量の問題として許容される。ただし、制度的正義論を上の排除的制度主義の意味に解した場合、このようなエートスによって諸個人が推進される行為は、もし果たしたら称賛される一方で、果たさなかったとしても非難されないような「余務（supererogation）」であるため、それによって実現される社会状態は「より望ましい」と評価されるのであって、「より正義に適っている」という評価は、仮定により帰属し得ない。しかし、そのようなエートスの涵養が諸個人の自律を侵害しないものである限りは、そのような制度的正義論の立場からも許容されるだろう。

　またそもそも、コーエンの先の批判は、制度的正義論が社会の基本構造などの制度を、そのプロセスを経た結果が何であれ正義に適っているとされる純粋手続的正義としてしか理解できない——すなわち、上の排除的制度主義の意味にしか理解できない——ということを前提としているが、このような前提を疑うこともまた充分に可能である。

　アンダーソンの民主的平等及びそれを発展させた筆者自身の関係的平等主義に基づく正義構想においては、その基本理念を「民主社会における諸市民の対等関係性の構築」に求めていることは既に述べた（第 6 章 I 1 (1)）。諸市民の間での非対称的な相互行為は、経済秩序・意味秩序・法的制度などの国家秩序に起因するものもあるが、純粋に両当事者の力関係に起因するものもある。し

別役割規範などのインフォーマルな意味秩序をも含めて、ロールズの正義論を再構成するものとして、例えば Okin 1989 が存在する。

たがって、諸市民がおよそ対等な関係性で相互行為をするような社会を構築するためには、直接諸市民に対して、全ての同胞市民の利益に対して不偏的に奉仕するべく行為をするよう強制することも、理論的選択肢としてはあり得る。

　しかし、そうすることは効率性の点でも、諸市民の自律とプライバシーを著しく制限することになり得る点でも、アンダーソンや筆者自身の関係的平等主義が基礎付けられる道徳的行為主体性の尊重の観点から受容不可能である。したがって、これらの考慮との関係からの次善の策として、いわば不完全手続的正義として、諸市民間の相互行為に大きく影響を与える背後の枠組みとしての国家秩序・経済秩序・意味秩序といった制度の改革を位置付けることもできよう[5]。

　次にコーエンによる第二点目の批判を検討しよう。社会の基本構造を、その効果が根強いという理由で法的制度に限定するとしたら、それは恣意的である、というコーエンの指摘はその通りである。第6章Ⅱ5（1）で示したように、不正義の根差す構造として、経済秩序・意味秩序・国家秩序の存在を認めている筆者自身の関係的平等主義に基づく正義構想は、そのような社会の基本構造をインフォーマルな制度や構造も含めたものとして理解している。また、意味秩序などのインフォーマルな制度が、その下で相互行為する諸個人の日常的な行為選択によって維持・存続させられているというコーエンの指摘も正しい。

　しかしそうだとしても、インフォーマルな制度や構造に対して正義の原理を適用することと、その下での諸個人の行為選択に対して直接正義の原理を適用することとの区別が、実践的に意味をなさなくなるというわけではない。そもそも「正義」とは、「社会の構成原理であり、社会における公私の力の行使を規制するとともに、・公・権・力・に・よ・っ・て・強・行・さ・れ・得・る・も・の・で・あ・る」（井上達夫1986、216頁、傍点筆者）。そして、我々が道徳共同体の構成員である道徳的人格として互いに負い合う道徳的責務一般から・正・義の責務を区別するのは、正義の責務についてはそのような責務を果たさないことに対する責任として、単なる非難や社会的制裁にとどまらず、公権力による強制が課され得るということである。

---

[5] そして、そのような個人の自由やプライバシーの考慮を覆してでも統制すべきであるような、一方が他方に意図的な加害行為を加えるといった非対称的な相互行為については、正義の観点から直接的にそのような行為を規律されることとなるため（第6章Ⅰ2 (2)）、制度的正義論に立ちつつも排除的制度主義とは一線を画すことができる。

したがってそのような正義の責務については、諸個人に対し、全ての他者の利益に対して不偏的に奉仕することを責務として要請することが、諸個人の自律的な生の追求を侵害してしまうという問題意識が切実となるのである。

この点で、正義の原理を原則として、制度の下での諸個人の行為選択に直接的に適用するのではなく、インフォーマルな制度や構造に対して適用する——すなわち、その下での諸個人の行為には、制度を通じて間接的に適用する——という要請は、諸個人間の非対称的な関係を規定するインフォーマルな制度や構造を是正するための手段として、それらの諸個人の行為を直接刑罰によって禁止したり、それらの諸個人の表現や思想を検閲したり、(ややSF的であるが)それらの諸個人の脳に電極を埋め込んで感情をコントロールしたりなどの、自律的選択を大きく侵害する手段を排除するための理論的根拠を提供すると思われる。すなわち、公務員による意識啓発活動や、諸個人に対して、そのような正義に反するインフォーマルな制度を解消するべく行為をするためのインセンティブを与える利益誘導といった、より間接的な手段を採用するための指針となるように思われるわけである。その点に、正義の原理を諸個人の行為選択に直接的に適用することとの区別の実践的意義を見出すことができるのではないだろうか[6]。

諸市民の利益の総体とは独立に、それ自体としての利益を持たない社会の基本構造(及びそれを担う公務員)とは異なり、諸個人は一般私人として、各々自己の利益を持っている。そのような諸個人に対して、自分自身及び自分自身の愛する者の利益を、常にそれ以外の全ての他者の利益と同程度に不偏的に配慮して行為をすることを求めることは、彼らの生の自律的な追求を台無しにしてしまうだろう(Anderson 2010a, p. 16)。「才能の奴隷(the slavery of talented)」ならぬ「正義の奴隷(the slavery of justice)」になることを、誰も強いられる理由はないのである[7]。

---

6 | 誤承認を、アイデンティティの毀損ではなく、社会参加における外的で実証可能な障壁の問題とし、そのような誤承認の是正を制度の改革と結び付けることで、誤承認を単に抑圧者の有する心理としての偏見と等置する立場から採られるような、「抑圧者の思想検閲」という権威主義的な是正策を避けることができる(Fraser 2003, p. 31)と言うフレイザーの主張にも、筆者と同様の問題意識を見出すことができる。

7 | 現にコーエン自身、社会の基本構造を規律するのと同内容の正義の原理が、諸個人の行為選択にまで直接適用されることから来る要請を一定程度修正するべく、自己の立場からシェフラー流の「行為主体中心的特権(agent-centered prerogative)」(Scheffler 1994)にコミッ

4 非制度的正義論と集合行為問題

　諸個人に対して直接正義の責務を果たすことを期待することには、ある種の集合行為問題も伴う。仮に性別役割分担意識の非常に強い社会が存在するとしよう。そしてその社会においては、女性が結婚して出産した後に家事や育児に専念することが称賛されるのに対し、男性が育児休暇をとって家事や育児に携わろうものなら、凄惨な「パタニティー・ハラスメント」に遭う——さらにはその妻の側も、何らかの社会的なバッシングを受ける——としよう。そしてそれらに対する実効的な救済手段も確立されていないとしよう。

　そのような社会で生活する夫婦にとっては、仮に両当事者ともに、家事や育児の負担を夫婦で均等に分担するべきであるという信念を有しているとしても、結婚して子供を作った後、夫が有償労働に専念し、妻が家事や育児に専念するという役割分担を、両当事者の相談の上で取り決めて実行することも、賢慮的な意味で「合理的」な選択と言える。

　確かにこの夫は、配偶者に家事や育児に専念してもらい、自分はそれらの負担をしないで有償労働に専念するという選択をすることで、既存の意味秩序としての性別役割規範を維持・強化することに寄与しているとは言える。しかし、このような状況下における彼の行為が「正義に反している」と言うのは、やや行き過ぎではないだろうか。

　というのも、彼は家事や育児の責任を妻とともに分担したいと考えているにもかかわらず、夫婦に対する社会的な非難等のインフォーマルなハラスメント実践を避けるためにやむなくそのような選択をしているのであり、彼もまた、その社会における性差別の「犠牲者」とも言い得るからである[8]。もしこうした事情の下での彼のこのような選択を、「セクシストだ!」として糾弾するようなラディカル・フェミニストがいるとしたら、彼女ないし彼の人間性の方こそが疑われて然るべきだろう。各々自己の生きるべき生を有する諸個人に対し、

8　もちろんコーエンも、このような集合行為問題を認識しており、本文の事例のような夫の行為に対しては、正義に反するものの、非難可能性については免責する余地を認めている (Cohen 1997, p. 21, n. 41)。ただし、彼のように「正義／不正義」の判断と、「非難可能性 (blameworthiness)」の判断とを切り離す対応に対しては躊躇を覚える。正義の原理で規律される主体の行為主体性を尊重することが、正義もそこに含まれる道徳一般の要請であるように筆者には思われるからである。

トする余地を認めている (Cohen 1992, pp. 302-303)。それゆえ彼の立場からも、このような正義の奴隷という批判のレレヴァンスを承認せざるを得ないはずである。

自らの生の追求を大きく犠牲にしてでも万人の利益に不偏的に奉仕することを求めるような原理を、我々は正義の観点から理性的に拒絶する理由があるように思われる（Anderson 2010a, p. 14）。

　もちろん先の例の夫は、政治共同体の市民の立場として、政治機構を通じて、例えばそのような性別役割規範を解消するような政策を推進する政党に投票するなどの政治的責務を、正義の観点から有している。また、いかに性別役割分担意識が強い社会とは言え、家庭内暴力を振るったり、「亭主関白」な態度で振る舞って妻を従属させたりすることは、そのような行為をとらないことを本人に合理的に期待することは可能であるため、一般私人としての行為ではあっても、「正義に反する」という評価を下し得るだろう。

　したがって、このような諸個人の自律的な生の追求の観点及び集合行為の観点から、正義の原理の第一義的な適用対象をインフォーマルな制度・構造も含めた社会の基本構造とし、そのような観点から正義の責務を個人に課すことが正当化し得るような場合においては例外的に、一般私人の行為に対しても直接的に正義の原理が適用されるとする、筆者自身の立場からの制度的正義論が、先のようなコーエンの外在的批判に対して積極的に正当化されると考える。

　さらに言うと、このように正義の原理の第一義的な適用対象を社会の基本構造とすることで、当の政治共同体において非対称な相互行為を背後で規律する構造そのもの——先の例で言うと、夫をして有償労働に専念することを強いてしまうような、インフォーマルな制度としての性別役割規範——を、正義の観点からの直接的な是正対象として認識させ、それに対して目を向けさせることもできると考える。

II　運の平等主義からの「個人責任」批判

　第6章I1（3）・2（1）で確認したように、アンダーソンの理論及び彼女の理論をベースにする筆者自身の関係的平等主義に基づく正義構想は、社会において対等者として機能するのに充分な水準の潜在能力を、諸個人の全生涯を通じて保障することにコミットするが、そのことに対して運の平等主義の立場から、以下のような外在的批判がなされている。

ここではそれらの批判を順次検討して応答を試みる。

1 「インセンティブ低下」批判

　社会において対等者として機能するのに充分な水準の潜在能力を、諸個人の全生涯を通じて保障する立場に対しては、それによって個人が無責任に行動するインセンティブを与えてしまう、すなわち、モラル・ハザードをもたらしてしまうという批判がしばしばなされる。人々が自己の思慮の浅い行動によって苦境に陥ったとしても、それに対して常に社会が救済の手を差し伸べてくれるならば、なにゆえ諸個人に対して思慮深く行動することが期待できようか。これらの救済に費やすコストによって、国家が財政破たんすることを避けるのであれば、運の平等主義の諸理論がそうするように、自らの落ち度ある選択によって陥った苦境に対しては、「自業自得」として社会的救済の対象から外す必要があるのではないか、と (cf. Anderson 1999a, p. 327)。

　しかしこの批判は、関係的平等主義に基づく正義構想が、本人の落ち度ある選択によって陥った損失の全てを補償してくれるという前提に立っていないだろうか。もしそうであれば、確かに諸個人は深刻なモラル・ハザードに陥るだろう。しかしアンダーソンが言うように、この正義構想は苦境に陥った個人に対して、自らの思慮の浅い選択に基づく損失の全てを事後補償することを要請するのではない。それらの損失のうち、抑圧を回避し、民主社会において自由で対等な市民として機能するのに必要な水準の潜在能力までしか、それは補償しないのである。

　例えば、自らの健康を顧みない思慮の浅い行動により、「酒浸り」の生活を送って肝硬変になった個人に対し、そのような自らの落ち度ある行動にもかかわらず、社会は当の個人に充分な医療を提供する責務を有する。しかし、それゆえに二度と飲酒ができなくなってしまうことに伴う本人の様々な主観的厚生の損失——彼ないし彼女がワイン通であれば、二度とワインバーで友人とともにビンテージもののワインを嗜むことができなくなるという事実に直面することから来る、この上ない悲しみなど——に対し、それを埋め合わせるべく追加的資源によって補償することまでは、社会の側に要請されないのである（そして、社会がそのような補償政策を採ることは通常考えられない）。このような関係

的平等主義に基づく正義構想に指導された社会においても、諸個人は自らの思慮の浅い行動によって多くの損失を被るのであり、それゆえ諸個人は賢慮的に行動するインセンティブを充分に得ることができるのである。

　また、アンダーソンの理論及びそれを発展させた筆者の関係的平等主義に基づく正義構想が、潜在能力アプローチに依拠していることの含意として、民主社会で対等者として相互行為をする機能を、共同の経済システム内での労働——有償労働のみならず、家事や育児といった無償ケア労働や、社会的に有益な奉仕活動をも含み得る——に従事していることに条件付けることが、そのような労働への実効的なアクセスとしての潜在能力が保障されてさえいれば、可能である（Anderson 1999a, p. 318）。したがって、いかなる社会的に有益な労働にも従事していない個人に対して、それにもかかわらず無条件に、このような生涯を通じての機能の保障が要請されるわけでは必ずしもない。そのような意味でも、諸個人に対して社会の協働枠組み内において、責任ある自立した行為主体として振る舞うインセンティブを付与することは可能であると思われる。

2　「救済コスト」批判

(1)　ソーベルらによる批判への応答

　社会において対等者として機能するのに充分な水準の潜在能力を、諸個人の全生涯を通じて保障する立場に対しては他にも、次のような批判が運の平等主義の陣営から投げかけられている。すなわち、このような立場においては、全ての個人に対して一定の水準における機能を常時保障するため、一定の人々は無責任な行動を何度も繰り返すところ、それらの人々の潜在能力を一定レベルまで常時維持することによって、社会共同体の諸資源を使い尽くしてしまうことにならないか。そのような状況において、そのような一定水準の潜在能力を万人に常時保障するという政策は、社会の他の構成員に対して割り当てるべき資源を浪費してしまうことになるが、それは不公正ではないか、と言うのである[9]（Arneson 2000, pp. 348-349, Sobel 1999）。

---

[9]　例えばデイヴィッド・ソーベル（David Sobel）は、リスクある行動をして両足を失い、自由に移動するという機能のための潜在能力を享受するためには車椅子を要することとなった個人を想定し、当の個人が社会によって支給された車椅子を、酒代欲しさに闇市で売却してしまった——すなわち、もはや動き回る機能を達成する潜在能力を有しなくなってしまった

このような批判は本章Ⅱ1での批判と内容において大きく重なるが、焦点の当て方が微妙に異なっている。本章Ⅱ1での批判は、諸個人のインセンティブ構造の方に焦点を当てていたのに対し、ここでの批判は、その結果としての社会的コスト及び他の社会構成員に対する公正さの方に焦点を当てているため、別個の批判として取り上げた。いずれにせよ、アンダーソンの民主的平等及びそれを発展させた筆者の立場から、このような運の平等主義側からの批判にどう応答するかが問題となる。

　この点アンダーソンは、次のような応答を展開している。すなわち、正義に適った社会システムは、当該システムが意図しているのとは異なる目的に、そのルールや補償装置を濫用することを看過する理由はない。先のデイヴィッド・ソーベル（David Sobel）が挙げる、車椅子の闇市での売却の事例に即して言えば、そのような個人に対する新しい車椅子の支給を中断し、その支給の再開を、そのような浪費行動という社会システムのルールの濫用をしないと本人が立証することに条件付けることが、彼女の民主的平等の立場から可能であると言うのである（Anderson 1999b）。

　こうしたアンダーソンによる対応がアド・ホックに過ぎるという論難もあり得ようが、筆者によれば彼女のこのような対応を、潜在能力アプローチの枠組みから統合的に説明することが可能であると考える。すなわち、ソーベルの事例に登場する当の個人は、確かに市民社会を自由に動き回るという機能は達成していないが、車椅子を闇市で売却して、その代金を酒代に費やすという、自らの無責任な、制度を濫用する性癖を克服することで（そしてそのことを立証することで）、新たな車椅子を支給してもらうことができる。したがって、自らの努力によって市民社会を自由に動き回るという機能を達成することができるため、その意味で潜在能力をなおも保障されていると言い得るからである。

　もちろん上のような立証手続きの困難性や恣意性は、なおも問題にし得るだ

　　　──という例を挙げる。そして、このような潜在能力を、本人の落ち度ある選択の有無にかかわらず常時保障することにコミットするアンダーソンの民主的平等の立場からは、当の個人に対して改めて車椅子を支給することが社会の側に要請されてしまうだろうが、当の個人が新たな車椅子を支給される都度、それを闇市で売却することを止めないとしたら、社会の側は新たな車椅子の支給を中断するべきであると言うわけである（Sobel 1999）。

ろうが、そういった問題を原理的に克服不能と断じる理由はない[10]。現にアンダーソン自身、例えば当人がアルコール依存症などに陥っている場合、車椅子の支給を中断するためにはリハビリなどの実効的な機会が保障されなければならないとしており、その意味でこのような中断措置を、潜在能力アプローチの枠組み内で統合的に説明しようとしていることがうかがわれる。

(2) 社会全体に必要かつ有用な自発的選択のコストについて

以上の批判においては、自らの自発的な選択により、明らかに社会にとって高コストではあって、およそ有用とは言えない行動に従事する人の例が想定されていた。したがって、軍隊などの危険な職種への従事、家事や育児といった無償ケア労働への従事、自然災害が頻繁に発生する地域への移住といった、社会全体にとって必要かつ有用な、ないしは一定の人々がそのような選択をすることを前提にして社会の維持・存続が成り立っている活動に、自発的に従事して苦境に陥った人々への社会的救済については、前述の批判の射程外にある。

しかし、これらの活動への従事によって陥った苦境に対して補償する社会的コストが、それによってもたらされる社会的利益よりも大きくなる可能性は、ア・プリオリには否定できない。したがって、そのような場合に、本人の自発的な選択の有無にかかわらず、万人に一定水準の潜在能力を常時保障するという、アンダーソンの民主的平等及びそれを発展させた筆者自身の関係的平等主義の立場から、いかなる対応を採り得るかが問題となろう。

まず自然災害の多発する地域への自発的移住であるが、アンダーソンは、そのような地域への人々の自発的移住を認めた上で災害を被った人々に充分な補償をすることが、結果として社会全体にとって高コストになる可能性をも認めている。そしてその場合においては、そのような地域への移住を禁止するか、そのような地域に移住する人々に対して、災害を被った場合の補償を賄うための税金を事前に課すか[11]、既に移住している人々に対しては、安全な地域に再

---

10 あまりにも困難であったり、プロセスが恣意的であったりすると、実効的なアクセスを有しているとは言い得なくなるから、このような立証手続きは本人が容易になし得るものであるとともに、医療関係者などの専門家による第三者手続きが完備され、充分に検証可能であることが求められるだろう。

11 この点アンダーソンは、社会的に必要ないしは有用でない自発的選択についても、例えば喫煙者を例に、特別な税金を課して、肺癌になった場合の医療費等をそれによって賄うことができる——それゆえ、非喫煙者である他の市民にコストを転嫁せずに済む——としている

移住するためのインセンティブ付与を行うなどの政策を採ることができるとしている（Anderson 1999a, p. 323, n. 82）。そしてそのような政策は、互いに同胞市民を非対称的な関係性に置かないという、市民相互の義務[12]によって基礎付けられることとなろう。

軍隊などの危険な職種についてはどうか。この事例について、アンダーソンは対応について特に語っているわけではない。例えば軍隊について言えば、「祖国防衛のために必要な戦力を調達するべく、既に徴兵制が敷かれているならば、そのような中で、頼まれもしないのに敢えて兵士に志願して負傷した者に対し、なぜ社会全体のコストにおいて補償をしなければならないのか？自己責任ではないか？」と問われるかもしれない。

しかし、民主国家における諸市民間の対等関係性の構築を積極的目的とする筆者の立場から、仮に徴兵制を選択した場合、兵役は全市民に対して無差別に[13]課されることが要請されよう。したがって、彼ないし彼女は志願しなかったとしても、いずれにせよ兵役を課されて戦地に送られていたわけであり、その意味で同様に負傷する可能性にあったのだから、志願した彼ないし彼女の負傷に対して社会的救済の下に充分な医療などを提供しても、それによって特別にコストが嵩むという事情はないだろう。むしろコストだけが問題ならば、職業軍人のみからなる志願兵制の方が遥かに効率的であるから、社会全体にとってのコスト削減という観点は、志願兵制を採用する理由にはなり得ても、徴兵

	（Anderson 1999a, p. 328）。このようなアンダーソンの対応に対して角崎は、「過度なパターナリズム的政策を正当化してしま」（角崎 2014、46 頁）うと批判的留保をしている。しかし、これらの政策は他の市民にコストを転嫁して搾取しないという、市民相互の責務に根拠を置くものであるから、いわば「他者加害の禁止」であって、自己加害を禁止するというパターナリズムであるという批判は、少なくとも当たらないだろう。もちろん健康を害する嗜好は喫煙以外にもある。にもかかわらず、政府がタバコだけを意図的に狙い撃ちして特別課税するとしたら（そしてその理由が、「オヤジ臭い」などの喫煙者に対する偏見やスティグマを反映しているものであるとしたら）、筆者の立場からもそのような政策を、喫煙者に対する差別として批判することが可能である。しかしこれはパターナリズムとは別の問題である。
12	その場合、「市民相互の義務」としては、他の市民の、そのような地域に移住する市民が災害に遭うことで、自分たちとの関係で脆弱な関係性に陥らせないようにする責務、ないしは、そのような地域に移住する市民の、自分たちが災害に遭った際に補償されるための社会的コストを他の市民に転嫁して搾取しない責務などが考えられよう。
13	兵役が免除されるのは、重度の身体・精神障害者くらいであろう。しかしこれらの人々は、仮に志願したとしても採用しないという政策を採ることができるから（およそ軍務の遂行に役立てないような個人の採用を拒否しても、不合理な差別とはなり得ないだろう）、彼らが戦地に赴いて負傷するという事態を懸念するには及ばないだろう。

制を採用した上で志願兵にだけ、戦傷に対する救済を否定する理由にはなり得ないだろう。

　無償ケア労働についても、同様の発想を採ることができよう。男女ともに有償労働と無償ケア労働とを均等に分担する方が、男性が有償労働に専念し、女性が無償ケア労働に専念するという役割分担に従事するよりも、社会全体として見た場合に、少なくとも長期的には利益が大きいということがしばしば指摘される。

　仮に専業世帯を認めて主婦（ないし主夫）が脆弱状態に陥らないように補償することが、彼らを共働き世帯へと移行させるよりも社会全体にとって高コストであるならば、「奴隷契約の禁止」に準じて、主婦（夫）になることないしはパートナーを主婦（夫）にすることを法的に禁止するという措置が、筆者の立場から正当化され得るかもしれない（第10章Ⅱ5（1）参照）。あるいは少なくとも、主婦（夫）になる者に対して事前に強制保険に入らせて、パートナー関係を解消した際に、それらの人々が経済的な脆弱状態に陥らないようにするための救済を、その保険料から支出するという政策を採用することは可能であると思われる。そしてその保険料を、有償労働に従事する側のパートナーが負担することとすれば、彼らに対して共働き世帯に移行する経済的インセンティブを付与することができるだろう[14]。そしてこれらの政策もまた、互いに同胞市民を非対称的な関係性に置かないという、市民相互の義務によって基礎付けられるのである。

　いずれにせよ、本人の自発的選択の有無にかかわらず、万人に一定水準の潜在能力を常時保障するアンダーソンの民主的平等やそれを発展させた筆者の正義構想からも、他者への公正に配慮して、救済のための社会的コストが膨大にならないような政策を基礎付けることができることが確認されれば充分である。

3　救済の優先順位の問題

　本人の自発的な選択の有無にかかわらず、社会において対等者として機能す

14　またそもそも、後述の第4部第10章で敷衍するような、筆者の立場から擁護可能な労働政策・社会保障政策の具体的な諸制度が組み合わさることで、家族構成員間における力関係を変化させ、長期的にはそれらの構成員間における、有償労働と無償ケア労働との均等分担を規範とするような効果をもたらすことができると考えられる（第10章Ⅱ4（2）参照）。

るのに充分な水準の潜在能力を保障する立場に対しては、少なくとも同程度に不遇に陥っている人々の内で、誰を優先的に社会が救済すべきかについての順位付けができなくなってしまうという批判がなされる。アーネソンは次のような仮想事例を用いて、このことを例証しようとする。

　ある国立公園で複数のグループの遭難者が出て、その公園のレスキュー・チームが出動する事態となったとしよう。レスキュー・チームは人的資源などの理由から、それらのグループのうちの一つしか救出できないとし、各々の異なるグループに対する救出作戦は、レスキュー隊員の身にも並々ならぬ危険を伴うが、救出のための人的資源を振り向けられたグループの遭難者たちは全員無事に救出できるとしよう。救出作戦に伴う危険はどのグループを救出するにしても同じだと仮定して、レスキュー・チームは次の三つのグループのうち、どのグループを優先的に救出すべきか。①遠足の途中に予期せぬ吹雪に見舞われて遭難した学童たちのグループか、②充分な熟慮の上に困難なルートを通ることを選択して、その結果突如として遭難した熟練登山者のグループか、③酒に酔った状態でハイキングを試み、危険を知らせる標識や、国立公園のスタッフによる注意を無視した揚句、遭難した観光客か。

　この場合、一定の危険を覚悟して、完全に自発的な選択に基づいて登山ルートを選んだ②の熟練登山者や、極めて不注意な行動をした揚句に遭難した③の観光客は、落ち度のない①の学童たちと比べて、社会的救済を求める道徳的権利が減じられることが、アーネソン自身の責任感応的優先主義の立場からは基礎付けられる。それに対し、本人の自発的選択の有無につき、社会的救済の要請においてレレヴァンスを認めないようなアンダーソンの立場からは、そのような道徳的にもレレヴァントな順位付けができないのではないかと言うわけである（Arneson 2000, p. 348）。

　このようなアーネソンによる批判に対してアンダーソンは、「社会的救済のためのルールを遵守した者に対し、それを濫用した者に対するよりも救済の優先順位が与えられることは理に適っている」（Anderson 1999b）とし、自己の立場からも上のような救済順位の優先付けが可能であるとしている。ただしその場合でも、救出作戦を敢行するための充分な人的資源があるのならば、リスクを覚悟して遭難した②の熟練登山者や、不注意な行動をして遭難した③の観光

客についても、単にルールを濫用したという理由のみで救出をしないで放置することは正義に反すると言い、彼らを救出した上で、ルールを濫用したことに対する制裁を科すという対応を採るべきであると述べる。

　運の平等主義の派生的立場を採るアーネソンからすれば、このような応答はアド・ホックかつ恣意的であると反論することが予想されるが、実は別段恣意的ではない。アンダーソンは運の平等主義（とりわけ責任感応的運の平等主義）の立場とは異なり、全てのグループの救出が可能であれば、当人たちの落ち度のある選択の有無にかかわらず、全員救出するべきという立場を採っているわけで、自らの立場から同等に[15]救出されるべき道徳的権利を有する人々の内で、どれか一つのグループしか救出できない状況で、いわばタイ・ブレイカーとして責任感応的考慮に訴えているに過ぎないからである。そして、このような責任感応的考慮が道徳的観点からレレヴァンスを有することは、彼女を批判するアーネソン及び運の平等主義の諸理論の立場も承認しているわけだから、このようなアンダーソンの応答が恣意的であるという批判は意味をなさないはずである。

　もっとも、このように社会において対等者として機能するのに充分な水準の潜在能力を保障することを第一目標として、その辞書的優先性の下で、責任感応的考慮をも包摂するアンダーソンの立場が、実質的に後期アーネソンの責任感応的優先主義の立場とほとんど変わらなくなってしまうのではないか、という疑問は呈し得るだろう。このような疑問に対しては次のように応答したい。

　まず、既に見た通り、アンダーソン、さらには彼女の民主的平等をベースにした筆者の立場からは、「水準問題」において充分主義が採られるため（第6章I 1 (3)・2 (2)）、優先主義の立場に立つ後期アーネソンの立場とは有意に区別できる。また、義務論の立場に立つアンダーソンにおいては、例えば国家が一定の政策を行うに際し、一部の市民に対して侮蔑的なメッセージを発するようなことをした場合、それによって実際にスティグマ的効果が発生しなかった

15　ただしアンダーソンは、①の学童たちを優先的に救出すべき理由としては、「大人の市民は、子供を配慮する特別な責任を有しているから」（Anderson 1999b）という、自発的選択の有無とは別個の道徳的考慮に訴えている。ただしこのアーネソンの例では、学童たちは同時に何ら落ち度を有していないという設定になっているから、このようなアンダーソンの議論については捨象して考える。

としても、全ての市民を平等な尊重によって扱っていないとして、そのような国家の行為が批判の対象となる（第5章Ⅰ3参照）。それに対し、帰結主義の立場に立つアーネソンにおいては、そのような場合、個人の福利に一切影響を及ぼさないために言うべきものを持たない。

　このことを帰結主義の強みと見るか弱みと見るかは、諸個人の道徳観によって大きく見解が分かれると思われるが、少なくとも筆者自身の道徳世界における前理論的直観としては、たとえそれによって被治者の誰の福利にも影響を及ぼさなかったとしても、国家がしてはいけないことがやはりあるのではないか——とりわけ、被治者の人格的尊厳を傷つけるような行為をするべきではないのではないか——と思われる。いずれにせよ、本書の議論のみで決着のつく問題ではないと思われるため、これ以上は立ち入らない。

　仮に両者の正義構想が、我々の現実世界で擁護される制度構想のレベルで実践的差異をもたらさなかったとしても、本書の目的は運の平等主義ないしはその亜種の諸理論に対する積極的論駁を試みるものではなく、あくまで自己の関係的平等主義に基づく正義構想を擁護することにとどまるから、筆者の立場への外在的批判に対して防御的な応答さえできていれば、本書の目的は充分に果たされると考える。そして、本章Ⅱにおける運の平等主義陣営からの一連の外在的批判に対しては、そのような応答が成功裏になされたと信ずる次第である。

Ⅲ　「男性中心主義」批判

1　バークレイによる批判

　第6章Ⅰ1(2)・2(2)で確認したように、アンダーソン及びそれを発展させた筆者自身の関係的平等主義に基づく正義構想は、正義や平等の理念によって規律される主体を自律的な合理的行為主体としており、保障されるべき潜在能力の中身として、抑圧的関係性に置かれることを回避し、民主社会において対等な市民として相互行為をするための充分な潜在能力を想定している。それに対し、主としてケアの倫理の不在を問題にするフェミニズムの立場から、次のような批判がなされている。

　フェミニズムの問題関心を有した政治哲学者であるリンダ・バークレイ

(Linda Barclay) は、このようなアンダーソンの民主的平等に対し、人間が他者に依存しているという事実を看過していると批判する。すなわち、乳児や幼児、生涯を通じて病気を抱えている人々、高齢者、虚弱体質の人々は、市民社会において能動的に参加して、対等に相互行為ができないが、彼らはそのような「市民社会において対等者として相互行為ができない」こととは独立に、その福利が他者から配慮されないことそれ自体が、分配的正義の観点から問題なのである。したがって、平等や正義の関心を市民社会における対等関係性の保障によって基礎付ける「民主的平等」の立場からは、そのような他者のケアに依存しなければ生きていけない人々の境遇が喚起する問題が無視されてしまうのではないか。幼い者・重病の者・障害者・高齢者などの、他者のケアに依存する人々の福利それ自体に、分配的正義において中心的な関心が向けられないことは、フェミニズムの観点から受け入れられないのではないか、と言うのである (Barclay 2007, p. 206) [16]。

16 もっとも本章Ⅲ2で後述するように、アンダーソンは民主的平等における全成人市民の責務として、他者に依存しないと生きることができない人々をケアする道徳的責務（かつ正義の責務）の存在を認めているし、バークレイもアンダーソンがそのような立場であることを承知している。そのことを承知した上でバークレイは、アンダーソンの立場に対し、だとすれば「なぜ市民は、そのようなケアを必要とする人々の福利に直接配慮する義務を有しないのか」、「なぜそのような人々のニーズとしての福利を、ケア提供者の責務のうちに包括してしまうのか」、そうすると、「国家は独立した成人に対して、彼らがケアの責務を果たすことによって脆弱的な立場に陥らないようにするべく、その潜在能力を充分に保障する責任を直接的に負う一方で、彼らのケアに依存する人々に対しては、直接的な責任を有しなくなってしまうが、なぜ国家の責任について、そのような構成を採る必要があるのか」と論難するわけである (Barclay 2007, p. 207)。
　ただしこのようなバークレイの論難が、アンダーソンの立場に対する理論内在的な批判となっているかどうかについては、一定の留保を付さざるを得ない。まず、アンダーソンの言う「全成人市民の、依存的立場にある人々をケアする道徳的責務」とは、「親が、自らが直接ケアする子や老いた親に対して有する責務」に限定されるものではなく、社会共同体の全成人市民が、同じ共同体に属する全ての依存的立場にある人々に対して連帯して負う、正義の責務として理解されている。それゆえ、子や老いた親などの家族を有する市民のみが、自らの家族構成員に対してのみそのようなケアの責務を有するというわけではない。しかも、民主的平等において「国家の責任」とは最終的には、正義の自然的義務に基づき政治機構を通じて、社会の基本構造を正義の原理に適ったものとするべく協働するという、全成人市民の連帯的責務に帰着することになる。それゆえ、上のような「全市民の連帯的責務としての、全ての依存的立場にある人々の福利に配慮する義務」を承認することは、「国家の、全ての依存的立場にある人々の福利に配慮する直接的責任」をも承認することにつながる。したがって、「アンダーソンの民主的平等においては後者の国家の責任が基礎付けられない」というバークレイによる論難は、あまり理由のあるものではないように思われる。
　以上のようなバークレイによる論難とは別に、もし子供などの依存的立場にある人々をケアする責務が、全ての成人市民の連帯的責務であるならば、なにゆえ国家が直接ケア労働を提供するのではいけないのか、という問題提起はなされ得よう。アンダーソンや筆者の立場

2 本書の立場からの応答

バークレイによる批判は、ロールズ以来のリベラルな正義構想が、自律的な行為主体のみを正義の原理によって規律される主体として想定する「正義の倫理（ethic of justice）」にコミットすることによって、人間の「相互依存性」という一般的事実の下で、「他者のニーズにどのように応答するべきか」という問いかけに応える、「ケアの倫理（ethic of care）」の視点が看過されているという、キャロル・ギリガン（Carol Gilligan）や彼女の理論（Gilligan 1982）の影響を受けたフェミニズム諸理論の問題提起と、軌を一にしていると言うことができよう[17]。

バークレイ同様に、前述のようなフェミニズムの問題意識を共有するアンダーソン自身、彼女の合同生産システムとしての経済理解に示されるように、自給自足的な経済理解に代えて、協働枠組みに参加する全構成員が、互いに他者の貢献に依存しているという経済理解を採用している（第6章 I 1 (4) 参照）。また、全ての成人市民は依存的立場にある人々をケアする道徳的責務を有するとすることで（Anderson 1999a, p. 324）、そのような依存的立場にある人々の問題にも対処しようとしている。問題は、正義や平等の理念によって規律される主体を自律的な合理的行為主体とする彼女の理論的枠組みから、そのような道徳的責務が如何にして基礎付けられるかという点である。

この点で子供については、未だ合理的行為主体性を十全に備えていないとしても、いずれそのような行為主体性を備える潜在力を有した存在である。したがって、成人になるに当たってそのような行為主体性を十全に発揮できるよう

から、そのような方策が原理的に否定されるわけではない。しかし、ケア提供の責務を全成人市民の連帯的責務であると承認したとしても、全ての成人市民が国家を通じて全ての依存的立場にある人々の面倒を同時に見るよりも、「個々の家族単位」というケア提供のユニットに、各々の家族構成員におけるケア依存者へのケア労働を提供させた方が、効率的にケア依存者の福利に配慮することができるとしたら、家族単位でのケアの提供が「割当責任論」（Goodin 1988）によって正当化できるのではないか。そして、そのような割当責任論の論理が妥当しないような場合、例えば親が自らの子を虐待したり、ネグレクトしたりしている場合などにおいては、政治共同体の全成人市民は、親権はく奪及び児童養護施設でのその子供の保護などの、国家機構を通じた当該家族への介入によって、ケア依存者たる当の子供の福利に配慮する連帯的責務を果たすことが求められるだろう。後述の第4部の第10章 II 5 (2)で敷衍するような、筆者の立場から擁護可能な親業の一律ライセンス化及び子の福祉のための介入措置もまた、このような全成人市民の連帯的責務によって基礎付けられている。

17　ギリガンの議論については、川本 1995、第5章を参照した。ギリガンの影響を受けたフェミニズム理論の代表としては、例えば Kittay 1999 が存在する。

にするべく、それに必要な福利に配慮することを、合理的行為主体性の尊重を中心に理解された道徳理解の下で基礎付けることは可能であると思われる (Anderson 2010c, p. 84)[18]。

また、政治共同体の諸構成員たる各々の市民は、当の政治共同体において自らの潜在能力が充分に保障されるための協働枠組みを、生涯を通じて維持するために、協働枠組みに貢献する参加者予備軍としての子供の再生産が持続的になされることに利益を有する。老いて自らが労働できなくなったら、否が応でもそれらの子供たちが成人して提供する諸々の社会協働の産物に依存せざるを得ないからである[19]。したがって全ての市民は、子供が将来そのような共同体の維持・存続の担い手となるべく、成人するまでの間に彼らの福利に配慮することを、政治共同体の市民相互の責務として負い合うことを、理性的には拒絶し得ないだろう。このように、既に行為主体性を有している政治共同体の市民の利益に基礎付けて、未だ行為主体性を有していない子供の福利への配慮を、正義の責務として基礎付けることもまた可能なのである。

ただし、出生時よりないしは生まれてから成人になるまでの間に不可逆的に行為主体性を欠いた存在や、成人した後に重度の認知症などにより、行為主体性を不可逆的に失った存在などに対しては、上のような理論構成では道徳的責務、正義の責務を基礎付けることが困難であると思われるため、別途検討しなければならない[20]。おそらく誰もが咄嗟に思いつきそうな(そして至極安易な)

18	ただし、このような潜在的行為主体性をいつの段階から承認するか——出生した段階からか、胎児の段階からか、はたまた行為主体性を備える潜在的可能性だけで言えば、着床段階から承認するのではなぜダメなのか——については別途考えなければならない。この問題は、人工妊娠中絶の許容性という応用倫理学の一大領域での議論とも関わるため、そのような議論に立ち入る余裕のない本書では未決問題とせざるを得ない。ここでは、既に十全な行為主体性を備えた妊婦と、未だ行為主体性を備えていない胎児とでは、前者の道徳的権利に相対的に大きな重み付けが与えられると考える当座の理由があること、そうは言っても、妊婦の自己決定であればいかなる理由に基づいても無制限に中絶が許容されるわけではないこと——その意味で、潜在的行為主体性を備えた胎児の利益にも、一定程度の道徳的重み付けが与えられ得ること——のみを、筆者自身の一応の見解として述べるにとどめたい。
19	このような社会協働の産物に依存することを拒否するならば、少なくとも自らが労働できなくなった段階で、当の共同体を去らなければならないだろう。
20	アンダーソン自身、重度知的障害者などの行為主体性を永続的に欠いた存在に対しては、自らの民主的平等の立場から例外的な扱いがなされることを認めている (Anderson 1999a, p. 331, n. 97)。彼女は、重度の脳機能障害などにより他者と対等関係で相互行為をする潜在力がおよそない存在に対しては、民主的平等の考慮とは別の追加的原理 (additional principles) によって対処されるべきとしている (Anderson 2010c, p. 84)。

対応は、動物虐待禁止の一根拠と類比的に発想し、「行為主体性を欠いた人間に対して残虐な行為に及ぶ者は、ひいては行為主体性を有する人間に対しても残虐な行為に及ぶような傾向性をも身に付け得るから、前者に対する残虐な行為をも禁止されるべきである」とするものであろう。

確かに、ヒト以外の動物と、行為主体性を欠いた人間とでは、その姿形において後者の方が行為主体性を有する人間と類似している。そえゆえ、ヒト以外の動物に対しては残虐な行為に及ぶことはできるものの、行為主体性を欠いた人間に対して残虐な行為に及ぶことには躊躇する主体と、ヒト以外の動物に対しても行為主体性を欠いた人間に対しても残虐行為に及ぶことができる主体とでは、後者の主体の方が、一線を踏み越えて行為主体性を有する人間に対しても残虐行為に及ぶ蓋然性は高い——それゆえこのような観点から、ヒト以外の動物の場合以上に、行為主体性を欠いた人間に対する残虐行為を禁止する要請も高い——と言えるかもしれない。しかし逆に、もし仮に行為主体性を欠いた人間に対して一定の残虐行為に及ぶことが、人々にとっての「ガス抜き」となり、それによってかえって行為主体性を有する市民に対する残虐行為を抑制するという社会学的知見が示されたとしたら、上のような論法では、行為主体性を欠いた人間の福利へ配慮する道徳的責務を基礎付け得なくなってしまうだろう。

おそらく、このような行為主体性を欠いた存在の福利に配慮する義務の根拠は、合理的行為主体が互いに負い合う道徳的責務及び正義の責務とは別の倫理的原理に求めざるを得ないだろう。我々の広範な倫理的世界の全体が、合理的行為主体が互いに負い合う道徳的責務のみで構成されているとまで考える必要はない[21]。行為主体性を欠いた人間と言えど、意識を有し、快苦を感じる感覚主体ではあり得る。アンダーソンや筆者の立場からも、人道的考慮などの他の倫理的原理に基づいて、これらの行為主体性を欠いた人間の福利に配慮する義務を基礎付ける余地はあるのではないだろうか。

このような倫理的世界における他の原理に訴える対応に対しては、運の平等

---

21 | 契約論に立脚し、直観主義を斥けて正義の原理間の優先ルールを擁護したロールズもまた、合理的行為主体の間で構成される正義の原理や自然的義務の他に、自らの倫理的世界において、快苦を感じる感覚主体に対する共感（compassion）や人道性（humanity）の義務などが存在する余地を認めている（Rawls 1971, p. 512）。

主義が自らの平等構想を貫徹させることから生じる不都合な帰結を回避するべく、価値多元主義的応答を試みることに対して批判的なスタンスを採る筆者の立場と矛盾するのではないかと問われようが、別段矛盾はしない。第一に、人道的義務と、道徳的責務や正義の責務とでは、それによって規律される主体を異にしている。それゆえ、適用領域を一応異にしているのである。
　それに加え、筆者の提案は行為主体性を欠いた人間の福利に配慮する人道的義務を、合理的行為主体間の相互行為を規律する道徳的責務や正義の責務と両立する範囲内で認めるということに過ぎないものであり、前者の人道的義務と後者の正義の責務が衝突し得る場合には、後者が絶対的に優先することとすれば良いからである[22]。正義や平等以外に追求されるべき諸価値があることを、筆者の立場が否定しているわけではない。一部の運の平等主義理論による価値多元主義的応答のように、具体的な諸場面において諸価値の間での優先判断が、アド・ホックで場当たり的で恣意的でいかようにも言い逃れができてしまいそうになることを、筆者は批判するに過ぎないのである。

　もちろん以上のような筆者による応答は、ケアの倫理に傾注するようなフェミニズム理論の批判的問題意識に対し、十全な形で応えるものとはなっていないのも事実である。依存的立場にある人々のうち、とりわけ行為主体性を永続的に欠いた存在に対する責任は、合理的行為主体間の相互関係を規律する道徳的責務及び正義の責務の射程外にある、人道的義務によって基礎付けられるからである。その意味で、依存的立場にある人々の福利に対して配慮するケアの倫理が、筆者の関係的平等主義に基づく正義構想においては中心的位置を占めていないという、一定の立場のフェミニズムからの可能的批判を甘受せざる得ない立場に依然としてあるからである。
　しかしその一方で、そのような、諸個人の行為主体としての自由や自律の尊

[22] その場合、例えば行為主体性を有する人々が抑圧的状態に陥ることを回避するために、行為主体性を欠いた人々の福利（場合によっては生命）を犠牲にする以外の手段を採り得ないとしたら、そのような手段が採られることとなろう。行為主体性を永続的に欠いた人々は、自らが属する政治共同体における社会的協働枠組みの維持・存続には積極的に貢献し得ない以上、平等の積極的目的をそのような社会協働枠組みとしての民主社会における市民の対等関係性に置く筆者の立場から、このように行為主体性を永続的に欠いた人々への義務が、合理的行為主体に対する責務との関係で劣後してしまうことになったとしても、なお正当化され得るのではないかと考える。

重ではなく、受動的な客体としての福利への配慮を中心とする道徳理論が、筆者の正義構想論の「男性中心」性を単に批判するのみならず、それよりも魅力的なオルタナティブを提供し得るかどうかについても、同時に考えなければならないだろう。そして、少なくとも現時点での筆者は、その可能性について懐疑的に考えている。

Ⅳ　グローバルな正義についての批判

1　タンらによる批判

　既に第6章Ⅱ1 (1) で確認したように、アンダーソン及び彼女の理論をベースとする筆者自身の関係的平等主義に基づく正義構想は、平等理念の積極的目的として、民主社会における諸市民間の対等関係性という民主的平等を指導理念としている。そのことにつき、正義の原理の適用範囲が国家の枠内に限定されてしまうのではないか、限定されないまでも、グローバルな正義の問題に対処するに際し、理論的な困難を有してしまうのではないかという批判がなされている。

　運の平等主義の立場を採り、グローバルな正義について精力的に議論を展開するコク・チョル・タン (Kok-Chor Tan) は、ロールズやアンダーソンなどの民主的平等の立場に対し、「特定の政治的価値にコミットした社会秩序」、すなわち「民主的な政治秩序」(Tan 2012, p. 157)「の下でのみ妥当する平等理念」(Tan 2012, p. 149) であるとし、「デモクラシーの価値が是認されている制度的配置の下でしか、分配的平等を問題とし得ない」(Tan 2012, pp. 157-158) 立場であると特徴付けている。そして自己の運の平等主義の立場を、そのような民主社会の構成員としての関係性にはない人々の間においても適用し得る平等理念であるとし、グローバルな正義の問題における自己の立場の優位を主張している。アーネソンもまた、アンダーソンの民主的平等の立場が、「グローバルな正義に関して保守的な含意を有してしまう」(Arneson 2012, p. 72) と指摘している。

2　民主主義を採用している社会と採用すべき社会の区別

　まず認識を正しておかなければならないのは、アンダーソンにおいて、民主

社会における諸市民間での対等な関係性という民主的平等の理念は、既に民主主義体制を採用している社会においてのみ妥当する理念ではないということである。民主主義体制を採用していない社会は、彼女の民主的平等の理念に照らして「正義に適っていない」と評価されるわけであり、当の社会の諸構成員は、自らの社会をそのような正義に適った政治体制へと改革する連帯的責務（正義の自然的義務）を有すると理解することができる。

　もちろんタンの論述の趣旨も、「民主的平等は、既に民主主義体制を採用している社会においてのみ妥当する理念である」ということではなく、「民主主義体制を採用すべき社会においてのみ妥当する理念である」と理解できる。それゆえ、民主主義体制を採用することが予定されている国家のレベルでの社会的協働においては、このような民主的平等の立場から分配的正義が妥当する余地があるが、世界政府は存在し得ないし存在するべきでもない以上、民主的平等の立場からはグローバルなレベルで分配的正義を適用させる余地がない、という趣旨として理解することはできるだろう。

　民主的平等の立場からも、グローバルなレベルでの財の分配を、正義や平等の観点とは別に、人道主義的考慮に基づいて要請することはできる。現にアンダーソンは、我々全員が地球上の全人類に対して、「飢餓や病気を緩和したり、侵略戦争を扇動したり促進したりすることを回避したりするなどの、グローバルな人道的責務を有している」（Anderson 1999a, p. 321, n. 78）と論じている[23]。しかしこのような対応では、民主的平等において正義がグローバルな射程を有しないことを批判する立場に対する応答としては、不満足であろう。そして以下で述べるように、アンダーソンの立場及びそれをベースとする筆者の立場からも、正義の原理の射程が国内レベルに限定されると考える必然性はないと考える[24]。

---

[23] そして、このような正義外の人道的考慮を承認することが、正義の責務と衝突しなければ、アド・ホックな価値多元主義的応答に批判的である筆者自身の立場と矛盾しないことは、既に本章Ⅲ2で述べた。

[24] この点、民主的平等の一構想としての「政治的平等（political equality）」を擁護するサガー・サニヤル（Sagar Sanyal）は、その実質理念を「その下で生を送るルール・制度・政策の制作者となる」という意味での「自律（autonomy）」（Sanyal 2012, p. 420）と、ペティットの言う恣意的な根拠に基づく干渉にさらされないという意味での「非支配（nondomination）」（Sanyal 2012, p. 421. cf. Pettit 1997, p. 52）とに求める。そして米国による、自国のビジネスの利益に適った方向に誘導するような、他国の政策に対する影響力の行使の例や、

3 本書の立場からの応答

 そもそも、タンの論述の趣旨を先ほどのように解釈するとしても、彼の論難は充分な理由があるものではない。というのも、アンダーソンの民主的平等の理念——そしてそれをベースとする筆者自身の正義構想——において平等の目的は、「民主社会における対等関係性」という積極的理念と、「抑圧の除去」という消極的理念という二つの理念から成り立っているところ、前者の積極的理念が妥当し得ないようなグローバルな領域においても、後者の消極的理念に基づく正義の要請は、なお妥当し得る余地があるからである（第6章Ⅱ5 (3)）。

 現にアンダーソン自身、「抑圧的な社会的配置が正義に反する」という結論は、国境を越えて妥当すると述べている。そしてその例として、先進国による関税や、自国の農業・工業製品に対する補助金などによって、発展途上国が比較優位にある主要産品を輸出することを妨げられ、途上国における深刻な失業を引き起こすことは、先進国（の諸個人）と発展途上国（の諸個人）との間での抑圧的関係を構成するため、正義に反するとしている（Anderson 2010b, p. 17）[25]。

 とりわけ、このような抑圧的関係の除去という正義の要請は、途上国の人々

---

[25] 米国やEUにおける農業生産者による自国の政府に対して保護政策を求めるロビー活動の例を挙げ、人々の生に重要な影響を及ぼす政策についての支配や不充分な自律の問題は、グローバルな社会的協働がなくても不正義の問題を喚起し得るから、グローバルな分配的正義を論じるに当たって、グローバルな社会的協働枠組みを確立する必要はない——それゆえ民主的平等においても、グローバルな分配的正義の問題に対処できる——と論じている（Sanyal 2012, pp. 429-430）。しかし、世界政府の存在しないグローバルなレベルでも、政治経済制度の形成は国内の基本構造とは相対的に独立して整備されつつあり、その意味でグローバルな社会的協働は、経験的事実に照らして存在すると言える（井上達夫 2012、90-91頁、Beitz 1999）。現にサニヤルの挙げる例も、そのようなグローバルな制度的基本構造を通じた抑圧の例として位置付けることが可能であろう。したがって、関係的平等主義に基づく平等主義的正義構想の立場からもグローバルな不正義を問題にし得ると論じるに当たって、「グローバルな分配的正義を論じるに当たって、グローバルな社会的協働枠組みを確立する必要はない」とまで主張することは、（可能であっても）必要ではないのではないかと考える。

 アンダーソンはまた、彼女の民主的平等の積極的目的が想定する民主社会の市民としての機能の他に、協同生産枠組みの参加者としての機能をも想定している（第6章Ⅰ1 (2)）。そして、「我々は皆、国際的な分業体制に組み込まれており、平等の観点から査定されることが予定されている」（Anderson 1999a, p. 321, n. 78）として、このような協同生産枠組みの参加者として機能するための潜在能力につき、我々は自国の同胞市民のみならず、地球の至る所にいる同志としての労働者に対して、正義の責務を有していると述べている。既に第6章Ⅱ5 (3) で確認したように、筆者自身の関係的平等主義に基づく正義構想においても、是正されるべき不正義として、主権国家の市民内でのみ射程を有する「民主的不平等（democratic inequality）」に加え、グローバルな射程を有する「抑圧（oppression）」を類型化しており、筆者自身の立場からも抑圧の除去はグローバルな射程を有する。

の窮状の原因の重要な一部が、先進国が途上国に押し付けているグローバルな政治経済制度にある場合、富める先進諸国の市民は、そのような制度を媒介した途上国の人々に対する自己の加害行為としての抑圧的関係性を是正する責務を、正義の責務として負うという、「制度的加害是正論」へのコミットメントを伴うだろう（Pogge 2008. cf. 井上達夫 2012、194-195 頁）[26]。

ワシントン・コンセンサス以降の IMF 主導の「条件付け（conditionality）」政策や WTO のような国際経済体制が途上国の自立的経済発展を阻害する一方で、先進諸国の金融組織・企業に莫大な利益をもたらしたこと、途上国が競争優位に立つ産業分野での先進諸国の関税障壁や自国業者への補助金が、途上国に通商上の膨大な損害をもたらしていること、軍事独裁政権に「国際資源特権（international resource privilege）」や「国際借款特権（international borrowing privilege）」を付与する先進諸国による政府承認慣行によって、内政上不安定性を抱える途上国が、自立的な経済的発展のために不可欠な政治的安定性を獲得することを阻害されていることなどが、このような「制度的加害」の例として挙げられる（井上達夫 2012、236-238 頁）。これらはいずれも、先進諸国の市民による途上国の人々に対する搾取ないし経済的周縁化などといった抑圧を構成するものであり、アンダーソンの立場からも筆者の立場からも、正義や平等の問題を喚起する。

したがって、「抑圧の除去」を平等の消極的理念とするアンダーソン及び筆者の立場からは、このような制度的障害を除去することが可能である場合、例えば IMF や WTO などの国際経済レジームの改革や、これらの国際経済レジームにおける執行部人事・意思決定システムへの途上国の発言権の強化による答責性確保、軍事独裁政権を誘発するような政府承認実践の改革[27]などといっ

26 　アンダーソン自身、自己の民主的平等がグローバルな正義の局面において、世界中の諸個人は、互いに他者の利益を害したり、他者の基本的なニーズを剥奪したりするような、国際的な強制的かつ協働的な秩序を維持しない責務を負い合うとしており、自己の立場からポッゲばりのグローバルなレベルでの「制度的加害是正論」にコミットし得ることを明言している（Anderson 2010c, p. 86）。もちろん制度的加害是正論は、分配的正義とは対置される匡正的正義の次元の議論ではある。しかし、関係的平等主義に基づく平等主義的正義構想の眼目は、平等の関心を財の分配に関わる分配的正義に限定しないところにあるのであるから、平等の観点から匡正的正義について論じることに、何ら不可解な点はない。

27 　したがって、国家体制の対外的な正統性承認の条件として筆者の立場からは、当の国家体制のその領域と人民に対する単なる実効的支配の確立のみならず、当の国家体制が、その人民の人権を平等に保障していることまでもが要請されることとなろう。さらに、そのように保

た治癒策を、正当化する余地があろう。また、このような制度的障害の除去が実践的に困難ないしは長期間に亘ることを要する場合においては、非理想理論ないし「対処療法」として、例えば「世界税（global tax）」などのメカニズムを通じて（井上達夫 2012、253-260 頁）、被害を被っている途上国の人々が、人間として、行為主体として機能するのに充分な水準の財の分配を、先進国の人々の財を用いて行うという治癒策を基礎付けることもできると思われる。いずれにせよ要点は、平等の積極的理念が「民主社会における市民としての対等関係性の構築」であったとしても、「抑圧の除去」という消極的理念にも同時にコミットしているのが関係的平等主義に基づく民主的平等なのであり、後者の消極的理念にもコミットしている以上、このような民主的平等の立場からも、正義の射程が主権国家の領域内にとどまるわけではないということである。

　もちろん、アンダーソンの民主的平等や彼女の理論をベースにした筆者自身の正義構想においては、「民主社会における対等関係性の構築」という平等の積極的理念にも寄与していることから、国内における平等の要請とグローバルな領域における平等の要請において、一定の非対称性を有することは否めない。とりわけ、抑圧を構成しない程度の民主的不平等としての、不合理ないし恣意的な理由に基づく差別禁止要請や、政治機構からの排除禁止要請、公職における公正なアクセスの保障などは、当の政治共同体の構成員たる市民の間にしか原則として射程を有しない。

　しかし前者の不合理ないし恣意的な理由に基づく差別禁止要請は、全市民に不偏的に奉仕する民主国家の責務に基礎付けられているところ、民主国家にお

> 障されるべき人権のうちには、参政権や表現の自由といった市民的政治的人権が含まれることが、平等の積極的理念である「民主社会における対等関係性の構築」の方からも要請されると筆者は考える。このような民主的平等の理念を正義の構想として擁護し、その理念に真摯にコミットするならば、自国のみならず他の国家の市民が、そのような民主的政治共同体を構築することをも尊重しなければならない。そして現在の主権国家体制の下で対外的主権を承認された政府には、「国際秩序特権（international order privilege）」（井上達夫 2012、153 頁）や、そこから派生する国際資源特権及び国際借款特権といった強大な権力資源が付与されることに鑑みれば、国際社会を構成する立憲民主主義諸国が、人民の市民的政治的人権を保障していない他国政府の正統性を承認することは、当該政府による民主的不平等の実践に対して、自ら積極的に加担することを意味すると思われるからである。ただし、こうした正統性承認の留保を超えて、このような非民主的国家に武力等の強制的手段を用いてまで介入することに対しては、当該国家体制の下で政治的変革を通じて正統な体制を自ら樹立しようとする人民の政治的自律性を尊重すべく、民主的平等の理念に依拠する筆者の立場からも自制すべき理由があろう。

いてこのような奉仕をなす権限を国家に授権しているのは、当の政治共同体の構成員たる市民であると理解できる。したがって、このような民主国家の責務に基礎を置いた、抑圧に至らない程度の差別禁止要請が第一義的に、授権者としての当の政治共同体の構成員たる市民の間でのみ妥当するとしても、主権国家体制を是認する限りは[28]、あながち不当と言えないのではないか。

後者の政治機構からの排除禁止要請や、公職における公正なアクセスの保障についてもまた同様であり、現に我々の世界においても、定住外国人の参政権及び権力的作用を伴う公職への就任権が、権利として当然に要請されているわけではない[29]。とりわけ現代の主権国家体制において、国家が国民の名で行動する場合には、国家が不正な行為をした場合、それに対する問責としての帰属的責任（attributive responsibility）は、その国の国民に対して排他的に帰せられ得る。したがって、当の国家としての政治共同体の構成員は、そのような国家の行為につき正当化責任の遂行を要求する強い権利と責任を有すると言える[30]。そのような権利を行使するとともに責任を果たすべく、政治機構や国家の重要な政策決定に関わる公職へのアクセスが、正義の観点からこれらの政治共同体構成員に対してのみ、特に強く保障されることが正当化されるのではないか。

---

28 | 筆者の立場から主権国家体制がいかにして擁護されるかについては、別の機会に検討したい。差し当たり、「諸国家のムラ（the village of states）」としての主権国家体制を規範的に擁護する試みとして、井上達夫 2012、370-382 頁参照。
29 | 定住外国人の参政権につき、国の立法政策によって地方選挙権を定住外国人に与える余地は認めるものの、憲法上の権利として当然には保障されないとした我が国の最高裁判例が存在する（最判平成 7 年 2 月 28 日民集 49 巻 2 号 639 頁）。また、権力的作用を伴う公職への就任権につき、国民主権の原理に基づき、原則として日本国籍保有者が就任することが想定されているとした最高裁判例が、同様に存在する（最大判平成 17 年 1 月 26 日民集 59 巻 1 号 128 頁）。
30 | トマス・ネーゲル（Thomas Nagel）の言う「合作者（joint author）」としての責任という観念も、同様の発想に根差している（Nagel 2005, pp. 128-129）。ただしネーゲルがそこから、「およそ分配的正義が主権国家内でのみ妥当する」という結論を引き出したことに対しては、批判的留保を要する（井上達夫 2012、101-108 頁）。

第3部 総括

　以上第3部では、第2部でアンダーソンの民主的平等をベースにして、筆者自身により独自の形で発展させた、関係的平等主義に基づく平等主義的正義構想に対して利いてくるであろう外在的批判を検討し、それに対して応答することを試みた。第7章では「水準問題」における充分主義、第8章では「指標問題」における潜在能力アプローチに対する外在的批判を検討し、それらに対する応答をそれぞれ試みた。第9章では、アンダーソンの民主的平等及びそれを発展させた筆者の関係的平等主義に基づく正義構想に対して向けられるであろう外在的批判の内で、水準問題及び指標問題におけるそれ以外の批判を検討し、応答することを試みた。

　本第3部での議論は、あくまで筆者自身の関係的平等主義に基づく正義構想への批判に対する防御的応答をするためのものであって、運の平等主義といった対立する立場に対する積極的論駁をなすものではない。それゆえ、後者に対する積極的論駁という課題は別の機会に譲らなければならないが、これはもとより本書の目的自体が、筆者自身の正義構想の擁護にとどまるものであることに起因する。いずれにせよ、本第3部までで本書の目的である、筆者自身の関係的平等主義に基づく正義構想の次元での擁護の試みは完遂されたと信ずる。

第 4 部
関係的平等主義と
リベラル・デモクラシー

　第3部までで、アンダーソンの民主的平等をベースにした、筆者自身の関係的平等主義に基づく平等主義的正義構想を擁護する作業を一通り終えた。本書の目的との関係で言えば、ここで筆を置くことも許されるかもしれない。しかし、本書が法哲学及び政治哲学という学問実践に寄与することを目的とした試みである以上、そして法が強制的な公権力の行使に関わるものである以上、本書で擁護した正義構想が現実のリベラル・デモクラシーの下での法・政治制度に対する規範的改革指針としていかなる含意を有するかについて、全く触れないというのでは、本書の試みの意義に対して疑問符が付されかねない。

　したがって本第4部では、ごく簡単な素描にとどまるものの、筆者自身の関係的平等主義に基づく正義構想から擁護され得る具体的な制度構想（第10章）、及び筆者自身の正義構想の法の下の平等への含意（第11章）について、若干程度敷衍することとしたい。第1部から第3部までの諸議論との関係で言えば、本第4部は本書全体における各論として、位置付けられるだろう。

第10章 関係的平等主義とその制度構想

I 不正義の類型化と治癒策の一般的指針の要点

1 不正義の類型化

　アンダーソンの民主的平等としての関係的平等主義に基づく正義構想をベースとする、筆者の平等主義的正義構想は、平等理念の消極的目的として、「抑圧的関係性の除去」を、その積極的目的として、「民主社会における諸市民間の対等関係性の構築」を採用した（第6章Ⅰ1(1)）。

　そしてこのような平等理念の消極的・積極的目的に照らし、平等や正義の観点からレレヴァントな潜在能力とは、「人々が抑圧的な社会的関係に陥ることを回避するのに必要な潜在能力」及び、「民主国家の平等な市民として機能するのに必要な潜在能力」であるとした。具体的には、第一に、生物学的な生の存続や行為主体性の発揮に関わるような、人間としての機能、第二に、生産手段や能力開発のための教育へのアクセスや、職業選択及び契約締結の自由、労働の公正な対価を受け取る権利などに関わるような、協同生産枠組みの参加者としての機能、そして第三に、政治参加の権利、市民社会の諸制度へのアクセスの権利などに関わるような、民主国家の市民としての機能への潜在能力が、その充分な保障を要請されるのであった（第6章Ⅰ1(2)）。

　そして、これらの潜在能力の保障を阻害するような、すなわち、諸個人間ないしは諸市民間における対等関係性を阻害するような不正義の態様と生成構造につき、筆者の立場からは、①これらの不正義が第一義的に根差す社会秩序の区別、②これらの不正義の相互行為の次元における態様の区別、③これらの不正義が問題視される共同体の区別、に基づいた類型化が可能であった。

　すなわち、①の次元においては、第一に、社会の経済秩序に根差した不正義

としての分配不平等の不正義、第二に、社会の意味秩序に根差した不正義としての誤承認の不正義、第三に、前二者とは相対的に独立した社会秩序としての、国家秩序に根差した不正義に分類することができた。そして、第三の国家秩序に根差した不正義の中には、フレイザーの言う不代表の不正義のみならず、国家による不合理ないし恣意的な理由に基づく差別行為や、国家による不合理ないし恣意的な理由に基づく自由制限・プライバシー侵害なども含まれるのであった（第6章Ⅱ5（1））。

②の次元においては、第一に、ある個人（／集団／国家）が別の個人（／集団）との関係で不合理ないし恣意的な理由に基づいて、一方的に命令したり、脅しをかけて言うことを聞かせたりするなどの、支配従属的な関係性ないし相互行為としての「従属（subordinaion）」、第二に、ある個人（／集団／国家）が別の個人（／集団）との関係で、後者を罵倒したり、コミュニケーションを断ったり、殲滅したりするなどして、不合理ないし恣意的な理由に基づいて自己との関係性（／自集団からなるないしは共通に属する協働枠組み）から排斥するという相互行為としての「排除（exclusion）」、そして第三に、ある個人（／集団／国家）が別の個人（／集団）に対して、自己（／自集団）ないしはさらに別の個人（／集団）との間で、不合理ないし恣意的な理由に基づいて不利益な取扱いをするという相互行為としての「差別（discrimination）」に分類することができた（第6章Ⅱ5（2））。

これら三つの相互行為の態様は、私人間における意図的な加害行為のレベルでも、よりマクロな社会構造のメカニズムのレベルでも、適用することができるのであった。そして、現実世界において被抑圧集団が被る様々な抑圧実践のうち、ある人の労働の産物を他者の利益のために使われてしまうという「搾取」は「従属」に、労働市場において使用してもらえないという「（狭義の経済的）周縁化」は「排除」ないしは「差別」に、労働市場において他者の命令を一方的に受ける立場に置かれるという「無力化」は「従属」に分類される。

誤承認の不正義の内で、自文化にとって異質な意味秩序に従属させられるという「文化的支配」は「従属」に、支配的な意味秩序に根差した実践によって不可視化されるという「不承認」は「排除」ないしは「差別」に、ステレオタイプ的な公共文化の下で、日常的に物理的な攻撃・ハラスメント・辱め・嘲笑

にさらされるという「暴力」ないしは「不尊重」は、その態様に応じて、「従属」、「排除」ないしは「差別」のいずれかに分類されるのであった。

また、抑圧に至らない程度の不正義（後述の民主的不平等）ないしは国家による抑圧実践のうち、政治的意思決定手続きや行政機構の公職などから排除されるという不代表の不正義は「排除」ないしは「差別」に、国家による不合理ないし恣意的な理由に基づく差別行為は「差別」に、国家による不合理ないし恣意的な理由に基づく自由制限やプライバシー侵害行為は「従属」にそれぞれ分類されるのであった。

	従属	排除	差別
経済秩序に根差した不正義	搾取、無力化	周縁化	周縁化
意味秩序に根差した不正義	文化的支配、暴力	不承認、暴力	不承認、暴力
国家秩序に根差した不正義	国家による自由制限やプライバシー侵害行為	不代表の不正義	国家による差別行為 不代表の不正義

③の次元においては、道徳共同体の構成員としての尊厳ないしは合理的行為主体性を蹂躙する不正義である「抑圧（oppression）」と、政治共同体の構成員としての地位を毀損する不正義である「民主的不平等（democratic inequality）」とに分類することができた。

前者の「抑圧」は、ヤングの抑圧概念（フレイザーの分配不平等の不正義及び誤承認の不正義）に加え、国家による不合理ないし恣意的な理由に基づく自由制限・プライバシー侵害・差別の内で、個人の行為主体性を蹂躙し得るものが含まれるのだった。それに対し後者の「民主的不平等」には、先の不代表の不正義及び、国家による不合理ないし恣意的な理由に基づく自由制限・プライバシー侵害・差別などの内で、抑圧にまでは至らないものの、市民全員に不偏的に奉仕する民主国家の責務を怠っていると見なし得るものが含まれるのであった。そして、道徳的人格・合理的行為主体性に関わるような抑圧を除去する正義の要請は、グローバルな射程を有するのに対して、政治共同体の構成員間での（非）対称的な関係性に関わるような民主的不平等を除去する正義の要請は、

当の政治共同体内に限定された射程を有するのであった（第6章Ⅱ5 (3)）。

2　治癒策の一般的指針

　以上の不正義の態様についての類型化の上に、筆者はそれらの不正義の態様などの違いに応じた治癒策（remedy）の一般的指針を示した。

　先の②における、不正義の相互行為の次元における態様の区別に基づいた類型のそれぞれに対し、筆者は第一に従属に対する治癒策の一般的指針として、支配的集団（の構成員）との関係での一方的依存関係を断つという「独立（independence）」を提示した。このような独立には、個人としての独立と、被抑圧集団の集団としての独立とを観念できるが、後者の場合には当の集団内での支配従属関係がなお問題になることから、個人単位での独立が究極的には求められるのであった[1]。そして、こうした個人単位での独立が保障されるためには、他者に経済的に依存しないことに加え、国家、中間共同体の両方との関係で、個人単位でのプライバシーの確保や充分な余暇時間などが要請されるのであった（第6章Ⅲ1）。

　また第二に、排除に対する治癒策の一般的指針として、政治機構・市民社会・労働市場などの社会的協働枠組みに包摂し、完全な参加者として相互行為ができるようにするという「統合（integration）」を提示した。そしてこのような統合は、居住分離の解消といった地理的な統合のみならず、職場における性分業構造などの解消のような社会的な統合をも要請するものであり、法的な分離禁止のみならず、事実上の統合をも要請するものであった（第6章Ⅲ2 (2)）。

　さらに第三に、差別に対する治癒策の一般的指針として、不合理ないし恣意的な理由に基づく不利益な取扱いを禁止するという「反差別（anti-discrimination）」を提示した。具体的な不合理性及び恣意性の判断基準などについては未決問題であり、その本格的な展開は別の機会に委ねなければならないものの、このような反差別の指針がとりわけ国家による法的な差別の問題に対していかなる実践的含意を有するかについては、第11章において若干程度の敷衍が予定されている。いずれにせよ、民主国家における市民間での対等関係性という

---

[1]　このことの実践的含意は、本章Ⅱ3における労働組合に対する筆者自身の正義構想の態度に反映されよう。

民主的平等の要請から、国家は全市民に対して不偏的に奉仕する責務を有するのであり、一部の市民に対する不合理ないし恣意的な理由に基づく不利益取扱いは、たとえそれによって彼らに対する抑圧に至らなかったとしても、そのような民主国家の責務懈怠を示す極めて強力な根拠となろう（第6章Ⅲ1）。

以上は②の次元で類型化された、不正義の態様の違いに応じた治癒策の一般的指針であったが、主として①の次元での区別、とりわけ社会の経済秩序と意味秩序の相互浸透に由来する、分配不平等と誤承認とを同時に是正するための政策を追求した際に生じる実践的緊張関係に対処し得るような、治癒策の一般的指針として、筆者はフレイザーの議論に依拠したのであった。そして理想理論の次元では、社会制度が生む不公正な帰結を、根底にある社会構造に手を付けずに是正しようとする「肯定的（affirmative）戦略」ではなく、不公正な帰結を生み出している社会構造そのものを再編することで結果を是正しようとする「変革的（transformative）戦略」の方を採用した。

それに対して非理想理論の次元においては、既存の不公正な経済秩序及び意味秩序における、人々のニーズやアイデンティティと適合的で、なおかつ長期的にはより根本的な改革が実行可能となるような状況への変化をもたらすような治癒策としての、「非改良主義的改良（nonreformist reforms）」を採用したのであった。そして後者の非改良主義的改良の指針としては、可能な限り特定の人々をターゲット化した選別主義的政策ではなく、普遍主義的な政策の方を採用することとし、例外的に選別主義的な政策が許容されるか否かは、抑圧の態様の深刻性・切迫性、スティグマやバックラッシュの生じにくさ、普遍主義的な代替手段や、社会制度そのものを、被抑圧集団を標準に設計することのコストの大きさなどを考慮要素に、ケース・バイ・ケースの判断をするというものであった（第6章Ⅲ3(2)）。

本章Ⅱにおいては、以上のような筆者自身の関係的平等主義に基づく正義構想から示された治癒策の一般的指針を手がかりに、現実のリベラル・デモクラシーの下での政治制度・社会制度に対する具体的な制度構想論を、若干に亘って展開する。

既に述べたように、アンダーソンの民主的平等をベースにした筆者自身の正

義構想は、政治機構のみならず、市民社会の諸領域、労働市場においても対等な参加を要請しており、また、市民社会を構成しないような私的領域である家庭における、支配従属的な関係性の除去をも要請している。したがって本章Ⅱでは、筆者自身の正義構想において、正義や平等の問題を喚起するであろう局面として、立法・行政・選挙制度などといった統治機構（Ⅱ1）、パブリック・アコモデーション・住宅供給市場・教育機関などから構成される市民社会（Ⅱ2）、雇用（Ⅱ3）、社会保障（Ⅱ4）、家族制度（Ⅱ5）、という五つに区分し、各々の問題領域ごとに議論を展開することにする。先に示した不正義への治癒策の一般的指針は、これらの問題領域を通貫して利いてくることとなろう。

なお、本章Ⅱでの議論を参照すれば分かる通り、本章での具体的な制度構想論の試みは、筆者自身の正義構想から特定の制度の採否を終局的に決定するようなものでは必ずしもない。むしろそれは、あくまで筆者自身の立場から親和的な政治制度・社会制度の候補を一定の範囲に絞るとともに、現実世界において構想されている具体的な政治・社会制度のオルタナティブのうち、他の条件が等しければ筆者の正義構想からは、その一方よりも他方を好む当座の（prima facie）理由がある、ということを示すにとどまる控えめな試みである。

より野心的な前者の試みを十全に敢行するためには、現実世界の現状認識についての情報——当該政治制度・社会制度及び、それに基づく政策を採用した場合の現実的効果・副作用などについての情報——を補わなければならず、そのためには筆者が生業とする規範理論の知見のみでは足りず、広範な実証研究の知見に依拠しなければならないだろう。

規範理論の知見に限っても、例えば統治機構における具体的な制度構想を決定的な形で擁護するに当たっては、より包括的なデモクラシー論に立ち入って検討しなければならないだろう。本書に続く試みとして、筆者自身の関係的平等主義に立脚した正義構想をより具体的に彫琢し、関係的平等主義に基づくデモクラシー構想論を展開することをも、現に筆者は画策しているが、そのような試みは別の機会に委ねなければならない。

II 具体的制度構想

1 統治機構
(1) 政治の情況と市民の独立

　筆者の立場から問題となる、不正義の相互行為の次元における態様である従属は、国家と被治者との関係性でも問題になる。調整問題は然ることながら、人々の善の構想のみならず正義構想までもが不可避的に対立している、現代のいわゆる「政治の情況 (the circumstances of politics)」(Waldron 1999, p. 102) の下では、アナキズムが実行可能でも魅力的な選択肢でもない[2]以上、それに対して反対する市民をも、公権力を用いて強制的に従わせるような集合的決定をすることは避けられない。

　仮に直接民主政を採用したとしても、全ての集合的決定において全会一致制を採るという、明らかに不合理な手法を採用しない限り、多数決において敗れた反対市民に対して同様に、政治共同体の集合的決定に対して強制的に従わせることは避けられない。政治共同体全体の名における強制的な集合的決定がなされなければならず、少なくともそれに反対する一部市民との関係では、一方が命令し他方が有無を言わずそれに従うという関係性が生じることは不可避であるということである (Anderson 2012, p. 46)。

　したがって筆者の立場からは、集合的決定の産物である国家の法という形での命令に対し、市民が被治者として服従するという関係性が、市民 (ないし一部の市民) が国家 (ないしは多数派市民) との関係で、恣意的な介入に晒されるという支配＝被支配関係、前者が後者の専ら言いなりになるという従属的関係に転化しないようにしなければならない。そこで、いかに国家の統治機能を担う人々、ひいてはそれらの人々を究極的に調達してくる多数派市民の権力行使の、少数派市民も含めた全市民に対する答責性 (accountability) を確保し、諸市民の自由としての独立を保障するか、という問題意識がまずは生じる

---

[2] 無秩序とは対置された無政府社会の秩序を構想する「醒めたアナキズム」を、社会統制方法を市場秩序に求める「市場アナキズム」と、それを共同体の互酬実践に求める「共同体アナキズム」とに分類した上で、各々に対して詳細な批判的検討を施すものとして、井上達夫 1999、52-80 頁参照。

(Anderson 2012, pp. 46-47)[3]。

(2) 立法府・行政府との関係

　被治者たる市民から問責され得ないような、世襲の君主ないし独裁者が政治権力を担うような統治体制が、市民の独立を保障しようとする筆者の立場と相容れないことには議論の余地はないだろう（「権力は腐敗する。絶対的権力は絶対的に腐敗する」）。貴族が政治権力を担うような貴族制も同様に否定されよう。問題は、君主の権限が単なる象徴的・儀礼的行為にとどまるような立憲君主制――現代日本の象徴天皇制（日本国憲法第 1 条）もそこに含まれるだろう――が、筆者の立場と両立するかどうかである。

　統治機構を担う人々の、全市民に対する答責性を確保し、諸市民の独立を保障するという視点のみからは、こうした立憲君主制が直ちに否定されるわけではない。しかし、たとえ政治的には無力化された君主といえども、そのような君主を始めとする王室の存在を統治機構において承認することは、国家が特定の家系に属する人々に対して、生まれながらにして特別に高貴な存在としての公的なお墨付きを与えることに他ならない。そしてそうした家柄や出自に基づく「評価の階層（hierarchy of esteem）」の公的意味秩序を設けることは、たとえ他の市民に対するスティグマといった誤承認の不正義をもたらさないとしても、全市民の社会的対等関係性というデモクラシーの文化とあまり適合的ではないだろう（cf. Anderson 2008, p. 264）[4]。したがって筆者の立場からは、他の条件

---

[3]　むろん、以下で展開される統治機構の制度構想論は、正義の一構想である筆者の関係的平等主義の立場から擁護を試みるものである。したがって、前述したような人々の正義構想までもが不可避的に対立している政治の情況の下で、それらの対立を裁断する統治機構の制度設計の指針を、このような一正義構想に訴えることでのみ導き出すことはできない――それに加えて、正義構想間の対立を裁断する政治的決定の公共的な正統性の理念的指針たる、対立競合する正義の諸構想の共通の概念的制約としての正義概念の次元での議論をも動員する必要がある――のは確かである（cf. 井上達夫 2007、320-321 頁、323 頁）。
　既に第 6 章 I 2 (1) で述べたように、「二人の人間が、互いの行為をもう一方にとっても受容可能な原理によって正当化する責務を受容し、相互に協議し、報い合い、承認することを当然視している場合には、対等者と見なす」という平等の関係的理論（Anderson 1999a, p. 313）にコミットするアンダーソン及び筆者の平等主義的正義構想は、正義概念の普遍主義的要請（及びその根本含意たる「反転可能性」の要請）を最善の形で体現していると筆者は考えている。したがって、正義概念論に立脚した正統性の次元での議論からも、以下で展開するような筆者自身の統治機構における制度構想論が、政治的決定の公共的な正統性をより良く調達できるものとして擁護可能であることと思われる。このような統治機構におけるより十全な制度構想論を彫琢するに当たって、今後より包括的なデモクラシー論に立ち入り、政治的責務論（ないし遵法義務論）の知見をも踏まえた上で検討することとしたい。

[4]　同様の理由は、王族以外の世襲貴族についても妥当するだろう（Anderson 2012, pp. 48-49）。

が等しければ、そのような立憲君主制よりも共和政体の方を好む当座の理由が提供されよう。

　具体的なデモクラシーの形態につき、筆者自身の立場から直接民主政のみが可能な候補と考える理由もないだろう。むしろ直接民主政の方がポピュリズムと容易に結びつき、多数派市民による専制に転化するおそれすらあるかもしれない。統治機構を担う人々の全市民に対する答責性を確保し、諸市民の独立を保障するという目的に適合的であれば、議会での熟議を通じて全市民の公共的利益を目指すという代表民主制とも、難なく両立すると考える。

　なお代表民主制の枠内で、一部の政策的課題についての国民投票などの、参加的民主主義の要素をどの程度取り入れるかについては未決問題とする。一方では立法や政策決定が全市民のうちの一部のエリート層の利益のみを反映したものとなるのを防止するという利点や、直接参加を通じて、市民が公共の事柄に関心を持つようになる利点が、他方では国民投票手続きなどがいわゆる「プレビシット（plebiscite）」に転化するおそれなどが、考慮要素となるだろう。

　また筆者の立場からは、デモクラシーを多数派市民の政治的選好の実現と同視する必然性はないから、多数派市民による集合的意思決定を覆して、主として少数派市民の個人的権利を保障するための、裁判所による違憲審査制を承認することとも両立し得る。このような公権力の各部門同士のチェック・アンド・バランスによって公権力の行使を制限し、少数者の国家からの自由を尊重するという発想は、諸市民の個人としての独立を保障することに適合的であると言い得る。さらに、多数派による立法がとりわけ少数者の政治的権利を制約するものであった場合、そのような立法に対して司法府が積極的に介入することは、民主過程の健全な作動を確保するという理由で基礎付けることもできるかもしれない（Ely 1980）。

　以上は統治機構の内で主として立法府との関係での議論であったが、行政府とりわけ官僚機構との関係でも、筆者の正義構想は一定の示唆を与える。諸市民間での支配＝被支配関係や一方的命令関係などの従属を問題とする筆者の立場からは、民主的答責性を有する行政府の首長を頂点に[5]、上位下達の階層構

5　その行政の首長が、議会を通じて諸市民に責任を負うかどうかは、ここでは問わない。筆者の立場は議院内閣制とも大統領制とも両立し得る。

造をなす官僚機構の諸部門の作用につき、その職務に伴う権力や命令権の行使が、当該職務に割り当てられた公共的目的を遂行するために最小限のものであること[6]、当該職務に割り当てられる公共的目的の設定が最終的に、民主的答責性を有する行政府の首長を通じて、諸市民による民主的統制下にあることが要請される（cf. Anderson 2008, p. 264, Anderson 2010b, pp. 106-108, Anderson 2012, p. 47）。

(3) 選挙制度とクォータ制について

　立法府や行政府との関係で制度構想を論じるに当たっては、主として市民と国家間ないしは諸市民間での、支配＝被支配関係や一方的命令関係といった従属を回避し、諸市民の個人として（ないしは市民集合体として）の独立を保障するという視点が強く意識された。そのような統治機構の担い手たる代議員を選出するための選挙制度との関係では、立法が全市民のうちの一部の党派的利益のみではなく、利害や価値観を異にする、市民社会のあらゆる構成員の立場・視点から受容可能な公共的利益を体現するようにするべく、「統合」という視点もまた明確に意識される[7]。

　ただし、このような統合を実現するための手段として、既存の社会的抑圧関係によって規定された、社会集団ごとの共通のアイデンティティを所与として、被抑圧集団のそのような集団的アイデンティティに基づいた政治的選好を、支配的集団のそれとともに立法府において等しく代表させ反映させるという肯定的戦略は避けるべきであろう。支配的集団としての出自を持つ代表者も、被抑圧集団としての出自を持つ代表者も、議会での理性的な討論を通じて自らの属する社会集団固有のアイデンティティを修正する契機を持ち、支配的集団、被抑圧集団問わず、いずれの社会集団固有の特殊利益やアイデンティティにも還元し尽くされないような、政治共同体の全市民共通の「一般意志（Volonté générale）」としての公共的価値を実現するべく活動させるという、変革的戦略の指針に親和的な手段を採ることが、筆者の立場からは推奨されるだろう。

---

[6] したがって、権力作用を担う官僚は、その職務の範囲内では部下に命令権を行使できるが、その職務の外においては部下とも対等な同胞市民の関係に立つため、彼ないし彼女に対して命令を下す資格を一切有しないということになる。

[7] したがってそのような見地から例えば、経済的に富裕な立場にいる市民が自らの経済的地位を政治的影響力に転化することで、立法が一部の富裕市民の利益のみを体現したものとなることを回避するべく、選挙キャンペーンにおいて使用できる費用の支出を制限することが正当化されるかもしれない（Scanlon 2018, p. 82, n. 11）。

したがって例えば、地方住民の利益を都市住民の利益と「等しく」議会に反映させるべく、前者と後者との間での投票価値の平等を犠牲にしてでも、地方に国政選挙における一定の議席を割り当てたり、白人の有権者は白人の代議員、黒人の有権者は黒人の代議員を選出することを前提にして、黒人の代議員が議会において一定数代表されるべく、選挙区割りにおいて人種的ゲリマンダリングをしたりすることなどは、筆者の立場からは否定的な評価を下さざるを得ないだろう[8]。

では、いわゆる「積極的差別是正措置（affirmative/positive action）」の一環として、議会の議席ないしは議員候補について、性別などを基準に一定の割り当てを行う「クォータ制（quota system）」についてはどう考えるべきか。日本を含め一定の国々においては、国会、地方議会ともに、未だ女性議員が少なく、増える兆しもあまりないことがしばしば指摘される。男性有権者は男性議員、女性有権者は女性議員を選出するという想定が、白人／黒人の場合以上に疑わしいことは確かであるが、その一方で立法府の構成員が一方の性集団に偏ることで、立法が全市民のうちの特定の人々の特殊利益のみを体現したものになってしまうおそれもまたあろう。そして、議会に社会のジェンダー構造によって異なる経験を有している——それゆえ異なる視点を有している——とされる性集団を出自とする議員が、その存在が無視できない程度に一定数いることによって、議員相互の間での理性的討議を通じて、互いのジェンダー・アイデンティティに自閉した政治的選好の変容を期待でき、いずれの性集団の立場・視点からも受容可能な公共的価値を体現した立法を産出することが期待できるかもしれない。

ただしこのようなクォータ制は、一方の性集団の構成員を形式的には優遇するものであるため、用いる手段の目的適合性や程度によっては男性に対する「逆差別（reverse discrimination）」の問題が生じ得る。それに加えて、優遇される性集団の構成員に対しても、「そのようなパターナリスティックな優遇措置を受けなければ対等に競合できないほど、非力な存在である」というスティ

---

8 アンダーソンもまた、後者の人種的ゲリマンダリングについて、白人であっても黒人の候補者に投票することを厭わなくなってきた今日の米国の状況下においては、もはや不要であるとの認識を示している（Anderson 2010b, p. 133）。

グマ的なジェンダー・ステレオタイプを、かえって社会に植え付けてしまうおそれもあるだろう。そしてこのことは、既存の意味秩序においてただでさえ「か弱き性」として表象されている女性においては、なおのこと由々しき問題かもしれない。

したがって、筆者の立場からこのようなクォータ制を採用する余地は否定されないと考えられるものの、具体的な手段の選択においては慎重な検討を要するだろう。この点で例えば、全市民の半分を女性市民が占めることから、「主権者を構成する国民の半数を占める女性が、国会等の代表機関において半数を占めるのが当然である」（辻村2011、26頁）といったレゾン・デートルに貫かれて、公職への男女同数の参画を促進する措置であるフランスの「パリテ（parité）」は、一見その正当化根拠が性中立的で、受容可能性が高いようにも思われる。しかしこのような形でのクォータ制の正当化理由は、政治共同体の全市民が「男性／女性」のいずれかに排他的に属するという公的メッセージを発することで、既存の二元的性別コードのいずれにも同一化できないようなセクシュアル・マイノリティの存在を不可視化するという、誤承認の不正義にコミットしてしまうおそれがあると思われる（cf. 池田2014、120-122頁）。

いかなる形式でのクォータ制であれば採用可能かについて、本書ではその網羅的な検討はなし得ない。差し当たり、議会の議席を強制的に一方の性に割り当てるというのではなく、政党が議員候補の選定において、自発的に採用するようなものであれば許容されるのではないかと思われる。クォータ制を選挙法などで法定する場合においても、可能な限り時限立法として、数年ごとにその制度の効果を検証しつつ、当該法律内容の見直しを行うというのが、過渡的措置としての積極的差別是正措置の趣旨にも適合的であろう。

さらに言えば、女性議員が少ない原因の相当部分が、議会制度そのものが無償ケア労働を担わずに済む立場にある、多くの男性の経験に依拠して設計されている点に求められると思われる。したがって、クォータ制よりもまずは、無償ケア労働と議員活動を両立できるようにするための制度改革——例えば、議院内における保育所・授乳室の設置、深夜・早朝の会議を行わないルールの制定、議員の育休取得の制度化など——を行うことの方が、根本的解決に資すると思われる。いずれにせよ、筆者自身の治癒策の一般的指針との関係で言えば、

このようなクォータ制は非理想理論としての非改良主義的改良として位置付けられることになるだろう。

(4) 陪審制・裁判員制度について

以上のような選挙制度との関係での議論とは別に、陪審制・裁判員制度についてどう考えるかについてもこの折に軽く言及したい。

司法権もまた公権力の一作用であり、これらの制度はそういった公権力を、それによって裁かれる市民の側からの監視に服せしめることで、その恣意的な行使を抑制するという意義を有する。また、市民をして、その責任感と公民的徳性を陶治するという政治教育としての意義をも有する（Tocqueville 1835, pp. 403-410＝2005（下）、183-191頁）。したがって、市民の独立及び政治的統合に価値を置く筆者の立場からも、このような陪審制ないし裁判員制度を積極的に採用する当座の理由を提供し得る。

さらに筆者の立場からは、陪審員ないし裁判員の資格として、全市民を無差別に対象とすることに加え、個々の裁判における陪審員ないし裁判員の構成においても、人種や性別などの点で偏りが生じないようにすることが要請されるだろう（Anderson 2010b, p. 189）。

2　市民社会

筆者の立場からは、諸市民を政治機構のみならず市民社会の領域においても、対等者として参加できるようにすることが求められる。したがって、飲食店・劇場・公共交通機関などのいわゆるパブリック・アコモデーションの担い手や、住宅供給市場を構成する不動産業者などは、たとえその主体が形式的には私人であったとしても、そのサービスが一般公衆に開かれている以上、統治機構を担う公務員に準じて、全市民の利益に不偏的に奉仕する責務を有する[9]。ゆえに、市民社会を構成するそれらの主体による、一部の市民に対するこれらのサービスからの排除や、これらのサービスにおける差別実践を除去するべく、筆者が先に示した不正義への治癒策に照らして言えば、市民社会の領域における全市民の統合、反差別といった一般的指針が利いてくるだろう。

9　米国における「公民権法（Civil Rights Act）」（1964年）や「公正住宅法（Fair Housing Act）」（1968年）なども、同様の発想に貫かれていると言えよう。

したがってこのような筆者自身の立場からは、飲食店・劇場・レジャー施設・公共交通機関などのパブリック・アコモデーションにおいて、人種・性別[10]・性的指向などを理由に、一定の市民をその利用から排除（ないし一部排除）する実践が、法的に禁止される。住宅供給市場を構成する不動産業者が、同様に人種・性別・性的指向などを理由として、一定の市民に対してその売買や賃貸を拒否する実践もまた、法的に禁止されることとなろう。そのような一部の市民に対する利用の排除にまでは至らない優待サービスでも、例えば「レディース・デイ」のように、性別を基準として一方の性集団に特化したものについては、全市民の利益に不偏的に奉仕するという、市民社会の担い手の責務とあまり適合的ではないかもしれない[11]。

　以上の住宅供給市場及びパブリック・アコモデーションと並んで、教育機関もまた公立・私立を問わず市民社会を構成する。そしてここにおいても筆者の立場からは、統合及び反差別という治癒策の一般的指針が貫かれる。教育機関、とりわけ大学などの高等教育機関は、統治機構や社会において影響力のある職業を担う人材を育成し、輩出する場である。したがって、政治共同体における重要な政策決定を行う公職や職業が、一部のエリート層に独占されないようにするべく、教育機会の公正化・実質的均等化が強く要請される。その観点から、例えば米国のアイビー・リーグや日本の一部の医科大学などにおける、卒業生の親族に対する入学優遇制度（alumni preference）は、エリート階層の固定化

10　現代日本の公共交通機関の一部である鉄道において、通勤ラッシュ時に実施されているいわゆる「女性専用車両」につき、それが男性客の任意協力の下で実施されているものであるとしても、痴漢行為に及ぶのが男性客の一部に過ぎない以上、性犯罪の前歴の有無や性的指向などを問わずに男性客のみに対して一律に特定の車両を利用しないように呼びかけることは、彼らに対し一律に「性犯罪予備軍」としてのレッテルを貼るような、スティグマ的なメッセージを公的に発することになると思われる。したがって、全市民を等しい尊重によって扱うことで、不偏的に奉仕するという市民社会の担い手の責務とは、相容れないように思われる。このような女性専用車両の是非をめぐっては、ジェンダー法の研究者の間でも意見が分かれているが、いずれにせよ、少なくとも一定程度の良識を備えた研究者の間では、現行の制度に対して無批判な姿勢が採られているわけではないようである。いわゆる「男性専用車両」との併設をも視野に入れた上で、肯定的に考える立場として、君塚・高井 2012、245 頁、「男性に対するジェンダー・バイアスを促すおそれ」などから、否定的に考える立場として、田巻 2012、127-128 頁参照。

11　法社会学者であり、ジェンダー法の研究者でもある田巻帝子もまた、レディース・デイのような女性客をターゲットとした商戦が、男性に特化したメンズ・デイよりも顕著であり、こうした女性限定の特典が、「男性を排除する逆差別ではないかという指摘がある」（田巻 2012、127 頁）と述べている。

をもたらすものとして否定的評価が下されよう（Anderson 2012, p. 49）。

　人種に基づく別学は、仮に施設や教授陣のクオリティーの面において、形式的に「分離すれど平等（separate but equal）」だったとしても、教育の場においてそのような分離をすること自体が、黒人に対して「二級市民」としてのスティグマ的な公的メッセージを発してしまうことに加え（Anderson 1999b）、卒業生互助団体における政財界への広範な人脈へのアクセスといった、インフォーマルな文化・社会資本から黒人を排除することにもつながる。それゆえ、少なくとも公立学校においては共学化が強く要請されるだろう。私立学校においても、私学助成の減額ないしは廃止によって、共学化へのインセンティブを与えることは可能と思われる。性別についても、筆者の立場からは共学化が望まれる──少なくとも公立学校においては要請される──と考えるが、詳しくは第11章Ⅱ5で敷衍する。

　また、形式的には人種的共学化がなされつつも、事実上の人種分離が存在するという場合についても、市民社会のあらゆる領域における全市民の統合を志向する筆者の立場からは看過し得ない。したがって、例えば米国における、公立の初等中等教育機関において実施された強制バス通学のようなものを、筆者の立場から正当化する余地はあると思われる。実効性の問題は別としても、このような強制バス通学は、支配的集団・被抑圧集団の双方の児童・生徒に対して実施されることから、被抑圧集団のみを形式的に有利に扱う積極的差別是正措置と比べても、逆差別の問題は少ないとすら言えるかもしれない。

　大学などの高等教育機関における入学選抜において、人種や性別に基づく優先措置を実施する積極的差別是正措置についてはどうか。これらの高等教育機関は政治共同体における重要な政策決定を行う職業に就く人材を育成する役割を担っており、これらの高等教育機関におけるあらゆる社会集団からなる市民の統合は、政治共同体の重要な政策決定を担う職業における市民の統合にも資する──ひいては、政治共同体における重要な政策決定が、あらゆる社会集団からなる全市民の利益に不偏的に奉仕するものとなり得る──と思われるため、筆者の立場からこのような措置を正当化する余地は否定されないだろう。ただし具体的な手段を選択するに当たっては、あくまで過渡的措置と位置付け、逆差別やスティグマ化の問題、他のより人種・性中立的な実効的代替手段の存在

の有無などにも配慮しつつ慎重に検討すべきことは、本章Ⅱ1（3）で指摘した通りである。

3　雇用

　労働市場を形成する企業もまた、広く一般公衆から被用者を募っているため、市民社会の一部を構成していると言える（Anderson 1999a, p. 317）。その意味で筆者自身の立場からも、正義や平等の見地から、このような雇用領域における諸市民の対等参加が要請される。

　ジェンダーなどの問題において、仮に経済的依存に基づく一方配偶者との関係での支配や従属のみが問題であるならば、国家が諸個人に対して、例えば無条件的なベーシック・インカムや育児手当などを通じて、個人の経済的独立を十全に保障すれば、このような支配従属的関係を除去するために雇用差別を禁止する法律を制定することは、必須とまでは言えないかもしれない[12]。しかし筆者の正義構想からは、従属のみならず、統治機構や市民社会からの排除をも不正義として問題としており、それゆえ独立のみならず統合をも、不正義への治癒策として志向している。したがって筆者の立場からは、このような雇用領域における一定の人々に対する排除実践や差別実践の除去が、単に支配の廃止のみを問題にする立場からよりも、強力に要請されると言える。

　採用段階も含めて、人種や性別などに基づく雇用条件全般に亘る差別は、原則として[13]禁止されるべきである。性別を直接的には理由としていなくても、

---

[12] 家族の領域における一方配偶者への支配従属的関係とは別にアンダーソンは、「私的統治（private government）」という概念を用いることで、企業内における使用者と労働者の間での支配従属関係をも、関係的平等主義の立場から問題視している（Anderson 2017, pp. 44-45）。ほとんどの市民が自らの生活を市場における有償労働に負っており、それゆえ離職する（雇用関係から退出する）という選択肢が高コストであるという現実社会（Anderson 2017, pp. 56, 130, 139, 141-142）において、彼女の議論は充分な説得力を持つ。しかし、仮に国家が諸個人に対し、無条件的なベーシック・インカムなどの市場外在的な社会保障制度を通じて、個人の経済的独立を充分に保障した場合、労働者はそのような雇用関係から退出することで、他者からの支配を受けなくなるとも言い得ることから、従属の問題のみでそのような使用者・労働者間の関係性を批判しようとする彼女の議論は脆弱性を有するように思われる。したがって、支配従属関係の有無とは独立に、排除や差別それ自体を、雇用領域における不正義として分析する要請があると考える。

[13] いわゆる「真正な職業資格（BFOQ: bona fide occupational qualification）」の例外——すなわち、「職務上の必要から認められる例外」（荒木 2016、103頁）——についても、筆者の立場からは厳格にその範囲を制限すべきこととなろう。

妊娠・出産を理由とした不利益取扱い、育児休暇の取得などを理由とする不利益取扱いなども、それを女性に対する間接差別と構成するか、妊娠者や育児休業取得者に対する恣意的な理由に基づく直接差別と構成するかは開かれた問いとするとして、筆者の立場からは、その正当化事由を厳格に判断する理由があるだろう。また、不合理ないし恣意的な理由に基づく差別禁止の要請からも、被抑圧集団に対する「洗練された」差別を可視化させる見地からも、「同一価値労働同一賃金」原則を実行化させる制度を、筆者の立場から擁護する余地があると思われる。

　個々の被用者は、使用者との間で不利な立場に置かれざるを得ない。被用者の自由や利益などを、使用者が十全に配慮し尊重できるようにするためには、被用者の声を使用者に届けられるような制度がしばしば必要かつ有用である（Anderson 2017, pp. 69, 143-144）。したがって、筆者の立場からも労働組合を認める余地はある。ただし、個々の労働者が労働組合との関係で支配従属的な関係性に置かれる——すなわち、労働組合が個々の労働者に対する全人格的支配に及ぶ——危険もまた否定できないことから、労働組合に強力な統制権を認めることには、筆者の立場からは慎重であるべきだろう[14]。とりわけ労働組合が個々の労働者のプライバシーに干渉したり、個人としての政治的権利の行使を制約したりすることは認めるべきでないと考える。むしろ残業や休日労働の制限といった労働時間の短縮、ハラスメントの防止といった、個人としての労働者の基本的権利を保障する実施システムを構築することの方が、筆者の立場からは重視されよう。

4　社会保障

　以上、統治機構・市民社会・労働市場と、筆者の正義構想から諸市民の対等関係性が問題となる領域における制度構想を提示してきたが、これら及び本章Ⅱ5 で述べる家族領域における、人々の非対称的な関係性を除去するためには、

14　とりわけ、日本的雇用慣行の下で労使協調路線を採ってきた企業内組合は、週四十時間の法定の制限を超えて労働時間を延長させたり、休日労働をさせたりすることを認める労使協定（俗に言う「三六協定」）の締結に代表されるように、過労死からの救済を始めとする個人としての労働者の過密労働条件の克服に対して、極めて消極的であったことが指摘されている（井上達夫 2011、167-174 頁）。

国家による市場外在的な社会保障制度の十全な整備が求められる。

「市場的競争を制限する規制による弱者保護は、規制を導入する政治的組織力をもつ利益集団の特殊権益保護手段として濫用されやすい」(井上達夫2015b、90頁) としばしば指摘される。したがって、本章Ⅱ3で検討した雇用領域における労働法制による規制を過信するのではなく、それと相補的に市場外在的な社会保障制度によって、抑圧の除去と対等関係性の構築を志向することが求められるだろう。また、社会保障制度は家族領域における各当事者の関係性にも規定的な影響を及ぼす。それゆえ、筆者の立場からは社会保障制度を構想するに当たって、このような家族構成員間の支配従属的関係性を除去し、各構成員の個人としての経済的独立を保障するという一般的指針もまた重要になってくる。

以上のような考慮から、社会保障制度を構想するに当たって、まずは家族構成員（とりわけ成人の構成員）間における、一方の他方に対する経済的依存を解消するべく、性別役割分担を維持・強化するような社会保障制度が批判されるとともに、社会保障給付を家族単位ではなく個人単位に設定することが基本指針となろう。したがって例えば、専業家庭を優遇し、無償ケア労働に従事する配偶者の、有償労働に従事する配偶者への経済的依存を強めるおそれがあるような、現代日本の配偶者控除制度、国民年金第3号被保険者制度などが、筆者の立場から見直しを迫られることは言うまでもない。

(1) ベーシック・インカムについて

個人単位での社会保障給付という点で言えば、有償労働に従事しているか否かにかかわらず、全市民に無条件に一定額が給付されるベーシック・インカムをどう考えるかが問題となろう。この点につき、アンダーソンは無条件的なベーシック・インカムに対し、人々に対して労働のインセンティブを付与するためには給付水準を低めに——少なくとも最低賃金よりも低く——設定しなければならないところ、そのような水準ではケア労働に従事する人々や失業者、障害者のニーズを充足できなくなってしまうとして、否定的な評価を下している(Anderson 1999a, p. 299)。

そして彼女自身はそれに代わり、労働に従事できる人々については有償労働ないしは無償ケア労働に従事することを期待する。そしてそれらの労働者が脆

弱性を被らないようにするべく、有償労働に従事する人については、最低賃金の法定によってディセント・ミニマムを保障し（Anderson 1999a, p. 325）、無償ケア労働者については、有償配偶者の収入に対して充分な権利を保障することで対応することを提案している（Anderson 1999a, p. 324）。しかし、後者については婚姻関係にある限り、なおも一方の家族構成員が他方の収入に対して経済的に依存しているという状況から脱却するものではないし[15]、前者の最低賃金制度についても、アンダーソン自身は楽観視するものの（Anderson 1999a, p. 325）、それによってかえって使用者側に雇用を減らすインセンティブを与え、失業を増加させる可能性もあろう。

　筆者は経済学の専門家ではないため、最低賃金制度の効果について、十全に判断できる立場にはない。いずれにせよ失業の問題も含め、全ての市民が有償労働のみでディセント・ミニマムを達成できるわけではない以上（単純労働の多くが人工知能（AI）に置き換えられていく可能性も否定できない）、諸個人の経済的独立を確保できるような何らかの市場外在的な所得保障メカニズムを構想する必要があるとは思われる。

　この点、合同生産のシステムとしての経済においては有償労働のみをこのようなシステムへの貢献とする必然性はない（Anderson 1999a, p. 323, 第6章Ⅰ1（4）参照）。したがって、有償労働に限らず、無償ケア労働やその他の社会的に有益な活動に携わっていることを給付条件とするような、個人単位での「参加所得（participation income）」（Atkinson 1996, pp. 68-70）であれば、このような経済への貢献という広い意味での労働に従事する人々のインセンティブも損なわずに、しかも「有償労働に従事している一人前の市民」と「失業保険や生活保護に頼らざるを得ない落伍者的な二級市民」という、階層分断的かつスティグマ的な公的メッセージを発することなく、諸個人の経済的独立を保障することができるのではないか。

　もちろんこのような参加所得を採用するとしても、およそいかなる社会的に有益な活動にも従事できないような障害者については、特例的な扱いを認めざ

15　それに加え、このような制度の下では、無償ケア労働者の側がDVや相手方の同意なき不倫などの悪質な行為を働いて、関係解消に至った場合にも、無償ケア労働者は有償労働配偶者の所得に対して、財産分与の形で権利を主張できるようになると思われるため、逆に善良な有償労働配偶者の側が食い物にされるという問題が生じるかもしれない。

るを得ない。また給付に当たって、何らかの社会的に有益な活動に従事しているかどうか、何もしていない人については、本当にいかなる社会的活動にも従事し得ないのかどうかについて、チェックする行政コストの問題は残るだろう。加えて、このような選別主義的要素が多少は残る以上、スティグマの問題も完全には払拭できないだろう。そしてこのような行政コスト及びスティグマのモラル・コストが、人々の労働インセンティブを削ぐことによるコストよりも大きいと判断される場合には、次善策として無条件的なベーシック・インカムを採用することも、筆者の立場から必ずしも否定はされないと思われる[16]。

　いずれにせよ、終局的にこれらのうちのどの制度を採用するかを判断するに当たっては、経済学や社会学などの知見をも要するため、本項では上記のような、筆者の立場からのレレヴァントな考慮事由を示すことに留めたい。

(2)　現物給付について

　以上の社会保障給付は、主として現金給付を念頭に置いていたが、傷病者や障害者については、他者との関係で抑圧状態に置かれないためにも、市民社会に対等者として参加できるようにするためにも、医療サービス・車椅子・補聴器・盲導犬などの無償の現物給付が、権利として保障される。

　これらは傷病者や障害者のみに提供されるものであるため、選別主義的な政策であることは否めず、それゆえスティグマのおそれも完全には否定できない[17]。しかし、一般にこれらの傷病者や障害者の置かれている抑圧状態は極め

---

[16] 前述のようにベーシック・インカムを批判していたアンダーソンも、このような普遍主義的な社会保障給付が、市民間の社会的結束性を維持するとともに、スティグマ効果を回避できるという象徴的利点を有することは認めている（Anderson 2008, p. 267）。

[17] この点、スティグマのおそれを完全には否定できないのであれば、スティグマを是正しようという問題意識が看過されてしまうことを理由とした、筆者の分配的平等主義批判及びそれへのオルタナティブとしての関係的平等主義の擁護の意義が消失してしまうのではないか、と問われるかもしれない。しかし、そもそも財や資源の分配格差の問題ばかりに焦点を向けて、スティグマなどの誤承認の不正義には、平等の観点からは関心を向けない正義構想と、スティグマを根絶することはできないとしても、それを可能な限り是正するべく、平等の観点から誤承認の問題をも捕捉しようとする正義構想との間には、その倫理的態度においても、その理論的帰結においても、有意な差が存在するのではなかろうか。
　現に筆者の関係的平等主義に基づく正義構想からは、障害者や傷病者への対応においても、選別主義的な政策を採らざるを得ない場合でも、可能な限り——すなわち、彼らが市民社会において対等者として参加できるようにする限度で——必要最小限の優遇措置に留めるべきこと、同様の目的を普遍主義的な政策によって達成できる場合には後者を選択するべきこと、といった指針を導き出すことができると考える。したがって例えば、国立の美術館などの入場料におけるいわゆる「障がい者割引」のように、障害者や傷病者が、市民社会の諸施設に対等者としてアクセスすることにあまり資さないような——それどころか、それらの人々に

て切迫したものであること、社会制度全体を、完全に傷病者や障害者を標準として設計することには膨大なコストがかかるため、ある程度までは健常者を標準に設計した上で、そのような社会制度の下で、資源を対等な市民としての機能に転換する効率の悪い傷病者や障害者に対し、特別な補償をすることで対応せざるを得ないのも事実である。したがって、非理想理論としての非改良主義的改良の指針に基づいて、このような選別主義的な例外を認めることも正当化されると思われる[18]。

　無償ケア労働に従事する人々への社会的支援として、筆者の立場からは、本章Ⅱ4 (1) で論じたような社会保障給付のみでは、個人としての経済的独立を十全に保障できない可能性に鑑み、例えば、養育する子供の数に応じて一定額の現金給付を、親の性別に関わりなく支給するような育児手当[19]や、無償現物給付としての保育所の拡充などの政策を正当化することができる。また既に論じたように、このような無償ケア労働への従事が、政治共同体の社会的協働枠組みを安定的に維持するための全成人市民の連帯的責務に基礎付けられることに鑑みても（第9章Ⅲ2）、このような無償ケア労働に従事する人への社会的支援は、筆者の立場から強く要請されると考える。

　もちろん上で挙げた育児への社会的支援策は、各々単体においては家族構成員間のケア労働分担における、既存の性分業・性別役割分担を解消するものではない。しかし、本章Ⅱ4 (1) で論じたような個人単位での経済的独立を保障する社会保障給付や、本章Ⅱ3で論じたような雇用全般における性差別の禁止、男女双方を対象とした労働時間の短縮、育児休業を取得（しようと）した労働者へのハラスメントに対する行政的・司法的救済の強化などの他の諸政策と組み合わさることで、長期的には家族構成員間の性別役割分担を解消するような変革的効果（フレイザーの言う、「普遍的ケア提供者モデル（Universal Caregiver Model）」（Fraser 1997b, pp. 59-62）に倣った政策としての効果）をももたらすことが

18	対する単なる憐れみの感情に根差しているとしか解し得ないような――優遇措置については、健常者に対する恣意的な差別となるだけでなく、障害者や傷病者に対するスティグマや社会的敵愾心を助長し得る点にも鑑み、筆者の立場からは否定的評価が下されることとなろう。むろんこのことは、筆者の立場からは可能な限り、社会制度や市民社会の諸施設をユニバーサル・デザインに基づいて設計することが、第一義的には要請されることと矛盾しない。
19	ただし前述のベーシック・インカムを、子供を含めた社会の全構成員に給付するのであれば、子供に支給する分のベーシック・インカムが育児手当の機能を代替するであろうから、それとは別に育児手当を支給する必要はなくなると思われる。

期待できるように思われる[20]。

5 家族制度

社会保障制度とは独立に、私法上の家族制度もまた当然ながら、家族構成員間の（非）対称的な関係性に規定的な影響力を及ぼしている。ロールズが単婚制の家族制度を、その効果が「根強く、生まれた時から存在する」ような「社会の基本構造」に含めている（Rawls 1971, p. 7）のもゆえなきことではない。また、とりわけ法律婚制度は、国家が特定の親密形態に対して公的承認を与えるものであるから、国家によってそのような公的承認を受けないような親密形態を営む人々に対してスティグマ的なメッセージを発してしまうという、誤承認の不正義の問題について考慮しなければならないだろう。

(1) 法律婚の廃止と契約に基づくパートナーシップ

リベラル・デモクラシーを採用している現代の多くの国々においては昨今、それまで異性愛カップルの間でしか認められていなかった法律婚制度において、同性婚をも法制化する動きが徐々に広がりつつある。しかし、単婚という特定の親密形態のみに対して公的承認を与えることは、一夫多妻・一妻多夫・群婚などの、それ以外の婚姻形態を営もうとする人々に対してスティグマ的であると言える。さらに言えば、パートナーとの間に何らかの親密関係を築いている人々に対してのみ公的承認を与えることは、独身者（法律上のみならず事実上のそれも含む）へのスティグマ化にもつながるかもしれない[21]。

20 | その意味でこのような政策も、家族構成員間における性分業や性別役割分担の解消という目的との関係では、非理想理論としての非改良主義的改良の指針に基づいたものとして位置付けることができる。現にフレイザー自身、無条件的なベーシック・インカムのような、普遍主義的な個人単位での社会保障給付が、同一価値労働同一賃金（comparable worth）を実施する労働法制や、公的なチャイルド・ケアのサービスと組み合わさることで、家族構成員間における力関係を変革し、家庭内での性分業を解消する効果を持ち得ると述べている（Fraser 2003, p. 79）。
21 | 例えば、米国において異性婚を認めながら同性婚を認めない州法を違憲とした連邦最高裁判決（Obergefell v. Hodges, 576 U. S. ＿＿＿ (2015)）の法廷意見において、アンソニー・ケネディ判事は、「婚姻という結び付きによって、二人の人間はそれまでよりも偉大な存在になる（In forming a marital union, two people become something greater than once they were.）」として、婚姻（より正確には単身婚）に従事する人間の美徳を称揚している。異性婚にせよ同性婚にせよ、このような態度によって婚姻制度を公的に承認することは、独身者（少なくとも未婚者）に対する「人間として未熟」ないしは「半人前の存在」などというレッテル貼りにつながるおそれがあるように思われる。

したがって、誤承認の不正義の問題を真剣に受け止める筆者の立場からは、特定の親密関係のみ、ないしはパートナーとの親密関係そのものに公的承認を与える法律婚制度そのものを、廃止すべきであると考える。不正義への治癒策の一般的指針との関係で言うと、特定のマイノリティー集団のアイデンティティに対して積極的に承認を与える肯定的承認ではなく、マジョリティー、マイノリティー問わず、全ての集団に対する積極的承認を拒否し、それによって全ての人のアイデンティティを相対化させる変革的承認の立場を採るということになるのである。

法律婚制度に代えて筆者の立場からは、成人の市民間での親密関係の形成は、専ら財産法上の契約関係によって規律されることとなろう[22]。むろん、成人市民間の自発的な合意に基づく契約と言えど全く自由というわけではなく、例えば一方が他方との関係で一生涯ないしは半永久的に奴隷関係に入るという契約や、パートナー関係を一生涯ないしは半永久的に解消しないという内容の契約は、家族領域における支配従属関係を固定化することにつながるため、憲法第18条の奴隷的拘束の禁止規定の私人間への適用などによって、無効とされよう。一方当事者が専ら無償ケア労働に従事し、他方の当事者が専ら有償労働に従事するという内容の契約もまた、無効とし得るかもしれない（野崎2003、88頁、第9章Ⅱ2参照）。

しかし、成人の家族構成員間の抑圧的関係を固定化しない限り、当事者数・役割分担・契約期間・同居の有無などの契約内容の取り決めは、原則として成人当事者間の合意に委ねることで問題ないだろう。また、強行法規や公序良俗法理などによって、成人家族構成員相互の扶助義務を要請することは、かえっ

---

[22] したがって、このような筆者の立場からは、婚姻可能年齢の男女差規定（現行民法第731条）、重婚の禁止（同第732条）、女性のみの待婚期間（同第733条第1項）、夫婦同氏の強制（同第750条）、夫婦の同居及び相互扶助義務（同第752条）、夫婦間の契約の取消権（同第754条）などの、婚姻制度の存在を前提にした諸制度は廃止される。「国家に異性婚を保護する法制度［したがって、法律婚制度］を構築する義務を課している」（木村2016、89頁）と解する余地を生んでしまう憲法第24条も、削除ないし修正されることとなろう。また、家族形態を契約関係で規律することとの均衡から、法定相続制度や遺留分の制度も廃止し、専ら当事者の遺言によって相続関係を規律することが、筆者の立場に親和的であるように思われる。遺言がない場合、故人の財産は国庫に帰属することとなろう。そしてその場合でも、親の経済的地位がそのまま子に受け継がれることで、経済的な階層構造が再生産されることは、筆者の正義構想に照らして望ましくないため、このような相続財産へ高率の税を課すことを求める当座の理由が提供され得ると考える。

てそれによって一方当事者をして、他方当事者に経済的に依存するインセンティブを付与することになると思われるため、筆者の立場からは否定的に解するべきだろう。

なお、このような契約関係によって規律される親密関係の解消につき、「約束は守られなければならない（pacta sunt servanda）」という契約法理のレゾン・デートルからすれば、契約債務不履行などの帰責事由ある当事者の相手方当事者の側からしか、期間満了前における契約解除の請求をなし得ないようにも思われる（有責主義）。しかし、このような成人間のパートナー契約は、「当事者相互の信頼関係を基礎として成り立つ」（内田 2011、294 頁）委任契約類似の性質を有すると言えるため、「いやになった者を無理につなぎとめておくことは意味がない」という考慮が働く。したがって、少なくとも当事者間の関係性が破たんしている場合においては、たとえいずれかの当事者に帰責事由がないとしても、一方当事者による解除の意思表示によって、期間満了前にパートナー関係を解消することを正当化し得ると思われる（破綻主義）。関係性が破たんしたパートナー関係を無理やりつなぎとめたとしても、誰にとっても得にならないという理屈が、親密関係においては特に強く妥当することから、「win-win game」を志向する米国契約法におけるいわゆる「契約を破る自由」（樋口 2013、75 頁、86-87 頁）類似の正当化が、もしかしたら可能かもしれない[23]。そしていずれにせよ、それによって他方の当事者に不測の損害を生じさせた場合は、その信頼利益を不法行為法上ないしは委任契約の解除に伴う損害賠償規定（民法第 651 条第 2 項本文）の類推適用などによって、賠償させるようにすべきであろう。

(2) 親業のライセンス制

以上のような、「契約自由の原則」が妥当する契約法理によって、成人間の親密関係を規律するという提案に対しては、社会経済的に不利な立場に立たされている女性にとって酷過ぎないかという批判が予想される。しかし、既述のように契約内容に対しても、一方当事者が他方当事者を支配するようなものに

---

[23] ただしこのような「契約を破る自由」において想定されている損害賠償責任は、信頼利益ではなく履行利益の賠償であるため（樋口 2013、87 頁）、契約を破る自由と期間満了前のパートナー関係の解消の正当化を全くパラレルに考えることができないのもまた事実である。

ついては規制をかけ得るし（Ⅱ5 (1)）、ジェンダーに基づく構造的な不平等に対しては、本章Ⅱ3の雇用領域における性差別禁止や、個人単位での経済的独立を保障するための社会保障給付（Ⅱ4 (1)）、無償ケア労働に従事する人への社会的支援（Ⅱ4 (2)）が十全に整備されれば[24]、それによって対処し得るだろう。少なくとも、家族構成員間における夫による妻への庇護を公的にバックアップして、女性の不利な状況を緩和するというのは、諸個人の経済的自立を志向するリベラリズムの見地からも、家父長制の解体を志向するフェミニズムの見地からも、あまり健全な発想とは言えないのではないか。

むしろより重要なのは、「子の福祉をいかにして確保するか」という問題である。この点につき筆者の立場からは、親業を一律にライセンス化して（cf. Kymlicka 1991, p. 90）、育児をするための一定の知識と技能及び最低限の徳性[25]を備えていると国家が公認した市民に対してのみ、そしてそのような市民に対しては等しい条件で[26]、子に対する親権[27]の取得を認めるようなシステムを導入することで、対処が可能であると思われる。成人間での親密関係の形成は、原則として契約の自由に委ねるとしても、ライセンスを有していなければ親権者

[24] 逆にそのような諸制度が充分に整備されていない段階においては、このような契約自由の原則が広く妥当するような親密関係の規律体系を直ちに導入することには、躊躇があるかもしれない。そしてそのような非理想状態においては、過渡的措置として筆者の立場からも、性差別禁止を実効的に担保する制度や個人単位での社会保障給付、育児への社会的支援などが整備されていない程度に応じて、契約内容への介入を強めたり、パートナー関係の解約条件を一定程度制限したりなどの措置（野崎 2003、141 頁）が求められるかもしれない。ただしこのようなパターナリスティックな公的介入が、かえって既存の性別役割意識に根差した意味秩序（「守る男性と守られる女性」）を維持・強化しないかどうかについては細心の注意が払われるべきであり、必要最小限度の介入に留めるべきであると考える。

[25] ただしこのような「徳性」を判断するに当たっては、性的指向についてはもちろんのこと、いわゆる「ポリアモラス（polyamorous）」な選好を有する人々を直ちに「性に放埓な不徳な市民」と評価しないように注意すべきであろう。

[26] したがって、異性カップル・同性カップル間での差別禁止は当然のこと、原則としていかなる親密形態を志向するかを問わずに、等しい条件で親権を認めるべきこととなろう。また、パートナー関係を解消しても、シングル・マザー／ファザーが親権を有することができることとの公平性から、ライセンスを取得しさえすれば独身者でも、単独で親権を取得できる――具体的には、養子をとることができる――ようにするべきであろう。

[27] このような親権と親子関係の関係であるが、筆者の立場からは、親権者とその親権に服する子との間でのみ、法律上の親子関係を成立させるべき――したがって、子が成年に達した段階で、法律上の親子関係は終了するべき――と考える。筆者の立場からは、法定相続制度や遺留分の制度は廃止されるし（Ⅱ5 (1) 参照）、パートナー関係を解消してシングル・マザー／ファザーとなった者の育児への支援は、社会保障の次元で対応することとなるため（Ⅱ4 (2) 参照）、親権とは独立に親子関係を認める意義は、少なくとも理想理論の次元においては乏しいと思われる。

になれないようにすることで、子の福祉に配慮し得ないような人々が親になることを防ぐことができる[28]。

また、一度ライセンスを取得して親権者となっている人々についても、彼らが自らの子に対して虐待や育児放棄をした場合、親権を剥奪したり、ライセンスを失効ないしは一時停止させたりすることが、このようなライセンス制度の枠内で基礎付けられ得る。そしてその場合、その子は公的な乳児院ないし児童養護施設に引き取られて庇護されることとなる。したがって筆者の立場からは、このような親業のライセンス制を採用する場合にはそれとセットで、親権者のいない子を養育するための公的な乳児院及び児童養護施設を整備・拡充することが要請されるだろう[29]。野崎綾子が提案するような、成人当事者間の親密関係の形成が契約自由の広く妥当する契約関係で規律されるのに対し、親子関係は子の福祉の観点から強い公的規制がかけられる信託原理によって規律される（野崎2003、121-123頁）という立場に、筆者自身の正義構想も立つことができると考える。

むろん、以上のような法律婚の廃止（成人間の親密関係の契約化）と親業の一律ライセンス化というオルタナティブは、理想理論の次元に属する。現実世界の既存の意味秩序の下での諸個人のアイデンティティに照らして、これらの制度を直ちに導入するということは、あまり現実的な政治的選択肢ではないかもしれないし、おそらく人によっては、このようなオルタナティブを発想する筆者自身の人間性に対して強い生理的嫌悪感を催すことだろう。

したがって、非理想理論としては、当面の間は法律婚制度の存在を前提とした上で、野崎が志向するように「法律上の家族を多元的に構成する」（野崎2003、139頁）という対応――例えば法律婚を前提とした上で、その枠内で同性婚などの多様な親密形態を段階的に包摂するという対応――を採ることとなろ

---

28 したがって、例えば女性について、「分娩の事実によって当然に母子関係が発生する」とするのではなく、その女性がライセンスを有していない場合には、自らの出産した子を原則として後述の乳児院に引き渡す義務が生じるということになろう。「私の赤ちゃん返して！」と泣き叫ぶ母親から、官憲が強制的に赤子を引き離す光景を想像すると些かグロテスクな感も否めないが、育児に熟達していないおそれのある市民に育てられることに伴う子の生命や身体への危険に鑑みると、やむを得ない措置なのではないかとも思われる。

29 ライセンスを有している人なら誰しも、このような乳児院及び児童養護施設で養育されている子を養子として引き取ることができる制度とするべきだろう。

う。そしてそれと同時に、法律婚に伴う税制上の優遇措置などを徐々に撤廃することで、法律婚の、それ以外のパートナーシップとの関係での特権的意味付けを形骸化させることによって、法律婚の廃止というオルタナティブに対する人々の心理的抵抗を長期的には除去する——そしてその上で、このようなオルタナティブを政治的に実行する——という、非改良主義的改良の指針に基づいた対応が、現実には採られることになると思われる[30][31]。いわゆる「選択的夫婦別姓」の導入や、非嫡出子に対する相続差別の撤廃などは、一応は法律婚制度の存在を前提とするものであるものの、法律婚の意味付けを相対化させるためのこのような非理想理論の次元における政策として、正当化が可能であると思われる。

[30] 契約に基づいた成人当事者間のパートナー関係への公的介入の程度についても、現実世界における非対称的な関係性を解消するための労働法制、社会保障法制の整備の度合いに応じて決められ得ることは、既に述べた通りである。

[31] ただし、法律婚制度がパートナーとの間で親密関係を築いている人々に対してのみ、公的承認を与えるものであるという問題は残るため、当面の間は法律婚制度を維持するとしても、それと同時に独身者に対する恣意的な差別を可及的に改めるべく、法改正がなされるべきであろう。この点で筆者の立場からは、例えば養親の資格を法律上の配偶者のある者に限定している特別養子縁組制度の規定（民法第817条の3第1項）を改め、独身者であっても単独で養子をとることができる制度にすることが強く求められると考える。当該独身者が育児をするための適格性を備えているかどうかの公的精査は、現行民法の試験養育期間の制度（同第817条の8第1項）によって代替できよう。筆者が構想する理想理論としての親業の一律ライセンス化は、このような公的精査を養子・実子関わりなく、全ての親となる者に対して無差別に等しい条件で課すものと言うこともできる。

第11章　関係的平等主義と法の下の平等

　本章では、筆者自身の正義構想の法の下の平等、法的差別の禁止への含意について、若干程度敷衍する。まず、筆者自身の正義構想からの、不正義への治癒策としての一般的指針の一つである「反差別」、すなわち、一部の人々に対する不合理ないし恣意的な理由による不利益取扱いの禁止が、法的差別の文脈において、具体的にいかなる指針を提示することになるかについて論じる（Ⅰ）。その後、具体例として、性別に基づく男性に対する逆差別とされる例を採り、それらの差別実践を一定の視点から類型化した上で、法的差別禁止の一般的指針が、それらに対していかなる規範的含意を有するかについて、ごく簡単に敷衍する（Ⅱ）。

　なお、本章の検討対象は、筆者の立場から不正義とされる差別のうち、主として国家による、直接的な法的差別[1]に射程を限定する。筆者の立場から批判される、不正義の相互行為の次元における一態様である差別について、私的主体による差別や、いわゆる「間接差別（indirect discrimination）」をも含めて、その内実を包括的に検討するに際しては、「差別の反道徳性の根拠（the wrongness of discrimination）」を解明することを通じて一般的な「差別概念論（the concept of discrimination）」を展開することが求められる（Lippert-Rasmussen 2014, pp. 6-8）。その意味で本章での検討は、差別の一般理論の試みとしては不充分なものにとどまることは否定できないが、それでも法による直接差別に対する指針の提示という、本章における限定的な目的との関係では、このような論述対象の限定も正当化されるだろう。

1　カスパー・リッパート＝ラスムッセン（Kasper Lippert-Rasmussen）は「法的差別（legal discrimination）」を、①法の内容そのものが差別的である場合、②（必ずしも差別的な内容ではない）法が差別的に適用される場合、③法に違背した人に対する罰則が差別的に適用される場合、④科された罰則の適用が差別的に施行される場合に分類しているが（Lippert-Rasmussen 2014, pp. 219-220）、この内で本章の検討対象は、①を主として念頭に置いている。

I 法的差別禁止の一般的指針

1 法的差別禁止の正当化根拠と判断枠組み

　筆者の正義構想からは、正義や平等の観点から問題とするべき不正義の相互行為の次元における態様として、従属、排除と並んで、不合理ないし恣意的な理由に基づく不利益な取扱いとしての差別を類型化している。そして「差別」を、ある個人（／集団／国家）が別の個人（／集団）に対して、自己（／自集団）ないしはさらに別の個人（／集団）との間で、不合理ないし恣意的な理由に基づいて不利益な取扱いをするという相互行為として、ごく一般的に定義した[2][3]。

2　リッパート＝ラスムッセンは「差別の包括的定義 (Generic discrimination)」として、主体 X が、Z との関係で、φ することで Y を差別していると言えるための必要十分条件を、①Y が有しており（ないしは Y が有していると X が信じており）、Z が有していない（ないしは Z が有していないと X が信じている）ような性質 P が存在すること、②φ することによって、X は Y を、Z を取り扱う（あるいは Z を取り扱うであろう場合）よりも不遇に取り扱っていること、③φ することによって X が Y を Z よりも不遇に取り扱うのは、Y が P を有しており（ないしは X がそう信じており）、かつ Z が P を有していない（ないしは X がそう信じている）からであること、として定義している（Lippert-Rasmussen 2014, p. 15）。筆者による差別の定義は、「〜に対して〜との間で、不利益な取扱いをする」という部分が②の要件に対応しており、①と③の要件は、「不合理ないし恣意的な理由に基づく」という部分によって包摂されている。筆者の定義では、ある主体が別の主体を自己との間で不利益に取り扱う場合も包摂しているが、リッパート＝ラスムッセンの定義においても、X と Z が同一主体である可能性は排除されていない。
　また、筆者の定義においては、リッパート＝ラスムッセンの包括的定義には存在しない「不合理ないしは恣意的な理由に基づいて」という要素が加わっている点で、彼の言う「イレレヴァントな差別 (irrelevant discrimination)」——すなわち、先の包括的定義の要件に加えて、「Y が P を有しており、Z が P を有していないという事実（ないしはそのような X の信念の内容）が、X が φ すべきかどうかについてイレレヴァントであること」という要件が加わっているもの（Lippert-Rasmussen 2014, p. 23, n. 26）——とほぼ同じ内容となっている。さらに、リッパート＝ラスムッセンの最終的な差別の記述的定義である「集団的差別 (group discrimination)」においては、「性質 P は、(Z がそこに属していない) 一定の社会的に顕著な (socially salient) 集団の構成員であるという性質であること」という要件（cf. Altman 2015）が加わっている。それに対して筆者の差別の定義には、このように区別の基礎を社会的に顕著な集団の構成員であることに限定するような要件は含まれていない。
　リッパート＝ラスムッセンはイレレヴァントな差別としての差別の定義に対して、販売店の営業主が経済的利益を得るために、顧客の差別的選好に対応して被差別集団に属する人々の雇用を拒否するという実践を排除できない、として批判しているが（Lippert-Rasmussen 2014, p. 24）、彼の「レレヴァンス」——ないしは「合理性」「恣意性」——の理解は狭きに失する。筆者の立場からは、このような販売店は市民社会の一部を構成しており、全ての市民の利益に不偏的に奉仕する責務をも有していることから、単に経済的利益を追求するということのみでは、人種・性別・民族などに基づいて、一定の人々への雇用を拒否するためのレレヴァントな理由を構成し得ない。何がレレヴァントかを判断するに当たって、当該主体

そして、平等理念によって規律される主体を合理的行為主体としての道徳的人格とし、平等の目的を「抑圧関係の除去」と「民主社会における市民の対等

の政治社会における役割を参照し得るのであり、市民社会を構成する販売店の営業主は、このような民主国家の責務に照らして、「厳密に商業的な観点（a strictly commercial point of view）」を採ること自体が許されていないのである。

また、集団的差別の差別定義を採用しなければならないと考える理由として彼は、「社会的に顕著な集団」の要件がないと、特異な（idiosyncratic）理由に基づいた異なる取扱いを差別概念から排除できない（Lippert-Rasmussen 2014, pp. 25-26）とともに、例えば学部長が特定の候補者を、自らの子息の親族であるという理由に基づいて採用するという、いわゆる「身内びいき（nepotism）」を差別概念から排除できない（Lippert-Rasmussen 2014, p. 23）ということを挙げている。しかし私見によれば、これらの理由は至極瑣末なものである。筆者の言語的直観によれば、どちらの実践も「差別」と呼ぶことに何ら不自然なところはないし、現に英米圏における平等論の標準的な概説書においても、身内びいきを「差別（discrimination）」の一形態とする理解が採られている（White 2007, p. 164, n. 4）。そもそも、ある属性が社会的顕著性を有するか否かは程度を観念できる問題であり、特異な理由に基づく異なる取扱いであっても、社会的顕著性を理由とした異なる取扱い以上に、客体に対して深刻な危害を加えることはあり得るし、その客体の尊厳を蹂躙することもあり得る（Thomsen 2013, pp. 137-143, Eidelson 2015, p. 169）。したがって、少なくとも本章の目的との関係では、彼の言う「イレレヴァントな差別」定義とほぼ同等の、筆者自身による差別の定義で問題ないと考える。

3　言うまでもなく、このような筆者による差別の定義においては、差別客体についての限定を付してはいない。差別客体を黒人や女性などの、定型的な被抑圧集団に限定する立場も存在するが（Scanlon 2008, p. 74, 堀田 2014、69 頁、Suk 2018）、そのような狭隘な差別概念を筆者の立場から採用しなければならない必然性はないように思われる。とりわけ堀田義太郎が、差別客体から彼の言う「社会的有利集団」を除外しようとするのは、そうしないと例えば女性専用車両やレディース・デイが「男性差別」だということから不合理であるという、独断に過ぎない理由に基づくものである。女性専用車両（松尾 2015）にせよ、レディース・デイ（田巻 2012、127 頁）にせよ、それらが男性差別か否かはそれ自体論点であるのだから、これらの例を帰謬法に用いることはできない。現に筆者自身、本章 I 2 で後述するように、白人や男性などのいわゆる「社会的有利集団」に対する、不合理ないし恣意的な理由に基づく個別的な不利益取扱いもまた、「悪い差別」（堀田 2014、69 頁）を構成し得るという道徳的直観を持っているから、そもそもそのような堀田の「規範的価値判断」（堀田 2014、63 頁）を共有していない。

それに加え堀田は、女性専用車両やレディース・デイが積極的差別是正措置の例であるかのように論じた上で（堀田 2014、69 頁）、差別客体からいわゆる「社会的有利集団」を除外しないと、積極的差別是正措置が全て（悪い）差別になりかねないとしているが、明らかな飛躍論証である。「社会的有利集団」を差別客体に含めたとしても、積極的差別是正措置の全てが排除されるわけではない。むしろ本章 II 3（2）で後述するように、筆者の立場からは、許される積極的差別是正措置とそうでないそれとが、規範的に識別されるのである。

またそもそも、女性専用車両やレディース・デイを積極的差別是正措置として見る堀田の事実認識自体が相当に疑わしい。まず、前者は通勤ラッシュ時の公共交通機関内で痴漢行為が多発するという状況を所与としており、結局は「か弱き存在としての女性を特別に守る」という弱者保護を理由とした措置である。したがって、それ自体では痴漢行為の温床となる、公共交通機関の過密状態という構造的問題を解消しようとするものでもなければ、女性を性対象として見るといった、痴漢行為に及ぶような一部の男性の認知・評価の歪みが原因である、意味秩序そのものを是正しようとするものでもない。また後者のレディース・デイは、割引した際の購買行動の変化における一般的な男女差に着目した、経済主体の商業戦略であるから、そもそも積極的差別是正措置とは無関係である。したがって、これらの優遇的実践を積極的差別是正措置として位置付けることに対して、筆者は否定的な立場を採る。

関係性」に求める筆者の関係的平等主義に基づく正義構想からは、差別、とりわけ国家による法的差別が道徳的に不正であり、正義に反する理由[4]も、それが、「等しい尊重（equal respect）」という態度で扱われるべき道徳的人格としての、個人の尊厳を蹂躙すること[5]、個人間ないしは集団間の抑圧的関係を、維持・形成・強化してしまうこと[6]、全市民の利益に不偏的に奉仕するという民主国家の責務（Anderson 2010b, p. 20）に違背することなどに求められることとなる。

そしてこのような筆者の立場からは、差別か否かを判断する「不合理ないしは恣意的な理由に基づく」という部分を、例えば米国の違憲審査基準の枠組みにおいて採用されているような、目的・手段審査と同じ構造で理解することができるように思われる（cf. Anderson & Pildes 2000, p. 1542）。すなわちまず、ある人々をそれ以外の人々との関係で不利に取り扱うことを定めた法の目的そのも

---

[4] 差別の反道徳性の根拠をめぐっては、①メリトクラシー原理に反することに求める説、②客体の道徳的人格性を尊重していないことに求める説（以下「尊重説」と記す。その中でも、差別主体の心理状態に着目するものとして Alexander 1992、行為の客観的意味に着目するものとして Hellman 2008、その中間的な性質を持つものとして Eidelson 2015 などがある）、③客体の福利への危害に求める説（機会の平等という分配状態の実現を妨げる限度で、道徳に反する差別とするものとして Segall 2013、危害がある限り道徳に反する差別たり得るが、差別行為の反道徳性は客体の境遇の低さと有徳さに比例する、と考えるものとして Lippert-Rasmussen 2014 などがある）、④いかに生きるかを熟慮する個人の自由が、外部から負わされた属性の圧力によって妨げられることに求める説（Moreau 2010. 以下「熟慮的自由説」と記す）などが対立している。本書の立場は基本的に尊重説と親和性があり、以下では尊重説に立つことを前提に議論を展開している。ただ、ソフィア・モロー（Sophia Moreau）の熟慮的自由説も有望かつ魅力的な立場であり、以下での議論は彼女の熟慮的自由説に立ったとしても、同様の結論に達することができると考える。またそもそも、数ある差別行為の反道徳性の根拠を、上の①から④のいずれか一つの説で包摂すべきかどうかについても、本書では開かれた問いとする。

[5] 「国家がそれに基づいて行為する理由はいかなるものでも、全ての人格を道徳的に対等な者として見なすこと、すなわち、全ての者に等しい尊重を表現することと両立しなければならない」（Anderson 1999b）。

[6] この点に関連して、ベンジャミン・エイデルソン（Benjamin Eidelson）は道徳に反する差別を、客体の道徳的人格性を尊重し損ねることを本質とする「内在的に反道徳的な差別（intrinsically wrongful discrimination）」（Eidelson 2015, p. 73）と、差別行為の反道徳性が状況に依存するような「偶有的に反道徳的な差別（contingently wrongful discrimination）」に分類し、行為の効果に着目して当該差別行為の反道徳性が判断されるものは、後者に含まれるとしている（Eidelson 2015, p. 72）。ただしエイデルソンによれば、道徳的人格性への尊重は、当該行為によって客体の境遇が著しく悪くならないかどうかを考慮することも求めるものであるため（Eidelson 2015, p. 87）、内在的に反道徳的な差別の判断においても、行為の効果に一定程度着目することは否定されていない。加えて、前述したように本書の立場は、一部の差別行為の反道徳性の根拠を尊重説以外によって説明する可能性をも排除していないため、その反道徳性が偶有的であっても、それを国家による法的差別を道徳的に不正とする理由として採用することができる。

のが、その人々に対する偏見・嫌悪・忌避的態度などを発するものとして理解できる場合には、そのような法は、それらの人々の人格的尊厳に対して不尊重的な（disrespectful）態度を表しているとして、正義に反する差別ということになる。

　また、建前として掲げられている法の目的自体は理由のあるものであっても、そのような目的を達する手段として、それらの人々のみに対してそのような不利益な取扱いをすることが、当該目的と当該手段との関係において関連性がない（「不合理である」「恣意的である」）と言える場合もある。その場合、にもかかわらずこのような手段を用いたことが、それによって不利益を受けるそれらの人々の利益に対して、国家が不偏的に奉仕していない、それらの人々の利益を蔑ろにしているがゆえに、それらの人々の人格的尊厳に対して不尊重的な態度を表している、ないしは法の真の目的は建前として掲げられている目的には存せず、それらの人々に対する不尊重的な態度を発するものとしてしか理解できない、として評価され、正義に反する差別ということとなる。

2　手段の目的適合性と区別の属性

　ただし、前述のような目的・手段審査の枠組みにおいて、法の目的が充分に「理由がある」と言えるか、手段が目的との関係で「関連性がある」と言えるかについて、どの程度厳しく、ないしはどの程度緩やかに判断するかについては、依然として開かれた問いであり、区別の基準がいかなる属性に基づいているか——そして、その属性をいかなる目的で使用するか——に依存するだろう。とりわけ、上のような目的の理由の充分性や、手段と目的の関連性を、いかなる属性に基づく区別においても、「たった一人の例外的な個人が存在する（し得る）限り、正義に反する差別である」とすることは、国家による立法及び行政サービスの提供を、およそほとんど不可能にしてしまうだろう[7]。

---

[7]　またフレデリック・シャウアー（Frederick Schauer）は、そもそも法に基づく取扱いは何らかの一般化された判断——とりわけ、統計的に有意な一般化された判断——に基づかざるを得ないため、目的に適合した手段の選択において、完全に個別の事情のみに依拠した対応を採ることは不可能であるとしている（Schauer 2003, pp. 68-69）。そして、仮にそのような完全に個別の事情のみに依拠した対応を採ることが理論的に可能であったとしても、そのような対応をあらゆる場合に徹底することは、膨大なコストがかかるとともに誤判の可能性を高めるため、資源が限られた現実世界においては望ましくないとしている（Schauer 2018, p. 51）。このようなシャウアーの認識自体には、筆者も異論はない。もっとも、彼がそこから

いかなる属性に基づく区別がどの程度厳格に許容性を判断されるかについては、筆者自身の関係的平等主義に基づく正義構想から導出される、差別の反道徳性の根拠に照らして判断されることとなる。人種や性別に基づく区別については、第一に、それらのいずれかの社会集団に属することが、知性や理性といった合理的行為主体性を発揮する能力や正義感覚の能力といった、道徳的人格としての個人の能力との関係でも、民主国家における市民としての責務を果たす能力においても、イレレヴァントであること、第二に、いずれかの社会集団に属することを本人が選択したわけでないし、そのような社会集団の構成員であるという属性を、本人が容易に変えることはできないこと[8]、第三に、現にこのような属性に基づいた差別や抑圧の歴史があることなどを理由に、当該法による不利益な取扱いの、目的の理由の充分性、手段の目的との関連性の有無を、厳格に判断する理由があると考える。

　この点、第三の理由と関連して、人種や性別に基づく区別についても、白人や男性を不利益に取り扱うものについては、黒人や女性を不利益に取り扱うものほど厳格に審査する必要はないのではないかという反問がなされよう。しかし男性についても、第10章II2で見たようなレディース・デイの事例を別としても、兵役がしばしば男性のみに課されていることに代表されるように[9]、

[8] 「全ての人は単なる集団の一員としてではなく、個人として取り扱われるべきである」という個人の尊重原理を、「統計的に有意な一般化された判断の全否定」と等置し（cf. Schauer 2003, p. 19）、なぜ差別をしてはいけないのかについての説明に個人の尊重原理が一切資さないと結論付けようとすることに対しては、批判的留保を要すると考える。
このような事情を、差別判断を厳格化する要素に入れることは、運の平等主義に対して批判的立場を採るアンダーソン及び、それをベースとした筆者の立場と矛盾するのではないかと問われ得るが、別段矛盾はしない。筆者の立場はこのような事情を、道徳的にレレヴァントな一考慮要素にしているのみであって、格差が生じた場合における社会的救済の可否を、平等や正義の見地から判断するに際し、自発的選択という事情に排他的な重要性を認めているわけではないからである。したがって、例えば先天的能力によって運動音痴な個人を、業界がスポーツ選手として抜擢しないことは「不合理ないし恣意的な理由に基づく差別」には当たらないと考えるし、逆に個人が改宗可能な、応募者の宗教に基づく雇用拒否は、筆者の立場からは（原則として）そのような差別に当たる。

[9] むろん兵役を担う者に対して、政治共同体の中でしばしば高い社会的承認が与えられてきたことは否定できないが（cf. 大屋2014、41-43頁）、そのことはそれが同時に、このような役務を担わされる者にとって、負担や重荷であるという評価を妨げない。政治共同体が兵役を担う者に対して、例えば英霊として護国神社に祀るなどして顕彰してきたという事実は、逆にそうでもしない限り、ほとんど誰もそれをやりたがらないほど兵役が価値剝奪的な経験である、という事実と両立するからである。このことは、女性が担わされてきた出産や育児の例と類比的に考えることができる。出産や育児を担う女性に対しては、例えば「良妻賢母」ないしは「家庭の天使」などとして、政治共同体の中でしばしば一定の高い社会的承認が与

戦や狩りなどの生命や身体に高度の危険を伴う活動へ従事することが、歴史的にも多く強制されてきたという点に鑑みると、男性が差別や抑圧を受けてきていないと単純には言い切れない。タイタニック号の沈没に際し、男性は救命ボートに乗ることができる優先順位において、女性や子供よりも劣後して扱われた——それゆえ生存率が低かった——ことも周知の事実である。

それに加えて「女性／男性」というジェンダーが、相互に一方が他方との関係でのみ意味を持つものであるところ、一方に対して一定の社会的役割を付与したり、一定の行為規範を課したりすることは、他方に対する社会的期待や行為規範にも不可避的な影響を及ぼすこととなる。したがって、性分業や性別役割分担の問題を重視するならば、単純に「男性に対する不利益な取扱いであって、女性にとっては有利な取扱いだから、あまり気にしなくて良い」ということにはならないように思われる[10]。

同様に白人についても、例えばしばしば白人至上主義の代名詞とされるいわゆる「白人の責務（white man's burden）」なるものは、白人に対して黒人などの有色人種と比べて非対称に重い責任を課すような、窮屈極まる行為規範である点で、もしかしたら白人——少なくとも、そのような規範になじめないような白人——に対する不利益な取扱いと言い得るかもしれない。いずれにせよ、「黒人（有色人種）／白人」という人種の違いが、相互に一方が他方との関係でのみ意味を持つ点は、ジェンダーの場合と同じであると思われる。

加えて、人種や性別に基づく区別に妥当する、それらを区別の基準として用いることに対し特に警戒するべき事情として、法哲学者である石山文彦は「差

10 　えられてきたが、そのことは出産や育児が、それを担わされる者にとって、負担や重荷でもあるという認定を何ら妨げるものではないだろう。男性が主として担ってきた兵役もその点で、女性が主として担ってきた出産や育児と選ぶところがないように、筆者には思われる。形式的には男性に対する不利益な取扱いである差別実践が、同時に女性に対しても、パターナリスティックでスティグマ的なメッセージを発するものである、という事例は多いように思われるし、もしかしたらその逆もまた然りかもしれない。タルナーブ・ケイタン（Tarunabh Khaitan）もまた男子徴兵制の例を挙げ、それが男性の自由に対する重大な侵害になるだけでなく、「弱き性」と見なされることで女性に対しても、象徴的な次元での侵害を加えることになるとしている（Khaitan 2015, pp. 178-179）。このような彼の事実認識自体に対しては筆者も異論はない。ただ筆者は、差別の反道徳性の根拠（の一部）を道徳的人格性の尊重に求めており、女性のみならず男性に対しても、個人として尊重されるべき道徳的主体としての地位を承認していることから、彼のように、差別禁止法の意義を基本財における集団間格差の是正のみに求めること（Khaitan 2015, chap. 5）に対しては、批判的留保を要すると考える。

別意識」の問題に着目して、以下のような鋭い洞察を示している。

すなわち「差別意識の問題性」として、「個人の事柄と集団の事柄を区別することができず、個人の評価と集団の評価を混同してしまう点」が指摘されるところ、「差別意識を有する者は、他人に対する自己の評価が蓋然性の判断に依拠したものである時にもそのことを自覚しておらず、その評価には例外があることを知ら」ず、「実際にその例外となっている事象（個人）を前にしても、それを認識することができない」（石山1987、305頁）と言う。また、「特定の属性（またはその組み合わせ）等を個人に対するあらゆる取り扱いの基準とする構造を持った価値観に対して、差別意識は親和力が大きい」（石山1987、306頁）という問題も挙げられる。そして、「人種や性別に関する差別意識を有する者は、多くの事柄を人種や性別に照らして評価する傾向にあり、またその評価は単に蓋然性の判断に依拠するに過ぎないことを知らない」（石山1987、308頁）ところ、「人種や性別への意識が過剰に高まることはそれらの属性等に基づいた差別意識を強化ないし温存することになり、危険な事態である」（石山1987、309頁）。したがって、「特定の属性等に対する意識が過剰になる事態を避けるべきだとすると、その属性等が分類基準として多用されることはそれへの意識を強めるものであるから慎まねばなら」ず、「社会の中の様々な場面において同一の分類基準が頻繁に用いられるという事態は」「それによってどちらが不利に扱われるのかとは関わりなく」、「望ましくない」ものであると石山は言うわけである。そして、人種や性別は「属性等の有無の判定が容易にできる」ために「基準が手軽で多用されやすい」（石山1987、310頁）点に、他の分類基準以上に同一の分類基準が社会で多用されることに対して、警戒すべき理由があると言うのである。

既に第6章Ⅰ1（1）で見てきたように、アンダーソンは平等の眼目に言及するに当たり、平等主義的な政治運動がこぞって反対してきた反平等主義的制度を、人間をその内在的価値によって序列付ける「階層（hierarchy）」であるとした。平等主義的な政治運動は、消極的には家柄・世襲の社会的身分・人種・民族・ジェンダー・遺伝子などの、生まれや社会的アイデンティティに基づく道徳的価値の序列に反対してきたと述べる（Anderson 1999a, p. 312）。

このような「身分制社会」を特徴付ける最大の特徴は、個人の身分としての

社会的属性が、社会のあらゆる場面において、その個人の他者からの評価にレレヴァンスを有してしまうということである。特定の属性を、個人に対するあらゆる取扱いの基準とする構造を持った典型例として、「『生まれ』という一つの身分によって個人に対するあらゆる取り扱いの理由が説明され」る「身分制社会の論理」（石山1987、306頁）を石山は挙げるが、このような身分制社会こそ、アンダーソンの民主的平等、そしてそれを発展させた筆者自身の関係的平等主義に基づく正義構想が、真っ先に批判しなければならないものだったはずである。したがって、筆者の立場からもこのような同一の分類基準が社会で多用されるおそれのある、人種や性別に基づく区別につき、その許容性を厳格に判断する理由があると考える[11]。

II　性別に基づく逆差別の類型化とその規範的評価

1　男性に対する逆差別を取り上げる理由

　本章IIでは、本章Iで提示した筆者の立場からの、国家による法的差別禁止の一般的指針に照らして、性別に基づく男性に対する不利益な取扱い——「逆差別」ないしは「男性差別」と言われるもの——に対していかなる規範的評価を下し得るかについて、若干の検討を試みる。

　数ある法的差別の実践のうち、本節で敢えて性別に基づく、しかも逆差別の事例を取り上げることには理由がある。第一に、人種や性別に基づく区別は、本章I 2でも述べた通り、同一の分類基準が社会で多用されるおそれが特にあるものであり、個人の社会的属性が社会のあらゆる場面において、その社会的評価にレレヴァンスを有してしまうような「身分制社会」を、何よりも批判すべき筆者の関係的平等主義の立場から、まずもって批判的検討対象にされなければならないと考えるからである。また第二に、それらの人種や性別に基づく法的差別のうち、黒人や女性を不合理ないし恣意的な理由によって不利益に取

11　このような、同一の分類基準が社会のあらゆる場面で用いられる属性であることこそが、先のリッパート＝ラスムッセンが言う「社会的顕著集団」（Lippert-Rasmussen 2014, p. 30. cf. Altman 2015）の本質をなすものであった。先に確認したように、筆者はこのような属性の社会的顕著性を、差別か否かを区別する基準とすることには反対したが（I 1参照）、このような属性の性質が、不利益的取扱いの許容性を厳格に判断する方向での考慮事由となり得ることについては同意する。

り扱うようなものは、それが正義に反する差別であることは広く社会的に認知されているし、法哲学・政治哲学・社会哲学・倫理学といった規範理論の領域においても、その反道徳性は争われていない。したがって、敢えて筆者が一節を割いて、その不正性を論じる必要はないと考えるからである。

　そして第三に、性差別においては人種差別とは異なる事情が存在するからである。人種差別において黒人は専ら劣等視され、偏見・反感・忌避的態度の対象としてスティグマ化されてきた。それに対し、性差別において女性は、むろん劣等視されることで、統治機構や市民社会の諸領域への参加から排除されるといった、様々な不利益的な取扱いを受けてきたが、それだけではなく、「か弱き存在」として表象されて保護の対象とされることで、同時に種々の優遇的実践をも今日に至るまで受けてきた[12]という、特殊な[13]事情が存在する。

　それゆえにか、女性を保護する優遇実践は、それが女性の労働市場などへの進出を妨げるものであることが共通認識となったものを除くと、しばしば生理的・体力的差異に基づく合理的な区別——ないしは、社会経済的に不利な立場にあることに対する弱者保護——であるとして看過され、統治機構や市民社会などの公的領域、ひいては家族領域における性分業や性別役割意識を生成する社会構造そのものを解消することを目した積極的差別是正措置とともに十把一絡げに、「実質的平等」の名の下に不問に付されてきた傾向にあるように思われる。そして本章Ⅱ2で後述するように、両者の措置はそのレゾン・デートルの違いに照らして規範的に識別されるべきものであり、それゆえ各々の具体的な手段につき、その許容性をいかなる程度に厳格に判断するかについて、区別して論じなければならないと考えられるのである。

12 　また、次世代の再生産という、政治共同体の維持・存続に必要不可欠かつ有益な役割をも担ってきた（担わされてきた）ことで、少なくともそのような再生産に寄与できる女性については、例えば「良妻賢母」ないしは「家庭の天使」などとして、政治共同体の中でしばしば一定の高い社会的承認をも受けてきた——そして、それに伴う法的・社会的な特権や免除をも享受してきた——という事実があることも否定できない。リッパート＝ラスムッセンもまた、正統派ユダヤ教における格率の例を挙げながら、女性に対するパターナリスティックな保護が、むしろ女性の方が男性よりも道徳的に高い地位があるという観念（いわゆる「女尊男卑（Ladies first.)」の観念）に動機付けられていることさえあり得るとしている（Lippert-Rasmussen 2014, p. 117, n. 41)。

13 　ただし人種差別についても、本章Ⅰ2で前述した「白人の責務」論をどう位置付けるかという微妙な問題はある。

2　男性に対する逆差別の類型化

　以上のような問題意識から筆者は、現実に存在している性別に基づく男性に対する不利益的取扱いにつき、大きく⑴積極的差別是正措置に基づく不利益的取扱いと、⑵女性保護に基づく不利益的取扱いとが存在すると考える[14]。

　筆者の立場から、両者のレゾン・デートルは明確に区別されなければならない。前者の積極的差別是正措置は、従来女性が構造的に排除されてきた、統治機構における公職や市民社会における職業・社会的地位において、過渡的措置として女性の受入れを形式的に有利に取り扱おうとするのである。そしてそれによって、それらの社会領域における排除の実践を生成してきた背後の性分業ないし性別役割分担などの経済秩序・意味秩序そのものを解体し、諸個人がそれらの領域において自己の性別によってではなく、あくまで個人として——ないしは同じ政治共同体の同胞市民として——のみ評価されるような「ジェンダー・ブラインド（gender blind）」な社会を、最終的には構築することを目指すものと理解される[15]。

14	ただしこれらは網羅的なものではないかもしれない。女性保護とは別に、妊娠・出産のための母体機能を特に保護することを目的とした母性保護に基づくものもあるからである。現代日本の労働法規においてはそのような例として、重量物取扱業務、有害ガス・粉じん発散場所での業務禁止規定（労基法第64条の3第1項、第2項、女性労働基準規則第3条）、坑内労働の一部の業務についての禁止規定（労基法第64条の2第2号、女性労働基準規則第1条）が存在している。ただ、これらの業務は生命や健康に危害を及ぼし得るとしても、強制徴用とは異なり、男性の側にはそのような業務が存在するような職種を選択しないことができる。その一方で、女性の側は志願しても、その意思に反して就労が禁止される。したがって、これは「男性に対する不利益な取扱い」「女性に対する有利な取扱い」と言い得るかどうか微妙であるため、ここでの目的との関係では検討を割愛する。差し当たり筆者の立場から、それらの手段はその目的との関係で必要最小限度に留めるべきことが要請されよう。 　また、妊娠・出産に伴う産前産後休暇は女性にのみ保障されており、これを筆者の立場からどう考えるかは一応問題となる。科学技術が飛躍的に発達し、男性でも妊娠が可能になったような可能的世界において、妊娠・出産をした男性に対して、性別のみを理由に産前産後休暇を与えないことは、筆者の立場からむろん正義に反する差別となろう。また、そのようなSF的な可能的世界を想像しなくても、例えば性同一性障害特例法が改正され、妊娠・出産願望を有しつつも男性としてのジェンダー・アイデンティティを持っているような生物学上かつ戸籍上の女性が、性別適合手術を受けずとも、戸籍上の性を女性から男性に変更できるようになった場合、そのようにしてFtMとなった上で妊娠及び出産をした「男性」に対し、戸籍上の性別のみを理由に産前産後休暇を与えないとしたら、筆者の立場からはやはり正義に反する差別ということになるだろう。
15	この点につき石山文彦は、議会や選挙におけるクォータ制の擁護に当たって、その「擁護のためには、性別の区分の使用が現状では過剰であるとの認識だけで十分であり、究極的目標として性別の区分の全廃（社会の全面的「ユニセックス」化）を掲げる必要はない」（石山2016、217頁注14、傍点筆者）と述べているが、クォータ制を含めた積極的差別是正措置が、そのような社会の全面的「ユニセックス」化——すなわち、「ジェンダー・ブラインド」

それに対して後者の女性保護は、現実に存在する女性の一般的な社会経済的に不利な地位に着目して、このような社会経済的な不利益を是正するようなものも含まれるにせよ、それらはそのような社会経済的に不利な地位を生成する、背後の性分業構造・性別役割分担意識といった経済秩序・意味秩序そのものには手を付けずになされるのである。したがって、過渡的措置とも必ずしも言えない。

　筆者の正義構想から導出される、不正義への治癒策の一般的指針の枠組みで言うと、後者の女性保護は肯定的戦略に基づく措置とされ、前者の積極的差別是正措置は非理想理論としての非改良主義的改良に基づく措置として位置付けることができる。そして既にフレイザーに依拠して論じた肯定的戦略批判で見た通り（第6章Ⅲ3 (1)）、筆者の立場からは後者の肯定的戦略に基づくとされる、女性保護に基づく不利益的取扱いに対しては、極めて警戒的にその許否を判断しなければならないこととなる。

　先ほどの、(1)の積極的差別是正措置に基づく男性への不利益的取扱いの例としては、既に第10章Ⅱ1 (3)・Ⅱ2で見てきた通り、議会や選挙制度におけるクォータ制や、官僚機構における公職の採用・昇進などにおける「ポジティブ・アクション（positive action）」、大学などの高等教育機関の入試選抜における「女子枠」や女性受験者に対する「優先措置（preferential treatment）」などが存在する[16]。それに対し、(2)の女性保護に基づくそれについては、その中でさらに、①生物学的・体力的差異に基づく女性保護、②社会経済的地位の差異に基づく女性保護、③非対称的なセクシュアリティに基づく女性保護、に分けられると考える[17]。

な社会——を究極的目標と掲げることが可能かつ最も首尾一貫している、という評価を妨げるものではないだろう。そして本章Ⅱ5で後述するように、この点についての筆者の立場は、男女のいずれをも不利に取り扱わないような性別に基づく区別に対する批判的評価に反映されることとなる。

16　男女雇用機会均等法における、民間企業に対して女性へのポジティブ・アクションを認める規定（同法第8条）もまた、実際にこのような措置を実施するのは私的主体たる民間企業であるものの、国家の法による積極的差別是正措置に基づいた性別による区別の例として、位置付けることが可能である。

17　ただしこれもまた網羅的なものではないかもしれない。例えば、小中学校における男子児童・生徒のみに対する長髪禁止や丸刈り強制——女子児童・生徒についてもしばしば頭髪規制はあるが、男子と比較して頭髪の選択の自由度は高い——や、序章Ⅲ3 (2)で触れたような、刑事収容施設における男性受刑者のみに対する丸刈りの強制——上と同様に、女性受刑者については頭髪の選択の自由度は、男性受刑者より高い——は、上の女性保護のいずれの

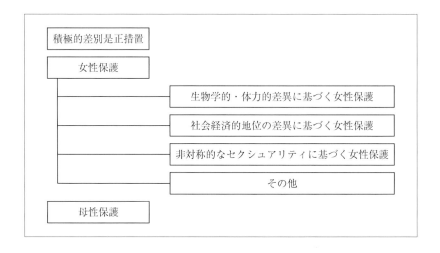

まず①は、女性の生物学的・生理学的な類型的特徴に起因する差異とされるものに基づいて、そこから生じる異なるニーズに対して異なる対応をするというもの[18]や、こうした生理学的な類型的特徴に起因するとされる一般的な体力差に基づいて、一定の体力が求められる活動への従事を、女性に対してのみ免除するというものがそこに含まれる。我が国の労働法規における「生理日の休暇」の制度（労基法第68条）などがそこに含まれよう。また、現代日本には存在しないものの、女性であることに基づく兵役免除（男子徴兵制）などもそこに含めることができる。

次に②は、女性が男性と比べて一般に、社会経済的に不利な立場に置かれているという事実に着目し、そのような立場から生じる不利益を是正するために、労働法制や社会保障法制などにおいて、女性を有利に取り扱うものがそこに含まれる。そして既に述べたように、そうした社会経済的に不利な立場を生成する背後の社会構造そのものを解消することを目するものではない点で、(1)の積極的差別是正措置に基づくそれと区別される。現代日本でいうと、労働者災害

[18] 類型に含まれるか判断し難い。強いて言えば②と③の中間であろうか。これらについては、不利益的取扱いの対象が、前者については合理的行為主体性を未だ十全に備えていない子どもであること、後者については刑の執行という国家との関係で特殊な地位に置かれていることから、ここでの法的差別禁止の議論がストレートに妥当するわけでは必ずしもないかもしれない。しかし性別に基づく不利益な取扱いに変わりないため、ここでの議論が多かれ少なかれ、それらの事例にも妥当することとなるだろう。そして私見によれば、いずれの実践も男子ないし男性受刑者に対する差別となり、認められないだろう。
ただし純然たる母性保護に基づくものは、ここから除外している。

補償保険法、国家公務員災害補償法、地方公務員災害補償法などにおける、遺族補償年金の受給資格につき、遺族の配偶者が妻の場合と夫の場合とで受給資格に差異を設けている[19]災害補償制度などがそこに含まれるだろう。

　そして③は、既存のセクシュアリティについての意味秩序において、一般に女性が男性から性対象化されることの方が、その逆の場合（ないし同性間での性対象化の場合）よりも多いことから、女性がそのような性対象化の被害に遭う場合の方を特に保護するというものが含まれる。日本の刑法において、被害客体を「女子」に限定していたかつての強姦罪の規定（刑法旧第177条）はそこに含まれよう。また、助産師の受験資格を女性に限定している保健師助産師看護師法第3条も、それが「女性の羞恥心への配慮」を正当化理由として掲げる（浅倉 2000、384-385頁）ならば、男性に性対象視されることからの特別な保護として、本類型に含め得るだろう。

3　積極的差別是正措置についての規範的評価

(1)　積極的差別是正措置の正当化根拠

　以上のように、性別に基づく男性に対する不利益的取扱いを類型化したが、このうちまず(1)の積極的差別是正措置に基づくそれに対しては、いかなる規範的評価を下し得るだろうか。

　まず、人種や性別に基づく積極的差別是正措置の規範的正当化としては、しばしば、過去の差別行為による被害者に対する「補償」、統治機構・職場・教育機関における、異なる社会集団から構成されることによる文化的・認識的な「多様性」の確保などが、その候補として名を連ねる。しかし前者については、

---

[19]　地方公務員災害補償法につき、同法は「職員が公務上死亡し、又は通勤により死亡した場合においては、遺族補償として、職員の遺族に対して、遺族補償年金又は遺族補償一時金を支給する」（第31条）と定め、遺族補償年金を受給できる遺族として、職員の配偶者、子、父母、孫、祖父母及び兄弟姉妹であって、「職員の死亡の当時その収入によって生計を維持していたもの」（第32条第1項本文）と規定し、ただし妻以外の者については年齢要件（夫については60歳以上であること）を規定している（同項但書き）。このような法規定による区別に対して大阪地裁は、憲法第14条第1項の法の下の平等に反するとの違憲判決を出した（大阪地裁平成25年11月25日判時2216号122頁）。ただし、控訴審である大阪高裁では一転して、「地公災法32条1項等が遺族補償年金の受給要件につき本件区別を設けていることは、憲法14条1項に違反するものではない」いという合憲判決が下された（大阪高裁平成27年6月19日判時2280号21頁）。その後、最高裁における上告棄却によって、大阪高裁の合憲判決が確定した（最判平成29年3月21日判時2341号65頁）。

人種集団・性別集団を加害行為の主体とすることの問題もさることながら[20]、是正対象を「過去の」差別行為とすることで、現在の被抑圧集団が被る不利益も、「過去の」差別の影響が残っていることによるものと構成する必要に迫ら

[20] 法人や国家の例があるように、集団を加害行為の主体とすること自体は可能である。問題はそのような加害行為の集団的主体として、人種や性別を基礎とすることの妥当性である。男性と言えど、既存の性分業構造ないし性別役割意識を規定する、意味秩序の維持・強化への貢献の程度(加害の程度)は一様ではないし、保守政党の女性政治家や保守派の女性政治評論家のように、場合によっては通常の男性以上に、自らの行為・言動によって、そのようなジェンダー構造を維持・強化することに寄与している女性も存在する。また、そもそも個人の性別という属性は、生物学的要因という点でも、社会からの評価という点でも、そこから個人が容易に脱却できるものではない。したがって、過去の男性による女性に対する差別行為に対し、それに寄与していないような現在の男性に対しても、同じ性別であるという理由のみによって、通時的な集団的主体の構成員としての加害責任を帰することは、親による犯罪の責任を、それに関与していない子に帰するのと同様、ほとんど「血の論理」に等しいと思われる。アンダーソンもまた、人種に基づく積極的差別是正措置の正当化方法として、人種集団を加害行為の主体として構成する方法は、「個人が道徳的権利のレレヴァントな単位である」点に照らしても、同胞市民からなる民主国家の構想として階層分断的である点に照らしても、受容不可能であると述べている(Anderson 2010b, p. 138)。

これに対し、人種や性別を(不当)利得行為の集団的主体の基礎とすることは、理論的に可能かもしれない。すなわち、現在の男性は、過去の男性による女性に対する差別行為には寄与していないとしても、過去に行われた差別行為による利益を継承している——したがって、積極的差別是正措置によりその利得を、過去に行われた差別行為による損害を継承している現在の女性に返還する必要がある——というものである。このような不当利得的に構成された過去の差別行為に対する補償論は、フェアプレイの原則によって、市民の政治的責務を基礎付けようとする試みに対してノージックが提起したのと同様の、いわゆる「利益の押し付け問題」(Nozick 1974, pp. 93-95)に応える必要があろう。現在の男性の多く(とりわけ若年男性)は、個人として、現在の包括的な社会制度を自発的に選択したわけではないからである。

これに対しては、過去の差別行為による利益と損失のパターンを引き継いだ、現在の包括的な社会制度の下で生きることに対して、自発的な同意を与えなくても、「そのような社会制度がもたらす特別な利益を受領しないことが可能であったとしても、彼らは受領したであろう」と言うことができれば、単なる利益の押し付けとは区別ができる、という応答が可能かもしれない。しかし、このような反実仮想的な利益の受領可能性は、既存の社会的な性分業や性別役割意識に親和的な男性については成立するとしても、性同一性障害者や男性規範になじめない男性などについて、成立するかどうかは明らかでない。それに加え、そもそも「男性中心社会」とされる社会においても、いわゆる「名誉男性」として優遇される女性が相当数存在する一方で、ゲイ男性や「男らしくない」男性といった、「男らしさ」を称揚する社会規範を攪乱するおそれがあるとされる男性に対しては、しばしば通常の女性よりも峻厳な取扱いがなされがちである。したがって、過去の差別行為の効果を継承した現在の利益と損失のパターンが、例えばポッゲの制度的加害是正論(Pogge 2008)が適用されるような、先進国と途上国の人々との間のそれに相当するほど、性別という区分によって単純に分けられるかどうかは、疑問の余地がある。そのような中で、積極的差別是正措置は、生物学上ないしは戸籍上の性別によって異なる取扱いをするものであるから、性別は目的との関係でかなり粗雑な代理変数として機能することとなろう。したがって、不当利得的に構成された、過去の差別行為に対する補償論の理論的可能性自体は否定されないものの、性別に基づく積極的差別是正措置の正当化理論としては、「労多くして益少ない立論」(石山1987、297頁)であるように思われる。

れる。したがって、既に法的差別を撤廃して長い年月が経っているもの、例えば性別について、戦後すぐに共学化し、試験で一定の成績を収めれば男女問わず入学を拒まないような、国立大学の入試選抜などにおいて、積極的差別是正措置を基礎付けるのには相当程度の困難を伴うと思われる（cf. Anderson 2010b, p. 140）[21]。

　後者の「多様性」に訴える正当化も、確かに高等教育機関や、マーケティングや商品開発などの一部の職場においては、そのような論拠が有効性を持つものの、例えば消防士や自衛官などの従来男性が占めてきた職域において、女性集団固有の文化的・認識的多様性によって、積極的差別是正措置が基礎付けられるかどうかは心許ない。高等教育機関においても、数学や理論物理学などの領域において、「性別の違いに基づいた認識的多様性が、特に学問的研究の発展に資する」とは言うのは相当に無理筋だが、そのような女性が特に少ない領域こそ、積極的差別是正措置が求められるとしたら真っ先に実施されるべき領域であると、一般には理解されているはずである（cf. Anderson 2010b, p. 142）。

　また、もし人種や性別の違いに基づいた文化的・認識的多様性が重要ならば、別段そのような人種や性別に属している個人を直接、その統治機構や教育機関の構成員にしなくても、そのような人種や性別の差異に基づいた異なる観点を情報媒体として、既存の構成員に提供するだけで充分ではないか、という反論に晒されてしまうだろう（Anderson 2010b, pp. 143-144）。高等教育機関においては、「批判的人種理論」や「ジェンダー論」の授業を開講して必修化するだけで充分であるし、統治機構においては、パブリック・コメントや審議会の構成員において登用するだけで充分である、といった具合にである。

[21] 「女子学生が少ない」という状態がなおも生じていること——それゆえロール・モデルがないことで、女性受験者の多くに対して、受験をすることを控えるという心理的インセンティヴを与えてしまうこと——を、「戦前の入学差別による効果の残存」として説明できるかもしれない。しかし、それでも女子学生が少数でもいる以上、「ロール・モデルがいない」と言い切れるかどうかは微妙であるし、単なる「心理的なディスインセンティヴの付与」だけで、正義の観点から積極的な措置が基礎付けられるかどうかも疑問である。もちろん、「女子学生が少ない」という事実から来る心理的なディスインセンティヴだけでなく、キャンパス内におけるセクシュアル・ハラスメントや、教授や男子学生からの性差別的な言動や行動なども、なお存在しよう（むろん、女子学生から男子学生に対するセクハラや性差別的な言動・行動もまた存在するが）。しかしそうだとすれば、それらを「過去の」差別行為の影響とするよりも、「現在の」差別行為として構成し、後述の「現在の差別行為の抑止」ないしは「統合モデル」によって説明する方が直截的であろうから、敢えて「過去の差別行為に対する補償」という正当化根拠を採る実益はあまりないように思われる。

これらに対して、性中立的な差別禁止法だけだと、採用者側が無意識的に人種や性別についてのステレオタイプに基づいた決定をしてしまうことを充分に防げないから、人種や性別を意識した優先措置——すなわち、「客観的基準によって、同等の能力と業績を有する候補がいたら、黒人や女性を優先して採用するように」といったタイ・ブレイカー——を採ることで、採用者側による差別行為がなされることを抑止するという、「現在の差別行為の抑止」という正当化根拠が構想され得る（Anderson 2010b, p. 136）。

　こうした積極的差別是正措置の正当化は、先の「過去の差別行為に対する補償」や「多様性」に訴える立場が有するような難点を回避していると言える。しかしこの正当化では、「現在の」差別行為が起こることを前提に、それが生じるのをブロックするにとどまり、そのような差別行為を生成するような背後の経済秩序や意味秩序そのものを是正することを、必ずしも基礎付けられない（Anderson 2010b, p. 148）。過渡的措置としての積極的差別是正措置の性格からしても、そのような「現在の」差別行為を生成する原因そのものの是正を基礎付けられるような正当化根拠が求められる。

　この点でアンダーソンが提示する積極的差別是正措置の「統合モデル（the integrative model）」は、そのような論拠を提供し得るものとなっていると思われる。彼女によれば「統合モデル」は、積極的差別是正措置を「市民社会の主要な施設における統合のための手段」であるとし、そのような統合において、それまで市民社会の主要な施設から排除されてきた人々が、重要な公共財にアクセスすることが可能になるとともに、スティグマ化や差別などの不正義の原因そのものを是正できるとする（Anderson 2010b, p. 136）。また統合によって、全ての市民が政治共同体の公共的な事柄について討論したり、協力関係を結んだり、民主国家の同胞市民としての共通のアイデンティティを形成したりする機会を提供することができる。それと同時に、統治機構の公職などを占めるエリートが特定の社会集団のみから構成される状態を解消し、それらのエリートをして、いかなる社会集団の構成員かにかかわらず、全ての市民の利益に奉仕できるように動機付けることができると言うのである。

　こうした彼女の統合モデルは、おおむね支持可能であると筆者は考える。しかし関係的平等主義の立場から、積極的差別是正措置の目的を、市民社会にお

ける統合のみに基礎付ける必要はないだろう。というのも、市民社会における統合に加え、人種や性別などの、社会のあらゆる領域で社会的評価にレレヴァンスを有してしまうような属性によってではなく、個人として評価されるような「カラー／ジェンダー・ブラインド」な社会を構築することもまた、関係的平等が基礎付けられる個人の道徳的人格性の尊重の見地から要請されると思われるからである。したがって、筆者自身の「拡張された」統合モデルにおいては、積極的差別是正措置を、「市民社会の主要な施設における統合のための手段」とともに、「カラー／ジェンダー・ブラインドな意味秩序を構築するための手段」として理解することとなる[22]。

(2) 性別に基づく積極的差別是正措置の検討

以上の筆者の拡張された統合モデルがベースとするアンダーソンの統合モデルは、人種に基づく積極的差別是正措置の正当化を念頭に置いたものである。しかし性別についても、黒人のような地理的分離はなくても職域における社会的分離は存在するから、このような統合という正当化根拠を同様に用いることができよう（第6章Ⅲ2(2)参照）。

ただし、上のような積極的差別是正措置の正当化は、差別行為やスティグマ化の原因となる不正な社会秩序――そこには当然、性分業や性別役割分担を規定する経済秩序や意味秩序も含まれる――の解消や、政治共同体の集合的決定が公共的価値を体現したものになるといった「効果」に着目したものであるから、そのための具体的な手段が正当化されるかどうかを判断するに当たっては、そのような「効果」に照らして不断に検討しなければならない。とりわけ、上のような正当化論拠に基づくとしても、このような措置はその形態においては、国家が一定の集団に対して積極的に特別な措置を施すというものに変わりない。それゆえ、「そのような国家によるパターナリスティックな優遇措置を受けなければ、対等に競合できないほど非力な存在である」というスティグマを付与してしまうという、意図せざる効果が生じる可能性もなお解消されていない。また、同一の分類基準が社会で多用され、個人の社会的属性が社会のあらゆる場面において、その社会的評価にレレヴァンスを有してしまうという懸念は、

---

[22] このような拡張された統合モデルを採ることの実践的意義は、本章Ⅱ3(2)で後述する通り、男性に対する積極的差別是正措置を基礎付けることができる点に表れる。

性別に基づく積極的差別是正措置においても完全には払拭されていない（Ⅰ2）。

　したがって、このような積極的差別是正措置に基づく措置の目的自体は充分に理由があると考えるものの、既に第10章Ⅱ1（3）・Ⅱ2で述べた通り、そのための具体的な手段を選択するに当たっては、あくまで過渡的措置と位置付けた上で、逆差別やスティグマ化の問題、他のより性中立的な実効的代替手段の存在の有無[23]などにも配慮しつつ、慎重に検討すべきであると考える[24]。

4　女性保護についての規範的評価

　以上の積極的差別是正措置に基づく男性に対する不利益的取扱いとは異なり、(2)の女性保護に基づくそれは、最終的に諸個人が社会領域で、性別によって評価されないようなジェンダー・ブラインドな社会を目指すものではない。むしろ、既存のジェンダー秩序を所与とするものであるとすら言える。したがって、性別が人種とともに、同一の分類基準が社会で多用され、個人の社会的属性が社会のあらゆる場面において、その社会的評価にレレヴァンスを有してしまうおそれが特にあるものであることからも、先の積極的差別是正措置の場合以上にその許否を厳格に判断する必要があろう（Ⅰ2）。

　したがって、他により性中立的で実効的な代替手段が存在しないというにと

---

[23]　したがって、積極的差別是正措置に基づく男性への不利益的取扱いの許否を判断するに当たっての、目的の「理由の充分性」及び、手段の目的との関係での「関連性」の判断の厳格性は、米国の違憲審査基準で言う「中間審査基準（intermediate scrutiny）」（樋口2011、467頁）にほぼ対応するものとなる。米国最高裁の判例法理においても、このような「中間審査基準」における、手段の目的との関係での「実質的関連性（substantially related）」の判断に当たっては、「性に基づく分類をやめて性に中立的な分類を採用することが不必要であっても、有害でないときにはそちらを選択するべきだとするOrrテスト」などのアプローチが生まれるに至っている（君塚1996、30頁）。

[24]　なお、男女雇用機会均等法におけるポジティブ・アクションの規定（同法第8条）が片面規定であることに関連して、看護師や介護士といった女性が多く占める職域において、男性に対する積極的差別是正措置を基礎付けるべく、男女双方を対象とした性中立的規定へと改正すべきかどうかが問題となる（cf. 君塚・高井2012、241頁）。看護師や介護士は、政治共同体における重要な意思決定に関わる地位や役職とは言えないかもしれないが、このような規定を性中立的規定に改正することによって、男性への逆差別や女性へのスティグマ化の問題を緩和できると思われる。また、女性が多く占める職域において男性が多く進出することは、労働市場における性分業や性別役割分担意識の解消に資すると思われるため、個人が自己の性別でなく、個人としてのみ評価されるという、ジェンダー・ブラインドな社会を構築することにもつながるだろう。したがって筆者の立場からも、現行の片面規定よりは、男女双方を含めた性中立的な規定の方が望ましいのではないかと考える。なお男女共同参画社会基本法における「積極的改善措置」の定義は、「男女のいずれか一方に対し」（同法第2条第2号）という性中立的規定となっている。

どまらず(ただし以下の女性保護の例では、そのような実効的代替手段がほぼ全ての事例で存在すると思われるが)、区別の目的に照らして、「保護に値する例外的な男性が一人もいないこと」(「過小包摂(under-inclusive)」の禁止)、「保護に値しない例外的な女性が一人もいないこと」(「過剰包摂(over-inclusive)」の禁止)と言えるだけの、手段と目的との関連性を要求するべきだろうと考える[25]。

(1) 生物学的・体力的差異に基づく女性保護について

①の生物学的・体力的差異に基づく女性保護について、例えば、子宮は女性しか持ち得ないことから、子宮頸がんの予防接種を女性にのみ無償で提供することは、筆者の立場からも正当化されるだろう[26]。これに対し、女性のみの兵役免除(男子徴兵制)については、肉体的に屈強な女性もいる一方で、ひ弱な男性もいることから、筆者の立場からは正当化される余地はないだろう[27]。

また生理休暇の制度については、男性には月経がないことから、一応は手段と目的との関連性が肯定される。しかし生理休暇の取得には行政解釈上、医師の診断書などによる特別な証明は不要と解されているところ(昭和23年5月5日基発682号)、病気などにより他にも就業が著しく困難になるような事情は数多ある中で、重い生理のみがなぜ特別に扱われるべきなのか、区別の合理性が見出せない。したがって筆者の立場からは、生理休暇の制度は廃止し、就業が困難な程度に生理が重い女性労働者については、病気休暇の制度でカバーすべきこととなろう。

---

[25] したがって、女性保護に基づく男性への不利益的取扱いの許否を判断するに当たっての判断の厳格性は、米国の違憲審査基準で言う「厳格審査基準(strict scrutiny)」(樋口2011、441頁)にほぼ対応する。米国の違憲審査基準においては、性別に基づく区別の合理性を判断するに際して、中間審査基準が採用されているが(Craig v. Boren, 429 U. S. 190 (1976))、性別についても厳格審査基準を適用するべきであるという立場も有力に主張されており(君塚1996、142頁、辻村2018、162頁)、筆者も後者の立場が妥当と考える。

[26] ただし、本章Ⅱ2で示したような、性同一性障害特例法の改正におけるMtFの例においては事情が異なってくる。

[27] したがって筆者の立場からは、女性にも兵役を課すか、男女ともに志願兵制にするか、あるいは非武装にするかのいずれかが選択されることとなろう。いずれの選択肢が最良かについては、それらの長短を比較することを通じて、今後検討することにしたい。なおこの点につき井上達夫は、男女ともに兵役を課すことが、自身のリベラリズムの立場からだけでなく、「男は武器を取って戦い、女は銃後を守る」といった性別分業観への批判を貫徹するべきフェミニズムの立場からも、少なくとも自衛戦力の保持・行使を認めるならば、求められるであろうという刺激的な議論を展開している(井上達夫2015a、48-49頁注4)。

(2) 社会経済的地位の差異に基づく女性保護について

次に②の社会経済的地位の差異に基づく女性保護についても同様に、厳格な判断がなされる。例えば遺族補償年金の受給資格につき、遺族の配偶者が妻の場合と夫の場合とで、受給資格に差異を設けている災害補償制度は、死亡した者に収入を依存している遺族の内で、独力で生計を維持することが困難である者について、その被扶養利益の喪失を補塡することを目的とする。そして、女性が男性と比べて「一般的に」雇用機会に恵まれず、低賃金であり、とりわけ配偶者のいる女性については家事や育児の負担が大きいという点に依拠して、年齢要件を課さずに特に保護するという手段を採っている。

しかし、単にそのような「一般的な可能性ないし蓋然性」だけでは、性別を区別の基準に用いるという手段と目的との関連性は肯定されない。家事や育児の負担が特に重い人を保護するのであれば、育児手当や保育所の整備などの、より直接的な手段があり得るし（しかもこのような災害補償法は妻につき、扶養する子の有無を問わずに、一律に遺族補償年金の支給対象としている）、賃金所得が低いことや雇用が得られないことが独力で生計を維持することを困難にする理由ならば（そして、そのような者を保護することを目的とするならば）、資力調査や稼得能力に基づいて直接的に、低収入や無収入の者に所得保障するなど、他にいくらでも性中立的な代替案を考案できるからである[28]。

児童扶養手当は、母子家庭のみならず父子家庭にも支給するべく法改正がなされており、労働災害で容貌が損なわれた場合に支給される補償金に、男女で大きな格差を規定していた労災法の障害等級表[29]に対しても、京都地裁で憲法

---

[28] もちろん、資力調査などに基づく選別主義的な社会保障給付には、スティグマの問題がある。しかしそれを言ったら、性別を区別の基準にする方が（「妻は一律に独力で生計維持が困難」という烙印を押すことになる点で）もっとスティグマ的であるから、前者の手段がスティグマ的であることは、後者の手段を採用する理由にはなり得ない。また、このような資力調査を用いることができるという事情は、社会保障制度のみならず税制度の評価にも示唆を与える。例えば現行の寡婦（寡夫）控除及び特別寡婦控除制度は、生存配偶者の所得とともに性別をも基準にして控除額を定めているが（租税特別措置法第41条の17参照）、資力調査が可能であるならば、生存配偶者の担税力を測るに当たり、性別をも基準として用いる必要はないように思われる。

[29] 労働者災害補償保険法施行規則別表第1。「女性の外ぼうに著しい醜状を残すもの」は「第7級」とされ、当該障害の存する期間1年につき給付基礎日額の131日分の障害補償年金が支給されるが、「男性の外ぼうに著しい醜状を残すもの」は「第12級」とされ、給付基礎日額の156日分の障害補償一時金が支給されるにとどまっていた（君塚・高井2012、239頁）。

第14条第1項違反の判決がなされ[30]、その後 2011 年 2 月 1 日の厚生労働省令で、補償額を男女同額にする方向での改正がなされており[31]、これらの法改正は筆者の立場からも肯定的に評価できる。災害補償制度における遺族補償年金の支給基準も同様に、性中立的規定へと改正すべきということになろう[32]。

(3) 非対称的なセクシュアリティに基づく女性保護について

③の非対称的なセクシュアリティに基づく女性保護についても、同様の手段と目的との間の厳格な関連性が要請される。被害客体を「女子」に限定していた強姦罪の規定につき、単に男性が女性をレイプする事例の方が、その逆よりも著しく多いというだけでは、このような厳格な関連性は肯定されない。女性が暴行脅迫を用いて男性に対し意に反する性交を強要することはあり得るし、現に存在している以上、被害客体を「女子」に限定することは明らかな過小包摂である。

レイプによって、女性のみが妊娠する（という追加の法益侵害を被る）から特に保護する必要がある、という説明は誰でもすぐに思いつきそうだが、憲法学者の君塚正臣が正しく指摘するように、「現行法は、射精を要件としていないし、避妊具の使用を免責要件ともしていないし、思春期前の女子も犯罪行為の客体となっている点で過大包摂である」（君塚 1996、251 頁）[33]。さらに言えば閉経後の女性も犯罪行為の客体から除外されていない[34]。

---

[30] 京都地判平成 22 年 5 月 27 日判時 2093 号 72 頁。
[31] 「外ぼうに著しい醜状を残すもの」は男女いずれとも「第 7 級」の障害等級となった。
[32] なお、本節で検討した男性に対する差別という観点に加え、このような遺族補償年金の受給資格における男女差規定に対しては、夫婦の就労選択に対するインセンティブに働きかけることを通じて、現状の性別役割分担の構造を固定化してしまうのではないか、という観点からの評価も可能であると思われる。後者の見地から考察をめぐらすものとして、森 2017 参照。
[33] 射精しなくても膣内で精液は微量ながら出ているし、避妊具は破ける可能性があるから、男性器を女性器に挿入した時点で、妊娠という法益侵害の抽象的な危険はある、と言えるかもしれない。ただしそうであっても、思春期前の女子や閉経後の女性が被害客体に含まれている点で、過大包摂である点に変わりない。
[34] さらに君塚は、「妊娠中絶という手段の存在や父子鑑定技術の急速な発展は、以前のような最悪の結末を回避させる状況を作り出しており、今日でなお、妊娠の危険がやむにやまれぬ目的とまで言えるかには疑問もあろう」（君塚 1996、251 頁）と述べている。妊娠の防止が目的として充分に理由あるものであったとしても、妊娠という法益侵害は強姦罪そのものではなく、結果的加重犯としての強姦致傷罪（刑法第 181 条第 2 項）で包摂する解釈が可能なのではないか。妊娠は傷害に含まれないというのが、刑法学の通説のようであるが（cf. 中森 2015、70 頁、山口 2010、115 頁）、いずれも特に理由を付すことなく、そのように断言しているのみであり、そう解さなければならない必然性はないと思われる。この点、妊娠は女性

強姦罪の保護法益は、「人が性的羞恥心を抱くような事項についての自己決定の自由」としての「性的自由」（山口 2010、105 頁）と一般的に理解されている。そして、女性のみならず男性も自律的な合理的行為主体であることから、このような個人の自己決定としての性的自由の、法益としての保護価値において、女性と男性とで差があるとは思われない。にもかかわらず、被害客体として「女子」のみを掲げていた強姦罪の規定は、男性の性的自由が女性のそれよりも保護価値が低いと宣言しているに等しく[35]、筆者の立場からは、男性の人格的尊厳に対して不尊重的な (disrespectful) 態度を表出しているとして、正義に反する差別ということになろう。したがって、性中立的規定への改定が求められることになる[36]。

　同様に、助産師の受験資格を女性に限定している保健師助産師看護師法第3条についても、それが「女性の羞恥心への配慮」を目的とするならば、助産師の資格を男性にも認めた上で、いずれの性別の者を選ぶかを、個々の妊産婦の選択に委ねるという手段も採れるのだから[37]、筆者の立場からは、男性に対する正義に反する差別ということになるだろう。

5　性別に基づく「分離すれど平等」について

　以上、法による男性に対する不利益的取扱いを、(1)積極的差別是正措置に基

---

[35] の自然な生理的機能であって、身体の不利益変更ではないから、「生理機能の侵害」たる「傷害」（山口 2010、44 頁）に当たらない、という応答は一応あり得る。しかし、このように妊娠の身体的不利益変更性を否定することを通じてその傷害性を否定する応答は、同時に妊娠防止の法益としての要保護性をも、希釈する方向に作用するであろうから、妊娠結果を追加の法益侵害と評価して女性を特に保護する、という論拠そのものを掘り崩すこととなる。
もちろん、被害客体を「女子」に限定していた強姦罪の規定の目的については、女性の貞操や処女性を特別に保護するものという理解も可能である。しかしこれらの目的が、「民主社会における市民の対等関係性の構築」を目的としている筆者の立場と適合的でないことは明らかであるから、ここでは検討を省いた。
[36] 性中立的な代替案としては、強姦罪の客体に男性をも含める、強姦罪を廃止して性的自由の罪を強制わいせつ罪に一本化する、性的自由の罪の規定を廃止して、暴行罪ないし強要罪で包摂するなどが挙げられる。この点につき現行刑法は、2017 年 6 月の法改正により強制性交等罪として、被害客体に男性をも含めるという対応を選択した。
[37] このような対応に対しては、「現在の……診療体制の中では、患者が……助産婦を選ぶことは不可能に近い」（浅倉 2000、385 頁）という反論もあるが、それはそのこと自体を解決すべき問題であって、男性の助産師志願者を、一律に性別のみによって排除すべき理由にはならない。そもそも現在の性別役割意識の下で、助産師資格を男性に開放したとしても、男性志願者はごくわずかにとどまるであろうから、妊産婦が女性の助産師を選べなくて困るということは、ほとんど生じないと思われる。

づくそれと、(2)女性保護に基づくそれに分類した上で（Ⅱ2）、その具体例につき、筆者自身の法的差別禁止の一般的指針を頼りに規範的評価を下してきた（Ⅱ3・4）。

　これらはいずれも、一方の性――この場合は男性――を不利に取り扱う区別であった。では、形式的にはいずれの性集団をも不利に扱わず、端的に分離して取り扱うような実践――例えば、小中高等学校や大学などの教育機関において、「分離すれど平等（separate but equal）」と言わんばかりに男女別学[38]とする措置――などに対して、筆者の立場からは何ら問題がないと言えるのだろうか。

　もちろん、設備や通学許可区域その他において完全に同等な男女別学と言えど、教員を全く同じにすることまでは困難であろうから、「この学校で、この教員の下で教育・研究を受けるという［個人の］選択肢」（君塚1996、220頁）が奪われてしまうという問題はあろう。それに加えて筆者の立場から重要なのは、人種や性別による区別が、同一の分類基準が社会で多用され、個人の社会的属性が社会のあらゆる場面において、その社会的評価にレレヴァンスを有してしまうおそれが特にあるものであるところ（Ⅰ2）、このような事情は「分類基準が格差のある異なった取り扱いのために用いられる場合と、格差のない単なる区別に用いられる場合とで、違いがない」（石山1987、309頁）ということである。したがって、同一の分類基準が社会で多用され、個人の社会的属性が社会のあらゆる場面においてレレヴァンスを有してしまうおそれにつき、純粋な男女別学の場合においても警戒すべき理由があると言える。

　さらに、既に第10章Ⅱ1（3）で、パリテのレゾン・デートルを検討する箇所でも論じたが、このような男女別学は、政治共同体の全市民が「男性／女性」のいずれかに排他的に属するという公的メッセージを発することで、既存の二元的性別コードのいずれにも同一化できないようなセクシュアル・マイノ

---

[38] したがってここでは、「設備や立地条件、伝統や教育内容の違い」はもちろんのこと、「定員や通学許可区域」（君塚1996、217頁）において実質的に異ならないような、純粋な男女別学に議論の対象を絞る。それゆえ例えば、栄養士資格を取得できる食・健康学科を売りにしているような女子大については、ここでの純粋な男女別学の例からは外れる。そして筆者の立場からは、そのような女子大については共学化が求められることとなろう。女子定員を一割程度に制限している防衛大学校の入学選抜についても、筆者の立場からは否定的な評価が下されるだろう。

リティの存在を不可視化するという、誤承認の不正義にコミットしてしまうおそれがある。それゆえ、筆者の正義構想に照らしても看過し得ない問題を含んでいるように思われる。

　したがって筆者の立場からは、性別に基づく純粋な男女別学に対しても、批判的評価を下す理由があり、少なくとも公立学校においては共学化が要請されると考える。私立学校についても、公立学校と同様に市民社会を構成していることからすれば、同様に共学化を要請することができるかもしれない。いずれにせよ、少なくとも私学助成の減額ないしは廃止によって共学化へのインセンティブを与えることは、筆者の立場からも可能であろう[39]。

---

39 | いずれの性集団をも不利に取り扱わずに、端的に分離して取り扱うような実践に対して、筆者の立場から否定的な評価が下されるとしたら、教育機関における男女別学のみならず、公衆トイレや公衆浴場、公共の設備としての更衣室においても統合──「ユニ・セックス」化──が要請されるのだろうか。この問いに対して筆者は、「然り」と答える立場に傾いている。これらの公共設備における男女の分離においても、既存の二元的性別コードのいずれにも同一化できないようなセクシュアル・マイノリティの存在を不可視化するという、誤承認の不正義の問題が残ることに加え、現にこれらの性別分離が特定のセクシュアル・マイノリティ（とりわけ性分化疾患（DSD）や性別適合手術前の MtF）の市民に対し、これらの設備を備えた公共施設の利用から、事実上排除する圧力をかけてしまうという問題があるからである。その一方で、「異性に裸体（ないし下着姿）を見られたくない」という多数派市民の性的羞恥心自体、多分に社会的刷り込みの産物であることから、例えば初等中等教育における体育の授業や身体計測に際して、生徒を男女混合の教室で着替えさせるなどの実践を通じ、異性の裸体などを見ること（や異性に裸体などを見られること）に対して、性的羞恥心を抱かないように教育する──要は慣れさせる──ことは可能であるように思われる。性犯罪や盗撮などの問題に対しても、刑事罰ないしは民事上の不法行為法によって抑止するので足りるのではないかと思われる。なお筆者が得た伝聞情報によれば、欧米では一部の初等教育機関において、トイレのユニ・セックス化を導入する試みが始められているそうである。

第 4 部　総括

　以上第4部では、筆者自身の関係的平等主義に基づく正義構想が、現実のリベラル・デモクラシーの下での法・政治制度に対して、いかなる規範的含意を有するかについて、簡単な素描を試みた。

　第10章では、筆者自身の正義構想において導出される、不正義への治癒策の一般的指針としての独立・統合・反差別、理想理論としての変革的戦略、非理想理論としての非改良主義的改良が、統治機構（第10章Ⅱ1）・市民社会の諸施設（第10章Ⅱ2）・労働市場（第10章Ⅱ3）・社会保障制度（第10章Ⅱ4）・家族制度（第10章Ⅱ5）における具体的制度の規範的構想において利いてくることが一定程度示された。

　第11章では、筆者自身の正義構想における治癒策の一般的指針である反差別が、国家による直接的な法的差別禁止の一般的指針として、不合理ないし恣意的な不利益的取扱いか否かを、目的・手段審査の枠組みで判断できることを示した（第11章Ⅰ1）。そして、そのような枠組みにおける手段の目的との「関連性」を、人種・性別に基づく区別においては厳格に判断すべき理由があることが示された（第11章Ⅰ2）。

　さらに、具体的には性別に基づく男性に対する逆差別実践について、積極的差別是正措置に基づくそれと女性保護に基づくそれとに分類した（第11章Ⅱ2）。その上で、前者については筆者の立場からは、過渡的措置・非理想理論としての非改良主義的改良として位置付けられる限りで正当化されるが、具体的な手段の選択については、スティグマの問題や他のより性中立的で実効的な代替措置の有無などを考慮しながら、慎重に検討すべきであるとした（第11章Ⅱ3 (2)）。そして後者についてはさらに厳格に、一人の例外的個人の存在も許さないような過剰包摂と過小包摂の禁止というしばりの下で、「関連性」の有無を判断すべきであることを論じた（第11章Ⅱ4）。

繰り返しになるが、本第4部での具体的制度構想と法的差別実践への規範的評価の試みは、網羅的なものではない。そこで取り上げた具体的な制度の擁護及び批判の論証についてもまた、あくまで当座のものであり、現実世界の経験的事実に依拠した実証研究の知見によって反証されることに大いに開かれている。

　また、本第4部では具体的制度構想の理想理論の次元において、共和政体への移行、教育機関における人種・性別双方での共学化、法律婚制度の廃止と親業の一律ライセンス化などの、極めてラディカルなオルタナティブをも擁護したが、それと同時に非理想理論の次元において、より穏健な改革案をもいくらか提示した。

　既存の意味秩序の下での人々のアイデンティティの下において、前者のオルタナティブを直ちに政治的に選択するためには、諸個人に対する急激な人間改造を試みなければならず、そのためには、国家に対してそのような措置を実施するための強大な権限を授権しなければならなくなる。しかし「抑圧の除去」を第一義的な目的とする筆者自身の正義構想を実現する過程において、諸個人・諸市民が、国家による恣意的な干渉としての支配や従属の下に置かれることになるのは、避けなければならない。したがって、現実世界において筆者の立場からは、諸個人の自律やプライバシーを侵害しないような方法で、民主的にそのような変革的なオルタナティブを選択できるための下地として、人々の社会的意識をより穏健な改革案を通じて醸成するという、漸進的な改革のスタンスが採られることになろう。

結章

関係的平等主義とこれからの課題

　以上本書では、平等主義的リベラリズムの正義構想として、アンダーソンの民主的平等をベースに、筆者自身の関係的平等主義に基づく平等主義的正義構想を擁護することを試みた。

　まず第1部では、分配的平等主義の代表的立場とされる主流派の平等主義的正義構想として、ロールズ、セン、ドゥオーキン、コーエンのそれを概観し、その関係的平等主義に継承される契機を抽出するとともに、それらへの批判的検討を加えた。その上で、これらの平等主義的正義構想間の理論的相違を、1 指標問題、2 水準問題、3 アド・ホックな価値多元主義的応答の採否、4 平等と自律との関係、5 制度的正義論の採否という五つの対立軸によって整理し、それらの対立軸に沿って、一定の立場が斥けられることを確認した。

　続く第2部では、筆者が積極的に擁護する関係的平等主義に基づく正義構想の彫琢を試みた。具体的にはまず、アンダーソンによる既存の平等主義理論に対する運の平等主義批判を概観し、その積極的意義を抽出した。その上で、アンダーソン自身の関係的平等主義に基づく正義構想としての民主的平等の内容を概観した。そして、彼女の民主的平等が、自身のなした運の平等主義批判の積極的意義に照らして、彼女が後者に向けた批判を克服できるものとなっていることを確認するとともに、第1部で整理した主流派の平等主義的正義構想間の対立軸において、擁護可能な立場（潜在能力アプローチ、充分主義、アド・ホックな価値多元主義的応答の否定、平等の観点からの自律的行為主体性への尊重、制度的正義論）を採用していることを確認した。

　さらにアンダーソン自身の理論の不足を補うべく、民主的平等の立場から批判対象とされるべき不正義の分析を試み、不正義の態様を、それが根差す社会構造の区別（経済秩序／意味秩序／国家秩序に基づく不正義）、不正義の相互行為の次元における態様の区別（従属／排除／差別）、不正義が問題視される共同体

の区別(抑圧／民主的不平等)に基づく類型化を、オルタナティブとして提示した。そして、不正義の態様などの違いに応じた適切な治癒策の一般的指針(独立・統合・反差別、理想理論としての変革的戦略、非理想理論としての非改良主義的改良)を擁護した。

　以上のように、アンダーソンの民主的平等をベースにして、筆者自身により独自の形で発展させた、関係的平等主義に基づく平等主義的正義構想に対しては、様々な立場から批判がなされ得る。第3部ではこれらの外在的批判のうち、「水準問題」における充分主義に対する外在的批判、「指標問題」における潜在能力アプローチに対する外在的批判、制度的正義論に対する外在的批判、運の平等主義の立場からの外在的批判、ケアの倫理にコミットするフェミニズムの立場からの外在的批判、グローバルな正義の観点からの外在的批判を検討し、それらに対して応答することを試みた。とりわけ、運の平等主義の立場からの批判に対する応答においては、アンダーソンや彼女の理論を発展させた筆者の立場からも、タイ・ブレイカーとして責任感応的考慮に訴えることが可能であること、フェミニズムの立場からの批判に対する応答においては、正義や平等の理念によって規律される主体を、自律的な合理的行為主体としても、行為主体性を不可逆的に欠いた人間の福利に対する配慮を、正義の責務とは別の倫理的原理に訴えて基礎付けることが可能であること、そしてそれらの対応が、運の平等主義者によるアド・ホックな価値多元主義的応答を批判する筆者の立場とも両立し得ることが示された。

　本書全体の各論として第4部では、筆者自身の関係的平等主義に基づく正義構想が、現実のリベラル・デモクラシーの下での法・政治制度に対して有する規範的含意について、簡単な素描を試みた。具体的には、筆者自身の正義構想において導出される不正義への治癒策の一般的指針としての、独立・統合・反差別、理想理論としての変革的戦略、非理想理論としての非改良主義的改良が、統治機構・市民社会の諸施設・労働市場・社会保障制度・家族制度における、具体的制度の規範的構想において利いてくることが一定程度示された。

　また、筆者自身の正義構想における、治癒策の一般的指針である反差別が、国家による直接的な法的差別禁止の一般的指針として、不合理ないし恣意的な不利益取扱いの有無を、目的・手段審査の枠組みで判断できること、そのよう

な枠組みにおける手段の目的との「関連性」を、人種・性別に基づく区別においては、厳格に判断すべき理由があることが示された。その上で、性別に基づく男性に対する逆差別実践を例に採り、それを積極的差別是正措置に基づくものと、女性保護に基づくものとに分類した上で、具体的な実践に対して一定の規範的評価を下した。とりわけ、後者の女性保護に基づくものについては、そのほとんどが筆者の立場からは正義に反する差別との否定的評価を免れ得ず、それゆえ性中立的規定への改正という方向性が、強く示唆されたのであった。

　現代英米圏における平等論の議論状況に立ち入り、そこでの考察から得られた理論的資源を動員して、正義構想論の次元で擁護可能な平等主義的正義構想を彫琢するという、本書の試みに続く作業として、筆者は以下のような課題に取り組むことを画策している。

　第一に、より具体的な制度構想論の次元において、筆者自身の関係的平等主義に基づくデモクラシー構想論を展開する作業である。アンダーソンの民主的平等をベースにした、筆者自身の関係的平等主義に基づく正義構想は、平等理念の積極的目的を、「民主社会における諸市民間の対等関係性の構築」に見出している。本書においても、統治機構における具体的な制度構想を一定の範囲に絞り込む形で擁護を試みたが、それらは依然として、簡単な素描の域を出るものではなかった。デモクラシーの規範理論においては、平等論とは独立に、既にそれ自体として、原理的・包括的次元にまで遡った議論蓄積が存在する。統治機構におけるより十全な制度構想論を彫琢するに当たり、これらの議論状況に立ち入ることで、筆者自身の関係的平等主義に基づく正義構想の立場から親和的なデモクラシー構想論を展開することが、次なる課題となろう。

　そして第二に、筆者自身の関係的平等主義と適合的な、差別の一般理論を擁護する作業である。本書では、筆者自身の正義構想からの、不正義への治癒策としての一般的指針である反差別が有する規範的含意につき、国家による直接的な法的差別に射程を限定していたのだった。私的主体による差別や間接差別といった、現代社会において、それらへの対応が切実さを増しているものも含めた、差別実践一般に対する規範的評価を試みるためには、筆者の立場から批判されるべき「差別」の内実を、より立ち入って検討する必要がある。そして

そのような作業を敢行するに際しては、差別の反道徳性の根拠を解明することを通じて、一般的な差別概念論を展開することが求められよう。

　本書は、基本的に筆者自身の関係的平等主義に基づく平等主義的正義構想を擁護するにとどまるものであったが、本書に続く筆者自身のより包括的な正義論の試みとしては、他の諸正義構想――とりわけ運の平等主義の諸構想――を、積極的に論駁するないしはそれらに対する自己の立場の相対的優位を示す、という課題が待ち構えているはずである。アンダーソンらによる批判以降、運の平等主義の諸理論は、概念的精緻化と洗練化を極め、もはや分配基底的な運の平等主義と、関係的平等主義に基づく正義構想との根本的対立点は、正義概念論ないしはメタ倫理のレヴェルに据え置かれている。したがって、上で示した課題に取り組むためには、このような正義概念論ないしはメタ倫理のレヴェルにおける議論に立ち入る必要があり、それこそが本書に続くべき三つ目の作業となるのである。

　以上三つの今後取り組むべき作業は、いずれもそれ自体で、本書での作業に相当する程度の広大な議論領域を有している。したがって、それら全ての作業を十全に敢行するに当たっては、本書と同程度の紙幅を費やした論稿を、少なくともあと三本は著さなければならないだろう。その意味で、本書は筆者自身の包括的な正義理論・道徳理論のほんの一部を彫琢したものに過ぎないとは言える。しかし、そのほんの一部の彫琢作業によって、それに続く今後の作業を進めるに当たっての重要な足場が築かれたものと、筆者は信ずる次第である。

あとがき

　本書は、2016年2月に東京大学大学院法学政治学研究科に提出した助教論文「関係の対等性と正義——平等主義的リベラリズムの再定位」をもとにしている。この論文に若干の加筆及び修正を施したものを、同名のタイトルで法学協会雑誌第133巻第8号から第11号に、4回に亘り連載した。本書はその法学協会雑誌掲載論文に、その後の現代英米圏における平等論の進展を踏まえつつ、さらなる加筆及び修正を行ったものである。特に第11章の法の下の平等についての論述では、現代英米圏での差別の規範理論における知見を踏まえ、大幅な加筆を施した。

　本書は「平等」をテーマとした私のこれまでの研究の集大成である。私が平等論を研究テーマとすることを決めたのは、東京大学大学院法学政治学研究科の助教に着任した2013年の6月頃である。それ以前において私は、ジェンダーの問題における積極的差別是正措置とそれに伴ういわゆる「逆差別」の問題に関心を持っており、それをテーマに助教論文を執筆しようと考えていた。しかし、男性に対する個別の不利益取扱いにつき、それが理に適った実質的平等の実現なのか、それとも許されない逆差別なのかを逐一検討していくだけでは場当たり的であり、そのような問いに最終的に答えるためには、いずれの性別に対する差別、さらにはジェンダー論の領域における差別の問題を超えて、そもそも「平等」とは何か、その理念の核心には何があるのかを、明らかにする必要があると考えるに至ったのである。

　それゆえ本書は主題においても構成においても、平等論一般についての研究書という形をとっている。その一方で、一読すれば明らかなように、本書の随所でジェンダーの問題についての私自身の立場が詳らかにされている。もちろん私は、そのようなジェンダー問題についての持論が無謬であると標榜するつもりは全くない。私の議論に触発され、多くの読者がタブーを排してこれらの問題についての議論を深めていただければ幸いである。

　本書が世に送り出されるに至るまで、私は多くの方々のお世話になった。紙

幅の関係上、その全ての方のお名前を列挙することは残念ながら叶わないが、ここでは特に深くお世話になった方々のお名前を挙げてお礼を申し上げたい。

まずは私が東京大学で助教をしていた時の指導教員である井上達夫先生にお礼を申し上げたい。私が井上先生に初めてお会いしたのは、東京大学法学部の三年次に先生の法哲学演習に参加した時である。東京大学に入学した当初、私は弁護士を目指して司法試験の勉強に取り組んでいた。しかし先生の演習に三年次、四年次と参加している内に、法哲学という学問の面白さに惹かれ、また先生の知的な誠実さと話の面白さに惹かれ、いつしか私は法曹よりも研究者の方を志望するに至っていた。

同大学院法学政治学研究科の助教に着任してから先生の本格的な指導を仰ぐこととなったが、先生は基本的に私の研究テーマの選択について、自由に決めさせてくれた。助教三年目の提出締切りまでに書き上げられるようなテーマにすること、自分がその立場に真摯にコミットできること、法哲学という学問を面白くすること——先生が課した制約があったとしたら、おそらくこれくらいであろう。本書のもととなった私の助教論文が法哲学という学問を面白くし得たかどうかは、先生の評価を待たなければならない。しかし、自らの実践的問題意識に即しての研究テーマの選択を尊重してくれるような先生の下にいたからこそ、何にもとらわれずに自由に思考することができたし、誰にも遠慮せずに自分の主張したいことを書くことができたのだと思う。

私を弘文堂に紹介し、法哲学叢書として私の助教論文の単著化を薦めてくださったのも先生である。本書の刊行によって、私の平等論研究に一応の区切りをつけることができたが、未だ論証が不充分な部分はあるであろうし、さらに掘り下げて検討すべき課題もいくつもあるであろう。先生の学恩に報いるべく、今後さらに自己の研究テーマを発展させ、法哲学を面白くすることに貢献したい。

また、井上先生の門下の先輩方からは、井上先生が主催する「立法理学(legisprudence)」研究プロジェクトの定例会合において、とてもお世話になった。瀧川裕英先生、大屋雄裕先生、谷口功一先生、池田弘乃先生、郭舜先生、安藤馨先生からは、定例会合の場で本書のもととなった私の助教論文構想に対して示唆に富んだ助言を何度も頂いた。特に安藤馨先生は、私の報告に対して

毎回、論証が弱い部分や誤っている部分など、細部に亘って指摘をくださり、兄弟子として厳しくも親身になって指導をしてくださった。「勉強しない者は死ななければならない」というのが安藤先生の口癖である。先生に研究者としての死刑宣告をされないように（ないしは既に宣告された死刑の恩赦をもらえるように）精進して勉強してまいりたい。

　東京大学大学院総合文化研究科に着任された井上彰先生には、平等論研究の大先輩として、その御論稿から多くを学ばせていただいた。平等論を研究テーマに決めて以降、先生の存在を常に意識しながら研究を進めてきた。ちょうど一昨年、先生の新著『正義・平等・責任』（岩波書店、2017 年）が刊行されたのに際し、東京大学の駒場キャンパスで開催された相関社会科学研究会の場において、同書の内容についてコメントする機会を頂けたのは望外の幸せである。本書は先生の著書とは異なったアプローチから、平等の問題に接近することを試みるものであるが、その議論水準において明らかに同書の足元にも及ばないものである。本書刊行の後も、先生の今後の平等論研究から引き続き多くを学ばせていただければと考えている。

　私は 2017 年 3 月末まで東京大学大学院法学政治学研究科に籍を置いていたが、井上達夫先生の門下の直近の兄弟子である平井光貴さんと、直近の弟弟子である松田和樹さんとは、法哲学演習や演習後の懇親会などで、しばしば意見を交換したり議論をしたりした。そのような議論の場で得た着想が、本書の随所に反映されている。深くお礼を申し上げたい。

　本書のもととなった私の助教論文の副査を務めていただいた憲法学の宍戸常寿先生には、私の拙い論文を端から端まで読んでいただき、東京大学の基礎法学研究会の場において示唆的なコメントをしていただいた。本書の議論内容が憲法学の法の下の平等や社会権についての議論に直接的な示唆を与え得るかどうかは心許ないが、引き続き人権の分野を中心に、憲法学との対話の基盤を構築することに、法哲学の側から貢献をしたいと考えている。

　2016 年 5 月の東京法哲学研究会の例会で、本書のもととなった私の助教論文の内容を報告する機会を頂いた。例会及びその後の懇親会の場で質問や助言をしてくださった方々に、この場を借りてお礼を申し上げたい。

　現在私が勤めている立教大学法学部の先生方にもお礼を申し上げたい。法学

部の自由闊達な雰囲気の中で、何でも互いに議論したり相談したりできるような環境に身を置くことができるのは、とても恵まれたことである。その恩に報いるべく、研究活動・教育活動ともに全力で取り組みたい。

　本書の刊行に当たっては、弘文堂の北川陽子さんに大変お世話になった。私自身、著書を世に出すのは今回が初めてであったため勝手が全く分からず、一から十まで北川さんのインストラクションを仰ぐこととなった。篤くお礼を申し上げる。

　最後に、私のパートナーである聡子（本人の希望により名字は伏せている）にお礼を申し上げたい。私たち二人が付き合い始めたのは私が東京大学の助教三年目の時であり、ちょうど本書のもととなった助教論文執筆の真最中であった。当時、助教論文執筆の傍ら就職活動も続けていた私を精神的に支えてくれたのが彼女である。その時の心の支えがなかったら、本書を世に出すことは叶わなかったかもしれない。今日に至るまで私の法哲学研究の意義を、指導教員である井上達夫先生以上に厳しく問うてくれるのも彼女である。本書ではその第6章の脚注において、ネズミのフレデリックがさり気なく登場するが、実は『フレデリック（Frederick）』は彼女のお気に入りの絵本なのである。我が家のリビングのローボードでは、フレデリックのぬいぐるみがベーシック・インカムについて書かれた新書を抱え、私たち二人をそっと見守っている。本書を最愛のパートナーである聡子に捧げたい。

　　＊本書は、2014年度野村財団社会科学助成金、2016年度村田学術振興財団研究助成金、2017年度野村財団社会科学助成金、JSPS科研費 JP17K13597 の助成による研究成果の一部である。また本書は、2018年度立教大学出版助成を受けたものである。

参考文献

（参照文献は、(著者名　発行年：ページ数) で表示している）

〈邦語文献〉

碧海純一　2000、『新版 法哲学概論〔全訂第2版補正版〕』弘文堂。
浅倉むつ子　2000、『労働とジェンダーの法律学』有斐閣。
荒木尚志　2016、『労働法〔第3版〕』有斐閣。
飯田文雄　2002、「平等」福田有広・谷口将紀編『デモクラシーの政治学』東京大学出版会、127-143 頁。
──　2006、「運命と平等──現代規範的平等論の一断面」日本政治学会編『年報政治学 (2006-I) 平等と政治』木鐸社、11-40 頁。
池田弘乃　2014、「フェミニズム法理論における立法の復権」井上達夫編『立法学のフロンティア 1 立法学の哲学的再編』ナカニシヤ出版、103-125 頁。
石山文彦　1987、「『逆差別論争』と平等の概念」森際康友・桂木隆夫編著『人間的秩序──法における個と普遍』木鐸社、291-326 頁。
──　2016、「女性議席を設けるべきか？」瀧川裕英編『問いかける法哲学』法律文化社、202-217 頁。
井上彰　2008a、「厚生の平等──『何の平等か』をめぐって」『思想』1012 号 103-130 頁。
──　2008b、「平等・自由・運──ドゥオーキン資源平等論の再検討」萩原能久編『ポスト・ウォー・シティズンシップの思想的基盤』慶應義塾大学出版会、121-139 頁。
──　2010a、「平等の価値」『思想』1038 号 120-148 頁。
──　2010b、「〈分析的平等論〉とロールズ──平等論の歴史・再考」『社会思想史研究』34 号 236-253 頁。
──　2012、「正義としての責任原理」宇野重規・井上彰・山崎望編『実践する政治哲学』ナカニシヤ出版、292-322 頁。
──　2014a、「平等──なぜ平等は基底的な価値といえるのか」橋本努編『現代の経済思想』勁草書房、173-201 頁。
──　2014b、「ロールズ──『正義とはいかなるものか』をめぐって」齋藤純一編『岩波講座 政治哲学 5 理性の両義性』岩波書店、151-172 頁。
──　2015a、「運の平等論とカタストロフィ」『立命館言語文化研究』26 巻 4 号 231-247 頁。
──　2015b、「平等論を新たに練り直す意欲的なプロジェクト──書評：木部尚志『平等の政治理論』風行社、2015 年」『図書新聞』3221 号。
──　2017a、「運の平等論をめぐる攻防──VS 社会関係に基づく平等論の地平」『社会と倫理』32 号 31-43 頁。
──　2017b、『正義・平等・責任──平等主義的正義論の新たなる展開』岩波書店。
──　2018、「リプライ──『正義・平等・責任』(岩波書店、2017 年) の補遺も兼ねて」『相関社会科学』27 号 93-102 頁。
井上達夫　1986、『共生の作法──会話としての正義』創文社。
──　1998、「平等」廣松渉他編『岩波 哲学・思想事典』岩波書店、1341-1342 頁。

―― 1999、『他者への自由――公共性の哲学としてのリベラリズム』創文社。
―― 2003、『法という企て』東京大学出版会。
―― 2004、「リベラル・フェミニズムの二つの視点」日本法哲学会編『法哲学年報 2003 ジェンダー、セクシュアリティと法』有斐閣、68-80 頁。
―― 2006a、「公共性とは何か」井上達夫編『公共性の法哲学』ナカニシヤ出版、3-27 頁。
―― 2006b、「法哲学」大庭健編集代表『現代倫理学事典』弘文堂、772-773 頁。
―― 2007、「憲法の公共性はいかにして可能か」長谷部恭男他編『岩波講座 憲法 1 立憲主義の哲学的問題地平』岩波書店、301-332 頁。
―― 2008、「自由と福祉」(齋藤純一との対談)樋口陽一他『対論 憲法を／憲法から ラディカルに考える』法律文化社、182-268 頁。
―― 2011、『現代の貧困――リベラリズムの日本社会論』岩波書店。
―― 2012、『世界正義論』筑摩書房。
―― 2015a、「九条問題再説――『戦争の正義』と立憲民主主義の観点から」竹下賢他編『法の理論 33 特集《日本国憲法のゆくえ》』成文堂、3-50 頁。
―― 2015b、『リベラルのことは嫌いでも、リベラリズムは嫌いにならないでください――井上達夫の法哲学入門』毎日新聞出版。
―― 2016、「批判者たちへの『遥しきリベラリスト』の応答」『法と哲学』2 号 171-239 頁。
―― 2017、『自由の秩序――リベラリズムの法哲学講義』岩波書店。
内田貴 2011、『民法 II 債権各論〔第 3 版〕』東京大学出版会。
オークレー、アン 1986、『主婦の誕生』岡島茅花訳、三省堂。
大屋雄裕 2007、「平等理論とポジティブ・アクション」田村哲樹・金井篤子編『ポジティブ・アクションの可能性――男女共同参画社会の制度デザインのために』ナカニシヤ出版、64-81 頁。
―― 2014、『自由か、さもなくば幸福か？――二十一世紀の〈あり得べき社会〉を問う』筑摩書房。
角崎洋平 2014、「アンダーソンの民主主義的平等論――『関係性』概念の射程」大谷通高・村上慎司編『生存学研究センター報告 21 生存をめぐる規範――オルタナティブな秩序と関係性の生成に向けて』立命館大学生存学研究センター、12-51 頁。
亀本洋 2011、『法哲学』成文堂。
川本隆史 1995、『現代倫理学の冒険――社会理論のネットワーキングへ』創文社。
木部尚志 2015、『平等の政治理論――〈品位ある平等〉にむけて』風行社。
君塚正臣 1996、『性差別司法審査基準論』信山社。
君塚正臣・高井裕之 2012、「男性にとってのジェンダー法――弱き者、汝の名はさて誰なのか」犬伏由子・井上匡子・君塚正臣編『レクチャー ジェンダー法』法律文化社、237-246 頁。
木村草太 2008、『平等なき平等条項論――equal protection 条項と憲法 14 条 1 項』東京大学出版会。
―― 2016、「憲法と同性婚」杉田敦編『岩波講座 現代 4 グローバル化のなかの政治』岩波書店、81-102 頁。
齋藤純一 2015、「平等主義の新たな擁護――木部尚志『平等の政治理論――〈品位ある平

等〉』にむけて」『風のたより』58号。
――　2017、『不平等を考える――政治理論入門』筑摩書房。
瀧川裕英・宇佐美誠・大屋雄裕　2014、『法哲学』有斐閣。
竹内章郎　1999、『現代平等論ガイド』青木書店。
武田政明　1994、「再婚禁止期間廃止と母と子の利益」『明治大学短期大学紀要』55巻1-32頁。
立岩真也　2004、『自由の平等――簡単で別な姿の世界』岩波書店。
田中成明　2011、『現代法理学』有斐閣。
谷口功一　2004、「ジェンダー／セクシュアリティの領域における『公共性』へ向けて」『思想』965号102-122頁。
田巻帝子　2012、「不法行為・契約――失われたものの『値段』の男女差」犬伏由子・井上匡子・君塚正臣編『レクチャー　ジェンダー法』法律文化社、119-128頁。
辻村みよ子　2011、「政治参画と代表制論の再構築――ポジティヴ・アクション導入の課題」辻村みよ子編『ジェンダー社会科学の可能性3　壁を越える――政治と行政のジェンダー主流化』岩波書店、21-41頁。
――　2016、『概説ジェンダーと法――人権の視点から学ぶ〔第2版〕』信山社。
――　2018、『憲法〔第6版〕』日本評論社。
中島義道　2009、『差別感情の哲学』講談社。
中森喜彦　2015、『刑法各論〔第4版〕』有斐閣。
野崎綾子　2003、『正義・家族・法の構造転換――リベラル・フェミニズムの再定位』勁草書房。
樋口範雄　2011、『アメリカ憲法　アメリカ法ベーシックス10』弘文堂。
――　2013、『はじめてのアメリカ法〔補訂版〕』有斐閣。
平野仁彦・亀本洋・服部高宏　2002、『法哲学』有斐閣。
広瀬巌　2014、「平等論の展開――ロールズ以降の『運の平等主義』の基本問題」川崎修編『岩波講座　政治哲学6　政治哲学と現代』岩波書店、29-48頁。
藤岡大助　2002、「分配的正義における平等論の検討――資源アプローチの擁護」『国家学会雑誌』115巻11・12号1257-1322頁。
堀田義太郎　2014、「差別論のためのノート」大谷通高・村上慎司編『生存学研究センター報告21　生存をめぐる規範――オルタナティブな秩序と関係性の生成に向けて』立命館大学生存学研究センター、52-73頁。
松尾陽　2015、「女性専用車両は男性差別か？」瀧川裕英編『問いかける法哲学』法律文化社、96-116頁。
森悠一郎　2016a、「高価な嗜好・社会主義・共同体――G. A. コーエンの運の平等主義の再検討」『法と哲学』2号25-58頁。
――　2016b、「承認・スティグマ・『独立性の原理』――ドゥオーキンの資源平等論は誤承認の不正義を克服しているか」『相関社会科学』25号3-21頁。
――　2016c、「ナンシー・フレイザーの『再分配／承認の正義』の再検討」『ジェンダー研究』18号15-39頁。
――　2017、「運の平等・遺族年金・現状の固定化――ジョン・ローマーの『機会の平等』

論の再検討と平等論のオルタナティブ」日本法哲学会編『法哲学年報2016 ケアの法　ケアからの法』有斐閣、190-201頁。
―― 2018、「宇宙的価値・格差の不在・反アドホック多元主義――井上彰の平等主義的正義論の検討」『相関社会科学』27号75-79頁。
安西文雄・巻美矢紀・宍戸常寿　2014、『憲法学読本〔第2版〕』有斐閣。
山口厚　2010、『刑法各論〔第2版〕』有斐閣。
渡辺幹雄　2012、『ロールズ正義論の行方――その全体系の批判的考察〔増補版〕』春秋社。
ワックス、レイモンド　2011、『1冊でわかる 法哲学』中山竜一・橋本祐子・松島裕一訳、岩波書店。

〈海外文献〉

Alexander, Larry 1992, What Makes Wrongful Discrimination Wrong? Biases, Preferences, Stereotypes, and Proxies. *University of Pennsylvania Law Review* 141, 149-219.

Altman, Andrew 2015, Discrimination. In Edward N. Zalta (Ed.), *The Stanford Encyclopedia of Philosophy*. https://plato.stanford.edu/entries/discrimination/ (last visited on Sep. 30, 2018).

Anderson, Elizabeth S. 1999a, What Is the Point of Equality? *Ethics* 109 (2), 287-337.

―― 1999b, Anderson Replies to Arneson, Christiano, and Sobel. In Jamie Dreier and David Estlund (Eds.), *Brown Electronic Article Review Service, World Wide Web*. http://www.brown.edu/Departments/Philosophy/bears/9912ande.html (last visited on Sep. 30, 2018).

―― 2008, How Should Egalitarians Cope with Market Risks? *Theoretical Inquiries in Law* 9 (1), 239-270.

―― 2010a, The Fundamental Disagreement between Luck Egalitarians and Relational Egalitarians. *Canadian Journal of Philosophy* 36 Suppl., 1-23.

―― 2010b, *The Imperative of Integration*. Princeton: Princeton University Press.

―― 2010c, Justifying the Capabilities Approach to Justice. In Harry Brighouse and Ingrid Robeyns (Eds.), *Measuring Justice: Primary Goods and Capabilities* (pp. 81-100). New York: Cambridge University Press.

―― 2012, Equality. In David Estlund (Ed.), *The Oxford Handbook of Political Philosophy* (pp. 40-57). New York: Oxford University Press.

―― 2017, *Private Government: How Employers Rule Our Lives (and Why We Don't Talk about It)*, introduction by Stephen Macedo. Princeton: Princeton University Press.

Anderson, Elizabeth S., and Pildes, Richard H. 2000, Expressive Theories of Law: A General Restatement. *University of Pennsylvania Law Review* 148 (5), 1503-1575.

Arneson, Richard J. 1989, Equality and Equal Opportunity for Welfare. *Philosophical Studies* 56 (1), 77-93.

―― 1990, Liberalism, Distributive Subjectivism, and Equal Opportunity for Welfare. *Philosophy and Public Affairs* 19 (2), 158-194.

―― 1997, Postscript (1995). In Louis P. Pojman and Robert Westmoreland (Eds.),

Equality: Selected Readings (pp. 238-241). New York: Oxford University Press.
―― 1999a, Against Rawlsian Equality of Opportunity. *Philosophical Studies* 93 (1), 77-112.
―― 1999b, Equality of Opportunity for Welfare Defended and Recanted. *The Journal of Political Philosophy* 7 (4), 488-497.
―― 2000, Luck Egalitarianism and Prioritarianism. *Ethics* 110 (2), 339-349.
―― 2002, Why Justice Requires Transfers to Offset Income and Wealth Inequalities. *Social Philosophy and Policy* 19 (1), 172-200.
―― 2012, Justice. In David Estlund (Ed.), *The Oxford Handbook of Political Philosophy* (pp. 58-75). New York: Oxford University Press.
Atkinson, A. B. 1996, The Case for a Participation Income. *The Political Quarterly* 67 (1), 67-70.
Baier, Kurt 1958, *The Moral Point of View: A Rational Basis of Ethics*. Ithaca: Cornell University Press.
Barclay, Linda 2007, Feminist Distributive Justice and the Relevance of Equal Relations. In Nils Holtug and Kasper Lippert-Rasmussen (Eds.), *Egalitarianism: New Essays on the Nature and Value of Equality* (pp. 196-210). Oxford: Clarendon Press.
Beitz, Charles R. 1999 [1979], *Political Theory and International Relations*, with a new afterword by the author, Princeton: Princeton University Press. 進藤榮一訳『国際秩序と正義』（岩波書店、1989 年）。
Benn, Stanley I. 1967, Egalitarianism and the Equal Consideration of Interests. In J. Roland Pennock and John W. Chapman (Eds.), *Nomos IX: Equality* (pp. 61-78). New York: Antherton Press.
Berlin, Isaiah 1956, Equality. *Proceedings of the Aristotelian Society* 56, 301-326.
Carter, Ian 2011, Respect and the Basis of Equality. *Ethics* 121 (3), 538-571.
Cohen, G. A. 1989, On the Currency of Egalitarian Justice. *Ethics* 99 (4), 906-944.
―― 1992, Incentives, Inequality, and Community. In G. B. Peterson (Ed.), *The Tanner Lectures on Human Values*, 13 (pp. 263-329). Salt Lake City: University of Utah Press.
―― 1993, Equality of What? On Welfare, Goods, and Capabilities. In Martha C. Nussbaum and Amartya Sen (Eds.), *The Quality of Life* (pp. 9-29). Oxford: Clarendon Press. 竹友安彦監修・水谷めぐみ訳『クオリティー・オブ・ライフ――豊かさの本質とは』（里文出版、2006 年）。
―― 1994, Amartya Sen's Unequal World. *New Left Review* 203, 117-129.
―― 1995, *Self-Ownership, Freedom, and Equality*. Cambridge: Cambride University Press. 松井暁・中村宗之訳『自己所有権・自由・平等』（青木書店、2005 年）。
―― 1997, Where the Action Is: On the Site of Distributive Justice. *Philosophy and Public Affairs* 26 (1), 3-30.
―― 2003, Facts and Principles. *Philosophy and Public Affairs* 31 (3), 211-245.
―― 2004, Expensive Taste Rides Again. In Justine Burley (Ed.) *Dworkin and His Critics, with replies by Dworkin* (pp. 3-29). Oxford: Wiley-Blackwell.
―― 2008, *Rescuing Justice and Equality*. Cambridge, MA: Harvard University Press.

――― 2009, *Why Not Socialism?* Princeton: Princeton University Press.

――― 2011, Afterword to Chapters One and Two. In his, *On the Currency of Egalitarian Justice, and Other Essays in Political Philosophy* (pp. 61-72), edited by Michael Otsuka. Princeton: Princeton University Press.

Cox, Oliver Cromwell 1970 [1948], *Caste, Class, and Race: A Study in Social Dynamics*. New York: Modern Reader.

Darwall, Stephen 2006, *The Second-Person Standpoint: Morality, Respect, and Accountability*. Cambridge, MA: Harvard University Press. 寺田俊郎監訳・会澤久仁子訳『二人称的観点の倫理学――道徳・尊敬・責任』(法政大学出版局、2017 年)。

――― 2007, Reply to Korsgaard, Wallace, and Watson. *Ethics* 118 (1), 52-69.

Dworkin, Ronald 1981a, What Is Equality? Part 1: Equality of Welfare. *Philosophy and Public Affairs* 10 (3), 185-246.

――― 1981b, What Is Equality? Part 2: Equality of Resources. *Philosophy and Public Affairs* 10 (4), 283-345.

――― 1985, *A Matter of Principle*. Cambridge, MA: Harvard University Press.

――― 2000, *Sovereign Virtue: The Theory and Practice of Equality*. Cambridge, MA: Harvard University Press. 小林公・大江洋・高橋秀治・高橋文彦訳『平等とは何か』(木鐸社、2002 年)。

――― 2002, *Sovereign Virtue* Revisited. *Ethics* 113 (1), 106-143.

――― 2003, Equality, Luck and Hierarchy. *Philosophy and Public Affairs* 31 (2): 190-198.

――― 2004, Ronald Dworkin Replies. In Justine Burley (Ed.), *Dworkin and His Critics, with replies by Dworkin* (pp. 339-395), Oxford: Wiley-Blackwell.

――― 2011, *Justice for Hedgehogs*. Cambridge, MA: Harvard University Press.

――― 2013 [1977], *Taking Rights Seriously*. New York: Bloomsbury. 木下毅・小林公・野坂泰司訳『権利論〔増補版〕』(木鐸社、2003 年);小林公訳『権利論 II』(木鐸社、2001 年)。

Eidelson, Benjamin 2015, *Discrimination and Disrespect*. New York: Oxford University Press.

Elster, Jon 1983, *Sour Grapes: Studies in the Subversion of Rationality*. Cambridge: Cambridge University Press. 玉手慎太郎訳『酸っぱい葡萄――合理性の転覆について』(勁草書房、2018 年)。

Ely, John Hart 1980, *Democracy and Distrust: A Theory of Judicial Review*. Cambridge, MA: Harvard University Press. 佐藤幸治・松井茂記訳『民主主義と司法審査』(成文堂、1990 年)。

Farrell, Warren 1993, *The Myth of Male Power: Why Men Are the Disposable Sex*, updated introduction by the author. New York: Berkley Books. 久米泰介訳『男性権力の神話――《男性差別》の可視化と撤廃のための学問』(作品社、2014 年)。

Fourie, Carina, Fabian Schuppert, and Ivo Wallimann-Helmer (Eds.). 2015, *Social Equality: On What It Means to Be Equals*. New York: Oxford University Press.

Frankfurt, Harry 1987, Equality as a Moral Ideal. *Ethics* 98 (1), 21-43.

Fraser, Nancy 1997a, From Redistribution to Recognition? Dilemmas of Justice in a

"Postsocialist" Age. In her *Justice Interruptus: Critical Reflections on the "Postsocialist" Condition* (pp. 11-39). New York: Routhledge. 仲正昌樹監訳『中断された正義──「ポスト社会主義的」条件をめぐる批判的省察』(御茶の水書房、2003 年) 19-62 頁。

―― 1997b, After the Family Wage: A Postindustrial Thought Experiment. In her *Justice Interruptus: Critical Reflections on the "Postsocialist" Condition* (pp. 41-66). New York: Routhledge. 仲正昌樹監訳『中断された正義──「ポスト社会主義的」条件をめぐる批判的省察』(御茶の水書房、2003 年) 63-103 頁。

―― 1997c, Culture, Political Economy, and Difference: On Iris Young's *Justice and the Politics of Difference*. In her *Justice Interruptus: Critical Reflections on the "Postsocialist" Condition* (pp. 189-205). New York: Routhledge. 仲正昌樹監訳『中断された正義──「ポスト社会主義的」条件をめぐる批判的省察』(御茶の水書房、2003 年) 287-311 頁。

―― 1998, Social Justice in the Age of Identity Politics: Redistribution, Recognition, and Participation. In Grethe B. Peterson (Ed.), *The Tanner Lectures on Human Values*, 19 (pp. 3-67). Salt Lake City: University of Utah Press.

―― 2003, Social Justice in the Age of Identity Politics: Redistribution, Recognition, and Participation. In Nancy Fraser and Axel Honneth, *Redistribution or Recognition?: A Political-Philosophical Exchange* (pp. 7-109), translated by Joel Golb, James Ingram, and Christiane Wilke. London: Verso. 加藤泰史監訳『再分配か承認か？──政治・哲学論争』(法政大学出版局、2012 年)。

―― 2008, *Scales of Justice: Reimagining Political Space in a Globalizing World*. Cambridge: Polity Press. 向山恭一訳『正義の秤──グローバル化する世界で政治空間を再想像すること』(法政大学出版局、2013 年)。

Garrau, Marie and Laborde, Cécile 2015, Relational Equality, Non-Domination, and Vulnerability. In Carina Fourie, Fabian Schuppert, and Ivo Wallimann-Helmer (Eds.), *Social Equality: On What It Means to Be Equals* (pp. 45-64). New York: Oxford University Press.

Gilligan, Carol 1982, *In a Different Voice: Psychological Theory and Women's Development*. Cambridge, MA: Harvard University Press. 岩男寿美子訳『もうひとつの声──男女の道徳観のちがいと女性のアイデンティティ』(川島書店、1986 年)。

Goodin, Robert E. 1988, What is So Spcial about Our Fellow Countrymen? *Ethics* 98 (4), 663-686.

Gutmann, Amy 1995, Justice across the Spheres. In David Miller and Michael Walzer (Eds.), *Pluralism, Justice, and Equality* (pp. 99-119). New York: Oxford University Press.

Harsanyi, John C. 1976, *Essays on Ethics, Social Behaviour, and Scientific Explanation*. Dordrecht: D. Reidel Publishing Company.

Hart, H. L. A. 1973, Rawls on Liberty and Its Priority. *The University of Chicago Review* 40 (3), 534-555.

Hayek, F. A. 1945, The Use of Knowledge in Society. *The American Economic Review* 35 (4), 519-530.

―― 1960, *The Constitution of Liberty*. London: Routledge. 西山千明・矢島鈞次監修、気賀

健三・古賀勝次郎訳『自由の条件 I～III』(春秋社、1986-1987 年)。

Hellman, Deborah 2008, *When Is Discrimination Wrong?* Cambridge, MA: Harvard University Press. 池田喬・堀田義太郎訳『差別はいつ悪質になるのか』(法政大学出版局、2018 年)。

Hellman, Deborah and Moreau, Sophia 2013, Introduction. In Deborah Hellman and Sophia Moreau (Eds.), *Philosophical Foundations of Discrimination Law* (pp. 1-4). New York: Oxford University Press.

Hirose, Iwao 2015, *Egalitarianism*. New York: Routledge. 齊藤拓訳『平等主義の哲学――ロールズから健康の分配まで』(勁草書房、2016 年)。

Honneth, Axel 1995 [1992], *The Struggle for Recognition: The Moral Grammar of Social Conflicts*, translated by Joel Anderson. Cambridge: Polity Press. 山本啓・直江清隆訳『承認をめぐる闘争――社会的コンフリクトの道徳的文法〔増補版〕』(法政大学出版局、2014 年)。

Hurley, S. L. 2003, *Justice, Luck, and Knowledge*. Cambridge, MA: Harvard University Press.

Inoue, Akira 2016, Can Luck Egalitarianism Serve as a Basis for Distributive Justice? A Critique of Kok-Chor Tan's Institutional Luck Egalitarianism. *Law and Philosophy* 35 (4), 391-414.

Khaitan, Tarunabh 2015, *A Theory of Discrimination Law*. New York: Oxford University Press.

Kittay, Eva Feder 1999, *Love's Labor: Essays on Women, Equality and Dependency*. London: Routledge. 岡野八代・牟田和恵監訳『愛の労働あるいは依存とケアの正義論』(白澤社、2010 年)。

Knight, Carl 2009, *Luck Egalitarianism: Equality, Responsibility, and Justice*. Edinburgh: Edinburgh University Press.

Korsgaard, Christine 2007, Autonomy and the Second Person Within: A Commentary on Stephen Darwall's *The Second-Person Standpoint*. *Ethics* 118 (1), 8-23.

Kymlicka, Will 1991, Rethinking the Family. *Philosophy and Public Affairs* 20 (1), 77-97.

―― 2002, *Contemporary Political Philosophy: An Introduction* (2nd ed.). New York: Oxford University Press. 千葉眞・岡崎晴輝訳者代表『新版 現代政治理論』(日本経済評論社、2005 年)。

Lionni, Leo 1967, *Frederick*. New York: Dragonfly Books. 谷川俊太郎訳『フレデリック――ちょっとかわったのねずみのはなし』(好学社、1969 年)。

Lippert-Rasmussen, Kasper 2014, *Born Free and Equal?: A Philosophical Inquiry into the Nature of Discrimination*. New York: Oxford University Press.

Lucas, J. R. 1965, Against Equality. *Philosophy* 40, 296-307.

Markovits, Daniel 2008, Luck Egalitarianism and Political Solidarity. *Theoretical Inquiries in Law* 9 (1), 271-308.

Miller, David 1995, Complex Equality. In David Miller and Michael Walzer (Eds.), *Pluralism, Justice, and Equality* (pp. 197-225). New York: Oxford University Press.

―― 2008, Political Philosophy for Earthlings. In David Leopold and Marc Stears (Eds.),

Political Theory: Methods and Approaches (pp. 29-48). Oxford: Oxford University Press. 山岡龍一・松元雅和監訳『政治理論入門――方法とアプローチ』(慶應義塾大学出版会、2011 年) 41-68 頁。

Moore, G. E. 1903, *Principia Ethica*. London: Cambridge University Press. 泉谷周三郎・寺中平治・星野勉訳『倫理学原理――付録：内在的価値の概念／自由意志』(三和書籍、2010 年)。

Moreau, Sophia 2010, What Is Discrimination? *Philosophy and Public Affairs* 38 (2), 143-179.

Nagel, Thomas 2005, The Problem of Global Justice. *Philosophy and Public Affairs* 33 (2), 113-147.

Nozick, Robert 1974 [2013], *Anarchy, State, and Utopia*, with a new foreword by Thomas Nagel. New York: Basic Books. 嶋津格訳『アナーキー・国家・ユートピア――国家の正当性とその限界』(木鐸社、1995 年)。

Nussbaum, Martha C. 1999, *Sex and Social Justice*. New York: Oxford University Press.

―― 2013, *Political Emotions: Why Love Matters for Justice*. Cambridge, MA: Belknap Press of Harvard University Press.

Okin, Susan Moller 1989, *Justice, Gender, and the Family*. New York: Basic Books. 山根純佳・内藤準・久保田裕之訳『正義・ジェンダー・家族』(岩波書店、2013 年)。

―― 1999, Part 1: Is Multiculturalism Bad for Women? In Susan Moller Okin with Respondents, *Is Multiculturalism Bad for Women?* (pp. 7-24), edited by Joshua Cohen, Matthew Howard, and Martha C. Nussbaum. Princeton: Princeton University Press.

Oppenheim, Felix E. 1970, Egalitarianism as a Descriptive Concept. *American Philosophical Quarterly* 7 (2), 143-152.

Parfit, Derek 2002 [1991], Equality or Priority? In Matthew Clayton and Andrew Williams (Eds.), *The Ideal of Equality* (pp. 81-125). New York: St. Martin's Press. [*The Lindley Lecture*. University of Kansas.]

Pettit, Philip 1997, *Republicanism: A Theory of Freedom and Government*. New York: Oxford University Press.

Pogge, Thomas 2008, *World Poverty and Human Rights: Cosmopolitan Responsibilities and Reforms* (2nd ed.). Cambridge: Polity Press. 立岩真也監訳『なぜ遠くの貧しい人への義務があるのか――世界的貧困と人権』(生活書院、2010 年)。

―― 2010, A Critique of the Capability Approach. In Harry Brighouse and Ingrid Robeyns (Eds.), *Measuring Justice: Primary Goods and Capabilities* (pp. 17-60). New York: Cambridge University Press.

Pojman, Louis P. and Westmoreland, Robert 1997, Introduction: The Nature and Value of Equality. In Louis P. Pojman and Robert Westmoreland (Eds.), *Equality: Selected Readings* (pp. 1-14). New York: Oxford University Press.

Rakowski, Eric 1991, *Equal Justice*, Oxford: Clarendon Press.

Rawls, John 1971, *A Theory of Justice*. Cambridge, MA: Harvard University Press. 川本隆史・福間聡・神島裕子訳『正義論〔改訂版〕』(紀伊國屋書店、2010 年)。

―― 1980, Kantian Constructivism in Moral Theory. *The Journal of Philosophy* 77 (9), 515-

572.

―― 1982, Social Unity and Primary Goods. In Amartya Sen and Bernard Williams (Eds.), *Utilitarianism and Beyond* (pp. 159-185). Cambridge: Cambridge University Press.

―― 1999, *The Law of Peoples, with "The Idea of Public Reason Revisited"*. Cambridge, MA: Harvard University Press. 中山竜一訳『万民の法』(岩波書店、2006年)。

―― 2001, *Justice as Fairness: A Restatement*, edited by Erin Kelly. Cambridge, MA: Belknap Press of Harvard University Press. 田中成明・亀本洋・平井亮輔訳『公正としての正義 再説』(岩波書店、2004年)。

Robeyns, Ingrid 2008, Is Nancy Fraser's Critique of Theories of Distributive Justice Justified? In Kevin Olson (Ed.), *Adding Insult to Injury: Nancy Fraser Debates Her Critics* (pp. 176-195). London: Verso.

Roemer, John E. 1994, *Egalitarian Perspectives: Essays in Philosophical Economics*. New York: Cambrige University Press.

Sanyal, Sagar 2012, A Defence of Democratic Egalitarianism. *The Journal of Philosophy* 109 (7), 413-434.

Scanlon, T. M. 1975, Preference and Urgency. *The Journal of Philosophy* 72 (19), 655-669.

―― 1986, Equality of Resources and Equality of Welfare: A Forced Marriage? *Ethics* 97 (1), 111-118.

―― 1991, The Moral Basis of Interpersonal Comparisons. In John Elster and John E. Roemer (Eds.), *Interpersonal Comparisons of Well-Being* (pp. 17-44). Cambridge: Cambridge University Press.

―― 1998, *What We Owe to Each Other*. Cambridge, MA: Belknap Press of Harvard University Press.

―― 2003 [1996], The Diversity of Objections to Inequality. In his *The Difficulty of Tolerance: Essays in Political Philosophy* (pp. 202-218). New York: Cambridge University Press. [The Lindley Lecture. University of Kansas.]

―― 2008, *Moral Dimensions: Permissibility, Meaning, and Blame*. Cambridge, MA: Belknap Press of Harvard University Press.

―― 2018, *Why Does Inequality Matter?* New York: Oxford University Press.

Schauer, Frederick 2003, *Profiles, Probabilities, and Stereotypes*. Cambridge, MA: Harvard University Press.

―― 2018, Statistical (and Non-Statistical) Discrimination. In Kasper Lippert-Rasmussen (Ed.), *The Routledge Handbook of the Ethics of Discrimination* (pp. 42-53). London: Routledge.

Scheffler, Samuel 1994 [1982], *The Rejection of Consequentialism: A Philosophical Investigation of the Considerations Underlying Rival Moral Conceptions* (revised ed.). New York: Clarendon Press.

―― 2003, What Is Egalitarianism? *Philosophy and Public Affairs* 31 (1), 5-39.

―― 2005, Choice, Circumstance, and the Value of Equality. *Politics, Philosophy and Economics* 4 (1), 5-28.

―― 2015, The Practice of Equality. In Carina Fourie, Fabian Schuppert, and Ivo Wallimann-Helmer (Eds.), *Social Equality: On What It Means to Be Equals* (pp. 21-44). New York: Oxford University Press.

Segall, Shlomi 2010, *Health, Luck, and Justice*. Princeton: Princeton University Press.

―― 2013, *Equality and Opportunity*. New York: Oxford University Press.

Sen, Amartya 1980, Equality of What? In S. McMurrin (Ed.), *The Tanner Lectures on Human Values*, 1 (pp. 197-220). Salt Lake City: University of Utah Press.

―― 1985, Well-Being, Agency and Freedom: The Dewey Lectures 1984. *The Journal of Philosophy* 82 (4), 169-221.

―― 1992, *Inequality Reexamined*. Cambridge, MA: Harvard University Press. 池本幸生・野上裕生・佐藤仁訳『不平等の再検討――潜在能力と自由』(岩波書店、2018 年)。

―― 1999a [1987], *Commodities and Capabilities* (2nd ed.). New Delhi: Oxford University Press. 鈴村興太郎訳『福祉の経済学――財と潜在能力』(岩波書店、1988 年)。

―― 1999b, *Development as Freedom*. New York: Alfred A. Knopf. 石塚雅彦訳『自由と経済開発』(日本経済新聞社、2000 年)。

―― 2010 [2009], *The Idea of Justice*. London: Penguin Books. 池本幸生訳『正義のアイデア』(明石書店、2011 年)。

Simmons, John A. 2010, Ideal and Nonideal Theory. *Philosophy and Public Affairs* 38 (1), 5-36.

Sobel, David 1999, Comment on Anderson. In Jamie Dreier and David Estlund (Eds.), *Brown Electronic Article Review Service, World Wide Web*, 1999. http://www.brown.edu/Departments/Philosophy/bears/9904sobe.html (last visited on Sep. 30, 2018).

Suk, Julie 2018, Discrimination and Affirmative Action. In Kasper Lippert-Rasmussen (Ed.), *The Routledge Handbook of the Ethics of Discrimination* (pp. 394-406). London: Routledge.

Tan, Kok-Chor 2012, *Justice, Institutions, and Luck: The Site, Ground, and Scope of Equality*. Oxford: Oxford University Press.

Taylor, Charles 1994, The Politics of Recognition. In Charles Taylor, et al., *Multiculturalism: Examining the Politics of Recognition* (pp. 25-73), edited and introduced by Amy Gutmann. Princeton: Princeton University Press.

Temkin, Larry S. 1993, *Inequality*. New York: Oxford University Press.

―― 2002, Equality, Priority, and the Levelling Down Objection. In Matthew Clayton and Andrew Williams (Eds.), *The Ideal of Equality* (pp. 126-161). New York: St. Martin's Press.

Thomsen, Frej Klem 2013, But Some Groups Are More Equal Than Others: A Critical Review of the Group-Criterion in the Concept of Discrimination. *Social Theory and Practice* 39 (1), 120-146.

Tocqueville, Alexis de 1835 [1986], *De la démocratie en Amérique I*, préface d'André Jardin. Paris: Gallimard. 松本礼二訳『アメリカのデモクラシー 第一巻 (上)・(下)』(岩波書店、2005 年)。

Van Parijs, Philippe 1991, Why Surfers Should Be Fed: The Liberal Case for an Unconditional Basic Income. *Philosophy and Public Affairs* 20 (2), 101-131.

Vlastos, Gregory 1962, Justice and Equaity. In Richard B. Brandt (Ed.), *Social Justice* (pp. 1-29). Englewood Cliffs, NJ: Prentice-Hall.

Wachs, Raymond 2017, *Understanding Jurisprudence: An Introduction to Legal Theory* (5th. ed.). New York: Oxford University Press.

Waldron, Jeremy 1993, *Liberal Rights: Collected Papers 1981-1991*. Cambridge: Cambridge University Press.

―― 1999, *Law and Disagreement*. New York: Oxford University Press.

Wallace, R. Jay 2007, Reasons, Relations, and Commandes: Reflections on Darwall. *Ethics* 118 (1), 24-36.

Walzer, Michael 1983, *Spheres of Justice: A Defense of Pluralism and Equality*. New York: Basic Books. 山口晃訳『正義の領分――多元性と平等の擁護』(而立書房、1999年)。

Watson, Gary 2007, Morality as Equal Accountability: Comments on Stephen Darwall's *The Second-Person Standpoint*. *Ethics* 118 (1), 37-51.

White, Stuart 2007, *Equality*. Cambridge: Polity Press.

Williams, Bernard 1962, The Idea of Equality. In Peter Laslett and W. G. Runciman (Eds.), *Philosophy, Politics and Society*, second series (pp. 110-131). Oxford: Basil Blackwell.

Young, Iris Marion 1990 [2011], *Justice and the Politics of Difference*, with a new foreword by Danielle Allen. Princeton: Princeton University Press.

―― 2000, *Inclusion and Democracy*. Oxford: Oxford University Press.

事項・人名索引

あ

アド・ホックな価値多元主義
　　　　　　　　 107, **113**, 114, 141, 142, 247
アーネソン、リチャード（Richard Arneson）
　　　　　　　　55, **203**, 204, 206, **209**,
　　　　　　　　211, 215, **240–242**, 248
アンダーソン、エリザベス（Elizabeth Anderson）
　　　　　　　　9–11, 43, 45, **122–130**, **132–134**,
136, **138**, 140–142, **145**, **146**, **149–160**,
163, 164, 170, 171, 182, **184–189**, 209,
212, 236, 237, 240, 241, 248, 249, 273, 299

い

石山文彦　　　　　　　　　　　　289–291
井上彰　　　　　　　　　　　　 8, 41, 68
井上達夫　　　22, 39, 154, 183, **217**, **218**, **220**, **221**
インセンティブ　　33, 91, 92, 127, 128, 234, 235
インデックス問題　　　　　　　211, 213, 214

う

ウォルツァー、マイケル（Michael Walzer）
　　　　　　　　　　　　　　　　　　25–27
運の平等主義　　　　10, 11, **87**, **88**, **123**, **130**,
132–134, 139–142, 151,
152, 234, 235, 241, 246, 247
　功績感応的――　123–128, 130, 131, 136, 142
　責任感応的――　　123–126, 128, 130, 132

お

親業のライセンス化　　　　　　　　280, 281

か

階層（社会階層）　　145, 158, 159, 163, 165, 170
　支配の――　　　　　　　　　163, 164, 171
　地位の――　　　　　　　　　164, 170, 171
　評価の――　　　　　　　　　164, 171, 263
格差　　　　　　 **1–3**, 6, **8**, **10**, **134**, 203, 204, 206
格差原理　　　　　　**33**, **34**, 38, 39, 92, 208
仮想的競売市場　　　　　　　　　　　　63
仮想的契約　　　　　　　　　　 58, 60, 70
仮想的保険市場　　　　　　　 64, 65, 68–71

か（続き）

関係的平等主義（平等の関係的理論）　　**10**, **11**, 13,
15, 16, 19–21, **24**, **25**, 26, 27, 38,
53, 54, 79, 80, 109, 110, **134**, **135**,
152, 157, 160, 167, 204, 205, 219–222
間主観性テスト　　　　　**90–92**, 101, 102, 150, 151

き

機会費用　　　　　41, 54, **63**, 66, 76, 77, 102, 220, 221
　真の――　　　　　　　　　　　 69, 73–75, 77
帰結主義　　　　　　　　　　　　　　　　242
機能　　　　　**49**, 54, 146, 147, 154, 215, 235, 236
木部尚志　　　　　　　　　　　　　　 14–16, 20
基本財　　　　　**34**, 35, 39–45, 48, 49, 52, 213
　　――アプローチ　　　　　　**42**, **46**, 48, 213
君塚正臣　　　　　　　　　　　　　　　　 304
義務論　　　　　　　　　　　　　　　　　241
共同体の原理　　　　　　　　　　103, 104, 106
ギリガン、キャロル（Carol Gilligan）　　244
均等主義　　　　　　　　　　**25**, 107, 112, 113

く

クォータ制　　　　　　　　 168, 266–268, 294

け

ケア　　　　　　　129, 151, **217**, **218**, **220**, 237,
239, **243**, **244**, 267, 273, 274, 276, 278
　――の倫理　　　　　　　　　　　 244, 247
原初状態　　　　　　　　　　 **31**, 32, 58, 59
厳然たる運　　　　　　 **63**, 71, 88, 99, 129, 132
　制度的な――　　　　　　　　　109, 110, 132

こ

コーエン、ジェラルド（Gerard Cohen）　 **81–110**,
140, 141, 150, 225, 226, 228–230
高価な嗜好　　　　　 **61**, 62, 76, 81, 82, 86, 88, 89,
94–99, 101, 102, 104–106, 109
厚生アプローチ　　　　　　 48, **111**, 112, 214
公正な機会均等　　　　　　　　　　　 33, 149
肯定の再分配　　　　　　　　　　　 **190**, 191
肯定の承認　　　　　　　　　 17, **190**, 191, 278
肯定の戦略　　　　　　**190**, 191–193, 265, 294
合同生産のシステム　　　 **150–152**, 158, 244, 274

功利主義.................................. 30, 37, 39
合理的行為主体（自律的行為主体）.... 16, **114**, 115,
　　　　　116, **154**, **155**, **244**,
　　　　　246, **247**, 285, 288, 305
誤承認の不正義............ 4, 17, 18, 72, 79, 109,
　　　　　136-**138**, 152, 153, **162**,
　　　　　167, 191, 267, 277, 278, 307
根源的多元主義............................... 108
根本原理....................................... 140

さ

差異化された結束........................... 185
才能の奴隷................................. 66-68
差異の政治............................ 17, 18, 20
搾取.......................... 161, 162, 165, 166, 251
差別................ **1-3**, 8, 22, 155, 169, 170,
　　　　　174-**176**, 181, 182, 268, 271,
　　　　　272, **283**, **284**, 286, 288-290, 305
　　間接——................................ 272, 283
　　逆——................................ 18, 266, 291
　　直接——................................ 272, 283
　　反——................................... **181**, 268
参加所得....................................... 274

し

資源アプローチ........ **41**-**46**, 48, 54, 65, 66,
　　　　　68, **111**, 213, 217, 219, 220
市場................ 99, **100**, **102**, 104, 109,
　　　　　126-**128**, 131, 273, 274
自然的義務.................... 70, **156**, 228, 249
実現志向的比較論........................ **51**, 52
支配.......................... 164, 178, 194
指標問題.......... 8, 9, 39, **111**, 153, 211, 213, 214
市民社会.................... **146**, **147**, 165, 171,
　　　　　268-**271**, 299, 300, 307
社会主義.......................... 102-106, 190
社会秩序........................ 171-174, 180
社会の基本構造.............. **35**, **36**, 37, 93, 156,
　　　　　157, **225**-**227**, 230, 233, 277
自由............ 50, **51**, 72-74, **83**, **84**, 146, 154
　コントロールとしての——............. **50**, 51
　実効的——................................ **50**, 51, 83
　——の自己力能化.................. 154, 220, 221
　（経済的）周縁化........ 161, 162, 165-167, 178, 251
集合行為問題.................... 192, 232, 233
修正の原理................................... 70, 74
従属...... **174**-**178**, 182, 194, 262, 264, 271, 272, 278

充足要求....................................... 183
充分主義................ 8, 148, 154, **200**-**210**, 241
女性保護............................ 294, 301-304
自律......... 110, **114**, **115**, **155**, 157, 215, 231, 247
人道主義（人道的義務）...... 45, 46, 246, 247, 249

す

水準問題.................... 8, **112**, 154, 202, 241
スキャンロン、トマス（Thomas Scanlon）
　　　　　　　　　　　　　　　　　　41, 212
スティグマ............ 4, **43**, **44**, 72, 74, **128**, 132,
　　　　　136, **138**, 191, 266, 275, 277

せ

正義
　局所的——................................ 205, 227
　グローバルな——............... 179, 248, 249
　公正としての——........................ **31**, 32
　再分配／承認の——......... 136, 137, 152, 191
　純粋手続的——.......................... 32, 124, 229
　不完全手続的——........................ **124**, 230
　——の独立性の要請.................. 214, 216
　——の奴隷............................... 231
　——の二原理.................... 33, 60, 70, 93
正義概念論.................... **21**, 141, 143
正義構想論................................. 21
政治の情況.................................. 262
正当化の共同体............ **90**-**92**, 101, 102, 150
制度構想論............................ **21**, 261
制度の加害........................... 42, 251
制度の正義論............ 36, 116, **225**-**229**, 233
責任
　帰属的——.................... **124**-**126**, 253
　賢慮的——................................ 125, 126
　実体的——................................ 125
積極的差別是正措置....... 26, 181, 266, 267, 270,
　　　　　292-**294**, **296**, **298**-**301**
セン、アマルティア（Amartya Sen）...... 7, 39-41,
　　　　　47-**57**, 82-84, 93, 209, 211, 212, 217
潜在能力............ 41, **49**, **50**, **53**-**56**, 82-84, 146,
　　　　　147, **154**, 211-213, 215, 235, 236
　——アプローチ........ 49, 53, 54, **111**, 112, 147,
　　　　　153, 154, **211**-**222**, 235-237
　——の平等........................ **49**, 54, 55, 82
選択の運............ **63**, 70, 71, 88, 103, 129, 132
選別主義...................... 191, 195, 275, 276
羨望テスト........................ 62-64, 72, 73

殲滅の対象…………………… 176, 177, 183, 184

そ

相互行為… **9**, 10, **24**, **171**, 172, **174**, 178, 181, 189
ソーベル、デイヴィッド（David Sobel）………236

た

ダーウォル、スティーヴン（Stephen Darwall）
………………………………………… 141-143
卓越主義…………………… 55, **214**, 215, 216
竹内章郎…………………………………… 12
立岩真也…………………………………… 13
妥当要求…………………………………… 183
多文化主義………………… 17, 18, 20, 190
タン、コク・チョル（Kok-Chor Tan）…… 248-250

ち

抽象化の原理…………………………… 73-75
治癒策………… 162, 174, **180-186**, **189-191**,
 194, 267-269, 271, 278, 294
超越論的制度主義………………… **51**, 52, 53
徴兵制（兵役）………… 67, 238, 288, 295, 302
直観主義…………………………… 30, 31, 37

て

ティム坊や……………………………………… 85
適応的選好形成…………………… 48, 102, 105
テムキン、ラリー（Larry Temkin）……………… 9
デモクラシー………………… 186-189, 263, 264
　　──構想論………………………… 21, 261

と

ドゥオーキン、ロナルド（Ronald Dworkin）
………………… 7, 54, **58-73**, **75**, **78**, **80**,
 81, 82, 88, 94, 95, 97-102, 214
統合……………………… **184-189**, 265, 268-271
　　──モデル……………………… 299, 300
統制ルール………………………… 108, 140
独立… **182**, **183**, 262-264, 268, 271, 273, 274, 276
独立性の原理………………………… 75, 76, 79, 80

な

中島義道……………………………………… 18

に

二人称的視点（二人称の正当化）
………………………… 142, 143, 187, 188

ぬ

ヌスバウム、マーサ（Martha Nussbaum）
……………………………………… 55, 217

の

能動的市民……………………………… 110, 154
野崎綾子……………………………… 215, 217, 221

は

ハイエク、フリードリッヒ（Friedrich Hayek）
……………………………………… 127, 131
排除………… **174-178**, 189, 268, 269, 271, 293
排除的制度主義……………………………… 229
剥奪………………………………… 162, 166, 167
バークレイ、リンダ（Linda Barclay）…… 242, 244
パターナリズム（パターナリスティック）
………………… 115, 129, 150, 152, 266, 300
パーフィット、デレク（Derek Parfit）……… 8, 9, 24

ひ

非改良主義的改良…………… **192**, 193, 194,
 268, 276, 282, 294
等しい配慮と尊重（抽象的平等原理）… **59**, **60**,
 73, 75, 79, 80
平等
　アドバンテージへのアクセスの──
　……………………………… **86**, **87**, 88, 94, 108
　厚生の──………… 54, **61**, 81, 85, 86, 94, 98
　厚生への機会の──…… 81, 85, 86, 94, 98, 100
　参加の──…………………………… 137, 167
　資源の──（資源平等論）… 54, 61, **62-65**, **69**,
 70, **72-78**, 82, 85,
 86, 99, 100, 101, 214
　潜在能力の──………………… **49**, 54, 55, 82
非理想理論……………………… **15**, **193**, 194, 252,
 268, 276, 281, 282, 294
広瀬巌……………………………………… 201

ふ

フェミニズム（フェミニスト）……… 159, 217, 218,
 242-244, 247, 280
複合的平等論…………………………… 25, 27
不承認…………………………………… 162, 167
不尊重…………………………………… 163, 167
不代表の不正義………………… 163, 166, 167
普遍主義………………………… 192, 194, 195

普遍的ケア提供者モデル……………………276
フランクファート、ハリー（Harry Frankfurt）……8
フレイザー、ナンシー（Nancy Fraser）
　………………………… **136**-**138**, **162**, **163**,
　　　　　　　　　166, **167**, **190**-**194**, 276
文化帝国主義……………………………161, 162
文化的支配………………………………162, 167
（狭義の）分配的正義………… **22**, 27, **134**, 204, 222
分配的平等主義（分配パラダイム）…… **4**, 6, **9**-**11**,
　　　　　47, **133**-**136**, 152, 153, 219, 220, 222
分配不平等の不正義……………… **162**, 166, 167, 191
分離主義………………………………………18, 191

へ

ベーシック・インカム……………… 194, 271, 273, 275
ペティット、フィリップ（Philip Pettit）
　………………………………………… 164, 178
変革的再分配………………………… **190**, 191, 192
変革的承認…………………………… **190**, 191, 192, 278
変革的戦略…………………………… **190**, 191-193, 220, 265

ほ

法的差別（法の下の平等）………… 5, 6, 286, 291
法哲学……………………………… 3, **20**-**22**, 28
法律婚の廃止………………………… 278, 281, 282
本質主義………………………………… 194, 218-220
暴力……………………………………… 161, 162
ポッゲ、トマス（Thomas Pogge）………… 41, 42,
　　　　　　　　　　　　　　　44, 218-220
ホネット、アクセル（Axel Honneth）………… 137

ま

マクシミン・ルール………………………………… 32
民主的平等………………… 10, 21, 27, 41, 79, **146**,
　　　　　　148-**157**, 213, 243, 248-250, 252
民主的不平等………………………… **179**, 180, 252

む

無知のヴェール………………………… **32**, 59
無力化……………………………… 161, 162, 165

め

メタ倫理……………………………… 141, 143

も

目的・手段審査…………………………… 286, 287
目的論的平等主義………………………… 8, 135

や

ヤング、アイリス（Iris Young）…… **135**, **136**, 157,
　　　　　　　159, **161**, 162, **165**, 184-186

ゆ

優先主義………………………………… **9**, 24, 241
　責任感応的――……………………… 240, 241
優先ルール……………………………… **31**, 34, 141

よ

抑圧…………………… **145**, 146, 148, 153, 158, 159,
　　　　　161, 162, **165**, **166**, 168, **179**,
　　　　　204, 207, 213, 250-252, 285, 286
余務………………………………………………… 229

り

理想理論………………………………… **15**, **193**, 281
立法段階…………………………………………… 40
リバタリアニズム（リバタリアン）……… 9, 13, 66
利用の対象………………………… 176, 177, 183

ろ

ローマー、ジョン（John Roemer）…… 127, 128, 136
ロールズ、ジョン（John Rawls）………… 7, **30**-**32**,
　　　34-**43**, **45**, **46**, 49, 51-53, 58-60, 62,
　　　70, 89-93, 141, 156, 213, **226**-**228**, 277

森　悠一郎（もり　ゆういちろう）
1988 年　東京都生まれ
現　職　北海道大学大学院法学研究科准教授
2013 年　東京大学大学院法学政治学研究科助教
2017 年　東京大学大学院法学政治学研究科附属ビジネスロー・比較法政研究センター特任講師
2018 年　立教大学法学部法学科助教
2023 年　ハーバード大学ロースクール客員研究員（フルブライト研究員）

主要著作　「高価な嗜好・社会主義・共同体——G. A. コーエンの運の平等主義の再検討」井上達夫編集代表『法と哲学　第2号』（信山社・2016 年）、「統計的差別と個人の尊重」『立教法学』第 100 号（2019 年）、Relational Equality, in Mortimer Sellers and Stephan Kirste (eds.), Encyclopedia of the Philosophy of Law and Social Philosophy (Springer, 2023)、Making Sense of Race-Based Affirmative Action in Allocating Scarce Medical Resources, in Res Philosophica, Vol. 101, No. 3 (2024) ほか

関係の対等性と平等【法哲学叢書［第Ⅱ期］2】

2019（平成31）年 2 月15日　初版 1 刷発行
2024（令和 6 ）年10月30日　同　 2 刷発行

著　者　森　悠一郎
発行者　鯉渕　友南
発行所　株式会社　弘文堂　　101-0062　東京都千代田区神田駿河台 1 の 7
　　　　　　　　　　　　　　TEL 03(3294)4801　振替 00120-6-53909
　　　　　　　　　　　　　　https://www.koubundou.co.jp

装　丁　笠井亞子
印　刷　大日本印刷
製　本　大日本印刷

Ⓒ 2019 Yuichiro Mori. Printed in Japan
JCOPY　〈(社)出版者著作権管理機構　委託出版物〉
本書の無断複写は著作権法上での例外を除き禁じられています。複写される場合は、そのつど事前に、(社)出版者著作権管理機構（電話 03-5244-5088、FAX 03-5244-5089、e-mail: info@jcopy.or.jp）の許諾を得てください。
また本書を代行業者等の第三者に依頼してスキャンやデジタル化することは、たとえ個人や家庭内での利用であっても一切認められておりません。

ISBN 978-4-335-30097-4

法哲学叢書 第Ⅱ期刊行にあたって

●現代社会における法のあり方をラディカルに問い直す法哲学の最前線!

　1990年に刊行開始した法哲学叢書は好評を博し、2016年に10巻目が上梓されるに至った。これを機に、執筆陣に若手中堅の気鋭の研究者を新たに加え、テーマにも新たな先端的課題を多く取り込んで、シリーズの刷新を図り、法哲学叢書第Ⅱ期として世に問う次第である。

　第Ⅱ期では、法制度・政治システムの批判的再編原理の構想に繋がる先端的問題が扱われるとともに、新たな法哲学的アプローチの可能性も検討される。これに加えて、グローバル化の進展により主権国家秩序が揺らぐ一方で、それへの反動が高まるという現代世界の新たな問題状況に関わるテーマにも意欲的に挑戦する。

　現代法哲学は、現代社会・現代世界の根本的にして先鋭な問題に切り込んで、自らの学問的地平を拡大深化させると同時に、実定法学・哲学・倫理学・政治学・経済学など関連領域との学際的フィードバックを促進している。このような現代法哲学の多彩な展開の現状と方向を、可能な限り広い読者層にわかりやすく示すのが、本叢書第Ⅰ期の企図であった。この企図を継承し、さらに果敢に遂行することが、第Ⅱ期において試みられる。

◆第Ⅰ期◆

新版 自由社会の法哲学[オンデマンド版]	桂木　隆夫	4500円
権利・価値・共同体	長谷川　晃	3689円
神と国家と人間と	長尾　龍一	2913円
合理的選択と契約	小林　公	3495円
法と比喩[オンデマンド版]	松浦　好治	3500円
財産権の理論	森村　進	3800円
現代社会と裁判[オンデマンド版]	田中　成明	4200円
現代人権論[オンデマンド版]	深田　三徳	6500円
自由の契約法理論	山田八千子	3500円
遵法責務論	横濱　竜也	3600円

◆第Ⅱ期◆

法多元主義―交錯する国家法と非国家法	浅野　有紀	3600円
関係の対等性と平等	森　悠一郎	4700円
国際法哲学の復権	郭　舜	4400円
国際移動の正義―リベラリズムと入国在留許可	浦山　聖子	
仕事の正義	大澤　津	
法秩序と集合的交換	鳥澤　円	
税の正義	藤岡　大助	
多文化主義の法哲学	石山　文彦	
生と死の法理	奥田純一郎	
リスクの法哲学	若松　良樹	
刑罰の法哲学	瀧川　裕英	
批判的民主主義	井上　達夫	

弘文堂

＊価格(税別)は2024年10月現在